中国当代文学研究会主办

"叶圣陶杯" 全国中学生新作文大赛

18届、19届
获奖佳作精选

王世龙 主编

天津出版传媒集团
百花文艺出版社

图书在版编目（CIP）数据

“叶圣陶杯”全国中学生新作文大赛18届、19届获奖佳作精选 / 王世龙主编. -- 天津：百花文艺出版社，2022.12
ISBN 978-7-5306-8403-0

Ⅰ. ①叶… Ⅱ. ①王… Ⅲ. ①作文-中学-选集 Ⅳ. ①H194.5

中国版本图书馆CIP数据核字(2022)第205696号

“叶圣陶杯”全国中学生新作文大赛
18届、19届获奖佳作精选
YESHENGTAOBEI QUANGUO ZHONGXUESHENG XIN ZUOWEN DASAI
18 JIE 19 JIE HUOJIANG JIAZUO JINGXUAN
王世龙　主编

出 版 人：薛印胜
责任编辑：朱佳瀛　　特约编辑：张晓芬
美术编辑：郭亚红　　版式设计：蔡露滋
出版发行：百花文艺出版社
地址：天津市和平区西康路35号　邮编：300051
电话传真：+86-22-23332651（发行部）
+86-22-23332656（总编室）
+86-22-23332478（邮购部）
网址：http://www.baihuawenyi.com
印刷：天津新华印务有限公司
开本：787毫米×1092毫米　1/16
字数：487千字
印张：25
版次：2022年12月第1版
印次：2022年12月第1次印刷
定价：50.00元

如有印装质量问题，请与天津新华印务有限公司联系调换
地址：天津东丽开发区五经路23号
电话：(022)58160306
邮编：300300

编辑委员会

（以姓氏笔画为序）

叶圣陶杯，教你如何写出好作文

2020年至2022年，随着新冠肺炎疫情的发生，“叶圣陶杯”全国中学生新作文大赛面临重重困难。组委会经过不懈努力，最终成功完成了第十八届和第十九届的大赛任务。两届大赛产生了一大批佳作，推出了一大批文学特长生。基于此，大赛组委会和在文学读物编辑出版领域颇负盛名的百花文艺出版社合作，在编选出版了第一届至第十七届大赛获奖佳作精选集之后，现在又隆重推出这部第十八届和第十九届大赛获奖佳作精选集。我们满怀期待的心情，把它奉献给你——亲爱的中学生朋友！

此刻，我们不禁想起了叶圣陶先生的孙女、资深编辑叶小沫那充满深情的话语：“学语文是一件人人要做的事儿。大赛使孩子们了解爷爷的语文思想，使他们从小热爱语文，热爱作文。这种能力将陪伴他们一生。”

是的，回首新冠肺炎疫情肆虐的日子，许多学校休学，许多同学被隔离家中，那是多么让人惶恐和焦虑啊！而在这样的时候，我们的大赛或许给你带来一份寄托，或许给你提供抒发的空间，于是好作品出现了。而正是这样的文字，陪伴我们度过了一起又一起的“新冠”风波，使我们在逆境中更深刻地体察社会，思考生活，感受亲情、友谊与成长。

中学生朋友，当你打开这本书，你会读到一篇又一篇富有家国情怀、富有责任与担当、富有才情而个性飞扬的优秀篇章。

这些作品会告诉你——作文应该写什么。写作的源泉是生活，“问渠那得清如许，为有源头活水来”。大赛坚持“生活化内容”的理念，就是引领同学们从生活中获取写作的材料，无论描写自然风光、文物古迹、风俗民情，还是表现青春友谊、家庭亲情、成长轨迹，都会有取之不尽用之不竭的源头活水。

这些作品会告诉你——作文应该怎么写。写作要体现个性，“我以我手写我心，我以我心吐真情”。大赛引导“个性化表达”，要“力求有个性、有创意地表达，根据个人特长和兴趣自主写作”:取角要个性化,学会聚焦与求异;立意要个性化,达到情真而意切;结构要个性化,做到有序而善变;手法要个性化,尽显灵活和自由;语言要个性化,追求纯真与精炼。个性之花绽放,你的写作就会呈现争芳斗艳的绚丽景色。

这些作品会告诉你——作文应该怎样写得更美。写作要追求特色,“一花独放不是春,万紫千红春满园”。大赛坚持“多样化风采”的理念,要在写作内容和形式上不断创新:要开拓多元视野,让我们的眼界更开阔;要展开多维思考,让我们的认识更睿智;要善用多种文体,让我们的表达更生动;要展现多彩文风,让我们的文章更感人。风采之翅振飞,你的写作就会走向才情并茂、文质兼美的崭新境界。

正是基于这些,大赛倡导从文学体裁的审美特点去创作,为平时作文、考试作文和竞赛作文之间建立起互相连接的通道。同学们是高中生了,不再是刚刚练习写作文的小学生,已经有了自己的情感、自己的思考、自己的体验、自己的梦想追求,有了强烈的表达愿望。因此,大赛无论是初赛的自由选材写作,还是决赛的统一命题角逐,都会立足你身边熟悉的生活,给你提供点燃情感与思维火花的引线,给你留下最大可能的发挥空间。本书所选的获奖佳作,特别是那些限时写出的决赛获奖佳作,虽然还会存在这样那样的不足,但都是刚刚破土的崭新的文字,充满着血气方刚的气息,会引起我们同龄人的阅读共鸣,也都会成为同学们平时写作参考的范例,成为竞赛与考试写作的标杆。

比如,第十八届举办时正逢中国共产党成立100周年,第十九届举办时又逢中国共产主义青年团成立100周年,“叶圣陶杯”全国中学生新作文大赛作为国家级大赛,不能不抓住这两大历史主题,于是大赛组委会围绕“百年巨变”和“我准备好了”设计命题,引导同学们围绕生活真实的人与事,寻找新颖的角度,表现这种宏大主题。对中学生写作来说,这种具有政治性的题材是有较大难度的,但是许多选手在很短的时间内能驾驭命题,不但写得文采斐然,构思精巧,而且不少作品都表现出较强的逻辑思辨能力。特别是有些作品结合历代贤哲、伟人对年轻人的期待,思考在当今民族复兴的历史背景下青少年应有的责任担当,然后落脚到“我准备好了”这样以小见大的具体的角度,恰切地表现出了为未来理想的实现所做好的充分准备这一主题,体现出作者敏锐细腻的诗情文思和深刻博大的家国情怀。这些优秀作品,展现了当今中学生的精神风貌和写作的最高水平,令人亢奋,充满希望。

在这里,我们还要特别强调一下提高文学素养与写作能力的问题。每位中学生,无论将来学文、学理,都应该努力提高自己的文学素养。而写作是最能帮助你提高文学素养的途径。环顾中学生的作文现状,我们发现存在着一些必须克服的毛病:思想空虚,文章只有简单的标签,缺乏真切的见解、细致的分析、深刻的思辨,只能说出“是什么”,不能讲明“为什么”,思想贫乏,远离生活,缺乏时代精神,缺乏真情实感;内容漂浮,以罗列事例为时尚,往往看起来旁征博引,实际上空洞无物,引用材料也不知其来源,不明其真义;形式花哨,滥用排偶,一味套用或照用他人作文中的现成语句,片面追求语言的华美、表面的虚荣,随意添加不必要的题记、小标题、后记等,大有演变成新八股之势。究其原因,还是同学们对文学名著、文化经典读得太少,没有办法形成厚重的文化积淀和必备的文学素养,也就难以在作文中迸发出真正的才气。我们希望中学生读者阅读本书时,注意从这个角度品味评判,取长补短,学会站在文学审美的高处去写作文。

我们在学习写作的过程中,一方面要注意经典的阅读,因为经典作品经过了历史的淘洗,其思想价值和艺术价值都是毋庸置疑的。另一方面,我们也要注重向身边的优秀同辈学习,他们的条件和我们有很多相似之处,所以他们的经验更容易拿来为我们所用,甚至可以给我们更多的启发。更不用说,这些作品本身所描述的也正是我们所处的时代生活,他们的经历、他们的思想感情和眼下的我们是那么相似。当然,随着时间渐行渐远,这些作品也会慢慢产生一点点历史的陌生感,毕竟时代日新月异,变化得太快了。但相信读这本书的你,会像他们一样写出属于自己的文字,记录下你自己的成长。

“叶圣陶杯”全国中学生新作文大赛创办于2003年,是连续被教育部批准举办的全国性中学生赛事,由国家级专业学术团体中国当代文学研究会主办,中国当代文学研究会校园文学委员会和中国少年儿童新闻出版总社《中学生》杂志承办,至今已成功举办了十九届。大赛始终以“弘扬叶圣陶教育思想,助力语文新课程改革;引领中学生健康写作,发现与培养文学新苗”为宗旨,贯彻国家立德树人的教育方针、文艺方针,严格执行国家相关政策,以全面提升学生的语文核心素养为目标,倡导“生活化内容、个性化表达、多样化风采”的写作理念,多年来选拔成就了一批又一批文学特长生,培养了众多文学新秀,为提高中学生语文素养、推动素质教育发展做出了重要贡献。在广大中学师生的积极参与和文学界、教育界专家的热情呵护下,它已经成为全国中学生表现才华、表达情感的优质平台,成为一个个文学新人脱颖而出、走向成功的摇篮。在当前的新高考改革中,许多高校的综合评价录取把“叶圣陶杯”全国中学生新作文大赛获奖作为特长认定，众多学子从这里起步，走进了北大、清华等著名学府。

今后的大赛将不断总结经验，为全国中学生进一步搭建高标准的展示平台，发挥大赛活动的独特教育作用，更好地激发写作兴趣，提高审美品位与写作水平，提升思维品质与创新能力，弘扬民族精神，塑造高尚品格，为培养德智体美劳全面发展的社会主义建设者和接班人做出应有的贡献。

亲爱的中学生朋友，期待你来参加“叶圣陶杯”全国中学生新作文大赛，写下青春最动人的篇章，奔向最美好的前程！

编者

2022 年 11 月

目录

第一辑　路过百年

第二辑　市井之诗

第三辑　守护神

第四辑 且把夏日的心情酿成酒

第五辑 故乡的游吟者

第六辑　云海之上

第七辑　思想专卖店

第一辑

路过百年

我们阔步往前走，
又小心呵护着那些记忆，
用最低沉、
最浪漫的姿态与历史相处，
在历史里生长。

钥 匙

□ 浙江省杭州第二中学滨江校区　李婧仪

千年后如若我再生于祖国的河岸，千年后我再次拥有中国的稻田和周天子的雪山。

——海子

一

我拥有一个古铜色、雕镂着三叶草花纹的脑袋，一条精干细长、纹路分明的身躯，这在同类之间算是模样极好的。我被轻轻地握在一个粗糙、温暖而宽大的手掌心中，当它摊开的时候，我第一次看到了这个世界。

那是一个阳光明媚的下午，李公馆的柳树轻轻摇曳，茉莉花在灌木丛中芳香四溢，麻雀在枝头快乐地赞美春天。从我的视角恰好可以看见一个清澈的池塘，有金鱼在水草间游弋徜徉，还有清波荡漾着两个人在池边鹅卵石路上的倒影，一个是身着黑色呢大衣、蹲在地上的中年男人，另外一个则是梳着麻花辫、穿着小白裙的七岁女孩。

“茉莉，我很抱歉无法经常在你身边陪伴你，幸好今天你生日我赶回来了。”我听见男人这样说，“这是你的生日礼物，你已经想拥有它很久了吧。它可以开启你房间里那个新的橱柜，以后你就拥有自己的储物柜啦。”

我离开粗糙温暖的大手，落进了一个稚嫩白皙的小手掌心。

“谢谢爸！这个钥匙好漂亮呀。”我感到那双小手在我身上轻轻抚摸，“可是爸，你为什么总是不回来呢？”

倒影里，男人伸出手拨开了女孩额前细碎的发丝。

“孩子，就像你想要拥有自己的钥匙一样，”那位父亲缓缓地说，“爸也想拥有一把钥匙，并且在寻找一把钥匙——中国的钥匙。”

“中国的钥匙是用来干什么的？它在哪里呀？”

“它可以用来拯救我们的国家。至于在哪里……我们还在寻找。”

“如果它很难找，你告诉我怎么找，我可以帮你一起找！”女孩稚嫩的嗓音震得水波轻轻荡漾。

男人低低地笑了一声，说道：“好啊，只是你现在太小了……等你长大一些，我就告诉你应该怎么找那把钥匙。你现在只要记住，那把钥匙至关重要，即使为之穷尽一生，我们也必须把它找到。”

“爸，我明白了……”

那个下午的交谈被镌刻在了李公馆春风的记忆里，也刻在了我的记忆里。

二

几年后，女孩长成了一位少女。

她依然喜欢梳麻花辫、穿白裙，那乌黑长发系着亚麻色发圈，温婉地从肩膀上垂下来，衬托着她白皙的脸庞与樱桃粉色的唇瓣。她用另一根亚麻色的小绳穿过我三叶草的头部，编织成一条精美的钥匙扣。当她手中拎着书包或者捧着书籍的时候，她总是爱怜地将我套在她细长的手指上，似乎我以及我所代表的橱柜，是她的一部分。

我喜欢自己被她套在手上、闻着茉莉香、沐浴在李公馆池塘边阳光里的感觉，更喜欢她使用我打开那个橱柜的感觉。那是一个中西风格结合的漂亮橱柜，红木制成的板面散发墨香，镶嵌的镀金边框显得华美气派。每天几次，女孩会将我轻轻插进那个古铜色的锁，接着一旋——我享受我的纹路和锁扣纹路完美契合、旋转摩擦时发出的咔嚓声。因为当我意识到我是在为我的女孩提供安放她物品的服务时，一种庄重感总是从我心底油然而生——我知道我是被需要的、有价值的，我享受成为她的钥匙。

女孩每天从橱柜里取出什么、放回什么，我并不完全了解。她洁白的身影探入柜子里去置换物品的时候，我会暂时被她留在红木板的后面。当她完成那每天必须的神圣交换，她才会把红木板盖上，把我轻轻取下，再套回她的手上。我瞥见她手中的物品，多半是书籍或者课本。

后来，她手中的东西变了，变成了一些用牛皮纸包裹的小箱，还有一些信件与文件。

有时一些戴着帽子、身着大衣的人会和她一起进入房间，有男有女，有少年也有壮年。他们会聚集在她的书桌边，压低嗓门讨论一些我听不懂的专业词汇和事件。在那些频繁出现的词汇里，我记住了“共产党”三个字。

一天，那些人离开后已是明月高悬的深夜。女孩用手指套着我，侧卧在她宽大的床铺上，眼眸倒映着皎洁月光——我看出她心事重重，无法入睡。接着她举起我，让月光在我古铜色的皮肤上自由倾泻。

“你知道吗，你很重要。我还记得我第一次得到你的时候，爸爸对我说，我们要穷尽一生去寻找中国的钥匙……”这是她第一次直接对我说话，“现在爸爸已经在寻找钥匙的路上牺牲了……我继承了他的工作，并且已经拥有了一些线索。橱柜里的东西就是那线索，我不能把那些东西弄丢……所以你一定要好好的……”

她的泪水滴在印花枕面上，把那淡红色的花纹晕染得生动。晶莹的水珠落在柔软的布料上，只一闪，便被吸收。

我在那复古窗棂吹进的晚风里轻轻晃动。暴风雨前的月光下，她在我的三叶草上烙下了一个深沉的吻。

三

几天后，李公馆的宁静空气如同摇摇欲坠的镜面，被一阵凌乱不堪、狂躁违和的脚步击得粉碎。

当那群穿着黑色制服、握着长枪的特务冲进来时，女孩依然穿着那件白裙，坐在书桌边整理她桌上的纸堆。

我不相信在特务把她的房门击破前她没有听到那些强盗的声响。可她只是任由窗外的清风吹乱她的发丝，有条有理地将那些文件分门别类。当那些人进入房间，用枪直指她的后背时，她的脸上竟没有一丝一毫的慌乱。

“把手举起来，小丫头！”为首的特务大喝道。

女孩终于整理完了最后一堆纸，把它们轻轻堆放到书桌的一角，然后缓缓地站起身。那群特务如狼似虎，在为首的特务发指令前就冲了上来，揪住她的麻花辫，想把她拖走。

“钥匙！”“在她手上！”“动作快！”

在杂乱的喊声中，在那群粗犷的成年男子终于钳制住她的手把她按在地上前，她用小拇指迅速把我取下来，接着奋力扔向窗外。

在我从空中划过弧线的那永无止尽的一秒里，我深情地注视着那个正在缩小的窗口。那里面所有人的目光都集中在我身上，特务们眼中贪婪的光芒仿佛豺狼。但我只注意到我的女孩——她的手臂被两个特务以一个怪异的角度扭着，但她毫不在意，眼眸中只倒映着远去的我。我在那澄澈的眸子里看到了留恋、爱意与希望，唯独没有恐惧与痛苦。她留给我的最后一个影像，是她在那一秒中嘴角弯曲出的奇异弧度。

扑通。

我落进了池塘的水波里。头顶涟漪荡漾，褶皱了天光。我浮浮沉沉了一会儿，接着慢慢地沉到了鹅卵石上。

隔着池水，外部空气送来的声响仿佛一台忽高忽低的收音机。透过池底的静谧，我听到她以我从来没有听到过的大音量高声吼叫："是的，我就是共产党员！不论你们折磨我还是毁灭我，你们永远不可能从我这里获得那份文件！"

我在深渊般的惶恐中，将涟漪拍打池壁的轻响当作心跳，沉默地等待着。

枪声终于响起，柳枝上的麻雀从我头顶的云影里受惊地消失了。

我在池底静默地等候了一段时间，接着被一双粗暴的手捞起。

"找到了！钥匙在这里。"说话的是那个为首的特务，他的嗓音嘶哑低沉，仿佛地狱魔鬼的低语，"那小丫头可真是太嫩了。"

四周传来一群特务的哄笑。

我周围的世界开始碰撞、晃动，这是特务举着我在李公馆的楼梯上狂奔。他们回到女孩的房间里，粗暴地把我插进那个橱柜的钥匙孔，然后带着胜利的喜悦与如饥似渴的贪婪看向橱柜里面——

为首的特务骂了一句脏话："见鬼，怎么是空的！"

那群强盗风卷残云般来了又离去。柳树依然苍翠，茉莉花依然芳香，池塘里的金鱼依然自由，春风依然携带记忆。但是我的女孩——她叫茉莉——的青春生命，永远地被带走了。

几天后，那些曾经来过女孩房间的男男女女回到了李公馆。其中一个男青年轻轻地把我从特务没有关上的红木门上拔了下来。我在男青年手中，默默地注视着那些人在房间里整齐地站成一排，对着空荡荡的书桌三次鞠躬。纵使我不懂人类的礼节，我也知道，这是他们永远的诀别。

男青年将我放进了一个牛皮文件袋中，从此我开始了漫无天日的沉睡。

在那由茉莉花、金鱼、柳树、麻雀和春天编织的梦境里，我唯一难以忘却的，是女孩在那最后一秒里嘴边扬起的弧度。那是什么？

以及……那把中国的钥匙，被找到了吗？

在烟雾缭绕、蒸汽氤氲的梦的世界，我被这两个问题久久缠绕，久久困扰。这一沉睡，便是七十五年。

四

最终，我在一个玻璃柜里醒来。我躺在红色天鹅绒覆盖的柔软平台上，前方是一块特制的标牌，上面是柔和的灯光——那灯的模样，是我在民国时期从未见过的。

周围聚集着一些人——他们穿着和民国时期完全不一样的衣服，每个人手里都举着一块会发光的薄砖头。

“爸爸，这是什么呀？”一位穿着夹克衫、牛仔裤的父亲抱着一个身着白裙、扎着麻花辫的小女孩站在我面前，那孩子指着我发问，“它好漂亮！”

我只觉得奇怪——难道在这个年代，人们已经不使用我这样的钥匙了？

“这是钥匙，亲爱的。”那位父亲慈爱地说，“用来开门开锁的。最近几年智能锁普及，所以我们家里所有东西都只要语音或者指纹就可以开启。你没见过钥匙很正常。”

那对话中的陌生词汇令我震颤。

“那这个钥匙不用来开门，放在博物馆里干什么呀？”女孩稚嫩的嗓音让我回想起我的茉莉——

“中国的钥匙是用来干什么的？它在哪里呀？”

多年前，也是这样一个扎麻花辫、穿白裙的女孩，在李公馆的春风里向父亲天真地询问。时光荏苒，她们幼小的身影、尖细的嗓音、相似的问题，竟跨过这么多年的峥嵘岁月，重合在一起。

“喏，你看，这块牌子上写着呢。”父亲慈祥地指着我看不见的文字，“中国共产党地下党员，李茉莉……十五岁加入中国共产党，十七岁用掉包计保护了当时中央的重要文件，最后被特务暗杀在自己家里……这把钥匙，是那个姐姐以前使用的。”

我听懂了“共产党”三个字。我的女孩曾经是它的一员，她是为了保护它的文件牺牲的。

玻璃柜外的小女孩趴在柜门上，好奇地打量着我。接着她回头，对她的父亲道出了和我一样的疑问：“爸爸，为什么这个姐姐会愿意为了那个文件放弃自己的生命呀？”

“这是一种信仰，孩子。有些东西是值得为之去死的。”那位父亲语重心长地说，“你长大一些后会明白的。当年这些斗士们就是这样前仆后继、舍生忘死，在长夜之中摸爬滚打、披荆斩棘、等候黎明——正是因为有他们这样的人为我们而死，才有我们国家现在的和平自由、繁荣昌盛。所以，你要记住他们，并且要感谢他们、敬爱他们。”

女孩懵懂地点了点头。她和她的父亲不久后就被人潮裹挟着离开了。

在深夜博物馆的寂静里，我苦思冥想。

在这个崭新的、我所不熟悉的时代，人们享受前沿的科技，穿着时尚的衣着，沐浴在和谐的春风里，空闲时还能享受博物馆的知识宝藏。他们铭记民国时期的过往，将信仰化作长矛，在新的生活中煮酒笺花。

我终于得到了那两个萦绕我七十五年的问题的最终答案——

女孩最后一秒里嘴角扬起的奇异弧度，是信仰的微笑。

中国的钥匙，七十五年前已经找到。

指导教师：盛旭峰

本文获第十九届决赛特等奖

点　评

这是一篇既有历史纵深感又有现实关照的佳作。表现宏大的主题，角度的选取至关重要，而本文作者选了一条更难的路。在一般的文章中，钥匙只是个推动情节发展的物件；在这里，钥匙成了叙述主角。这样的叙述视角，作者要完成两次转换，先以全知视角，明确文中所有的人物、物件的位置和走向，再转换成"钥匙"的角度，描绘从他的眼睛看到和感受到的世界。这似乎也是种讨巧，从这个角度能更好地处理详略："女孩每天从橱柜里取出什么、放回什么，我并不完全了解。她洁白的身影探入柜子里去置换物品的时候，我会暂时被她留在红木板的后面。"对女孩做的事一笔略过。但它的难度在于，从这个视角观察到的世界是否真实完整？本文时间上有七十五年的跨度，空间上更是多次变换，不同人的手上、橱柜门上、被抛入池塘的瞬间、沉入塘底、博物馆的玻璃柜里，难度很大，但本文很艺术地处理了这点，观察描述的视角完美统一。在细节的真实代入感中文章完成了宏大主题的表达，思想性、艺术性俱佳，展示了作者不凡的写作功力。

（王军霞 高级教师）

李昌发结婚

□ 中国人民大学附属中学　王冰玉

李昌发原是村东头的一个闲汉，家里排行老二。爹娘早不在了，他没有地，整日无所事事，叼着个破烟斗满村逛，歌儿唱得好，但是农活儿却不晓得做。因懒惰实在太出名，所以模样周正的一个人，三十五六还讨不到老婆。村里的女人都说“宁嫁村西王癞头，不嫁村东懒李二”。但是如今这李二竟要结婚了，新娘子还是顶好的人儿！

事情还要从三年前说起。

那天村里来了新的第一书记，他挨家敲门问情况，到了李昌发家门口，见那木头板歪七扭八，蛀得不像样；房子缺砖少瓦，四面漏风。而李昌发呢？却在空场上打着赤膊晒太阳。

书记问他缺什么，他眼皮也不抬，停了哼曲儿，说：“缺老婆，缺孩子，政府给吗？”陪着书记来的两个小伙子没忍住，直捂着嘴偷乐，但是书记没有笑，蛮认真地跟李昌发说：“你要是有改变，那还真能给。”

从此，李昌发成了第一书记的重点关注对象。书记也姓李，就拿李昌发作亲弟弟看。李昌发靠吃低保生活，早晚都是咸菜就粥，李书记就带他到家里改善伙食。李昌发的小窝棚，李书记也带着他买材料，叫李昌发自己动手修补。李昌发实在是懒得不想去补，就说反正这里冬天也不怎么冷，可是李书记端起拌水泥的盆，就往墙缝里抹起来。李昌发看着，心里一阵阵过意不去，只好把盆抢过来，自己补。李昌发边干活儿，边满心好奇，李书记怎么也晓得抹水泥呢？李书记回答他：“我小时候家里也是农村的呀，当然要会做活儿。我努着劲儿考了好几次，才上了省城的大学……”李昌发听着，沉吟半晌没答话。修补好墙缝儿，又刷白了内墙，整个屋子都新了几成。李昌发人也显得精神了，时时觉得要做点儿事——被子要叠，碗也要洗，身上也要稍微打理两下。

李书记见李昌发有了改变的意思，觉得工作有了成效，心里很是高兴。县里派出了就业培训小组来到各个村巡回帮扶，他就让李昌发去报了名。李昌发想到自己将有工作了，也暗暗高兴。

秋天的时候培训小组到了村里，经过一番评估，建议李昌发去养蜜蜂。小组里正有一位养蜂人，李昌发将他认作师父，向他学习养蜂知识。李昌发脑子并不笨，学了两个月有余，觉得大约懂了，就拿着借来的启动资金买了三十箱蜂，安放到选好的地点，又买了取蜜的工具。然而万事开头难，刚养两周，蜜蜂就跑了一大群。他正想法子补蜂时，骤降的气温又找上了门，蜜蜂的病亡再次给他沉重的打击。李昌发嘴角还带着蜇出来的鼓包，冲劲儿过去剩下满脑子混沌：养蜂本来是挣钱的生意，怎么到我这里，成了净亏钱了呢？他的头昏昏的，又想回到原来叼着烟斗闲逛的日子了。

就在这时候，李书记又给他带来了好消息，农村信用社推出了新的小额贷，由政府担保，专门扶助有产业的贫困农户。这下资金问题解决了，他踩着下一季花期到来之前，补回了丢掉死掉的蜜蜂。他还特意去买了一个智能手机，在网上向有经验的养蜂人取经，也不抛下培训班发下的课本，吃饭的时候就拿出来钻研。慢慢地，他养蜂越来越得心应手，再也没发生大的病害了。

第一年，李昌发挣得了小一万，还掉一部分贷款，又添换了新工具。他点着红红的钞票，嘴角快要咧到了耳朵根，喜得不知道怎样讲话。李书记的尽心扶助，让李昌发终于有"昌盛发达"的希望了。大年初一一早，他赶着去给李书记拜年，拿自己的劳动成果给他也尝一尝。

第二年开春，李昌发又忙了起来。新一轮的山花刚开放，漫山遍野粉白粉白的，团团簇簇挠得李昌发嗓子眼直发痒。他做过一轮开箱检查，手一撑腰就唱起来。李昌发选的蜂场离南面邻村很近，那村里的姑娘听见，都跑来悄悄看，李昌发一转头，正好和一个长得蛮俊的姑娘对上了眼，姻缘一线牵，就这么结下了。

可是姑娘的妈始终不肯，觉得李昌发那村穷，李昌发自己也没钱，只怕女儿嫁过去要受苦，坚决不许这门亲，急得李昌发直跳脚。李书记听说了，安抚李昌发叫他不要急，又找到姑娘家里说，再给李昌发一年的时间，要是那时能做出名堂来，就由他来做个媒人。

姑娘家里一点头，李昌发立时觉得有了力气，咬咬牙又买了十来箱蜂。他梦里也有蜜蜂嗡嗡叫，催着他早早起来干活儿，看看蜂箱里的蜜，不消尝也感觉舌尖上甜滋滋的。李昌发开始坚定地相信，他未来的日子也会跟这蜜一样甜。李昌发的烟斗放在床头柜上都积了灰了，他哪儿有时间叼着烟斗闲逛呢。他每天都在山上从一片蜂箱走向另一片蜂箱，追着一只野蜂去找蜂窝，算着花期想着什么时候去割蜜。李书记曾经跟他讲，如果他有改变，那么讨老婆要孩子都不愁。他感到自己已经换了一个人，三口之家暖烘烘的图景近在眼前：他的窝棚也将不再是窝棚了，他要攒钱盖它个小二层！

年中，县里开通了特色农产品的电商平台，李昌发踊跃自荐，一定把自家的土蜂蜜推销出去。申请一通过，广告打出来，他的收入就开始翻番。县城的平台隔一段时间来取一次蜂蜜，水泥路尽头驶来的小卡车成了他的幸福源。

又一年年关将至，李昌发和平台结了最后一笔账，算一算总共有五万多。李书记也高兴极了，陪同李昌发置办了一身新衣。李昌发去了邻村的姑娘家，还不忘带上几罐蜂蜜。这一年李昌发又显得不同了，脸儿晒黑了，身上的闲劲儿也晒没了。姑娘家里长辈原本板着脸铁了心不肯松口，但看见李昌发身上的精气神，眼神里就动摇了几分。李书记趁机替李昌发讲情，介绍他这一年的成绩，又做担保，几番下来，亲事总算说和成了。两边各自准备，就在年初五结婚。

不光是李昌发自己，村里的乡亲也都喜气洋洋地帮忙张罗。有了这样一个改掉了懒惰的毛病而使生活蒸蒸日上的榜样，怎能不叫人欢喜呢？别人给李昌发竖大拇指，李昌发却说，没有李书记这个干哥哥，他做梦也想不到生活能这样美。拜堂的时候，李昌发牵着新娘子走到李书记面前，深深地鞠了几个躬，感谢这几年来李书记像亲哥哥一样爱护他鼓励他。李昌发给媳妇细细地讲了这事，讲到最后直抹眼角，小两口心里都热乎乎的。

两人一起去蜂场，那一箱箱的蜜蜂飞出来，飞回去，嗡嗡地唱着。树上的桃花一簇簇，地上的野花一片片，缀上隐在花间嫩嫩的绿叶绿草，铺开一幅长长的锦绣，就像传说里仙女织的五色锦缎。这儿是甜的，那儿也是甜的，处处流着蜜，美进心坎儿里。

指导教师：赵玉娇

本文获第十八届初赛一等奖

点　评

本文选了一个很具有时代气息的话题“脱贫攻坚”，以小说的形式塑造了一个贫困户的形象，讲述了主人公在各种富民政策的支持下摆脱贫困、过上好日子的故事。小说以主人公的“结婚”为切入点，在短短的篇幅内囊括了驻村干部、小额贷款、电商平台等助农政策，甚至还花不少笔墨叙述了恋爱的过程。文章以小见大，颇见功力。语言流畅自然，富有生活气息。

（蒋成峰　大学教授）

时间之外的归属

□ 吉林省东北师范大学附属中学　孙嘉伟

族谱

无数次在博物馆见到各式各样的族谱，装订精美，大抵是名门之后的身份考证。

但我要说的是祖父桌上常摆的那本。它的原本被收藏在祖父千里之外的山东故乡的孙家祠堂中。半年前临太祖母逝世二十载，祖父举家返乡祭拜，我有幸看到它的原本。

祠堂暗而静默，但烛火长明。也许只有在这样的神圣里，我才能静下来，回顾祖辈的千年光阴。

族谱有多本，其中有一本与众不同，是近百年的那本。其实每本族谱的扉页都有先祖留下读书明志、立德修身的祖训，唯有那一本不同。

"……而今神州陆沉，家国患难，苍生不宁。昔班超投笔从戎，值此国难，吾孙氏子弟当守家国之大义，立民族之气节，若无立国之才，亦当战死以殉国难，无愧列祖列宗神明……"

用血色殷殷的朱笔写就，以淋漓的行草，快意恣肆，气贯长虹。

翻开正页，有些名字是红笔写就的。在华夏，红笔题名为忌，但后人仍用红色将他们记叙下来。

"孙德忠，1921 年生，妻张氏。国民二十九军连长，战死南京。"

是南京大屠杀的故地吗？在他呼喊着挥刀冲向敌营之时，在这片千里血染的土地上，他该是怎样的决绝？

"孙德禹，1922 年生，妻邓氏。商务印书馆编辑，战死河北。"

是真的响应家训投笔从戎的文人吗？抑或是商务印书馆被炸毁的悲愤使他提起枪冲向犯我疆土、毁我文化的恶兽吗？

"孙绪安，1927 年生，就义于山东。"

看名字是下一辈的排字了。没有婚配,就义时十六岁有余。

…………

合上书卷,封面是"家德绪刚长"的祖训,也是这五代人的排字。

这极为神圣壮烈的一本族谱,祖父翻阅它时垂泪涕泣。也许那里有他的父亲,有他未曾见的叔伯兄弟,有他的眷恋与不舍。

而今,我站在它的面前,它成了一代人时间之外的归属。

情书

你写给前座女孩的情书,我看过了。文辞博雅,海誓山盟,感人至深。

但你有没有见过椎心泣血的情书呢?祖父的小木箱里留着他抗美援越时候的军功章、太祖母裁衣裳的纸模……有一封情书压在最底下,是钢笔滞涩的字迹。

"安,不知这一去要多久能回。想是三年不回,便是与鬼子搏命(战死)了。你总是最让我挂记的。你常说要做我的新娘子,我害羞不应,却再无机会应了……"

写下这封信的时候,写信的人儿的心该怎样滴血啊?那个叫安的女孩,还在等他吗?他回来了吗?又是谁将这封信传给了祖父,成为后代人扼腕叹息的遗憾。

每个人心中都有一段风花雪月的故事,但有一代人的青春里,情思成了无法折返的故园与光阴,成了时间之外的梦境。

那个情窦初开的男孩,和那个日夜思君的女孩安,他们彼此爱过了,他们为这个国家爱过了。他们活成了他们自己的时间。

可怜无定河边骨,犹是春闺梦里人。

时间

一个国家有一个国家的时间。一代人有一代人的记忆。

每次去祖父家,他都要把我拉进他的卧室,给我展示他的相片、他的故物,那是他的记忆。

也许儿子儿媳都太忙无心倾听,也许祖母还在忙于柴米油盐,也许孙女太小还听不懂这些。于是,我成了祖父唯一的倾听者。

也许是他想在有生之年给后人留下那个年代的过往,那个年代的故事。他不想让那个年代的记忆失传。他不愿他的父母、他故去的战友、他璀璨的情感,在他百年之后就彻底被世人遗忘,留不下一点儿痕迹。

可是,故事太多太多,怎么讲得完呢?

可是，还有什么是时间不会抹去的呢？

是记忆。

记忆留下来，像默片一样，回放那年英勇牺牲的军官，那年持枪报国的文人，那本族谱，那封情书，那个年代。我愿意成为聆听者与讲述者。

时间从一个质点结束，又从一个质点开始。

在我们的生命里时间不会重演。

但那一代人爱过了，那一代人真正活过了，他们成了时间之外的归属，在这片陆地上，在无限的时间与记忆里。

在崭新的世间，作为他们的后人，作为这个氏族的继承者，我会拥有属于自己的时间吗？

像先祖一样，无声而伟岸。

我期待着。

指导教师：杨治宇

本文获第十八届决赛特等奖

点 评

本文以三个部分，讲述了令作者印象深刻的家族故事。第一部分，借家族的族谱，讲述了几位家族先辈战死在抗日战场，文字简短而悲壮；第二部分情书，写了祖父收藏的一封信，简短的交代里，我们不知道写信的人是否牺牲在抗日战场，令人扼腕；第三部分时间，写了作者的思考。全文构思巧妙，围绕主题进行叙述，尤其讲述的抗战故事，反映了中华民族的不甘屈辱。

（蒋成峰 大学教授）

背上的黑板

□ 山东省济南大学城实验高级中学　郭奕林

我是西南联大的学生，那时十二岁。

与其说是学生，更像是编外的小丫头。当时西南联大的师生从我家乡经过，我爬到树上听一个老爷爷讲课，听他说什么江水东流什么周郎小乔。老爷爷总在树上挂着的黑色板子上涂抹着什么，我看不懂却心向往之。

当他们要走的时候，我紧抱着老爷爷的腿哭得撕心裂肺，我说："俺爹娘都死了，爷爷你带上我吧！我能帮您背那黑板子，我喜欢听您讲故事！"我听他们说话久了，知道用"我"来替代"俺"，用"您"来替代"你"了。

老爷爷沉默了许久，他什么也没说，只是把那块黑板子推上我的背，牵起我的手。我知道我可以跟他们上路了，我也是"西南联大"的学生了，于是我把那块快比我高的黑板子往背上扯了扯，小跑着上路了。从此我管爷爷叫教授。

那块黑板子——后来我知道它叫"黑板"——其实就是往大木块上抹了锅灰做成的，一摸一个黑印子。与其不同的是教授雪白的粉笔。那是一盒整齐的粉笔，每一支都被教授分成几段用。教授写字时，我就按住黑板，听粉笔落在黑板上的声音；课毕，我便将黑板一抖，袖子一抹，黑板就算是擦干净了。

那一日我们遇上暴雨，黑板让雨一冲直流黑水，教授却倔强地拿他珍爱的粉笔在黑板上写下两个大字"离骚"。他高喊道："同学们，我们来学屈原，我们来读《离骚》！没有什么困难能动摇咱的心！路漫漫其修远兮……"教授在雨中的声音悲凉却高昂，他讲屈原如何有才、如何坚持、如何保持自身气节，他讲《离骚》如何浪漫、如何凄楚、如何爱之深恨之切。他在雨中湿淋淋地走着，他在雨中振奋地讲着。"同学们，我们读屈原，读他的爱国他的才情，却不读他走投无路跳江自尽。何为？因为我们要永远求知若渴，永远为国效力。绝境很多，绝境很苦，但活着、信着、拼着，我们总能看到明天。"

大雨倾盆，天地间立着一位老人。或许是雨下得太大，我看不清教授通红的双眼,分不清他脸上是雨水还是什么。

黑板一摇一摇挂在我的背上,“离骚”两个字已被雨水擦去,可心上的黑板却默默留下这二字,不肯擦去、不愿擦去。

踏过风雨,我们也曾在阳春三月,从沙石炮火中抽身须臾,走到画里。不知是哪的湖泊,清波漾漾,飞鸟三两,点点春光,一派悠然景象。有几个学长偷来教授的粉笔,在我背上的黑板上试图记录春光,被教授逮住后,便把黑板一擦,低头成一排秋后的高粱。教授却不恼,挥手叫我过来,在黑板上写下几排字:“关关雎鸠,在河之洲……”

“看看,粉笔是用来写字的,我写的这些字可比你们画的画有意味吧?”教授背着手,眼睛弯弯的,用似唱非唱、似读非读的声调念出黑板上的字,他说这是古人读诗的方法。我们便和他一起诵《关雎》。

有个学长将我举起,放在肩上。十二岁的丫头,个子小得骇人,可眼睛却是亮的。我抱着黑板,大声吟诵着:“关关雎鸠,在河之洲……”

在这他乡湖旁,诗韵悠扬,夕阳斜照,倦鸟东飞,软草镀一层金光,柔和地依偎成翻滚的流金,风过有浪,风过有诗。

一路悠悠半途诗,不知不觉间,风已帮我去了板书,擦净了黑板。可美的声音却在心上的黑板印下了踪迹。

我是被炮火声惊醒的,昨夜起这声音就没断过,我们躲入山洞,苟求一夜安宁。炮火声近了,我吓得发抖,欢声笑语就这样被残忍撕裂,没有余地、没有回旋。教授年纪大了,两天的逃退让他疲惫不堪,我理应在这时顺从他不给他添乱。可当他说黑板会碍事叫我丢下它时,我却止不住拒绝,更止不住泪水。

不要,这是我能来这儿的缘由。不要,这是我最好的朋友。不要,这上面承载过我太多悲喜。不要,这是我的盼头,我的希望。

我听学长们讲过国外的教室有课桌,有光亮,更有黑板,擦一次不会把锅灰擦掉。我很羡慕,可我觉得我也很幸福,因为我也有一块黑板,我有风和雨把上面的字擦掉。

教授,求你,不要。

在炮火中,我泪如雨下,却没有说任何话。我只是沉默地把它放下。

教授伸出他宽大的手掌覆于我的手上,他笑了,一如每次见我擦黑板擦成黑丫头那样。他弯下腰,对我,也对每一个学生说:“孩子们不要难过,只要我在,你们在,哪里都是课堂,哪里都有黑板。现在我们放下黑板,以后我们有大地为黑板,有日月为光亮,有四方六合八荒为教室。炮火或许会擦去地上的笔记,却永远不会抹去我们心中黑板上任何的印记。”忽明忽暗的山洞里,老人直起脊梁。

外面沙土飞扬，阳光毒辣，可我们每个人脸上都湿润得仿佛下过雨。

在那个狂风暴雨、战火燎原的年代里，我背负着一块黑板，这黑板叫大地，这黑板藏在心里。我从那个年代走来，不畏风雨。我在广阔的大地上求知若渴，我在被炮火肆虐的土地上不倦地学习。

我背上的黑板，藏在心里。

指导教师：李燕

本文获第十八届决赛特等奖

点　评

作者通过一次历史性的穿越，虚构了一个关于黑板的故事。文章以“黑板”为线索，回到了那个炮火纷飞而精神财富异常丰厚的时代。“我”虽然全程参与了故事，但是“我”的作用更多是作为这个历史事件的旁观者和记录者，而真正要刻画的主人公是教授。通过对教授一言一行的塑造，作者回望的是那段历史，致敬的是以教授为代表的那群知识分子对待民族文化的真挚态度和家国情怀。

（厉周吉　作家）

一生向着太阳

□ 内蒙古自治区通辽市第五中学　刘畅

我的姥爷是教汉语的蒙古族乡村教师，他用一生向着太阳。在他垂垂暮老之际，他牵着我走进他守护的故乡——莫力庙。

仿佛是血脉中家乡的召唤，仿佛又听见了妈妈哼起的蒙古族歌谣，一向严肃的姥爷站在村前的土堆上，竟红了眼眶。

他一手握着我的手，另一只手扶紧被风吹打着的帽子，风轻轻在耳畔低吟，深巷中传来狗的吠叫，尘土飞，杨柳舞。姥爷饱览过一切后，猛吸一口气，新铺的水泥路让远离故乡多年的他有些恍惚。他向前虚虚一指，似乎要透过小二层洋楼看什么，颤巍巍地说："这里原是我建的小学。"

那是一年夏天，刚下过暴雨的路面积了好多大水洼，调皮的小孩子们卷起裤脚就往里冲，飞溅的泥黏在脚面——他们连鞋都没穿，泥巴蹭满身。

从城里来的车缓缓停下，孩子们像受惊的麻雀团团挤在一起，用手紧紧抓住同伴，却又好奇张望。脏孩子，乱泥路，土坯房，姥爷说这就是回乡第一眼的荒凉。

下车，点烟，蹲下。

天空中闪过孤雁，水洼经风一吹，水面便泛起粼粼波纹，像无数跳跃的银鱼翻滚着老村的沧桑。

掐烟，站起，转身。

姥爷回头大喊着："不走了！我要在这儿建小学。"他妈妈正从远处扭着小脚赶来，听着这话上去就使劲拧他耳朵："翅膀硬了你！让你学汉语、进城学习，就指望你有出息！你还留在这儿干什么！"姥爷拢住他妈妈的手，把她揽在怀里，在她发间嗅着："这里就是我的太阳。"

向着太阳，一心一意建小学。姥爷带着村民搬砖拾瓦，砍树做柴，风风火火开建。一时间，老路被踏得坑坑洼洼，姥爷穿着草鞋，脚趾里满是黑泥，俊朗的脸晒得黑黝黝的，背上脸上的汗打透开衫白襟。

晚上姥爷披着月光，踩着狗吠声摸黑入门，他妈妈正熬着奶豆腐，见此含着泪掀下儿子那已经和皮肤黏在一起的衣衫，叹气道："何苦呢。"

小学建成了，家家放起鞭炮。烟雾弥漫间，姥爷穿梭在各户有小孩的人家，用蒙语相劝入学。阳光火辣辣地普照着莫力庙，就像姥爷耀眼的笑容一样夺目。学校正式开学的第一天，姥爷咧着嘴看着年龄参差不齐、表情却都迷茫中透着渴望的孩子，没讲课。他一手搂过一个，用胳膊夹着他们去洗干净脸。人净了，心也净了。

其实所谓的小学就是几间破屋，学生们歪歪扭扭地坐着，眯起眼仔细辨认那些长得差不多的汉字。窗外牛在叫，窗内学生读。清风徐来，远处草原的清香如邈远的歌声一样吹进孩子们的心里。汉语与乡音交织的情愫细细密密铺满心头。

改革开放后，那些房子被推倒了。用水泥新建的小学被春风吹生，这春风也吹白了姥爷的头发。姥爷一直在教汉语，他笑着对我说："希望我的学生可以学会汉语，走出莫力庙，走出内蒙古！"他激动着，又起伏着胸膛咳起来。

天边晚霞火焰般烧了起来，凉风拂过我的脸庞，惊得我一阵激灵。正在这时，村长向我们跑来："老师！老师！"他布满皱纹的脸庞溢满惊喜的笑容，鞋边踏起一阵尘土。他见到姥爷，便紧紧捧着姥爷的双手，眼睛亮亮的，哽咽着："谢谢您的每天那袋牛奶，若没有您，我真不知……"说着，又开始抹眼泪。我眨眨眼，期盼地看着姥爷等着听故事。姥爷拍拍村长的肩："我当初可看好你这小子了，要不然也不能把我闺女的'长个儿奶'给你！"我咂咂嘴，心里琢磨着，怪不得妈妈这么多年都抱怨姥爷抢她牛奶。

姥爷牵着我爬上村后的小丘，那是一片草地，牧羊的地方。他指着太阳，说："太阳，就是党，是国家，是希望！我这一生只办了一个乡村小学，但那就是我对国家最大的付出了。"

风抚碧草千里漾，土地散香幽。往事带来乡愁，心头情悠悠。

一个边塞小城，一个返乡知青，他守住故土，守住初心。一生功名穿指过，一生热血向太阳！太阳下，他微缩的身影轻颤。

我们走回村庄，水泥路面格外舒服，蒙古族小孩拥挤着飞奔回家，乡村老狗在夕阳下懒洋洋地打滚，远处飘来的炊烟传来故乡的歌谣。来往的村民都热情地和姥爷打着招呼，他佝偻的背努力挺直些，幸福的波浪在眼角的鱼尾纹腾跃。如今的莫力庙，白瓷砖瓦小楼林立成片。

银月上天，祖孙相依。身后是万家灯火，身前是迢迢大路，通向未来，通向太阳。

这一次归乡之行传递的是拳拳赤子之心，姥爷用一生对乡村和民族的守望教会我：做人脚下有根，头上有太阳，心中有信念。

蒙古族血脉中的赤诚在我的身体里流淌，姥爷在太阳下的身影已暗淡模糊，但那颗种子已深深扎根在我的心中。总有那么一天，它会长成大树，撑起民族与国家的蓝天。

指导教师：张玉玲

本文获第十八届决赛特等奖

点 评

本文是一篇成功的散文。从选材上来说，全文叙述了姥爷作为一个返乡知青在边塞小城创建小学并全身心投身教育的故事，写出了小学今夕的变化，从侧面反映出蒙古族的历史变迁，很好地扣住了题目的要求。从叙事语言上看，文章语言精练，富有诗情画意，在行文中突出了语言的规整与节奏，体现出作者高超的语言驾驭能力；从抒情方式上看，文章叙事抒情有机融合，结尾深化主题，余韵无穷。

（厉周吉 作家）

路过百年

□ 云南师范大学附属中学　薛砚云

城市中央有道路汇聚到一起，汇聚的中央是湖水一方。

翠湖之于昆明意义非凡，高楼间的街巷深处，是一顷波光，白鸥翔集。市民钟爱绕湖而行，环湖的单行道四季鲜花盛开，两岸树木荫翳。风声卷起叶响，锁住游人的笑声，只觉越发静谧。环湖之路没什么特别的名字，给“翠湖”点缀上方向——翠湖东路，翠湖的路，如此便罢。

路侧都是昆明一个世纪以来的故事，昆明人心照不宣地不加惊扰，于是老房子都安静地留着，红砖的、灰砖的，恐怕年代不一，爬墙虎的绿藤毫不忌惮地与之亲近。那些故事由石碑和长廊记着，藏身于民居巷道中。

清晨的巷道有鸟鸣，墙上垂下金色的花藤。有人推门出来，背着书包的，夹着公文的，拉着小车要去买菜的。他们踏着的一砖一瓦所经历、目睹的，比他们中任何人都要多。走到巷子一半，立着个石碑，笑得爽朗的老太太自然而然地噤了声，谈到一半的五花肉与豌豆尖都不谈了，她放慢脚步上前鞠了一躬，再慢慢离开。她记着这是闻一多先生的遇害之地，心怀敬意，日日如此。

近些年的历史多与西南联大、战事变革有关。因为近，那些故事褪去了“传奇”的外壳，反而更真切，引起共情。环湖之路可谓此情最为浓郁之处，先生坡、讲武堂、洗马河……每一步所见的春光都隐藏着往日的影子。

太阳再爬升一些，洗马河岸边的路上有青年人快步走动。百年前，士兵驻于此，秣马厉兵，同一个地方，如今是等待进入图书馆的长长队伍——都是让人升腾起希冀的光景。河中有铁铸的骏马，背后是岸芷汀兰、高楼垂柳，竟是令人惊奇地相配。那长长队伍里的年轻人渐渐涌入图书馆，马儿眼睫低垂，似忆昔年。

日值中天，顺着路向前，陆军讲武堂前游人如织。市民自是无意日日进出，却养成了驻足的习惯，在路的那边望一望这浅黄的建筑。这座学堂走出了多少开国将帅，为西南的一方天地创造出惊天动地的历史，以至于昆明人日日经过，心中都留有余震，一见便仿佛回望了这日日夜夜走过的百年。

再向前，道路便更宽广，有身着红翠衣裙的人成群结队地起舞，老少男女都见身影，一年四季所舞不同。衣裳与红花翠柳相映，脚步缓后又急，袖子跟着手臂的摇摆而飞舞。他们手牵起来围成圆，脚步轻敲地砖，踢向空中，似乎要在手舞足蹈间将喜悦送上云霄。舞蹈之人不止一群，大家歌舞交融。市民对这般热闹喜闻乐见，坐于湖边，一侧湖水一侧歌舞，不觉抵触，只叹赏心悦目。路对岸的人打开窗户，只因愿撷取这一份乐趣。红砖的老房子，名为“金海岸”的咖啡厅里，都有人笑着探身而观。

昆明人说，环湖之路走一回远远不够。有人只见故地尘埃，有人只见花红柳绿，这都远远不够，走过这路时心中五味杂陈的昆明人，自己也说不清道不明。知百年往事而得敬畏，看现世行迹而得烟火，历史像邻里一般靠近，便要与之相处，与之交融。那些石碑、长廊把来时路留于我们眼前，一遍又一遍刻上关于归属与民族的底色烙印。敬畏的底下是深沉的情感，于是，再见人潮，再见花红柳绿，心底被触动的便不只是喜悦。

百年自是长久，留着的、消逝的，都在昆明人心里。我们阔步往前走，又小心呵护着那些记忆，用最低沉、最浪漫的姿态与历史相处，在历史里生长。

洗马读书，眼见欢歌，路过百年。

指导教师：高文文

本文获第十八届决赛一等奖

点　评

本文是决赛作文中为数不多的直接用“路”表达百年历史变迁的作品。所选的对象也比较巧妙，以昆明城环绕翠湖的路为线索，反映百年间城市的变迁，交织着当年血雨腥风的斗争历史和今天幸福安定的生活。文章的语言轻盈灵动，很有韵味，在看似不动声色的淡淡描述中，将美丽的环湖风景和沉重灰暗的历史、充满朝气的百姓日常浑然一体地呈现在读者面前。

（蒋成峰　大学教授）

瘦

□ 甘肃省甘谷第一中学　郑康琪

父亲的书桌上摆了一张相片，相片中的三个人，都很瘦。

爷爷弓着背，站在中间。

我以为同族的老人对爷爷敬重有加，是因为家族族谱由爷爷保管。可后来才知道，这个在我看来有点儿古板的老头儿，胸藏山河。

老人说起爷爷，必定会尊称一声“郑老师”。二十世纪四十年代，在战火还未波及的小山村里，爷爷，是方圆几十里唯一一个上过私塾的少年。在众人的回忆里，那个少年总是天没亮就在田里锄草犁地，然后背上村里木匠钉的书箱，赶去另一座山上的学堂。那少年手里不是攥着半个洋芋蛋就是一点儿窝窝头，还时不时抓着一把野菜，那是他一天的口粮。

而当时名闻小村的爷爷，至今却从未向我提起那段时光。他的回忆里只提起过他的妈妈，将他从鬼门关救回来的妈妈。现在说到二十世纪五十年代末的饥荒，觉得是很遥远的事，可对每一位老辈人来说，那是怎样也抹不去的伤痛。最初只是一场大旱，家里的白面、玉米面吃完，还有高粱面、蜀黍面，然后是所有的粮食都吃完了。挖野菜，满山遍野的大人小孩抢野菜，连根的底端都吃了。最后，饿啊，啃树皮，煮皮带，甚至农村烧窑的黏土也被拿来吃了。爷爷的小妹，有一点儿哭声，却饿得哭不出眼泪，蜷在土炕上，离开了人世。爷爷怎么活下来的？爷爷只记得那时所有人都瘦得皮包骨头，他的妈妈刨树根，刨得满手的血啊，藏点儿树叶子，拿把菜刀生怕别人来抢。爷爷活下来了，他的妈妈却永远留在了饥荒结束的第二年。病，爷爷说是饥荒留下的病，为了救他留下的病。

父亲站在左边，没有半点儿发福的样子。

村里人都说我们家有福气，代代都是好好读书的苗子，可我知道，父亲这一路是怎么走来的。

小时候，父亲是吃大锅饭长大的，爷爷挣的工分不少，但养活一大家子人不容易。大锅饭，在父亲的回忆里总是可怜地漂着菜叶子，看不到多少油水。等改革开放普及，父亲已经上了几十里外的初中，每天蹬个大自行车冲去学校。家里穷，父亲长得瘦小，每天还就带那么点儿可怜的高粱馍馍、玉米窝头，老师心疼他，就自己少吃点儿，给父亲偷着塞点儿白面饼子，可老师又哪有那么多白面呢，父亲依旧饿着肚子面黄肌瘦。上完初中，父亲考上了县一中，可是穷，没钱，父亲只能跑到内蒙古跟着大伯打工。父亲就这么贫穷地成长着。

当十四岁那年我买了路遥《平凡的世界》，看当初少平、少安在黄土高原拼搏的样子，父亲才向我谈起他的十四岁。父亲说当时在内蒙古的工地上打工，就和少平一样，背沙石砖块，背得肩背上一层一层的血痂，晚上不敢躺着只能趴着。书中少平晚上在工地看《牛虻》，父亲是自己缩到角落里点个小煤油灯半凭灯光半靠月色，看《钢铁是怎样炼成的》。少平血气方刚把打工挣的钱都给了那个管灶的小姑娘，父亲则是少年未谙世事，赚的钱在返程时便被扒手偷走了小半。像少平为了自尊总会最后一个跑去吃饭，父亲说他也常常窝在学校后面的小树林里，偷偷啃着窝窝头看书。

父亲说上学的时候别的同学都怕忆苦思甜饭，难吃不说，还难消化。可对他而言，只有那个时候他才可以大大方方地吃饭，不觉得自己有多寒碜。“忆苦思甜”，他想，真是对十几岁的自己的莫大鼓励——你看，我经历了苦并以此为追求幸福的源泉，正是对忆苦思甜的真切体会。父亲后来一边打工，一边自学考了大专，考了本科，这几年又考了工程师的证书。我想对他而言，往事都是宝藏，贫穷都是成长。

站在右边笑出一口白牙的，是我。

母亲发现我身体差是在我小学时，我三天两头吊瓶子吃药，混成了社区几家药店的常客。后来检查发现，一是本来胃不好，二是之前总是吃药伤到了身体。外婆急忙打来电话，让暑假把孩子送到她那儿去。

外婆不带我抓药打针，每天拉着我在田边挖土、铲菜、掰苞谷，带着我从村东头逛到庄西头，中午大灶上给我炒青菜、拌西红柿，下午揪茄子面片，蹲在家门口侃闲。一个假期，我晒得黝黑黝黑，依旧是瘦，但没感冒没生病，一天到晚在村子里撒欢，上树、下地、逗猫咪，看上去生龙活虎，半点儿不像有胃病的样子。

母亲借鉴外婆的经验，给我白面、杂粮面齐上阵，油菜、白菜包包菜。春天，她拉我到郊外寻找生机，顺便挖点儿野菜；夏天，伴我在厨房挥汗如雨，在菜场激扬文字；秋天，带我在公园散步，看湖面未败的荷花；冬天，则和我一起晒着暖烘烘的阳光焚香、煮茶、静坐。

我依然很瘦，但操场上挥舞球拍的人群里必定有我；父亲依然很瘦，但傍晚篮球场上他是最活跃的身影；爷爷依然很瘦，但书桌前挥毫泼墨他是最勤快的一个。

照片里的三代人，照片外的近百年。

每一代有不同的瘦着的原因,但每一代有着同一个美好的愿望——过自己喜欢的生活。

指导教师:董志新

本文获第十八届决赛一等奖

点 评

本文围绕一个“瘦”字展开行文,全文结构严谨,叙事紧凑。爷爷、父亲和我,一张照片上有共同特点的三代人,构成了文章的叙事主体和行文主线,扣住了家族的特点,从侧面反映了一百年来的家国变化,很好地扣住了题目的要求。同样是“瘦”,每一代却有不同的原因,这里面既有个人原因,又有时代原因,体现出作者灵活选材和自由叙事的能力。文章若能对三代人“瘦”的必然联系再下点儿功夫,会更有表现力。

(厉周吉 作家)

钥 匙

□ 山东师范大学附属中学幸福柳分校　张琼文

母亲从重症监护室一步步踱出，递给我一把锈迹斑斑的黄铜钥匙。我颤抖着双手接过，耳边悲痛到嘶吼的哭声在幽深的走廊弥漫。

钥匙很小，只有半个食指长短，我紧紧地攥着它，好像握住了姥姥的苦难、坚韧、沉默的一生。我知道，这把钥匙是姥姥积累一生的财富。而她选择留给了我——孙辈里唯一的女孩。

我独自一人来到地下室，钥匙抽插多次才找准锁孔。推开旧铁门，吱吱呀呀的呓语似乎在诧异怎么不见它的老主人，空气中细小的尘埃浮浮沉沉，仿佛无数小生命在舞蹈。如此我便来到了姥姥的小世界。窄小逼仄的空间里，布局简洁实用，随处可见的浮尘则暴露这儿的主人已卧病一年，无人再来打扫的事实。最显眼的东西是一台缝纫机和一排摆着《毛泽东选集》的大书架，记忆中蜗在地下室的姥姥总是发自内心的笑容灿烂，因为在这里她不用做谁的妻子、母亲、祖母，不是哪个家族的附属品，而是一位拥有独立人格的女性。

拂去缝纫机上的积灰，我坐在长凳上，仿佛和童年中无数个记忆重叠，只是身旁少了个给我讲故事的佝偻身影。年幼的我，是姥姥的小跟屁虫，姥姥走到哪里我就迈开小短腿亦步亦趋地跟到哪里。她总是回过身来宠溺地刮下我鼻头，笑着说一声“你呀你”，无奈地抱着我掏出钥匙来到地下室，和我共享那些埋在故纸堆中的回忆。

姥姥是村里小学的语文老师，经人介绍与姥爷相亲就此结伴一生。她年轻时总爱扎两股乌黑油亮的大辫子，还加入过生产队女骑兵队，翻身上马打气枪别提有多英姿飒爽了。照顾班里还在流鼻涕的“小猴子”们她更是不遗余力，随身携带针线包，为他们缝补因贪玩而被刮破的棉袄。即使姥姥退休多年，仍有过去的学生前来拜访，感恩她过去的悉心教导。姥姥提起这些往事，总是笑得合不拢嘴，不停给我讲述生动的细节。关于饥荒中饿到啃食树皮的苦难她却总是一言以蔽之，那些曾给予她重创的尖锥，被姥姥以有容乃大之心胸磨平，她早已与岁月和解。因此，在备受病痛折磨而形销骨立的日子里，她也从未抱怨。

姥姥与我而言，恰似这把钥匙，她背后的旧铁门隐藏的是中国二十世纪五六十年代千万普通妇女不被记录、注定在历史中湮灭的过往，人们总是以某人之妻、某人之母为她们冠名，却遗忘了那些鲜明的喜怒哀乐。她们拥有最朴素的面容，因常在田地中劳动而皮肤粗糙。她们在家长里短中操劳一辈子，在柴米油盐中蹉跎却从不抱怨，因为她们心中仍有爱与追求。幸而，从刘半农提出“她”字的应用，到1954年男女同工同酬被写入宪法，人们正逐步认识到常被历史忽略、藏在阴影里的妇女力量不容小觑。一时间“妇女能顶半边天”的铮铮誓言响彻全国。时至今日，新冠肺炎疫情中的一线抗疫医生，女性占三分之二。那些“女人就该藏在男人身后”的言论早已随着时代进步和女性的崛起被淘汰出局。无论是过去还是现在，抑或是未来，女性力量的源泉总是不变的，那是一股坚韧似麻绳、内敛而沉稳的水流，以细水淘洗污浊，以清辉照亮夜路。

恍惚间，我又来到了某个偷得浮生半日闲的夏日午后，蝉鸣声声，清风朗朗。仅六十岁的姥姥躺在安乐椅上，眯着眼享受阳光，用一把蒲扇替我驱赶蚊虫。十岁的我则枕在姥姥腿上，时不时要凑到姥姥眼前观察她是否真的睡着了。又一次偷偷观察时我被抓了个现行。“笑笑，”姥姥轻轻地唤我小名，“等姥姥走了，你想让姥姥分什么给你？”那时我已大致清楚死亡的概念，却不想将这个过分沉重的黑压压的词语放在姥姥身上。见我不答，姥姥主动问我：“是我手上的绿宝石戒指，还是柜子里的金镯子？”经树荫淡化的阳光将姥姥的每条细纹、每块黑斑镀上一层金，让我意识到，死亡在姥姥看来并不可怕，甚至是可以随意提及的话题。沉默片刻后我答：“我想要姥姥地下室的钥匙。”想成为像姥姥一样的人，后半句因羞涩未说出口。“好啊，姥姥答应你，把姥姥最喜欢的地下室留给我们笑笑。”她似是没想到我会如此回答，笑意爬满了整张脸，那些岁月的刻痕也越发明显。

“拉钩，上吊，一百年不许变！”两只手紧紧相贴，一只枯老似树皮，一只光洁如璞玉，碰撞出生命的焰火。

在无人的地下室里，我终是掩面痛哭。时至今日，我才领悟了姥姥送我钥匙的真正含义。她希望我不被他人意志所裹挟，不在时代的洪流里做一尾迷失方向的鱼，而是传承女性坚韧的品质，坚定自我，保持独立的人格，不管身处何方始终铭记——姥姥的小院里有个小空间始终属于我，可以存放所有喜怒哀乐，就像姥姥还在身边一样。这把钥匙会提醒我，无论现在是谁的女儿抑或未来做了妻子、母亲，都不要忘记——在这些身份之前，我先是我自己。这是一位长辈在弥留之际对小辈留下的最真诚的祝愿与期盼，也熔铸着历代女性坚守自我的精神密码。

传承是最好的怀念。拿一把锈迹斑斑的钥匙开启一段记忆，从此刻开始，了解身边的长辈，从过去中国妇女因苦难而升华的力量中提取精华，别让岁月被遗憾吞噬。

我打扫完地下室，攥着钥匙走进阳光里。

指导教师：韩萃文

本文获第十九届决赛一等奖

点 评

一把钥匙，打开了三扇门。第一扇门，是对姥姥一生经历的回忆之门。作者用一把古旧的钥匙，打开地下室的门，看到的是姥姥为人师、为人母的人生，亦是一位拥有独立人格女性的一生。姥姥作为独立女性的形象并不明亮，却是她人生最为璀璨的片段。文章在此基础上，从一把古旧的钥匙引出每一位独立女性把自己作为钥匙，打开第二扇门，这是中国女性走进独立人格新世界的大门，文章所升华的主旨正在于此。最后，这把钥匙打开的第三扇门，是从姥姥到作者自己的传承之门，也回答了为何姥姥要把这钥匙留给自己——孙辈中唯一的女孩。文章没有振臂高呼，而是娓娓道来，自然地讲出了属于女性自己的故事，从容地提醒着每一个女性读者：做一个拥有独立人格的自己。

（尤立增 特级教师）

老冯的家国故事

□ 山东省广饶县第一中学　李叙鑫

在我们名不见经传的小村庄，住着一位沉默寡言的老人。人们叫他老冯。

每个平静祥和的下午，老冯总搬着那把暗黄的樟木椅子坐在门廊口儿，双手拄着红漆斑驳的拐杖，眯起白发下的双眼瞧着太阳。

他很少作声，旁人也不太与他讲话，原因无他，只因老冯脑门儿下那道触目惊心的疤——那口子斜斜地歪在老冯的左眉头，硬是把那松松垮下的眉毛拦腰斩断，让人无端联想到亡命之徒的落草，只得大气不敢出一声，绕道便走。

我们几个六七岁的小娃娃却不怕他，玩累了泥巴便东倒西歪地聚在他身旁，坐着他的烂衣裳，逗他的黄狗儿。

直到有一天，胆儿大的小娃娃问他："老冯……啊不对，冯爷爷，您这儿的口子是咋来的？"

老冯眉头轻轻跳了一下，连带着疤缓缓动着。他长而瘦的脸依旧没有表情，只是下颌动弹了几下，环视我们好奇的目光，他没有以往的沉默以对，却是轻敲了几下拐杖，扬起一片微尘，说："小娃子都坐好。"

我们又惊又喜，推搡着坐在老冯家蒙着厚厚一层灰的门槛上。老冯讲故事，这可是头一遭！我傻笑，心中同情流鼻涕没来的小胖。

那个平常日子的平淡下午，扬着尘埃，晒着烤人的阳光，却那么地不同寻常。

那时的老冯还是小冯，是连里刚入伍的新兵蛋子，在河北一带做勤务兵。他长着高高的个儿，有着宽宽的肩膀，脸膛儿红又亮。他没有经验，做着杂七杂八的活儿，吃饭时只吃窝窝头和饼子——他总觉得好点儿的吃食得给练枪杆子的才算不浪费。

小冯腿脚勤快，又是结实的小伙子，队长就把他调去做了通信兵。

一九四一年的夏天，那是小冯头一遭上战场。夜里搞突袭，白晃晃挂在天上的月亮闪得叫人心慌，群狗正乱叫着，只听一声枪响便齐齐噤了声。无声的黑夜，小冯急急的步伐未曾停下，他得把信息送到另一个连去，再快一点儿，再快一点儿……他压着脚步声，忽然瞥见必经的胡同里抬出一片白花花的担架。同伴们有的认出了他："快回吧小冯，前头打仗呢，你连杆子枪都没……"话音未落，只见小冯已然飞快地窜了进去！

"哎哟！这不省心的！"同伴一拍大腿，端起枪，一抹脸上的烟渍，追了进去。

小冯揣着重要的战斗命令，眼一闭，心一横，咬紧牙关跑进黑暗却闪着火光的胡同。充耳只能听到枪响，火舌如同巨口想要将他吞入腹中。子弹穿进皮肉的声音和不知是同伴还是敌人的惨叫，充满了小冯的双耳……忽然听到子弹上膛的声音，他睁开眼，对方黑洞洞的枪口正对着自己。他想，完了，他想不起光着屁股的小时候，想不起村里最美的姑娘，想不起家里等他回家的娘，他想不起有关自己的一切。走马灯没有出现，在精疲力竭、双膝发软的那一刻，他只想着，信送不出去了！

枪响了。

热流从他的脸旁滚下，他睁眼，血色之中他却仍看见天上那白晃晃的月亮。同伴的怒喝在身后炸开："臭小子，还在这儿杵着，快滚啊！"他踉踉跄跄跑出了胡同，低头看到刚刚想杀自己的敌人直挺挺的尸体。是战友在敌人开枪的一刻打中了对方的手，才让敌人的子弹没落在自己的天灵盖上！

小冯回头看着队友血战的身影，眼睛一酸，更快地向目的地跑去……

"信送到了之后才发现，子弹把眉骨擦裂了……血糊在脸上像鬼一样，把旁人吓了一大跳。"老冯平静地叙说着，抬手不自觉地抚摸自己的疤痕。

"队友呢？队友怎么样了？"

老冯愣了一下。"你说他啊……我连他的名字都不知道，只是从那以后再没见过他。"他抚摸着趴在脚旁的老黄狗，"兴许是调到别队了吧……说不定现在也跟我一样给小娃娃讲故事呢。"他扯出一个笑，垂下厚重的眼皮。

平静祥和的风吹过发间，这位老者依旧眯起眼睛瞧着太阳，仿佛在回忆那几十年前的峥嵘岁月。眨眨眼，我恍惚看到一位年轻的小伙子，英姿飒爽，昂首挺胸地走来。

当我在网上看到一位抗美援朝的老兵品尝如今军队伙食的视频爆火后，我又想起了老冯。正是那无数个"老冯"，闯过物质匮乏、忍冻挨饿、炮火连天的时代，才让我们这幸运的下一代迎来了新世界。

如同飞鸟无法想象鱼渊，云霄无法想象厚土，我们无法想象艰辛的过往，而老冯的故事却让我感受到先辈舍身为国的胸怀。当国家从孱弱变为强大，我们依旧要回归本源：不倦地、甚至朴实地，在点滴之处为国着想。

这是老冯的故事教会我的。

指导教师：宋士杰

本文获第十八届决赛特等奖

点评

这篇文章的写作紧扣题目要求，用自己的见闻记录前辈的革命故事。故事首先介绍了“我”所见到的老冯现今的生活状况，并特别点出了他眉毛上的疤痕，很自然地过渡到老冯讲述自己在战争年代的经历。不难看出，文章的主人公形象是真实的，其所叙述的血雨腥风的战争场面也是真实可感的——虽然未必每个从战场上走下来的战士都是以一当十的壮士，但他们每个人都是为了民族生存而流血奋斗的英雄，即便他们手里甚至连一杆枪都没有。文章线索清晰，结构完整，语言生动形象。不足之处是开头、结尾的不少描述显得比较生硬。

（蒋成峰 大学教授）

一往有深情

□ 江苏省靖江高级中学　何田田

我曾身处宇宙苍茫，为国富民强。我终踏上归途，为小家欢颜。功成身退，不如就鸿鹄化为燕雀，收起翩然翼，落足凡尘间，只一腔深情不灭。

2133 年 4 月 28 日，感恩于天生的强壮体魄，我有幸成为中国第一位住进宇宙空间站的女音乐家。组织给我的任务是借音乐探索宇宙生命。

这辈子活到如今，参加过无数的国际演出，观众多如星辰，可从未幻想过在星际演出。没有观众，甚至自己都听不到弹奏出的音乐——声波无法在真空中传播，我的音乐只能转化成无线电波向无尽而幽邃的宇宙深处传播。其实在宇宙里，远离太阳系，便没有了什么白天黑夜。空间站光源一关，只剩纯粹的黑，偶尔能看到陨落的行星，拼了命地发出生命最后的灿烂之光。

但接到任务时，我并未犹豫。只身一人，我却不孤独，只因知晓，我的身后是十几亿中华人民。怀着对祖国的深情，对中华传统文化的深情，我愿清歌奈何！

当然，我那整日咿咿呀呀的“两脚兽”，还蹦着跳着待我摘星回家。他们与我在一起，我与祖国在一起。

“0101，听到请回复！”“报告组织，我是 01，我已就绪，感觉良好！”“01，上级指示，空间站将到达与地球最近之处，即刻准备与地面视频连线。”“收到，01 明白。”

三周来，这是我第一次与地面视频的机会。不知道家中闹天闹地的“两脚兽”，是不是又胖了一圈。

我熟练地输入编码，一步步轻触屏幕上眼花缭乱的功能按键。出任务前的五年紧急训练，使我从一个文艺工作者变成了文、体、技兼备的“超人妈妈”——我女儿是这么称呼我的。

连接成功！屏幕上赫然展现出熟悉的场景。国家大剧院中，座无虚席。舞台上，我的乐团成员按部就班,正襟危坐。而我的位置上,坐着那还不知天高地厚的娃娃。

“妈妈,今天老师讲了桓子野的故事!”一看见我,她就屁颠屁颠地张开手向我跑来,跑到一半却停住了,像模像样地扶了下领结,嘴里嘟囔着,“不对,老师说我要严肃一点儿的。”接着她又装作什么都没发生一般,坐回了椅子上,全然不知全息收音设备把她所说的话一字不落传送到我耳中。“真是胡闹……”我不禁扶额轻笑。

“01,今天是你的休息日,邀请你来欣赏我们的演出。”

“收到! 01 明白!”从前面对人满为患的观众席却不知何为众星捧月,如今孤身一人,倒是体会得透彻。

悠扬的长笛响起,伴随童声轻和,如一股清泉淌入我心。编钟翻开了古老深厚的乐章,我仿佛看到千年前淝水之战中桓子野奋勇之英姿。锣鼓喧鸣,金戈铁马,刀光剑影,突然,琵琶声惊起,“四弦一声如裂帛”,划破长空。胜了!子野胜了!灯光骤暗,一切归于寂静。接着,清脆的短笛配上欢快的扬琴,忽强忽弱,极致空灵,又箜篌声起,如梦如幻,真可谓“石破天惊逗秋雨”。

乐声渐弱,清歌声响起,稚嫩的童音高唱《我和我的祖国》。百年前的这首歌在如今依旧动人。“我和我的祖国,一刻也不能分割,无论我走到哪里,都流出一首赞歌……”我不禁开口轻和着,声音颤抖。中华民族是世界上唯一文明延续至今从未间断的民族。我们尊崇先贤,也拥抱未来;我们继承传统,也不忘创新。中国人从一始终,一往情深。

“奈何,奈何!”曲终人未散,我抑制不住高呼。我真正读懂了桓子野。官至右将军如何? 江东第一又如何? 他只对音乐一往情深。我荣誉满身如何? 第一位空间站女音乐家又如何?我愿为国家做那鸿鹄,只因中国红常在心中;我也甘为女儿做那燕雀,毕竟一人不爱何以爱天下。

我的乐团成员全部起立,我知道他们在等什么。

站起身,我按下通话键:“演出成功,致礼!”鞠躬,闭幕,掌声雷鸣。

今天是我在空间站的最后一天。

半年来感受星际飞越,我无时无刻不在想家。虽然在空间站的口袋空间中,我可以短暂地感受家的氛围,但那终究是虚拟。科技再强大,也做不出人类真实的心跳,那是生命的活力。

离开前,我做的最后一件事是和那颗窗前的小陨石告别。宇宙那么大,它如此渺小却又那么坚定地在自己的轨道上前行。对于国家,我做出的贡献是很小的,但对于家庭,女儿说,我是她的女英雄。感恩生活,活出自我,深情专一,称得上君子。

坐进发射舱,我一圈又一圈地将固定带缠绕在身,检查完仪表盘指标,一切正常,只待地面指挥中心发出指示。

“01 准备就绪！等待指令！”

“收到！准备发射！3,2,1,返航！”

我闭上双眼。超高速驱动下,我面部扭曲,强烈的压迫感袭来,推背感似乎要将我压成纸片。我不害怕,这样的训练我经历了无数次,而且爱我的人在等我回家。

安静了。停下了。我缓缓睁开双眼。舱门被打开,是熟悉的训练员们。“01,感觉怎么样?”他们在我耳边轻唤。“01 收到,感觉良好！”我笑了,眼角挂上晶莹的泪水。我回家了,回到了祖国的怀抱。

“我国神舟二十三号太空探索任务圆满结束，此次探索共接收到三段不同波段的疑似宇宙生命的电波,这是中国太空探索的又一里程碑……”虚拟新闻主播用温柔的声音播报着时事热点。

“妈妈,你见到外星人了吗?”“那……你猜呀?”“哼！妈妈小气鬼,以后我自己去太空看！”“好,那你可要努力哦！”

眼前的女孩心中亮起了希望之光,哼唱起欢愉的曲调:“我和我的祖国……”

此后,我的每场演出都以一曲清歌——《我和我的祖国》闭幕。

一往情深深几许？奈何！宇宙之远未可比。

我与祖国同在。

指导教师:肖文华

本文获第十九届决赛一等奖

点　评

本文是一篇散文化的科幻小说,它把小说的环境化淡,人物化虚,情节化少,而唯独把情绪化浓,这份情就是家国深情。“他们与我在一起,我与祖国在一起”,所以“鸿鹄”也好,“燕雀”也罢,都只一腔深情不灭。一曲爱的清歌传荡在太空,回响在剧场,同振在心房,也传递在代际,意蕴丰厚感人。此外,作为科幻小说,本文在场景细节设置方面真实细腻,寥寥几笔就点染出太空景象,烘托人物,暗示主题,以简胜繁。

（尤立增 特级教师）

他的一生　未完待续

□ 山东省青岛第一中学　王舒然

他是谁？

孩提时我在屋后的矮墙下捻花，总能看到侧屋那一方黑木台上立着的人像，铜纹香炉坍圮了一层白灰。我从结疤的棠枝中搜寻他的身影，从父亲的缄默中寻找答案，他是谁？我回望那张从未消亡在我记忆中的面庞。我不知道。

我从太姥姥这里找到了答案，在那个让我泪流满面的下午。太姥姥今年一百零二岁，尚能同儿孙说话，时间的脚印成了她黑瘦脸上的每一处皱纹。大多数时间她会待在侧屋，久久伴着那张人像。她用干哑的江淮口音念着往事，而我依在她的布袄白发边揭开这层硝烟与回忆交织的雾。

他是我的太姥爷。他生于江淮一处曲水柔绕的小城，同我太姥姥是隔篱长大的青梅竹马。他死在黄沙枯骨中，留在了山河破碎的一九四〇年。

我从太姥姥平淡的叙述中勾勒了他的模样：他取字文彦，人如其字般清俊安和，只偶尔会在兴起时唱几句《定军山》。他善读书，一袭青衫为他添了几分文气。谁想烽烟起，国危亡。同胞从南京悲恸地涌来了，火烧的旗帜同生锈的铁丝缠住了一个个被视如草畜的百姓。不知是什么刺痛了这个平和的书生，他碎笔、弃字、戎装，在一灯如豆的屋内写下一封书信“吾妻凤英亲启……”便追上了乱世的烟尘，从了军。

我猜他眉如连山目如凛星，不然怎配得上那飘摇的战火。我猜他立如青松战似长风，不然如何捺下心头那一团救亡之火。我不知道那个作别听雨的苔檐是否受得住一灯如豆，泥泞的连绵青山是否熬得透对妻儿的挂念。流弹在他厚实的脊背上翕合撕裂，藏于战堑泥沙蔽目摧磨他内心的防线。那年风吹过残损的河山，他的目光，热切能与天光相当。于是太行、巫山，于是渭水、汉水，他扛枪而战，抵死不放。于是妻儿将化不开的愁挂成故土上的高天明月，一等便是几个十年。

因为他说金戈可换故里。

乱世悲秋之所以成诗，正是它同死别生离、家国大爱一样轰轰烈烈、辗转千回。

那封泛黄的家书压在香炉下，印上了一轮褐色的檀香。徐徐展开，墨字铁画银勾，几处被晕开，不知是肆虐的雨还是思归的泪。

“吾妻凤英亲启，时年国难当头，勿恨夫不辞而别。汝可见珍宝江山沦于敌手，妇孺黎元继丧黄泉。彼时东篱故乡，他日狼烟焦土。若万万人将赴国难，何不是我？他日长子、次子成人，切勿忘教其永记国耻，吾不得以言传，但愿身教。”署名是他自取的新字：定邦。

于是太姥姥带着这一封万斤的家书，拉扯大了两个孩子。当战火归于平静，坍圮的焦土立起杏花倚靠的矮墙，一位农民模样的乡人叩响了木门。他的双目饱含血丝热泪，伤疤遍布的大手将装着太姥爷遗物的布包颤抖地递给了太姥姥，这个退役的军人挺直带伤的腰脊，向那布包敬了个悲怆的军礼。济世，不曾邀名。

那天太姥姥没有哭泣。她洗净双手，领着两个儿子竖起方台，点起香炉。关于他的一生，她封存在了心底，封存进月夜下的沉檀凝香。这个能干的女人顶起了整片天，儿孙渐大，她便像一棵朽老的杏树一样黢黑佝偻。她常咧开缺牙的嘴笑看儿孙嬉闹，却也一个人坐在侧屋便是一天。

听完故事的我早已泪流满面。我无法想象是什么将这种切肤之痛化为日日柴米油盐中的缄口不言。这个老人心中定然有超越儿女之情的东西，让她懂他的辞别，懂他的牺牲。即使不能“愿如梁上燕，岁岁常相见”，转世成燕还故榻，也能再为她衔来那枝杏花。

转眼几年过去，太姥姥也已不在人世，我跟从父母姑婶在附近一处小山上为他们立了小碑。灰石砌的小碑边养了棵紫藤苗，隆冬新雪、夏虫春枝，它也长成了亭亭的模样。

而那纸荡气回肠的家书勾连起的烽火杀伐的日子，时间愈久愈使我胆战。我时常想起太姥爷的一生，午夜梦回时不住地慨叹。

我记得他的身教，便告诫自己爱这生于斯长于斯的热土；我记得他的投笔，便叮咛自己他日若有困难，不要贪生怕死。我也时常记起她，怎样把轰烈熬成平淡，只因那一份为他坚强前行的勇气。于是我此刻提笔挥泪。

兴许一个民族的故事是由无数这样的故事组成，我得幸窥见这段硝烟、杏雨、爱与烽火织成的故事，历史的疮疤早已化作千沟万壑间的松涛和鸣，不会消亡。

而我带着他与她的记忆，选择在不同的时代做与太姥爷同样的事，未来做一名军人。并非少年心血来潮的模仿，我想。

关山五十州，长风掠江河。他的一生将牵我走过奇崛的峰峦，走过曲水的江面，走过巴东、陇西、渭水、太行，走过那间侧屋，绕过他画框里的目光，最终得以视山川正好、五岳直上，替他一睹这盛世，一睹大好中国。

这就是他的一生。

到我这里，未完待续。

指导教师：张华

本文获第十八届决赛特等奖

点 评

本文采用以小见大的方式，通过一位老人的故事体现出了一代人的高尚情操和一个家族的伟大情怀。文章将自己对家族的记忆和感情与对国家、民族的认同感结合起来，将个人命运同国家命运统一起来，把太姥爷与太姥姥的生活轨迹和故事巧妙结合在一起，突出了太姥爷对家族的影响以及太姥姥对子女的教育。文章叙事紧扣主题，充分体现了家国情怀。

（厉周吉 作家）

奔跑的藏羚羊

□ 江苏省宜兴中学　葛桐妤

天是黑的，水是白的。

扎西索朗紧了紧额前的泛灰束带，眯着眼注视缀着绿意的戈壁草原。世界陷在沉睡之中，而辗转反侧间，他的脑海中全是那只藏羚羊的模样。

它在奔跑，舞出了鬼魅般的矫健，震动着原野的翅膀。它背部的那一簇褐红如火焰跃动着，肉质的蹄掌鼓点般击中时间的脉搏。它速度惊人，从扎西的身旁一掠而过，像离弦的箭，射向燃起红太阳的地方。

薄雾混杂着水汽驱走黑暗，拂晓之时，他完全转醒。保护区内，他反复凝视眼前一群群的藏羚羊，它们警惕而敏捷，他却搜索不到脑海中熟悉的气息。那个清晰的形象恍若消失了一般。不远处，藏羚羊群依然奔跑觅食，与守护人相安无恙。扎西的脑海却奔腾着，无法平息。

四十年了。血气方刚、声如洪钟的小伙儿，摇身一变成了头发花白、面色沧桑的中年男人。风沙刮着脸，扎西猛地忆起，自己曾经也是会骑马的。他想起那热烈的神色、健壮的手臂、只想奔到远方的一腔渴望，以及愈挫愈坚决不改的孤勇执念。他曾幻想骑着马到外面的世界去，闯出斑斓的成绩。可他选择的是永远守护着藏羚羊群。

它们是精灵一般的吉祥物。西藏的汉子粗犷，内心却总有着最柔软的地方——家乡。

雪山之下，草原如江流浩荡。藏羚羊们基本停止了觅食，流动的世界骤然静止。

“扎西！”

他恍然回头，是年少时与他一同奔跑的格桑旺姆。她风尘仆仆，身着新式的对襟西装，踏着一双亮面的、微微沾泥的皮鞋，甚至系了一条深色调的领带。她的发型早已不是豆蔻之时盘起的多条小辫，而是妥帖的马尾。她的胸前，依稀别着一枚鲜红的胸针。

那熟悉的声音，依旧如此甜美，却为何涌上了沙哑？

他木讷地看着她如藏羚羊一般迅捷地跑来。简单的寒暄过后，她抬起头来，眸中闪烁着异彩，说道："中央第七次西藏工作座谈会刚闭幕哩，说是要将咱们家乡打造成生态文明高地。我便想来看看你，一路激动着，山前还有几只藏羚羊在撒欢呢！"

他愣了一愣，泛起温和的笑容。一刹那他又想起了那只藏羚羊，它的眼睛盘踞于深蓝之上，每一次的呼吸都仿佛感激着雨露的润泽。

草原流动着，忽地一只藏羚羊奔至他面前，停驻下来。他蹲下身细细与它对视，却霎时在它的身后瞧见了整个生气勃勃的藏羚羊群，瞧见了那越发清澈的泉流、松软绵延的嫩草、远处冒着炊烟翻新过的村庄，以及旺姆的脸庞——不复青涩却满溢着使命感。鲜红的徽章折射出幸福的微光。

藏羚羊在他心里奔跑起来！扎西缓缓站起，如饮雪泉，一片澄明。

他一直在寻找着那一只令他魂牵梦萦的藏羚羊，却未曾想到，它寓于整个藏羚羊群之中。它轻捷的姿态、睿智的双眼，再不复曾经被掠夺的哀伤；它雄健的体魄、悠长的鸣声，扎扎实实地彰显着幸福的本色。而铸就这一切的，是他数万日夜的守护，像一条默然而平凡的溪流，却坚定地汇入时代的海潮。

他所寻找的本身，恰是幸福。拥抱着自己几十年如一日巍然不改的身躯，他热泪纵横。而那一刻他清晰地知道，自己还将继续守护着。

夕阳沉沉，他与旺姆一同奔跑起来，像两只矫捷的藏羚羊，消失在红太阳燃起的地方。

指导教师：钱玉琴

本文获第十九届初赛一等奖

点 评

本文语言精练，叙事简洁有力，体现出作者深厚的文字功底。文章以"藏羚羊"为叙事与抒情主线展开行文，叙事详略得当，富有诗情画意。文章将一只藏羚羊的经历与一个用生命守护藏羚羊的男子的命运紧紧联系在了一起，这种关联体现出了扎西索朗的追求与执着，也体现出了时代的变迁，更表现出了中国特色社会主义新时代的美好。

（王蕊 正高级教师）

心府无私为家国

□ 山东省淄博第五中学　王秀源

厨房里炖鱼的香气和窗棂里渗进来的余晖一并在客厅里氤氲着。年幼的我和哥哥在地上扭作一团，掀起金色尘埃在半空舞动。

“好了好了，都多大了，还皮成这样。”

这话不管用。我和哥哥的拳脚之争依然难辨胜负。七八岁的孩子狗都嫌。

“我八岁的时候就被国民党拉去挖战壕了。”

爷爷的故事开场，我和哥哥便暂时议和，收了十八般武艺。

爷爷出生在胶东，少年时参军，从此波涛上的战舰和海港的风伴了他半生。从胶州湾到宁波，从故土到他乡，从意气风发的少年到鬓上沾了霜，爷爷一片孤忠两鬓斑。他刚进部队时，太爷爷教出的君子之风还留着，开饭时别的战友冲上去猛抢，他谦让，让战友们先吃。那时候粮食金贵，吃不饱也是常有的。饿，岗也得站。

他做雷达兵，站岗时聚精会神，敌机敌舰的信号都要记。海上的冬天极冷，风像刀子一样划人的脸，手冻得伸不开，但他依然记得飞快。数九寒天里站岗回来，里衣都湿了，聚精会神，怎么会不出汗呢！夏天的时候日头毒，金色的光烤着蓝色的海，波涛涌动，似是被煮开了。但他衣领上的风纪扣没松开过：“人民军队什么样，国家就什么样。”

厨房里的鱼总算上桌，汤色奶白。他说：“当年我们在部队也抓过鱼，从海里抓上来就放进锅里煮，不打鳞。”我们都笑，不打鳞的鱼是什么味道呢？但他万千感慨。醉里挑灯看剑，梦回吹角连营，八百里分麾下炙，五十弦翻塞外声。

后来我学口风琴，老师教《军港的夜》。“军港的夜啊，静悄悄，海风把战舰轻轻地摇……”我笑，其实军港的夜色，狂风骇浪有之，警报迭起有之，更有那样一群无私的驻守者，立在那波涛之上的暮色中，守着那一湾宁静。

奶奶是沂蒙山人，十几岁与其小姨定居宁波。

2017 年爷爷奶奶的金婚纪念日，妈妈说给两位老人好好过过。我们回爷爷奶奶家，奶奶依然在厨房里忙活，她做得一手宁波好菜，不同的是，奶奶手腕上多出了一个金光闪闪的金镯子。

“妈，你看奶奶的金镯子！”

妈妈侧着脑袋端详了一番，笑：“没什么花纹，光面儿的。”

奶奶也笑：“孩子爷爷给买的，没什么花纹，实心儿的。”

实心儿的，没什么花样儿，像他们的爱情。

见到海上大风大浪也面不改色的爷爷难得露出些幸福的局促：“当初的日子过得太苦，如今给她买个镯子。”

奶奶与爷爷是在部队首长的介绍下认识的，结婚时家徒四壁。“就一张桌子、一张床。他在部队做司务长的时候，部队上粮票一两不少。回来转业主持基建，别人在那个职位上赚得盆满钵满，他倒好，别人送东西一概不要，放在门口儿的，他宁可放那里坏掉也决不动。”奶奶用埋怨的口气道，可话里话外绝无半分埋怨之意，倒透出为我爷爷一身正气的骄傲。

爷爷在部队回来得少，奶奶拉扯三个孩子精打细算地过日子。奶奶并不识字，所以也省了那些长长短短的信件。纸面上到底是说不尽思念。那些个长长短短的思念，是宁波六月的梅雨，潮潮湿湿，缠缠绵绵。爷爷回来，奶奶便给他烧他最爱的那几道菜，鱼汤也好，虾也好，她平日里俭省着，他回来便应当改善下生活。弃捐勿复道，努力加餐饭。

爷爷待家里人极好。他带太奶奶去看病，把身上所有的钱都花了个干净，连回去的路费都没有。生活再艰苦，他每年仍要亲自下厨做菜，给几个孩子过生日。大伯如今想起，回味仍是甜蜜：“别人恐怕都不敢相信，那个年代，给孩子们这样过生日。”唯愿吾儿愚且鲁，岁岁无忧，平安喜乐。

爷爷奶奶讲过去的事给我们，并不为标榜什么，抱怨什么，而为教我们如何在这茫茫天地间，顶天立地做人。

爷爷最爱讲他转业回来主持基建工作的一桩事。当时工程学院要集体供暖，要加盖烟囱。烟囱一日一日地高，在空中竟左右摇摆起来，一时之间人心浮动，主张停工的声音不绝于耳。然而漫漫长冬，供暖迫在眉睫，没有人敢担这个责。他站出来，笃定地说：“烟囱不会倒，倒了我负责。”这话坚定，掉地上一砸一个坑的结实。

于是他披星戴月地走，亲自去监工排除故障，又披星戴月地回。他只身出发，身后却好似有百万雄兵。

三四十年过去了，我从工程学院墙外走，烟囱仍傲立在那里，它站在那儿，教会我“负责”两个字。

老人的一生经历了革命，经历了建设，大家发展，小家美满。那天爸爸谈起爷爷，他讲了两个字“无私”。爷爷把一生奉献给了国家，战争年代，“人民军队什么样，国家就什么样”，与奶奶聚少离多；建设年代又转身投入建设的洪流，负责到底。心中无他念，唯有好山河。

后来，小时候和我打架的哥哥也去参了军，爷爷拍着他的肩，道：“好男儿本就该去闯世界，保家卫国。”

指导教师：孟骧建

本文获第十八届决赛特等奖

点 评

这是一篇很有历史感且家国情怀浓郁的作文。文章从兄弟俩打闹嬉戏入手，开篇颇吸引人，之后引入爷爷为国奉献的光辉人生。文章对于爷爷生平的讲述有条不紊，详略得当，感情充沛，既有爷爷当兵时的艰苦，也有他和平建设时期的担当，一个恪尽职守、热爱祖国、关心家人的爷爷的形象跃然纸上。同时，作文着墨家国历史，两代人传承，思想与主题上得到升华，结尾处“好男儿本该闯世界，保家卫国”紧扣主题，亦有积极的价值凸显与情感升华。

（蒋成峰 大学教授）

焚 草

□ 福建省泉州实验中学　李芷韩

野草随风滚动，一片焰红中翻出一条路。

苍茫的残阳攫走了老田的心魂，他伏于乱冢之中，抚着拐杖，低首将左手深深嵌入大地。弟兄们，最后一步了，路来了。

老田嘴里那硬挺的草根随风而动，引着他的思绪飘向远方……

面对峭壁悬崖，老田无数次登上山顶，风把他空荡荡的右袖吹得无踪。时常从早上待到夜里，他凝视着远处悬着的天梯，望望山口，俨然觉得自己被封闭了，好像老天把他永远地钉在了山里。残阳下，野草滚红，老田多希望跑来一匹血马，带他和村里人逃脱这个永远走不出的地方。

风吹得老田痒痒的。初醒时，老田好似看到一条路，对，一条通往世界与希望的路。修路！

说干就干！三十四岁的老田铆足干劲，一户一户动员，于是有了最初的队伍。他带着六个村里人行于残阳之下的崖壁，他们坚信，人少到多，路无到有，这是必然的！

鬼火烁烁，老田他们大胆地行着属于这个悬崖村庄的夜路。风肆意地拨弄着野草，大地的情愫即将被数层稿纸上的演算方案厚重地剥开，直凿入村庄的心脏。

想起往事，老田望了望远处的夕阳，云彩为太阳隆重地铺上红毯，风有意无意地挑逗他脚边的草。他又惯性地拔起一根草，嚼在嘴里。

一九八七年的夏，那是他们开工的第一天。太阳如巨大的喷头，把炽热的火舌散落人间，附在村庄。老田等人背上斧锤，系上拉绳，小心地贴近石壁，一斧一敲一挖，炽热的胸腔如存满烈焰。阿发带一群人站在村口，喊着："别白费了！"一声声在山与山间对交碰撞。老田的妻田嫂也跟了出来："回来吧！"一群人站定村口，指指点点。老田六个好像杂技演员似的，舞动双臂，在空中飞跃，耳边时不时传来刺耳的讥笑。直至白天落幕，他们回到了村里。

凿路的光头小伙儿轻扯老田的白背心，哆嗦着问："这样……还干吗？"

老田俯身拔起一根草，放进嘴里，他将残断的手臂有力地举了起来，回过头去：“干！毛主席曾说，星星之火，可以燎原。我们刚燃出一点儿火星，怎么能说放弃就放弃！”

阿和拍手，说：“田队说得对，村民们还得进行思想教育，难道大家就甘心一辈子待在这儿吗？”

残阳即将被远山吞噬，老田想到这儿，浮起一抹笑，阿和是个俊小伙儿。他又想起《牛虻》中的一句话：如果我一定要死，那我会把黑夜当成新娘。

“田队，这硬石挖不过去。”“炸！”阿和自告奋勇，一身结实黝黑的肌肉如宣誓一般张扬着“我很强壮”。老田拍了拍他，面对这项没有把握的工作，大伙儿心里都揪得紧。

“轰”的一声巨响，迷烟如梦魇般张牙舞爪地肆虐，星星之火游荡于野草，焚火飞坠，焚草焰红。“阿和！在哪儿？阿和！”崩解的硬石早早揪住这个小伙儿，锁住他的魂魄，让他来不及跑开而就此长眠。焚飞的草构成了阿和黑白露齿的笑，这一站，阿和累了，就先睡了。

血色残阳灼痛着烧纸钱的火盆，烈焰直戳入受伤的眼，一艘急舟刚刚驻足于村里人的心，却又急着去天上完成天路的修砌。老田握着阿和父亲老和的双手，张口却哑言。老和蹙着痛苦的眉，也重重地握住他的手，喉头艰难地滑动：“这事儿不怪你，路是要修的。大伙儿想想阿和为的是什么？”

老人拄杖，妇女低首，小孩的哭声止了，村里的男人们似乎看见远方的黎明中翻出一条路，焚草热焰中燃起希望。阿发终于释出泪：“弟兄们，要干活儿了！”男人们被烈焰唤醒，大家好像知道要的是什么了。焚草即路者。

嘹亮山歌中，山路一点点浮现，盘旋于峭壁之间，飞龙毫不客气地降临，为天路镀上金边。路，快要来了。乱冢十几，焚草燃起，他们的心脏扎根大地，再拔地崛起，燃得热烈，为村庄打开山的心门，送来路途，送来希望。

夕阳完全落幕，夜至。老田双眼已饱含着泪，一路燃着热烈的草，终要燎原了。老田离开冢地，背上凿具，准备最后一“战”。

一行人再一次奔于峭壁，最后一次，十五年了，没有一个人掉以轻心。老田残缺的右臂已满布伤痕，空荡的衣袖在夜色里摇曳。雷雨不知不觉蓄满枪膛，山顶的土堆倾泻，重重地砸在人身上。

“大家都抓紧绳啊！”老田吃力地单手抓着绳子，右臂使不上劲了，身体渐渐失去了知觉，负担渐重，生命在昏暗中闪烁起红色信号灯。释放，坠落，他与天路融为一体。

黎明之际，再也寻不到右袖空荡的老田。嘹亮的口号响彻山间，血、汗与泪修成了路。

走过一路，一根根草飘荡着，焚草飞向远处，与残阳相会，完成路与梦的约会。

焚草依旧，一片焰红中翻出一条通往远方的路，延伸向焚草飘去的远方。

指导教师：何清忠

本文获第十八届决赛一等奖

点 评

本文很好地抓住了题目的核心，作文所给素材“既是写实，也是对当时中国社会的一种隐喻”。文中老田带领大家开路，恰好准确地体现了这一点。老田的行为体现了一种不服输的精神，传递了开拓者的无畏勇气和战胜一切的信心，让人从中体会出“夸父逐日”“愚公移山”式的伟大精神。这种精神有鲜明的时代特征和民族特点，成为统领文章的核心主旨。文章语言精彩，但个别地方表达不够贴切，尚需锤炼。

（厉周吉 作家）

粥里春秋

□ 浙江省杭州第二中学　张雨笛

序

国人惯食粥。从婴儿断奶的那一刻之始，到老朽年迈，牙齿落尽。我们依粥而生，粥的记忆，在日复一日的重叠与温习中逐渐浸透我们的血液与骨髓，或伴随着倦怠与温柔，或浸润着苦涩与无依。

一碗粥，就是一代人的岁月与遥想。

一碗粥，便是一代人的往事与情思。

外婆的野菜杂粮粥

外婆生于那个动荡尚未结束，饥馑肆意蔓延的年代。

我从未亲身所至，再多的铺陈叙述也都归于苍白。

年老的外婆爱野菜，也爱煲粥。

在我懵懂的年纪，她曾健步如飞地领我走进那些露水未干的小丘。我吭哧吭哧地扛着小锄头，外婆拎着竹编的泛黄的菜篮，每每弯下腰，用她那不甚好的目力努力辨认着。

浅绿的野芥、不知名的树的嫩芽……如果顺着一些植物的茎往下挖掘，甚至能找到多汁的块根。

外婆提着一篮子的"战利品"回家，便猫进狭小的厨房里，将野菜用清水冲洗择净，用硕大的"砍刀"将它们变成细丝——这一切都像是排练了千万遍，驾轻就熟，似乎闭着眼睛，也能行云流水般地完成。一口大锅在旁闷闷地烧着发出"咕唧咕唧"的声音——或许那是来自一个遥远的日子的回声。

这个时候，为了大家庭忙碌一天的外婆才有时间歇下来，坐在一旁的小椅上，和不安分的我们讲讲她的曾经。所有的苦难仿佛都随着刚刚的流水而逝，只剩下单纯永恒的野菜杂粮粥，用翡翠晶莹见证着又一个崭新的故事。

母亲的南瓜小米粥

当外婆生下我的母亲时，她已经有了两个女儿。贫困的家庭，重男轻女的思想，让我的外婆一度想把母亲转送给别的人家。万事都已谈妥了，那家人来抱走还是幼儿的母亲，母亲回头时那个无助的眼神终究是让外婆心软了。从此她不得不肩负起养育三个孩子的重任。

农民的身份决定了即使穷到头，家里也会剩下几个南瓜，一点儿自己种的余粮。火点上了，大锅支起来了，放进足足的水，和一点儿微不足道的米与南瓜，就能煮出够全家人维持生计的稀粥。孩子们就围在锅边眼巴巴地看着，等着。

究竟在等什么？谁也不知道，但肯定不仅仅是那一小碗南瓜粥。或许是那鲜明的金色背后，那一点点微不足道的希望吧。

多少年后我的母亲走出乡村，成为全村第一个考上大学的孩子。动身前一天，外婆在锅里撒了一把黄小米，第一次也是最后一次，煮了一碗南瓜小米粥。

只属于我的白粥

我那娇贵得禁不起一点儿粗暴的胃，决定了我长年与粥为伴的生活。在我很小的时候，母亲就教我自己煮白粥——踩着小凳子，把淘好的米放进高压锅，加水，做出我人生中的第一道佳肴。

白粥不是寡淡无味的。白粥是苦的，因其总是伴随着胃的疼痛呻吟；白粥是甜的，因我的母亲总是变着法儿向里头加一些滋养的枸杞与红枣；白粥是浓稠的，是我小时候外婆日日守在厨房内亲自操刀的缩影；白粥是稀薄的，无声地渗透进一家人日常的每一个角落，每人为其打上独属于自己的印记，让它代代延续。

每个人的白粥是不一样的。

我即将迈入中考考场的那个清晨，母亲慎重地为我选择了白粥，专程由家送往宿舍。熬粥需要大量的时间与耐心，由此往前推算，她必须在凌晨三四点起床，方能保证我的粥准时送达。

我犹记得那个十多年前的晚上，我高烧到神志不清，隐隐间竟幻听到有人要来偷我的白粥。“那可不行，粥是外婆和妈妈为我煮的，是只属于我的白粥，你抢不走的。”我正气凛然地对着夜色空喊。第二天烧竟然退了。

尾声

粥具有鲜明的时代特征，印证了每一个人的喜怒哀乐。

粥是一种见证，一种传承，一种纽带。

它让原始的信息以熨帖的方式得以传递，让一群人得以成为一家人。

它所看见的不只是数十年的时光轮转，所目睹的不仅是一家人的起起落落。

粥里有春秋。

指导教师：陈静

本文获第十八届决赛一等奖

点　评

这篇文章写了三代人的三种粥，反映了三代人不同的生活境遇。文章的精巧之处在于，对于某些"历史画面"不是简单地进行描述，而是虚实结合，从不同的角度切入。作者写外婆以野菜煮粥的艰苦岁月，完全没有正面叙述，而是用"我"记忆中外婆挖野菜、煮野菜的过程来侧面映衬；写母亲小时候以南瓜粥维持的穷困生活，是用想象中的细节来显示他们对于未来的希冀；写外婆和母亲为"我"熬煮白粥的过程，则在充满哲理意味的描写中显示了长辈对我的无比呵护，尤其是梦境中"只属于我的白粥"，更在虚写中透出实情。灵活多变的叙述手法，使得文章摇曳多姿，耐人寻味。

（蒋成峰 大学教授）

一棵荠菜见证的世事变迁

□ 江苏省盐城中学　左妍

对，没错，我就是一棵荠菜，土名：花紫菜。

东坡野菜漫充肠

我是一棵荠菜，长在黄海之滨。春天裹着湿漉漉的淮河水的风，把我抛在这一片盐碱地上，我就生根发芽了。

一阵叽叽喳喳的声音传来，原来是几个赤脚的“小泥猴”，他们手拿小铁锹，背着小菜篓，低着头，似乎在寻觅什么。我盯着他们骨节分明的小黑手，再看看他们因为羸瘦而显得格外大的眼睛。突然，他们看见了我，眼中放光，对着我弯下了腰。原来，我和我的同胞们正是他们寻觅的对象。

我就这样被挑进了他们的小菜篓里，还有我的同胞们，为数不多，且散发着一股草腥味。

一路颠簸，我躺在小菜篓的最上层。我支着脑袋，往外张望着。土墙、泥瓦、腐蚀了的木门槛，这是这镇上人家的标配。七拐八拐，我们终于进了一间阴暗的小院子。扑面而来的是阴湿的霉气，院子里堆着柴火、铁锨、蛇皮口袋和装水的大缸。鸡笼子里只有一只瘦鸡，咕咕地叫着。

背着我的小姑娘竟然从这样一个无从落脚的小院子走出了一条路，顺利进入了厨房。厨房的布置也好不到哪去，还有一股煤灰味，我差点儿窒息。

我刚被放下来，另一个稍大点儿的小姑娘背着书包就冲进了厨房。看到灶台上一片绿意盎然的我们，她不知为啥脸色立刻“多云转阴”。

“今天吃——怎么又吃花紫菜啊？”

点炉子生火的女主人也气不打一处来：

“弄什么就吃什么，挑三拣四的，现在有这个吃，能填饱肚子就不错了！”

此时，我已经被咕嘟咕嘟的水煮熟了，成了一锅绿绿的草汤。我被盛进一个搪瓷碗里，撒了点儿盐，端上餐桌——其实就是一张用破凳子加砖头支着的门板。

气氛很沉闷，大姐尤为沉闷，嘴巴噘得能挂个壶。二姐搛了一筷子放在她的碗里，自己埋头扒饭。我知道，我们花紫菜不好吃，像其他野菜一样，磨嘴，还有一股说不出来的苦，不是困难到一定程度，没有人会以我们为食的。

“哐当”“啪嗒”，大姐把碗一推，筷子一放。

“吃不下去！”

我看到她眼睛里晶莹的泪花摇摇欲坠，像他们家夜晚忽闪忽闪的煤油灯。我叹了一口气，然后，就被二姐一筷子搛进了嘴里。

在无尽的黑暗里，我想，如果能让他们挺过这一段艰难的岁月，作为野菜的我也挺荣幸的。

绕篱野菜飞黄蝶

我是一棵荠菜，长在黄海之滨。水稻割了一茬又一茬，麦子收了一季又一季。流水的庄稼，铁打的我。

这几年，田野里依旧春风骀荡但却不同以往，我和我的伙伴们很难再见到从前的那些“小泥猴”们。我每天的日子，就是在大地上看日出日落、云卷云舒，没有人再稀罕我们，只有周遭的黄蝴蝶拍拍翅膀，在我们身边聊聊天。

这样也挺好啊，人们不用再吃我这样的苦野菜了，我很为他们高兴。

前两天，两个庄稼汉从我身边经过，一个说：“苏南那边现在经济好得很，政策放开啦，搞什么对外贸易，咱们苏北想想也快啦，等哪天，咱们的大山芋、何首乌也要走遍全世界！”

另一个说：“可不么，”然后指指地上的我，“十几年前，我就跟二哑巴他们出来挑野菜，都抢着挑哦。现在你看，谁还吃野菜啊？荤荤素素顿顿有哦！”

今天很开心，我又遇见了几年前那对嫌我们难吃的小姐妹了。看到她们长这么高，我很欣慰，毕竟有我的功劳。

她们好像是放暑假了，来田野上散心。我一眼就认出老大来了，她的衣服终于不嫌短了，还嫌长，裤腿像两个大喇叭。她夹了一份报纸靠着树桩看，拿手指着，不知不觉就念了出来：“中国成功加入世界贸易组织……”

当时的我还不知道，这件事情是多少代中国领导人与奋斗者争取来的；我也不明白，这些年，我脚下的这片大地发生了怎样惊天动地的变化。这些年，我不停地从人们嘴里听见一个又一个新名词：家庭联产承包责任制、改革开放、香港回归、澳门回归……我只知道,从前那一对对不展的愁眉,如今已舒展在一张张红润的脸上,横竖都是两个字:满足。

一路春风野菜香

我是一棵荠菜,长在黄海之滨。斗移星转,世事易迁。

万万没想到,我又一次被端上了餐桌。只不过,这一次,不再被横眉冷对,而是以“养生佳品”“绿色美食”的身份出现。我还被照了相,上了食谱,身边荣配一段文字:

“荠菜,十字花科植物,营养价值和药用价值皆备……”

躺在一群大鱼大肉中间,我觉得我很像苏东坡,满肚子四个字:不合时宜。

殊不知,人们视鱼肉为空气,视我如珍宝,争先恐后地把我和我的同胞们往肚子里送。最后,我被一双筷子搛着,放进了一个小美女妹妹的碗里。一抬眼,心道真是巧啊,我一眼就认出来了,搛我的正是当年挑我的那个二姐。她旁边的那个小美女妹妹,正好奇地盯着我。

“妈妈,这是什么菜呀?”

“这叫荠菜,妈妈跟大姨小时候没得吃,就吃它。现在啊,生活水平提高了,大鱼大肉吃腻了,还是觉得花紫菜好吃,绿色、爽口……乖,你也来吃一口!”

到底是小孩子,她如临大敌一般小心翼翼地搛了一片叶子,嚼嚼嚼。

“很香嘛!”

二姐很欣慰,要求她表演才艺。

小美女真不怯场,张口就来,奶声奶气。

“《宿南岭驿》,宋,杨万里。蕨手犹拳已箸长,菊苗初甲可羹尝。山村富贵无人享,一路春风野菜香。”

坐在边上的外婆首先捧场:“真不丑!”

操着一口乡音,当年生火做饭的那个母亲,如今已经垂垂老矣。她看我的眼神,尤为深情。

“当年没得吃,小二子懂事,就去主动帮我挑花紫菜。你大姨不肯吃,没少甩脸色给我看。谁又能想到呢,这么多年过去了,这个日子像是翻了天呀。以前看电视,都是几十户人家挤着一个小黑白电视机看,现在家家都有电视机,还有你们那个什么,‘爱派得’。以前夏天热得不行,晚上拿小凳子坐在外面睡,被蚊子咬醒了才回去睡,现在,不说电风扇了,空调家家都有……这些日子我们以前从来没想过,从来没想过啊……”

是啊,我也从来没想过,我会以这样的身份——高档绿色营养食材,出现在餐桌上！

野菜生根土亦香

我是一棵荠菜，长在黄海之滨。生生世世，我一直在这里。

我叫花紫菜，其实，我也叫护生草。我很满足，守护了这样一代又一代的生命，见证了这样一个又一个的奇迹。

如今，我还生长在这里，我第一次觉得，作为一棵野菜，生在这样的“小康社会”（这个词也是我从别人嘴里学的，有样学样嘛），目睹了这里人们的幸福，真是我的幸运！从衣不蔽体、食不果腹，到如今的丰衣足食、追求绿色品质生活，再到未来，我不由自主地为勤劳的人们守望着、憧憬着……

你看——

儿童闲取池头水，剜破琉璃绿一方。

这边，风景独好！

指导教师：廖海燕

作者获第十八届“全国十佳小作家”奖

点　评

左妍的作品往往能够以小见大，将宏大的历史事件化为具体的民间叙事，在看似琐碎的讲述中体现时代变迁的大格局。由于有了真实的历史背景作为参照，作者对于日常生活的叙述也就有了深度，语言运用上也日趋成熟、自然。

（海生　诗人）

人间烟火人间路

□ 安徽省合肥一六八中学　曹婉瑞

故乡小城坐落在山脚下。

当清晨第一缕薄雾散尽，小城人家千千万，不论身处城市的哪个角落，都能在自家窗前望见远山的倩影，那隐在水泥钢筋后的背景，如信笺上印着的几朵淡淡的墨梅。满目苍翠如一池春水浸润着人们冬眠了数月的心田，青山正妩媚，春明万物朗，每当这时，故乡人和一些慕名前来的异乡人总能被这无声的魅力吸引到山脚下。

可打我记事起，通往山顶的路就是不好走的。

山路不算崎岖，却也蜿蜒至远方；不算羊肠小径，却也仅能容几人步行或一辆车通过。而当这种微妙的“仅仅”被路两旁各式各样的地摊小车打破后，原本设想好的“山行健道”的规划图就这样被小商贩们丢进了沿山路形成的“污水小河”中。涓涓细流散发着促使游人捂鼻快速逃离的味道。

我费了一番力气，才从人群包围的摊位中找到熟悉的烧饼摊。摊主是一位个子高高、脸颊瘦瘦的中年大叔，他经营的烧饼摊似乎与这景区的年岁相差无几。而我对这山的记忆，似乎也是带着葱香烧饼味的，每每游山，我必光顾他的摊子。

我在一旁耐心等待着大叔招呼前面的客人，烤炉的热气和炙热的太阳已将他的脸烤得通红，而他却丝毫没有停下喝口水的意思，依旧用不紧不慢的语气悉心询问每位顾客的订单信息、口味偏好——这也是我常光顾的原因，不仅因为烧饼，更因为大叔的脾气。终于轮到我，接过烧饼，我朝他笑笑，他脸上晶莹的汗珠闪耀的太阳的光芒，顿时，我心中升腾起一种莫名的同情，一句“谢谢”已脱口而出。

行至山腰，我依然能看到几家零星的摊位，回望山脚的路，那里依旧人山人海，黑压压一片，堵塞了上行的道路。蓦地，我又想起大叔通红的脸庞。春光明媚，太阳高照，又有谁不想轻装出行，四处踏青？又有谁想在嘈杂的人声和城管的驱赶中辛苦谋生，毫无体面？他们，被肩上的重担拖住了步伐，被谋生的摊子限制了去处，被岁月的沧桑刻下了皱纹。他们，终究只是在努力生活的人啊。

可是，我不能忘记，那整洁的山路不知何时已是疮痍满目；我又不能忽略，那条当初被命名为“山行健道”的山路不知何时被浇上了第一桶污水；我更不能忘怀，那些平日里热情和善的面孔，不知从何时起，会因为一个摊位而争得面红耳赤，争执声与汽车的鸣笛声格外聒噪……

夕阳落山，人影散漫。走下山顶，我看见拥堵的路开始畅通，拥挤的人群开始散去，两排摊位上昏黄的灯光一一熄灭，摊贩们无声地顺着山路离去。不用说，是城管来了，他们疲惫的一天被这样画上了句号。

矛盾交织着同情，我不忍再看，更不愿在人情与规则之间判出高下。

后来我背井离乡去外地求学，一晃，再回故乡竟是几年之后。

刚踏上故土，我便迫不及待地寻找通往山上的路。山路还和以往一样吗？那些人，那些花花草草，是否安好？怀着激动的心情，我再次上路。

可眼前的景色却令我惊喜：山路两旁不见垃圾，不见污水，不见拥挤的人群、占道的小摊，只见沥青路面被涂上新漆并颇有考量地划出两条车道，只见路边小摊搬进沿路搭起的徽派小房，那里是他们赖以谋生的地方。若走近再瞧，每幢房子上还贴心地挂上了牌匾，隶书写就的“葱香烧饼”“豆腐脑花”竟别有一番风味。屋舍俨然，精致有味，不由得让游人有步入江南水乡街市的错觉。

顺着门牌，我毫不费力地找到了卖烧饼的大叔。他还在这里，个子高高、脸颊瘦瘦，不同的是，他再无当年谋生的疲倦感，而是满脸洋溢着幸福的微笑。

见我来，他连忙起身招呼。

接过烧饼，我同他攀谈起来。

“大叔，这路的变化还真不小呢，第一眼见到，还以为是一处景点哩！”

“可不是嘛。”他咧开嘴，露出了自豪而纯朴的笑，“这几年啊，多亏了政府。想当年政府要搞什么‘美食街整治’，起初我还不同意，以为是要把咱全赶跑了，那俺咋吃饭啊？一家老小，全靠我这个小摊子呢！后来一了解，还真不是我想的那样。你瞧，政府给咱盖了小房子，连排的，还带顶儿，又能定点又不愁雨天，你说快不快活？”

说罢，他又想起什么似的，指着身后挂着的机器对我说：“政府还给俺们装了抽油烟机，说是既能保护环境，又能保护身体。你别说，还真是！照这样干下去，再来二十年也没问题啊！不过，还是多亏政府，多亏有他们，咱们干生意的才能像现在这样！景区风景好，我们身体好，顾客多，生意才红火啊！”

告别老板，我又朝着山顶走去，内心充盈着不可言说的快乐。要问我这条路什么时候最美，我的回答必然是——现在，还有未来。

夜幕降临，山行一半。眺望远方，山顶亭阁遗世独立；回首山脚，人间烟火涓滴成河。这条氤氲着温情的路，终于复苏，而我也可以做出判断：规则与人情，竟可以同时成全。

万里河山万家灯，人间烟火人间路。

说到底，通往山顶的路，不正是由这踏实的人情味铺就而成的吗？

指导教师：刘晓莹

本文获第十八届决赛特等奖

点 评

这篇文章特别“扣题”，题目材料所选的李大钊散文写了北京前门的道路，借一百年前的一段道路影射了当时贫穷落后、矛盾重重的中国社会，并提出了对未来的期许。而这篇文章同样也是借一条道路的变化反映了当今中国社会的状态：虽然也有各种矛盾，但总的来说是在不断发展的，老百姓的生活越来越好，人与自然的关系也越来越和谐。尤其是文章展现出很多地方的管理方式越来越人性化了，越来越有人情味了，这显然是我们这个社会最值得骄傲的进步之一。有这样的主题立意，就算是人物语言还稍显生硬，文章也是十分出众的。

（蒋成峰 大学教授）

山河入梦来

□ 吉林省吉林毓文中学　隋昕航

我名为作原石鼓，我和我的九个兄弟住在北京故宫博物院。我们一家被称为陈仓石鼓。

我们出生在战国时期，距今已有两千多年了。那时候的日子现在想起来有些恍惚，我只记得大秦帝国的荣光迎着朝阳落在身上，明亮骄傲。可惜好景不长，秦不久便灭亡，我和兄弟们也在战乱中被遗弃在荒山上。不知过了多少年，我们才重见天日。我身上已开始出现斑驳，那是风吹日晒留下的痕迹，刻下的文字成为历史的密码。老百姓闻风而至，焚香叩拜；文人墨客也来一探究竟，想解出我身上的古文字。我从他们的交谈中知道那时已经是唐朝了，时光成沙，流过八百多年，我也不再年轻了。

没成想，刚过了一百余年的安生日子，天下又乱了。皇帝逃难，安史之乱来了。仓促间，我们被埋入地下。更不幸的是，我和我的家人失散了。我被人倒卖过、收藏过，颠沛流离，孤独沉默。我流落到一个小村庄里，被村民当作磨刀石，而且上部被削去，中间被掏开用来舂米。我无力反抗，只能接受。直到一个叫向传师的人解救了我，我被一路风光地护送到了汴梁。即使我已面目全非，可是能与家人团聚我就已满足。此时，距我与家人分离，已有两百余年。

此后几百年间，我们被掠至北方，掩埋地下，又重见天日，定居燕京，住进了紫禁城。在一片祥和安宁中，我时常想起过往的千年岁月，斑驳残缺的身躯承载着历史给我的风霜。人事如星，有亮的时候，也有落的时候；有出现，自然就有隐匿。我们随着时间长河的流动见证了世间悲喜。

世事无常，残酷的炮火无情地轰开了神州国门。枪炮带来的震荡、硝烟、血泪，我前所未见。在那浓重晦暗的天空下，这座精致富丽的紫禁城像牢笼令人惶惑不安。无数的人在我们之间穿梭，他们都穿上了新式的衣服，说话也和以前不一样了。日子就这般过了一年又一年。

在两千余年的漫长岁月里，1933 年是我记忆里最沉重的一年。冬日的北平干燥寒冷，就在那萧瑟的北风中，我被层层包裹装进了一个沉沉的箱子里，开始了多年的迁徙岁月。我知道有好多像我一样的文物都在南迁的队伍中，我们好不容易出了北平，走铁路到了南京，又走水路到了上海。文物的统计数字最终出来的时候，我感到箱子外面一片震撼的静默。这浓浓的悲痛，穿过木箱，让我心头一颤。

到底一个民族，要破落到何种地步，才会被迫做这样声势浩大的文化迁徙？

什么时候，我们才能免于蒙尘，重见朗朗乾坤？我从未有过一刻这样期待过。

后来十多年里，我们辗转武汉、贵州、宜昌，到达重庆。无数的人为了我们这些国宝付出心血甚至生命，都无怨无悔。在狭小黑暗的箱子里，我默默计算着时间。这一路我们历经坎坷崎岖，险象环生——我们兄弟都体形庞大且沉重，所以运送的卡车在危险的山路上曾两次翻车——好在我们幸存下来。究竟还要在黑暗中待多久，才会迎来黎明呢？

终于，在吱吱啦啦的电波中，我们等来了令人振奋的消息——日本无条件投降。可回去的路并不好走。

文物整理有条不紊，我再一次感受到了熟悉的颠簸，可这次是喜悦的、安心的。两年后我们集中在重庆启程，沿长江而下，直达南京，后来我们又回到阔别十七年的北京紫禁城。当人们打开箱子时，久违的阳光落在我的身上，明明十七年在我两千余年岁月中只是弹指一挥间，我却觉得过了好久好久。

现在我和家人们在故宫博物院的石鼓馆长久相守。回忆起过去的那些年，我们也会感慨南迁岁月里的沧桑颠沛，重拾那些刻骨铭心的记忆。好在我们没有分离，国土没有沦陷。九州浩荡，灿阳昭昭。

我好像做了一场梦，一场真实的梦。梦里家国无恙，山河永固，人间皆安好，延续千万年。

指导教师：李峰

本文获第十九届初赛一等奖

点　评

在写作中，为了更好地表达自己的情感，我们往往会选择适当的表现形式。本文记叙的内容是“中华第一古物”陈仓石鼓的曲折经历。作者选择用石鼓之一——作原石鼓自述的形式，叙述了这组文物几千年来沧桑的历史，让人们感到更加真切。文物的命运与国家的命运交织、融合在一起，不仅让人沉思，还使人产生许多联想。作者文思厚重，文笔沉郁，文章表现出强烈的家国情怀，表达了对国泰民安的美好祝愿。

（钟湘麟 特级教师）

一生天问

□ 吉林省白山市第七中学　丁杨

1952 年，北京

当十八岁的顾天问第一次踏入北京航空学院的校门时，他就看到了一个巨大的条幅——“欢迎未来的红色工程师”。从这时起，他便暗暗下了决心。

顾天问的导师是个矮个子，戴着厚重的眼镜，看上去应该是个老学究，可一开口却颇有教官韵味。

“既然来学航空航天，就得爱航空航天！”矮个子环视了教室一周。

“你！对，就是你！”矮个子对顾天问吼道，吓得顾天问差点儿没站稳。

“你来说说，你拿什么来爱航天啊？”

“额……就……就用我的一生一世吧！”

“用什么，有力点儿！”

“一生一世！”

“说得好！就该这样！新中国成立才三年，实在是难！现在朝鲜战场上炮火纷飞，你们能在这里安安宁宁地读书，还要感谢国家！你们是航空学院的第一届学生，要打出个样儿来！”

1963 年，北京

“我工作调动，得离开了。”顾天问缓缓地对新婚妻子陈敏讲出了这句话。

“去哪儿？”陈敏紧张地问道。

“不知道。”顾天问说。

“要多久？”陈敏换了个问题。

“不知道。”顾天问说。

"会平安归来吧？"陈敏知道自己问不出什么了。

"不知道，也许吧。"顾天问叹了口气。

顾天问简单地收拾下行装，在与妻子深情一吻后，用力地踏出了家门。他直到大步消失在街角，都没肯回头再望上一眼。不知不觉地，空气中就有了一丝咸涩的味道，渐渐地，又恢复了往常的清爽。

1970 年，酒泉

四月二十四日的发射阵地，气氛紧张到了极点。

"十年磨一剑，霜刃未曾试。"坐在测控台前的顾天问脑子里忽然冒出了这么一句诗。

"来吧，该试试看了。"

"五，四，三，二，一，点火！"一声令下，长征一号运载火箭穿云而上，伴随着火箭焰光的，是阵地中此起彼伏的口令。

"光学正常，遥测正常，雷达跟踪正常……"

顾天问守在机位前，紧张地盯着屏幕。"跟住，一定要跟住，千万别丢了。"顾天问在心里默念。

当人们爆发出一阵又一阵的掌声和欢呼时，顾天问暂时松了口气，但他知道，自己的测控任务还没有结束。自己来这里快七年了，要是这个时候松懈了，一切可都完了。

那一晚，顾天问忙到了午夜。当他终于能停下休息时，并没有激动地睡不着。

"今晚有乐曲伴着入睡了。"顾天问嗫嚅着。

"老陈啊，我对不住你啊，七年了，基本没什么音讯。结婚这么多年，还没有个孩子……"顾天问一边默默地念着，一边拿手擦了擦脸，却发现什么也没有。

"今晚的星星很美啊，不知道你在没在看。这群星星间，多了一颗中国的……这次任务成了，我想很快就能回去吧……"

"成了……成了……没白来……没白来……"

1990 年，酒泉

当爱女顾辰星高考志愿准备填写北京航空航天大学时，陈敏坐不住了。她反反复复和顾辰星讲述以后的工作会有多苦，可顾辰星就是不听。无奈之下，陈敏只能试试让女儿的父亲出马了。

“老顾啊，你得劝劝辰星。我知道你俩都热爱航天，可你也不能让辰星再吃这个苦啊。现在不一样了，航天这一行大不如从前呀——人家不都说什么造导弹的不如卖茶叶蛋的，这要是一个女孩子学了这个，以后怕是要比你还受苦受累。”陈敏一边苦口婆心地讲着，一边观察着顾天问的神情，期望能从中捕捉到一丝丝赞同自己的信号。

可顾天问只是叹了口气，神色没有任何变化，还是在椅子上坐着，神情凝重地目视远方。

“这么多年了，老顾你回过几次家？我无所谓了，我可以接受。可孩子呢，你忍心吗？而且老顾你在航天单位做了这么多年，工资不还是老样子吗？咱们都已经到暮年了，可以不考虑这个问题了，可她呢，总要想想吧！”陈敏有些崩溃，又一次发起了进攻。

“既然她喜欢，你拦不住的，就像我当年一样。”顾天问将这句话抛给了妻子，起身朝门外走去，可他的双腿愈走愈沉重，愧疚不断地涌上心间。他回头一把抱住妻子，脸上写满了复杂……

2020年，文昌

伴着夏日清晨的日光，在穿过一片又一片椰枣林后，顾天问和女儿顾辰星来到了海南文昌希尔顿酒店。远处的回转平台缓缓张开，露出了巨大的乳白色火箭。

“这南方的沙子真白啊，和大西北的就是不一样。”顾天问望着下面的海滩感慨道，“今天来看发射的人简直如蚂蚁一样多，这在我们当年想都不敢想。”

“是啊，现在不一样了。航天越来越开放了，也有很多人喜欢航天，投身航天了。”已经是某航天飞行控制中心副总指挥的顾星辰恰巧没有项目任务，就陪同耄耋之年的父亲来看一场发射。

“爸，您知道今天发射的载荷是什么吗？”顾辰星这时还没忘去考一考父亲。

“我知道，是个去火星的探测器。”顾天问一脸感慨，“现在咱们国家强盛了啊，我参加工作那阵儿，就是为了发射自己的人造卫星。”

“那您知道它叫什么吗？”

“好像叫‘天宫’吧。”

“不不，那是之前的实验舱。今天的探测器，叫‘天问一号’。”

“天问……天问……是个好名字啊！”这跨越世纪的巧合让顾天问喃喃自语，目光再一次投向了远方发射塔架上的长征五号，深邃有力。

“爷爷，您是研究火箭的吗？”在顾天问一侧，一个十来岁模样的孩子好奇地问道。

“当然，爷爷当年也是在那里面工作过的人。”顾天问指着远处高耸的发射中心主楼说，“怎么，小朋友你也想搞航天吗？”

“想！”

顾天问欣慰地点了点头，又面向这个十来岁的少年，缓缓问道：“那你得爱航天，你觉得你要用什么去热爱航天呢？”

“嗯……那就用……那就用我的一生一世吧。”少年认真地想了想，给出了自己的答案。

顾天问怔住了，而后也重复了一下，这深埋于心中六十七年八个月二十八天的答案——

“对，一生一世。”

指导教师：黄绪英

本文获第十八届初赛一等奖

点 评

这篇文章用一个假托的人物“顾天问”的一生，刻画了一代中国航天人的形象。文章最值得肯定的地方在于线索清晰，叙事完整，重点突出。作者截取几个重要的时间点来表现人物的精神面貌，年轻时立志报国，中年时以身许国，晚年时后继有人。对于所选取的若干生活场景，作者也进行了细腻而真实的描述，其中较多地采用了对话的形式，对话设计得十分自然得体，能够很好地体现人物的个性特点，烘托氛围，而不是贴标签式的背景介绍。

（蒋成峰 大学教授）

第二辑

市井之诗

平仄的、顿挫的、
优美的、神秘的叫卖，
是市井的诗吧？

钥 匙

□ 江苏省宿迁中学　车雨桐

祖母在年初的时候，被确诊了乳腺癌。

医生说虽然是乳腺癌，但幸亏发现得早，好好配合治疗，总归是有希望的——这话，当然是背着祖母告诉我们的——而我们面对祖母，说的却是："医生说是良性肿瘤，因为查得早，您按时吃药，不出三个月就好啦！"

祖母也乐观得很。我六年级时，她曾查出过一次良性肿瘤，做了个手术便好了，大约觉得这次也差不多吧。对她而言唯一不可理解的，是为什么这次不是做手术，而是要做"该死的化疗"，"痛得很"，头发也一把接一把地掉。祖母是个果敢的性子，一天早上，当她梳头时又掉了一大把头发后，就干脆地跑去理发店，剃了个光头。我们见了祖母的样子，吓了一跳，祖母却不以为意，下午继续去小区花园里找她的牌友打牌。然而不到半小时她却回来了——那群老太太见她剃了光头，忽然间就都有了什么要紧的事儿，一个接一个地离开，花园里很快便只剩下几只麻雀了。

祖母还在喋喋不休地抱怨，我却只能用沉默来回应——这是我早已开始恐惧的。癌症，可怕的或许不仅仅是病症本身，更是病例上的"恶性肿瘤"四个字，将病人关进另一个世界，一个充满偏见与流言蜚语的世界。癌症病人不再是普通人，他们被冠以这一称呼后，处处被冷落与疏离。我年迈的老祖母，她又该怎样？

我的担心并不多余。接连几次感受到人们若有若无的疏离后，祖母开始惧怕外出。她不知道从哪儿翻出了一顶毡帽，只要一出门，必定戴上它，把头捂得严严实实。她不再大声地笑，走路喜欢靠着墙。有人叫她，她总是先下意识地扯紧帽子，慌乱地环顾四周。

我悲哀地看着祖母将自己锁在那个世界里，一天天地萎缩下去，衰老下去。

我很想找到打开那扇门的钥匙，但又有什么办法呢？在网上翻找，说可以戴假发，可那些为"靓女"设计的稀奇古怪的假发，祖母又怎么会戴呢？

又是一次祖母去医院检查，父母陪在她身边，我去医院对面的一条街上逛着，街的尽头，是一个小小的理发店，招牌上写着“理发，美发，假发（化疗）”。我愣了一下，忽然像溺水的人抓住浮木一般，冲进这家理发店。不同于平常开理发店的年轻小伙儿，店主看上去已经年过半百，他对我的需求似乎已经见怪不怪，带我去屋后的一个房间，里面赫然是一排排塑料人头，戴着各式各样的假发——这些假发大多很朴素，却涵盖了适合小孩子与老人的假发。

我问他，是怎么想到做假发的。

许是那天的客户不多，老张——也就是店主——絮絮地和我讲了很多。

老张自从在这里开店以来，就经常有癌症病人来他这里剃光头，时间一长，老张倒也习以为常。直到一天吃完晚饭，他和老伴去小区门外的小公园散步，夕阳快要落下，晚霞把西边的天空染得瑰丽。一个年轻的姑娘走进小公园，许是天气太热，她坐到长椅上，摘掉帽子。

赫然是个光头。

刚刚还谈笑着的人群顷刻间鸦雀无声，短短的沉默后，人群作鸟兽散。姑娘愣住了，慢慢地低下头，夕阳收尽最后一丝光芒，她的影子被名为孤独的巨兽吞没。

老张认得这个女子，不久前她在自己的店里剃了光头。剃完后，姑娘对着镜中的自己哭了很久。

老张回去之后，抽了一晚上的烟，烟蒂扔得满地都是。第二天，他把门一锁，带着老伴去了省城。几个月后回来，招牌上就多了一个“假发”。

老张搓着手，显得局促不安，他说，他知道假发治不好癌症，但他总觉得对于那些病人，它似乎能弥补一些，一些……他不知道怎么说下去。

但我懂。

那些确诊患者，那些不得已剃去头发的人，因为世俗的偏见或者自身的惶恐，被拥着、推着，甚至被强行关进那个冰冷的世界。而假发，是让他们得以回归人群的通行证，是打开那扇铁门的钥匙。

我向老张道谢，回到医院，等祖母做完检查后，带她去了这家小小的理发店。祖母的眼睛亮了，她精挑细选了一顶掺杂着白发的假发，戴上后对着镜子看了一会儿，又小心翼翼地问我：“看不出来我头上的是假发吧？”

鼻子一下子发酸，祖母的头发在我眼里模糊起来。我眨眨眼，清了一下嗓子，雀跃地说，完全看不出呢。祖母似乎没有听出我发颤的嗓音，笑容一点点从她的皱纹里绽放，整个人像一朵皱缩的菊花舒展开来。

戴上假发的祖母又成了记忆里那个干练直爽的老太太，每天早上和祖父结伴去菜市场买菜，下午去老年大学跳舞——她现在不去打牌了，说那群老太太“不得劲儿”。我放学后她就兴高采烈地跟我讲：“和我一起跳舞的老太太的外孙女儿也在你们学校念书，叫卞什么的，你认识不？”灯光下祖母的笑容温暖极了，我想，我找到了这把钥匙。

一天放学早，我从小区的花园边经过，夕阳下我的影子拉得很长，凉亭里的老人聊着家常，一派岁月静好的模样。

我忽然想起老张故事里的那个女孩儿。

如果通往那个世界不再需要钥匙呢？

大概会更好吧。

到那时候，再没有偏见，再没有冷落，甚至，再不会有那个被隔开的世界。

指导教师：陈柱

本文获第十九届决赛一等奖

点　评

在这篇文章里，祖母和老张故事里的女孩是千千万万个被冷落、被疏远的人的代表，他们要承受疾病、生活等带来的压力，时刻徘徊在光明与黑暗之间，但更令他们难以承受的是人们用偏见、冷落将他们隔离，他们需要钥匙来打开生活的锁。文章更可贵的地方在于作者关注到了另一个被锁住心灵的群体，就是那些有意疏离别人的人，他们的心灵是被偏见、无知、从众等狭隘锁住了，而他们却毫无意识，不会主动去寻找那把开锁的钥匙。弱者的艰难时刻呈现在人们面前，令人深思；而看似强者的弊病却隐而不现，像老张这样“无中寻有”的冷思考是否更加发人深省？

（尤立增 特级教师）

马 灯

□ 浙江省杭州学军中学紫金港校区　陈飞羽

从前,家乡每逢正月十五是要起灯的。起的不是娇艳多姿的莲花灯,而是威武雄壮、栩栩如生的马灯。

那是一座依着山脚的村庄。连绵的远山一年四季氤氲着水汽,云雾在山间蒸腾,丝丝缕缕连接着天与地。清晨,白茫茫洒在地上的,不知是晨月的留影还是太阳的曙光。公鸡立在棚上,抻长脖子欲鸣。一阵喧天的锣鼓声由北面的祠堂急促地传来,吓退了昂首的公鸡,引发犬吠声声。各家仓房的大门轰然开启,一串串烟花火炮冲上天,噼噼啪啪炸成白烟。未等消散,一群"骏马"争先恐后地跃出,一眨眼绕着家门场院、田埂大道,奔向祠堂前的晒谷场了。两面白底墨字的迎灯旗撕破长空,东西各有一人威仪地执旗挥舞两下,便成了两方马灯队伍的首。沸腾的犬见到两路人马,呜咽一声,夹着尾巴缩回了窝。晒谷场上,早有值年夜的人拿了锣鼓铙钹,乐器同马灯一般明锐鲜艳,似要争个高下。人们推着马灯在晒谷场集结,麦色的脸上满是笑意与期许。两面迎灯旗,交互向下一振,人们便大声呼喝起来。飞燕穿云,铁马金戈,一架架马灯浮云流水般掠过地面,配合着密集如马蹄的鼓点。各色马灯构成斑斓流光,好一个万马奔腾!

舞马灯是大人的游戏,因为马灯体形大如真马,孩子够不到推灯的扶手。阳光下,那一张张满是皱褶的脸,如同绽开的花儿,闪烁着坚定与希望。马灯以它雄壮的身躯,撞开新年的大门,携着农人的期许,奔向希望。

许是北面的山峰遮挡了早春的水汽,整年阴雨连绵的故乡在正月却是阳光明媚。按照村里爷爷奶奶的说法,是北山上祖先化作的神灵保佑后人平安、风调雨顺。他知道起灯是个重要日子,所以一振云袖,挡住雨水。

总之,正月十五的太阳格外暖,舞马灯的传统也流传了近百年。遗憾的是,我其实没有见过马灯,这都是从祖父的只言片语中想象到的。"马灯,熬过了动乱与饥荒,却与这个新世纪无缘了。"祖父说这话时,头埋在老灯昏黄的光下,裁剪着折好的红宣,身前是一匹小马灯的竹骨。家中原有的大马灯十余年未跑,皮毛剥落,竹架让老鼠啃得几乎不剩。马鞍两侧悬挂的“倒拔杨柳”“醉酒打虎”古绢，如今斑驳暗淡，无人问津。

祖父是在我的强烈要求下才制作小竹马的，他年纪大了，不大愿意做这精细活儿了。但看到祖父做的准备时，我有些失望——红宣剪成条带状，再纵向剪出丝，一圈圈缠绕在竹骨上，就是马毛了；两只乒乓球，颜色不相同，涂上墨水就是眼睛；还有从烟盒上拆下的金纸片，说是要剪成马牙。也许以前马灯的制作工艺的确精巧，但现在不敢恭维了。我想象中马应有的灵敏矫健，在这副皮囊里只剩下呆板了。

有个外出打拼的年轻人路过，被马灯的红烧着了眼，在院门外驻足张望。有了观众，祖父拿剪刀的手更加灵巧了。那后生离家太久，竟忘了乡音，操着普通话问：“老伯，您这技艺不错，会扎纸人不？”祖父手一顿，眨了眨昏黄的眼，明白了后生的意思。迎来福祉的吉祥灯竟被认作烧去地下的陪葬品，这让祖父火冒三丈。他起身提起扫帚打向门口，粗鲁地把人推搡出去，一甩手关上院门，落了锁。祖父颓丧地拖着步子，蹲坐在小马扎上，愣愣地看着北山。通红的晚霞烧得发紫，显得山更加黑沉、寂静。曾经猎猎作响的迎灯旗如今晾在谁家墙头？还有谁可以拿起锈蚀的锣、老化的鼓，去奏一场万马奔腾？天空欲雨，黑云慢慢地从北山碾过来。

雨终于失了耐性，大颗大颗砸在地上，犹如密集的鼓点，又像急促的马蹄声。祖父翕动嘴唇：“很安静啊，今天是正月十五吗？”如今的村庄几乎家家落锁，没有农妇抢收衣被的慌忙，没有儿童玩水的嬉闹。远远望去，一片漆黑，连萤火也没了。白墙黛瓦静候雨中，不知等着谁的归来，却只见到了更多的离别。过去清丽温婉的少女，现在也成了不见来人的老妪。正月十五的夜，下了那么一场大雨。爷爷说，那是北山的泪。

雨第二天才停，院子里的红马面朝大门，执拗地挺直身板。也许每户紧锁的大门里都有这样一匹红马，皮毛僵化，骨架松散。老马识途，时刻惦念着回家。人的记性则差许多，有了外面鲜美的芳草地，就想不起故乡了。

十五后，祖父的马灯还没做完，但我必须回去了。我还是没见到一架做好的马灯。

指导教师：戴惠文

本文获第十八届初赛一等奖

点 评

作者有不俗的写作功底。文章前后对比，前面写故乡正月十五起马灯的热闹场景，虽是根据祖父的描述臆测的，但写景状物浓墨重彩、栩栩如生；后面写在大量农村人口进城的背景下民俗传统的没落，用进城后生和“我”看爷爷扎的马灯，衬托爷爷和乡村的寂寞。文章前后形成张力，引人深思。

（王会娟 资深编辑）

等

□ 北京市第四中学　陈梦琦

狭小的房间没有开灯，在寒凉的夜色中漆黑一片。淡淡的月光影影绰绰映出屋里小桌子旁的一团黑影，隐约可以听见些细碎的声音。

夜深了。

随着"咔哒"一声轻响，蜡烛昏黄的暖光照亮了桌前人的脸庞。那是一个年轻的女孩，约莫二十岁，一头长发松松扎在背后，眼睛在烛火后闪着晶莹的光。

今天是她的生日。

她应当算个长相普通的女孩，可今天认真打扮了一番，尽管穿着睡裙，还是显得干净又漂亮。但这份美丽却迟迟无人欣赏，让她的脊背从挺直渐渐弯下，让她在烛光下的影子从天花板移到了墙上。

房间里的光越发昏暗。她忍不住打了个哈欠，眼角凝出了几颗晶亮的泪珠。

看来这是个独自一人的生日了。

她轻轻吸了吸鼻子，缓缓直起身来准备把蜡烛吹熄。突然，门外响起了笨手笨脚的开锁声。她太熟悉了。

她顾不上屋里的黑暗，"噔噔噔"跑到门口打开门，走廊的灯刹那间刺花了她的眼。待到视线聚焦，她就看到了那个她日思夜想的男孩，在耀眼的灯光下，携着冬日的寒风归来，眼里却带着足以融化冰雪的暖意。

他摘下口罩，露出笑容，两个小酒窝若隐若现。他有一颗可爱的小虎牙，笑起来如阳光般灿烂。

他眉眼弯弯，张开双臂，向她敞开宽阔的怀抱。

他说："生日快乐，我回来了。"

他给她带回一个针织的向日葵，上面缝了个笑脸。她很喜欢，因为向日葵就像是他，圆头圆脑，笑起来温暖阳光，永远充满活力。

她把向日葵摆在了窗台上，阳光最好的地方，她一眼就能看到的地方。

晚上两个人相拥而眠，这是快一个星期以来的第一次。他是呼吸科的医生，已经加班很多天没有回家了。她知道是因为新型冠状病毒的事，所以不要求他多陪她，这次他为了她的生日赶回来，她已经非常开心了。可能不久之后，一旦疫情蔓延，他会自我隔离起来吧。她不愿再去设想……

她攥着他的衣角，胡思乱想着，就要睡着时，听见他低低的声音："我要去武汉了。"

她瞬间睡意全无。武汉？他要去武汉！她一瞬间似乎丧失了所有语言和行动能力，大脑被他这句话搅得乱七八糟。她不敢置信，他要在这个节骨眼儿跑到最危险的地方，离开她，不知什么时候才能回来。

"我们医院要派人支援武汉，我在呼吸科，本来就对口，而且我还年轻，身体好，比老同志要安全。现在国家有难，我必须挺身而出。"他顿了顿，见她还是没反应，试探着继续说，"你要想我，就看看那个向日葵……"

"够了。"她的声音颤抖着，带着哭腔。

他还在说，可她却听不下去了。

她猛地坐了起来，转过身就要往床下跑。他连忙停了下来，从背后环抱住了她，在她的头顶落下一个又一个轻吻。夜色中，她感觉什么东西落在了自己的肩上，湿润，冰凉。

"我明天出发。"

她心中被无限的恐慌和无措占据了。

她开始讨厌那个向日葵了。

她沉默着给他收拾行李，余光看到他有些不安地站在门口，没有戴口罩，小心翼翼地注视着她的表情，手脚都摆得规规矩矩。

心里无数的埋怨和恐慌都变成了不舍和担忧，她不忍心这样冷着脸告别。她叹了口气，走上前去给他理了理衣襟，靠在了他怀里。

"快要过年了。"她低声呢喃。

他无言，只能试探着把手放在她头上摸了摸，而后低下头，在她额头上轻轻印下一吻："等我回来。"

窗边的向日葵在朝阳下轻轻点了点头。

除夕，街上挂满了红灯笼，窗外时不时传来孩子的嬉闹声。

她懒洋洋地坐在沙发上，怀里的向日葵也穿上了她亲手做的红色小衣服。电视里传来春晚喜庆的乐声，房间里满是年的气息。她刚接了父母的电话，此时眼角眉梢都写着暖暖的笑意。

她把自己包的饺子拍照片给他发过去，本以为他不会回复，没想到却几乎同时收到了他发的照片。他说今天是除夕，他们几个手里没有重症病人的可以轮流联系一下家人，但每个人只有五分钟。聊了没几句，他就急急忙忙离开了。她听着耳边礼乐轰鸣，怔怔地出了会儿神，才点开他发的照片。

第一张照片上，几个人站成排，穿着厚重的白色防护服，看起来又丑又笨，却努力做出搞怪的动作，可笑极了。可她知道，在这些又丑又笨的防护服下，有世间最美丽、最珍贵、最值得敬重的灵魂。

他们都是真正的白衣天使。

她笑着，点开了第二张照片。照片上是几个人笨拙地耍酷的背影，让她笑出了声。笑着，笑着，泪水却从脸颊上滑了下来。那些防护服背后，写满了“加油”。

这时电视上传来主持人动情的朗诵：“我们隔离病毒，但不隔离爱……”

他离开的第十二天。

又是和往常一样的一天，她起来的第一件事是给他发早安，第二件事是看微博上的疫情数字统计。

又增长了，疫情越来越严重。她心往下沉，但是无奈之下，还是开始了餐桌—厨房—床三点一线的生活。

她看到有趣的段子，转手就给他发过去；吃了什么好吃的，也要和他分享一下；甚至连那个向日葵的“生长状况”，也要向他报告。

他很忙，她直到晚上睡觉前才等到了他的消息。

他说：“我想你了。”

我也想你。她心想。

她在对话框里删删减减，折腾了好一会儿，才支支吾吾地和他说要去武汉看他。

他严肃地说：“不行，你乖乖待着。”

她在被窝里滚了滚，把眼睛蹭得红红的，呆呆地望着天花板，不知为什么鼻子开始泛酸。他似乎是觉得语气太重，又温柔地哄劝了她几句。她有一搭没一搭地应着，心里却满满都是他在光下的笑脸。

最后，和往常一样，他说“爱你”，然后是“等我”。

她没有回复，因为每当这时候，她都会想起离别那天他说的话，然后一个人把头埋进被窝里悄悄红了脸。

窗边的向日葵看着她，悄悄地笑。

他离开的第十五天。

她睡了个懒觉起来，像往常一样打开手机给他发消息，却在打字之前愣住了。

他在凌晨给她发了消息，很多条。

他让她最好不要出门，在家勤洗手。

他让她出门要戴好口罩，买的东西要消毒。

他让她多运动锻炼身体，提高免疫力，多喝水，多穿衣服，不要光着脚在地上走，小心着凉，千万要保护好自己。

他让她开开心心的，趁这个机会多干点儿自己喜欢的事，做些自己一直想却没机会做的事，做些不需要他也能做的事。

最重要的是，他说："忘了我吧。"

屏幕上方，微博推送了一条最新消息："新型冠状病毒肺炎患者死亡××例……"

"等疫情结束，找个和我一样爱你的人吧。"

屏幕那头，爱笑的男孩脸上没了笑容。他闭了闭眼，狠心关掉了手机。

"对不起，我要失约了。"

她不愿相信自己看到了什么，她疯狂地联系他，可都石沉大海。

她不能相信那个昨天晚上还说爱她的男孩，今天却让她嫁给别人。她不知道怎么了，只觉得世界都要崩塌了。

她无法冷静下来，泪水模糊了她的眼眸。她无力地跌坐在窗前，用脸紧紧贴着他留下的向日葵，大颗大颗的泪珠滚落在它上面，向日葵仿佛也在哭泣。

她想到了他，他现在也在哭泣吗？

她哭得更痛了。

"你的家人联系了吗？"

"我来武汉十五天了，一直都在医院。"男孩脸色很苍白，有些痛苦地咳嗽着，"家人……不需要联系。"

她哭了很久，眼泪把手机屏幕都弄花了。她不停地拨打他同事的电话，可他们大概都在忙，没人回应她。听着电话里的忙音，她越来越焦急，越来越害怕。终于，她崩溃大哭。一切纷杂仿佛都消失了，她的世界只剩下无边的空白，里边藏着无边的悲伤。

她哭得太累了，于是就这样睡了过去。不知过了多久，手机铃声突然响起。她瞬间被惊醒，条件反射般扑向掉在地上的电话，生怕下一秒就被挂断一样迅速接起。

"他去哪儿了，求您告诉我。他怎么了？我，我……"她没控制住，眼泪又涌了出来。

电话那边的人沉默了，呼吸声清晰可闻。半晌，他才沙哑着嗓音，疲惫地说：“他来了武汉，一直没日没夜地工作，结果感染了新冠病毒。昨天晚上查出来还是轻症，现在……他在重症病房。”

那人是他的老师，也是他们此次驰援武汉的带队医生，她听出来了。对面的人冷静地说完一大段，似乎终于忍不住开始低声呜咽。她脑海里像有什么东西炸开了，一瞬间对面似乎传来了许多声音，低哑的呜咽声，沙哑的嘶吼声，悲哀的哭号声……

她不记得自己怎么挂断的电话，似乎是电话那头的人又有事要去忙了。她只是呆呆地坐在窗前，把太阳从东方的大楼后边等到了眼前。

刺目的阳光照进了她的眼睛，让她猛然惊醒。她看到窗边的向日葵在阳光下眯起了眼睛，依旧生机勃发地挺立着，仿佛是那个如太阳般的大男孩，从未倒下，还在对她笑着，露出可爱的小虎牙。

她看到窗外的天空蔚蓝如海，云如棉丝，光芒如画。风吹过，带起树梢上残留的雪，摇摇晃晃飘落人间。

她拿出手机。

“不要放弃，你是我的骄傲。”

“我等你。”

“我不要你做烈士，我要你活着做英雄。”

“但不管最后你是烈士还是活着的英雄，我都会等你回来。”

远在千里之外的武汉，重症病房的病床上，戴着呼吸机的人辨不清面容，却似乎从眼角溢出一丝微微的笑意。

门外，一群白色的身影仍然在东奔西走，忙忙碌碌。

指导教师：杜思聪

本文获第十八届初赛一等奖

点　评

新冠疫情给这个世界带来了太多的悲剧，世界各地的人们用各种各样的文字记录着疫情下的世间百态。这篇文章采用了小说的形式，叙述了疫情期间的一位医生和其恋人的故事。文章没有正面描写疫情中的白衣战士，没有过多地渲染他们的勇敢和付出，而是选择以一个恋人的视角，用酸涩而痴情的“等”，用细腻而真实的对话和独白来表现疫情中的人物形象。作者塑造的人物有情有性、有血有肉，而不是毫无个性的平面形象。文章在语言上也十分注重个性化，没有使用千篇一律的新闻报道词句。

（蒋成峰 大学教授）

执斫守艺

□ 云南师范大学附属中学高新校区　李语珞

他取下院中挂着的木材，敲了敲。木头微微震动，发出清脆的声响，已然晾干。这是他几个月前相中的，是桐木，看纹路，必然取自百年以上树龄的梧桐。现在的斫琴良材已很难遇到了，不过这块刚好，厚度正好，大小合适，纹路也整齐，且是竖纹，刚好与他那块放了近十年的梓木斫成一张琴。

他决定做伏羲式。伏羲式最经典、最古老，相传"伏羲见凤集于桐，乃象其形"，削桐制为琴。这种制式造型修长古朴，颈腰各有半月形弯入，弧度精巧，且音色宽宏，能辨上古之乐，抚之悠远若遗世之音。这是他最喜爱的制式，也是他最熟悉、做得最好的制式。

备好材料，接着开外形，即塑出面板和底板的外围轮廓。他先用刨子将木材板面削平整，平整后下样画线，顺纹路勾勒出伏羲式修长的形状。虽然他斫琴几十年，早已将各种制式，尤其是喜爱的伏羲式的形状铭刻于脑中，不需要事先勾画便可以雕琢成型，但他还是喜欢用炭笔勾形。勾完形，用曲线锯沿曲线开外形——如今电器早已充满了生活，使斫琴师不用处处刀刻斧劈地制作古琴——他接通电源，小心地拿着电锯将线外的木头锯掉，再用柴刀将多余的木头砍掉，初步做出曲面。再来细修外形，他拿出用惯了的木锉刀沿曲线细细地锉琴肩、琴腰等倒角的地方，进一步修饰琴面。他站在满是木屑的地板上，看着桌上已有曲线的木板，眼里闪着光。他将木锉刀拂去木屑，又磨了磨，收回了他的工具箱。面板外观已经塑好，明天再来塑底板吧，他用满是细小疤痕和老茧的粗糙双手拿过桌上不远处的毛巾，一边擦着额上的汗珠一边想着。

清晨，他推开屋门，深吸了一口气，嗅着树木青草的气息。他在这山脚下住了几十年，拜了师跟着师父住在乡下，出师后便独自搬来了这里。倒不是斫琴师一定要过离群索居的隐居生活，只是他们是好古之人、爱琴之人，他们执着于古，迷恋这被时间之浪淘洗之后留存下来的精华，为时间的魔法所倾倒。但这与当下人的眼光不合，现在的人只爱古人留下的物件，却忽视了时间造就的美，这也是他一直不愿收徒的原因。现在的人斫琴，只想着怎么省力，怎么方便，怎么能十天半个月斫出一把琴。

思绪纷飞间，他已走到了斫琴的屋子。他推开虚掩的屋门，沿着昨天草草扫出的仅容一人通过的小道，走到桌前。至少在上灰胎前，他是不会彻底打扫整间屋子的，现在才刚刚把琴面的形状做出，接下来的步骤还会产生更多的木屑。

一天下来，他也不过是将底板做好，将面板的弧面做好、弦眼打好罢了。不过这速度倒也正常，斫琴是精雕细琢的活儿，没个一年半载是斫不出好琴的。长时间的辛苦，使愿意静心斫琴的人越来越少，也不知道这项技艺还能传几代。他有些担心，担心这由历史上那些美丽的心意创造而出的乐器，最终像那些心意般成为书本上的历史。

又是几天的雕琢，他才真正将外观塑好。接下来便是挖槽腹，这是最累的一步。如今虽有电器可以凿出槽腹，但他知道，真正的好琴，必定是斫琴师一刀一斧，用最古老的方式制出的。首先，他在二徽至三徽之间确定低头开始的地方。接着，他画出槽腹的轮廓线，留出足够的边墙，方便试音调整。最后，他用木凿沿边线粗略地铲出槽腹的雏形，再用V字刀挖边缝，挖好后将琴翻到正面。

他在正面岳山处挖一个槽，装上已做好的临时岳山、雁足，粘上临时龙龈，与挖好洞的底板相合，便可开始试音了。每一个斫琴师都必须会弹琴，虽不要求成为大家，但一定要达到较专业的水平，为的就是这一步。斫琴时的试音，不是调音，而是试试粗略做好的琴的声音，从而继续调整槽腹，进而使琴音达到“浮云柳絮无根蒂，天地阔远随飞扬”的飘逸悠扬，“如听万壑松”“馀响入霜钟”的浑厚宽宏，使琴拥有亮而不噪、柔而不虚的优美音色和厚而不闷、满而不溢的饱满音质。琴音也正是他选择斫琴的原因，他爱古琴浑厚的声音，爱它的质朴厚重。琴积淀了许多，但又似乎不言不语，它们有的像磊磊山岩上的一株孤松，有的像杳然出岫的一朵孤云，有的像昼夜奔流的江河，有的像寻常之人一张诚恳质朴的脸庞。琴的悲欢与盼望，都在以朴茂的方式述说，以从容的态度存在，如同蕴含无限的大自然。

在他边铲边试音的过程中，槽腹渐渐成形，而古琴的面板、底板也完成了。他拿出早已备好的天地柱，装好，便用漆灰合琴，他也正好趁着合琴的空当休息几天。斫琴这活儿，又是大开大合刀刻斧劈，又是小心谨慎精雕细琢，真是累倒他这把老骨头了。

琴身已做好，琴已合上，木胎便完成了，装上配件，就要封堵池沼，准备漆灰。古琴的灰胎极为讲究，一定要用大漆和鹿角霜。这一道工序是最为烦琐的，也是极累人的，虽不像制作木胎时要刀劈斧砍，但需无数次的弯腰刮灰胎和打磨。他这把老腰，就是这样过来的。

刮灰胎的顺序也极为讲究。先是靠木漆。靠木漆干了便是“披麻”，也就是裹上一层麻布。麻布裹好晾干后还要挂灰，只有这样，琴才能年久不裂，也能让琴音保持一种含蓄内敛的状态。最后才是刮胎。刮胎时使用的鹿角霜要制作成不同目数，刮胎时从八十目的鹿角霜开始，和上生漆，一层一层往琴上刮，每上一层，都需要打磨一遍，这样一直刮到两百目才算完成。步骤说起来简单，时间也似乎不长，但大漆的干燥期是比较长的。他斫琴几十年来，自然已经熟知这一点。上一层灰胎，要一周左右才能达到表干的状态，且要刮到二十多遍不同目数的灰胎。灰胎全部刮完后，还需自然存放一年，使它彻底干燥。这样下来，两年才能斫出一张好琴，而他也学会了等待，不再像当初一样每天都要追着师父问，迫不及待地想看到新琴。

如今他早已习惯趁着大漆干燥的时间制作出焦尾、龙龈和岳山。而一年的时间也足够他制作琴徽和轸子。那么剩下的，便交给时间，时间让琴音厚重深沉，让古琴积淀，成为不朽。

想着，他便向外走去，想去山里走走，放松一下这把老骨头。“嘀嘀”，手机响起提示音，显示一条短信：“先生，我是真的热爱古琴，热爱这种古老的艺术，也是真心实意想向您学习斫琴。您再考虑考虑吧。”怎么还是他啊，早就说过不收徒了，真是……固执得可怕。正想关掉手机，又跳出了一条信息：“先生，这种技艺毕竟是需要传承的，您要实在不愿收徒，那能不能让我跟着学习学习，不会麻烦您的，只是让我看着您斫琴就好。”真是“锲而不舍”，他似乎想起了当年对着师父死缠烂打的自己。也不再管手机，大步朝山里走去，他真的该呼吸呼吸新鲜空气了。

指导教师：牛莹

本文获第十八届初赛一等奖

点 评

最难能可贵的，是中学生笔下有如此老琴师。最感人至深的，是老琴师有如此的深情、细腻与坚守。故事里的真情不必言说，单是关乎古琴的一切表达就是一次全方位的专业知识讲授。好文章首先是值得学习的，不言而喻。心理描写平淡隽永，传统技艺日渐式微发人深思，而文末的信息透露出作者对技艺传承的渴盼与畅想。“新鲜空气”在山里，在心里，也在这篇文章里。

（尤立增 特级教师）

窗子,镜子

□ 江苏省滨海中学　孙艺齐

马路的一侧有条巷子,巷两侧的灰砖墙上爬满了郁郁葱葱的爬山虎,绿意盎然,也使巷子有了丝丝文气。

顺着巷道进去再拐两个弯,是条窄窄的胡同。胡同里有家包子铺,有些年头了。说是铺子,其实只是在朝着胡同的墙上开了一扇窗,窗子上面挂着“老王包子”的招牌。招牌和窗户是去年才换的,看着还比较新。

“老王包子”在这地儿小有名气,皮薄馅足味道好,价格实惠顾客多。每天早晚,街坊邻居都愿意去买一笼热气腾腾的包子,上下班的时候还要沿着墙排队。老王动作麻利地将一袋袋包子从窗口递出去,还不忘和熟客聊两句。不忙的时候,老王就隔着窗子和街坊邻居谈天说地,从国家大事聊到鸡毛蒜皮。老王家窗前每天人来人往,热热闹闹,老王也每天乐乐呵呵。这样的生活平平淡淡却也有滋有味,唯独看到对面教授家紧锁的大门和整日关得严严实实的窗户,老王就有那么点儿不是滋味了。

教授在当地一所知名大学任教,据说学问很深。教授每天出门都穿戴得整整齐齐——西装、领带、金丝镜,头发一丝不乱,皮鞋擦得光亮,连公文包也一直整齐干净。教授每次挺直腰背走在这逼仄的胡同里,总显得格格不入,旁边的人也有点儿不自在。

老王不太喜欢教授,总觉得教授有点儿高高在上——不与街坊邻居聊天,每天门窗紧闭。想到包子铺与教授家这门对门、窗对窗的,老王就有种被嫌弃、低人一等的感觉。

教授也不喜欢对门的老王——一年到头脸上油亮亮的,衣服、头发上永远沾着面粉,额头的汗珠也不擦,卖着包子还不停地大声说话,整天家长里短、扯东扯西不消停。

日子就这么一天一天过去,老王卖他的包子,隔着窗户大声说话大声笑;教授整齐笔直地默默经过胡同,进出自己严严实实的家。

寒冬腊月，大雪纷飞。这天已经很晚了，教授下班到了自家门口才发现没带钥匙。此时，对门的包子铺灯火通明。教授在门口犹豫了一会儿，慢慢走到包子铺窗前。老王正在忙着，抬头看到教授，愣了一下，又赶紧说道："买包子？什么馅儿的？"教授顿了顿，低声道："菜馅儿吧。"老王掀开蒸笼看了一眼，回道："菜馅儿的要等几分钟。"他抬头看看窗外穿着羊绒大衣站得笔直的教授，又说道："大冷天的，先回屋吧，好了给你送过去。"教授又顿了顿，有点儿尴尬，终于还是开口说道："我钥匙落家里了，门打不开。"老王在心里小小惊奇了一下，立即热心说道："啊，那要不你先到我这屋坐会儿，这么大的雪！"说完他似乎有点儿尴尬，笑了笑，心里又有点儿小期盼。教授也没犹豫，轻声道了句"嗯，谢谢"，就缓缓走进了老王的屋子。

教授进了屋，也没坐下，依旧笔直地站在一旁看着老王干活儿。老王转身看了一圈有点儿乱、有点儿脏的屋子，也没好意思叫教授坐，不无尴尬地说："马上就好了。"

老王不知道再和教授说些什么，就装着很忙，跟别人说话也更大声更热情了。教授站在屋里，也不说话，默默看着老王手脚麻利地收拾案板，一边和零星的顾客聊两句这天这雪，一边大声地和窗外路过的街坊打招呼。屋外胡同不时传来车声与人声。

老王掀开蒸笼，最后两笼包子已经好了。关了炉火，老王才转头问教授："要几个？""三个吧。"老王装了三个包子，两只手在围裙上擦了擦，才将袋子递给教授。

教授不好意思再留在老王屋里，就准备出门。老王走到门口，看看对门教授的家，转头试探着问道："院子里有备用钥匙吗？要不要我翻过围墙帮你开门？"教授有些错愕："哦，有！但是这也太麻烦你了！"老王见教授没拒绝，笑得更开心了："这有啥麻烦的，邻里邻居的！"说完，他就搬起一张凳子放到教授家的围墙下。只见老王站上凳子，双手攀着墙头一纵身，右腿就跨上了围墙，他还不忘得意地笑了声。教授跟在后面，那声"小心"还没来得及说，老王就麻溜儿地跳进了院子。教授看得目瞪口呆，推了推金丝眼镜，佩服得很。老王打开院门，还不忘炫耀一下："这身手，利索吧！"教授笑眯眯的，心服口服："厉害！厉害！"

教授一边找钥匙开门，一边热情地对老王道："进来坐！进来坐！"老王是第一次进教授的家，挺好奇的，就站在门口打量了一下屋子，口中说道："不坐了，还有几个包子，店里没有人。"教授一边拉开窗帘，打开那扇一直关得严严实实的、朝着胡同的窗子，一边说道："没事，屋里也能看见，坐下喝杯茶。"

教授的态度让老王很是意外，更多是开心，他便大大方方地进屋喝茶。老王喝着茶，欣赏着教授干净整洁的家，满室的书香气息让他不由地说道："教授的家就是不一样！"

坐了会儿，老王起身告辞。走到门边，他一眼瞥见门旁镜子里有一个灰糊糊、脏兮兮的人。再一细看，镜中的人头发乱糟糟，满头满脸满身的面粉，围裙上东一块西一块的面坨，浑身上下几乎没有干净的地方。老王呆住了，自嘲地笑道：“一年到头起早贪黑卖包子，连自己成了这副模样都没注意！”

老王逃也似的离开了教授那整洁的、满是书香的家……

没几天，老王家里多了一面穿衣镜。

后来，“老王包子”铺越来越整洁干净，老王也越来越年轻了；教授时常光顾包子铺，家里那扇朝着胡同的窗子也经常打开，胡同里的邻居们都能看见那整面墙的书。

指导教师：于国松

本文获第十八届初赛一等奖

点　评

本文讲述的故事是对人与人之间如何相处的思考。教授整洁儒雅、沉默寡言，卖包子的老王能言善语、不顾外表，这可以代表社会中从事不同工作的两类人。他们没有共同语言，内心对彼此存在偏见，但一次偶然事件为他们提供了交流机会——教授打开了紧闭的心扉，老王也注意提升自己的形象，巷子里其乐融融。这便是人与人之间友好互助的结果。作者的叙述流畅自然，人物的对话很生动，文章对社会的思考也较深刻。

（蒋成峰　大学教授）

钥 匙

□ 河南省郑州外国语学校　李嘉宸

“游目八荒星天静，河清海晏待潮平。”我拖着疲惫的身躯坐在值班室外的台阶上，口中喃喃自语道。我不觉点燃一根香烟，火星飘浮，在暮色中格外耀眼。此刻我终于明白，真挚的友善才是打开人与人之间隔膜与障碍的心锁最合适的钥匙。

作为一名普普通通的基层干部——小区的居委会主任，平日里邻里间大大小小的纠纷，我是没少见过，但一般只充当一个“和稀泥”的角色。俗话说得好，清官难断家务事，有时候调解调解，安抚一下，事情就过去了。五年前，我从高校毕业进了某单位，后来为了锻炼实践能力，我到社区走马上任，本想着锻炼个两三年就可以溜之大吉，结果新冠肺炎疫情暴发，我所在的城市是重灾区，整个城市进入“封城”状态，因此我被迫继续留任，并承担起保障小区所有百姓安全的责任。我当时感受到了前所未有的压力。

灾难往往能检验人性。对于这一点，我是很认同的，因为总有人不遵守防疫规定，做出危害公共安全的恶劣行为，我对这类社会现象很失望。我也常常见到一个小区的人为了一些鸡毛蒜皮的小事大打出手，我对此嗤之以鼻。

一天，我正坚守在岗位上，外面传来一阵阵谩骂声。我习以为常地走出值班室，果然不出我所料，又是邻里纠纷，一对母女正和一位中年男子对峙。我急忙上前询问详细情况：“哎呀呀，这是怎么啦，都是邻居呢，有话可以坐下来心平气和地谈嘛，对不对？”

我的声音经过口罩和防护服的过滤已经十分微弱，也许是他们听不清的缘故吧，他们并没有理会我，而是继续忙着各自反击。我有些不耐烦，便开始用规章制度来“吓唬”他们，想以此震慑他们，因为这种方法一般是很有效的。“你们这样已经违反了防疫要求，请立刻停止你们现在的行为！”我呵斥道。

那女人听见后扭头看向我，愣了一下，之后带着她的女儿气冲冲地离开了。那男人随后也转身离去。我此时正为我用“聪明”的方法化解矛盾而洋洋得意，殊不知，打开人心这把锁太过用力，只会把钥匙折断。

三天后，我接到小区住户电话反映，说有户人家漏水严重，导致楼下住户的地板积水。我赶忙过去查看，发现打电话的正是三天前的那个女人，而楼上住的恰巧就是那个与之冲突的男人。“天底下还有这么巧的事？”我心里暗自感叹道。女人要求男人赔偿损失，但男人始终拒绝。问其原因，原来三天前，女人不小心将男人汽车的一个倒车镜打碎了，她觉得是男人车停得不是地方，也拒不赔偿。我又一次犯了难。

随后，我了解到，男人是本市的一名出租车司机，由于疫情，已经好长时间没有工作收入了，房子也是他在这里租的，一个人漂泊在这座城市。而女人则是一家企业的员工，丈夫在外回不来，她一个人带着女儿在家。我本以为对付这种棘手的事情，申请协商或者仲裁就可以了，让理性去辨别是非，但二人对此并不满意，觉得我“百无一用”，于是一直谈不拢，每日在微信群里上演着一轮轮骂战。

经过我的几次“掺和”，两人的矛盾非但没有减轻，反而日趋尖锐。我开始对我以前的工作方法产生了怀疑。百姓们到底需要的是什么，公平、正义，还是和谐、美满？我沉默良久。疫情之下，许多负面情绪都表现了出来，人与人之间心灵上的隔膜和障碍开始积累，形成了一把无形的锁，锁住了交流，锁住了沟通，锁住了理性。我迷茫、彷徨，我不知道该如何打开这把锁，我不过是一个二十来岁的基层干部，踯躅在人生道路上。

卧听暮冬三更雨，难解人心千层霜，霜冻封裹心窍锁，两隔阴阳自神伤。

正当我迷惘之际，深夜突然电话铃响，我接通，竟是那个女人颤抖的声音。

“李主任你好……我的女儿突发肠胃炎，需要马上送去医院，但我没有车……我在群里问谁能帮助我，但大家都不说话……李主任，你一定要帮帮我啊……”

女人在电话那头苦苦哀求，我只好起身前往她家所在楼栋。等我赶到时，女人哭得眼睛都肿了，她的女儿已经因为疼痛昏迷不醒。我心生不忍，但无奈自己也没有车，况且疫情期间，谁又愿意开自己的车去医院为别人冒险呢？正当大家一筹莫展之际，身后传来熟悉的声音。

“我送你们过去吧。”

我回头惊诧地发现，说话的居然是那个与女人有“深仇大恨”的出租车司机。

“事不宜迟，赶紧带着你女儿上车吧！”男人催促道。

女人愣了一下，然后抱着女儿匆忙地上了车。接着，这辆承载着爱与友善的出租车得到我的许可驶出小区，在路两旁明亮灯光的映衬下，逐渐消失于远方的黑暗之中。寒风凛冽，我的心在此刻却异常温暖。

一星期后，女人的女儿出院了，还是男人开着他那少了一个倒车镜的出租车载着她们回来的。女人感动不已，买了米面粮油和果蔬送给男人以报答恩情，男人倒也直接大方地收下并表示不是什么大事。女人知道男人处境窘迫，便帮他交了一个季度的物业费，还包了一个红包交给我，让我转交给男人。我谎称社区传颂好人好事，钱是社区奖励给男人的，男人倒也没有怀疑，开开心心地收下了。二人也未再谈及赔偿各自损失之事，心锁已然被打开。我回想起当初他们对峙的情景，深有感触，不觉潸然泪下。

傍晚，忙碌了一天社区防疫工作的我拥有了一段小憩的时间。我点燃香烟，吐着烟圈，看着火星闪烁，忽然摒弃了当年"溜之大吉"的想法，想要扎根基层，继续传播爱与友善。我突然觉得自己很了不起，因为我刚刚找到了打开世上最难的锁——人与人之间隔膜和障碍的心锁——的钥匙，那就是最真挚的爱与友善。

"疫情还远未结束，形势复杂严峻，基层工作任重道远。若想'游目八荒，河清海晏'，我们基层干部一定要紧紧攥着这把钥匙，继续为人民群众发光发热。"我在工作笔记中一笔一画地写下这些话，掷地有声，铿锵有力。

指导教师：王梦楠

本文获第十九届决赛特等奖

点　评

本文小中见大，选材凸显了社会热点。疫情突发，面对如此强大的"不速之客"，很多基层社区干部不顾自身安危，关心困难群众的生活，舍小家顾大家，为群众撑起一片天。本文准确把握了"钥匙"的比喻义，"钥匙"成功地打开人与人之间隔膜和障碍的心锁。这把钥匙，是一点一滴的爱和友善汇聚形成的，也是千千万万基层干部工作的法宝与准则。这一点也成为本文最大的社会价值。

（尤立增 特级教师）

颠　倒

□ 浙江省诸暨中学　陈敏烨

“六五师傅来啦！六五师傅来啦！”一众孩童既紧张又兴奋地叫喊着，冲回自己家，顾不上进行到一半的游戏。

而六五师傅，仍不疾不徐地从远处走来，佝偻着，手上仍握着那根锈迹斑斑的铁叉，铁叉顿地的声音厚重而清晰。

扎着牛角辫的我“啪嗒啪嗒”踩着路上的石子，带着“突突”的心跳，跃进蓝色铁门。老狗从狗窝里飞也似的奔来，脑袋挤出铁门，嗅起来。不一会儿，它又若无其事地回到狗窝里晒日光浴去了。

这是儿时的记忆。那时我们全家三代人挤在上海的一溜平房里，房子很小，床却很多。好在我们的院子很大，鸡、鸭、羊、狗，它们住得可比我们畅快。这是上海虹桥的贫民窟，住着众多拖家带口、不远千里来上海谋生的贫苦人。在那里，白天抬头可见轰鸣低飞银色客机，夜里有火车驶过老铁轨传来的隆隆震动，晃动的蚊帐和窗边叮当作响的风铃便是伸手可及的证明。

长大后的我，和奶奶一起挽着手跨出那道已残破不堪的蓝色铁门。走出院子，再回头把毛茸茸的小黑轰回院子里，祖孙俩一点点向外面流光溢彩的都市走去。

走过第一个街区，我从奶奶口中得知当年的老狗阿黄被狗贩子抢去了，现在魁梧的小黑是阿黄的一只狗崽。我看到奶奶在讲述时眼里泛着浑浊的泪光，但泪水始终没有从她眼角皱纹的深壑中滑落下来。她的两只手攥得我更紧了些，我感受到了粗糙的纹理走向。

走到第二个街区时，小商小铺逐渐多了起来。我忍不住问奶奶“六五师傅”的名字由来。奶奶的手轻轻抚着我的手背，苍老而温暖。

“六五师傅，六五师傅，无依无靠无处归，无德无能无法解。上海人取个讨饭佬名字嘛，也讲究点儿高档次。”

原来不是“六五师傅”，而是“六无师傅”。可我叫了这么多年，却不想改口了，总暗暗觉得，“六五师傅”比起“六无师傅”，叫法更接近我的过去——干净，不带世俗名利。

已经到了第三个街区，途经一家咖啡厅，奶奶让我在露天卡座里等她，她要去对面沿街的几家商店取每天剩下的肉当作狗食。这是几十年如一日的约定了，饭店老板娘们和奶奶心照不宣的约定。我本想陪奶奶再去拿一次剩肉，可奶奶先发制人叫了服务员给我点咖啡，我只好坐下来，等咖啡也等奶奶。奶奶在对街的背影和多年前的重叠起来，弯腰、挑拣、装袋，再次弯腰、挑拣……

我看着人来人往，思绪忍不住飘回了多年前。初次遇见六五师傅是在和往常一样去取剩肉的路上，我站在饭店门口，远远地看到一个乞丐，手里握着一把铁叉，背上背一个蛇皮袋，在沿街的每一个垃圾箱里来回扒拉，拣出塑料瓶装进袋里。他离我前面的垃圾桶越来越近，我害怕得紧，便赶忙躲去奶奶旁边，一动也不敢动。奶奶见怪不怪，取完剩肉后牵起我的手回家。在回家的路上奶奶唬我，说刚刚的讨饭佬叫“六五师傅”，专门叉那些不听话的小孩子来吃。我听了以后便深深记住：往后我不听话，奶奶便会派他来吃我。

后来我竟常常遇见这“吃人”的六五师傅，他似乎和我的活动范围一致——贫民窟的石子路和布满小饭馆的街区。起先我不禁生疑，怕他来吃我，后来便也慢慢习惯了，觉得他或许已老得吃不动小孩了，况且也从未见过他吃。

晚饭过后，暖煦的日光松散在狗窝旁的葡萄蔓上，蓝色铁门外，烟霞弥漫到无尽的铁轨线上，四散开来。晚风里不仅有残留的日光味，也夹杂着些许火车与铁轨的混合气息，我嗅惯了这个味道，以为晚风本该这个味道。

奶奶走在前面，我背着一只小布包跟在后面，六五师傅在这时早已到了。三个人各顾各的，在坑坑洼洼却无尽延伸的石子路上，时而弯腰俯身捡些什么。六五师傅的“宝贝”是塑料瓶，我的是小铁丝，奶奶既捡塑料瓶又拾小铁丝。我有时怕六五师傅恼了，觉得奶奶和他抢宝贝，把奶奶叉去吃了。可转念一想，奶奶她是大人了，六五师傅大概是不吃的。铁路沿线的这两样宝贝特别多，我想一是因为这里是贫民窟，二是因隔离铁路与民居的铁丝网日复一日地老化与脆化，让我一度以为虹桥特产塑料瓶与小铁丝。

火车轰鸣，有载客的，也有拉煤的，反正不管哪种驶过，路上的小石子都能被震得弹动几下。我以为每个人童年脚下的石子路和身下的木板床都会因为隆隆驶过的火车而震动的。

时间长了，三个人便不再各捡各的了。有一日傍晚，奶奶和爷爷在自家菜园的小池塘里捉龙虾，我站在蓝色铁门内望着外面，却看到六五师傅凑了过来。他像是来搭茬的，一开口便是沙哑且不标准的上海普通话：“小娃，问问你奶奶，铁丝、瓶子卖吗?”我愣了几秒,反应过来后,“噼里啪啦”抬腿往菜园冲。不一会儿奶奶便走到蓝色铁门,两人用地道的上海话交流起来,“呱啦呱啦”说了一阵,达成了友好协议。

我却更怕六五师傅了,心里大叫“呜呼哀哉”,心想这下完了,我和奶奶要给六五师傅干活儿了,不听话,不乖乖拾铁丝,就会立马被叉了吃掉。于是,我每日更加兢兢业业地捡拾我的铁丝。

一日,奶奶带爷爷去医院看病,家里只有鸡、鸭、羊、阿黄和我。雨点子由细细密密变得像黄豆般大,这不正是我捉泥鳅的好时机吗?我偷换上爷爷的雨靴,提上小桶,在自家院里欢腾起来,准备捕捉小水沟里的黄泥鳅,晚上让奶奶炖了,喝热腾腾的泥鳅汤。泥鳅没捉到,蹲在地上拼命捞泥鳅的我倒是一个“倒栽葱”,栽进了小水沟的淤泥里。我怎么扑腾也没用,泪水“唰唰”地流进沟渠里,哭喊着:“奶奶,救命啊,救命啊……”自然是没有奶奶来救我,她和爷爷还在医院呢。我哭累了,看着这个颠倒的世界,动弹不得。颠倒的阿黄,在颠倒的屋棚下踱来踱去,偶尔轻吠呜咽一下,以示它可救不了我。

泥点子不断地溅起来,我有一种要英勇就义的悲壮。房子、狗、鸭子,我面前的一切都是颠倒的。唯独雨,我知道它是从天上掉下来的,“噼噼啪啪”砸落在我的衣服上、雨鞋上、脸上、头颈上……我不得不闭上眼睛。

脚步声伴随着石子被踢飞的声音越来越近,我满怀期待地睁开眼睛,看到了颠倒的六五师傅,看到了他颠倒的破布衣、烂裤子、长胡子、脏头发、瘦削的黑脸,以及那只颠倒的大铁叉。我以为他会趁奶奶不在家,把我用叉子叉进嘴里咽下去。想到我就快要死掉了,眼泪一下子颠倒着喷涌而出。但是我的双腿被提起来,倒插在淤泥里的我被拔了出来,我哭喊声更大了,以为下一秒就要被吃了。爷爷藏在柜子里的春光椰子糖我以后再也不能偷吃了,母鸡刚下的热乎乎的蛋我也不能再捡了……一阵眩晕过后,我迷离地重新立回了地上,眼前是不再颠倒的六五师傅。我仍扯着嗓子哭,这哭声混杂着重获新生的高兴与被他吃掉的担心。

再后来,爷爷奶奶回家了,我稀里糊涂地洗了头,冲了澡,就被哄睡着了。约莫他觉着我不够鲜美,所以不吃我,我胡乱推测着睡去了。

…………

“您的冰美式好了,请慢用。”服务员小姐彬彬有礼地放下我的咖啡,我怎么也开始接近这个不再简单纯朴的世界了。奶奶提满了剩肉从对街蹒跚回来,我捧起冰美式向奶奶走去,说:“奶奶,我来拎一袋。”奶奶半侧过身子,慌张地劝说起来:“别拎别拎,衣服碰到要脏的,奶奶一个人拎就好了,又不重。”我拗不过她,便作罢。

我们开始往回走。或许因为第四个街区高楼林立,商场大厦一幢接一幢,我们显得格格不入,不如趁早回家喂小黑来得有趣。一想到往回穿过三个街区,就好像把来时的路颠倒了过来，最后迎接我们的还是那只摇着尾巴的大憨狗，怎不令人欣喜。

日暮蓬蓬松松地笼罩着虹桥，步伐慢慢悠悠地荡回家，仿佛多年前我和奶奶取完剩肉回家的场景重现。

我离开上海回到故乡浙江已经多年了，至此再也没见过六五师傅，忍不住向奶奶问问他的近况，或者说是下落。

奶奶提着两大袋肉渣，气息急促，缓缓道来："六五师傅，能怎么样呢？最后人老了嘛，只剩下死。他早死了，都好几年了。"我有些恹恹的失望。

我们又走了一会儿，到了天桥下面，乞讨的人沿桥坐着。奶奶又说起来："囡啊，这六五师傅，实际上家里头老有钞票的，儿子儿媳手里洋钱一大把嘞。他偏生要来讨饭捡破烂，放着好生活不要过。他死掉以后儿女争财产都来不及嘞，在虹桥他也算是个传奇人物，这个糟老头子。"

我突然忆起那六五师傅与我的另一件事来，他倒是个"阔气"的穷老头儿，对我出手阔气得很。

那天我在后院，坐在小凳子上写作业，殊不知六五师傅站在后面看着我写作业。我口干了，想去厨房喝口水，一转身便看到那佝偻且衣衫褴褛的六五师傅，以及他那根走到哪儿都带着的大铁叉。我被吓得一边逃窜一边哭喊，霎时间忘记了口渴。约莫这回他觉得我鲜美了，本想下手，可让我跑了，得亏了我跑得快，才算死里逃生。

不知过了几天，奶奶手里捧着一块"红砖头"进屋里来，说是六五师傅专程给我带来的，他说周围的小孩子们都不读书，这本成语字典给读书的小孩子。我疑惑不安又兴奋难抑地剥开塑封，深深地爱上了这块"红砖头"，对六五师傅生出一股敬畏来。

十多年过去了，那块"红砖头"仍在浙江家中，从我的书架上转移到了妹妹的书架上。这于我而言，是块顶好的"红砖头"。

一路上和奶奶唠了很多旧事，仔细想来，我从虹桥带回浙江的"特产"是有六五师傅参与的吓人而又温暖的记忆，淡淡地在光阴里积淀。到家后，小黑对着肉渣大快朵颐，我甚至觉得它像我当年抱着"红砖头"大快朵颐一样幸福。

第二天，奶奶送我上了回浙江的高铁。我努力憋着眼泪，本想抬头看看天，眼泪就不会滑落了，可泪珠和当年的那个雨天一样颠倒着流淌下来。我咬咬牙，上了高铁，留下奶奶一个人孤寂的身形，我不敢回头，擦擦眼泪。

我买了一杯高铁上的咖啡，甜涩。当年夹风杂雨的泥点水的味道一下子涌上来，如此久远而真实的味道。

很快我便下了高铁，从上海到浙江连小憩一会儿都不够用。外面淅淅沥沥飘着些雨丝，我从背包中找出一把伞来，走进这蒙蒙细雨中。

世人慌慌张张，不过图碎银几两。这人世间的是非黑白，在这四月江南的烟雨里是否颠倒，终是不能解了。

十几年前阿黄的狗窝，黄鼠狼栖居的房棚，蜗牛攀爬的葡萄藤，运输煤矿的拉煤火车，蓝色的大院铁门，衣衫褴褛的六五师傅，全都在我的心底颠倒过来，用我的心帘防着外边呼啸的风雨。

指导教师：马巧婷

本文获第十八届初赛一等奖

点　评

人们往往将小说的基本特征看成是虚构。也就是说，小说所叙述的故事常常是光怪陆离、匪夷所思的，唯其新奇，才能引起读者的兴趣。古今中外，那些伟大的小说莫不如此。会讲故事，能将故事讲得引人入胜，是作家最值得骄傲的能耐。与此同时，故事要想真的得到读者的认可，还得有点真实世界的影子，所谓万变不离其宗，“宗”就是生活的逻辑。这篇小说用一个小孩的视角，描写了一个行为“怪异”的乞丐，但乞丐周围的环境却都极为真实，无论是街市、咖啡馆，还是奶奶以及周围人的行为与说话方式，都透露着真实感。小说的新奇还在于表达的技巧，用充满隐喻色彩的“颠倒”整合全文，既是人物小时候一个记忆深刻的事件，又是时间倒流的体现，还有关于人情世事的反面认知。这样的作品代表了当今中学生写作的高水平，值得学习借鉴。

（蒋成峰 大学教授）

秦　姨

□ 安徽省黄山市歙州学校　汪希

当我背上那个用了六年的红书包决定离开西岱街的时候,秦姨正提着菜刀追她那三宿都没回家的男人。四十来岁的胖男人腆着啤酒肚上蹿下跳,哀号连连,西岱街的街坊乡亲们都见怪不怪。大多数拎着刷牙缸出来探个头又索然地晃回里屋,该打孩子的打孩子,该倒痰盂的倒痰盂。束于围观这三天两头就上演闹剧的,估计就只有修鞋的王傻子了。他坐在常被流浪狗光临的榕树底下,肩膀上搭着块擦鞋的脏帕子,指着东躲西藏的秦叔龇牙乐。

想到这也许是我最后一次见到这些人了,带着战栗的兴奋,我对着一脸怒容的秦姨问了声好,这让她纳闷地恍了恍神。正是这片刻,秦叔歪进了一条小道跑没影了。等跑远了我才听到女人的叫骂,不知是骂我还是骂她那个回家只会偷钱赌博的孩子他爸。

然而这都不干我的事,不干西岱街里苟且于自家营生的街坊们的事。他们只两眼瞪着黏附着不明秽物的墙壁,橱柜里活蹦乱跳的老鼠、蟑螂,灶台上半个发了芽的土豆和缝纫机上见缝插针摆放着的杂物。少有猎奇可叹的事能让他们干涩的双眼侧目,迸发出新奇的、兴奋的光。他们这种对世事漠不关心的态度,反而让我不忌于被他们看到离家。

我向来不自诩与西岱街的人们异类,却于内心真切地渴望逃离这里,过上一个正常十二岁孩子该有的生活。西岱街潦倒麻木的人映射着我的未来,按语文课本上的话来讲就是"有的人活着,他已经死了"。我不能"死",我还有八十八年好活,我不能让自己烂在这里,靠别人的悲惨慰藉自己安然度日——今天我要逃掉。萌生这种想法是在三年前,也许是因为舍不得陪我长大的那条老黄狗,又或许是因为挂念我爸没染上酒瘾前对我的好,我一直等到了现在,等到阿黄在我面前阖上了眼,等到我爸彻底成为一个无药可救的酒鬼,等到回忆也没办法麻痹我熬过疼痛,我终于下定决心离开这里,去找我改嫁到外市的妈。当你对任何事物都了无牵挂的时候,没有什么能绊住你的脚步。

我背着为数不多的生活用品、一点儿妈妈原先偷偷寄给我的钱、一本封面已经残破了的《钢铁是怎样炼成的》，按着已在心中演习无数次的路线，拐到了最近的长途客运站等车。所谓客运站，不过只有一个破败的站牌，但此刻在我的心中，它却是我人生的中转站，搭上那辆驶向未知却又载着希望的车，一切就此不同。想到这里，我紧紧地拽住了背包的双肩带，像即将踏上征途的勇士握住了他的利剑。

“你要去哪里？”

听到这个声音，我浑身的血都骤冷了。是秦姨，她怎么会在这里？如果她告诉了我爸，不仅计划失败，而且我绝对会被削下一层皮！我像个零件陈旧的机器，灰败地一点点扭过头去。秦姨正瞪着我，她原本就一脸刻薄相，此刻尖细的眉毛一拧，干瘦的手指一伸，更是咄咄逼人。怪不得她的男人不敢回家，我恨恨地想着。

“是不是想偷偷溜出去野？书不念了啊？我早上看见你就觉得不对劲，一路跟到了这儿，我要跟你爸讲！”

我像是收到了审判书，所有侥幸、所有对未来的憧憬全被这一席话击得粉碎，只剩下黑白冰冷的现实——我不能成为自己向往的那类人，命定我走不出这里。多年积攒的委屈、不忿在此刻爆发，我的悲伤漫过大脑，透过眼帘，失控地倾泻，一滴一滴摔碎在握紧的拳头上。我只能呜呜咽咽地重复着：“你别告诉我爸，他会打死我的。”

秦姨像是被吓到了，手足无措地轻拍着我的背：“不哭不哭，你先把话讲清楚，你是要去干吗？家里人知道吗？”我抽噎着告诉了她一切，那是我从未跟任何人倾诉过的东西——关于一个十二岁少年的痛苦与愿景，这令我以后想起来都会觉得惊讶。

听着听着，秦姨的脸上逐渐褪去了平日尖酸刻薄的市侩粗俗，看向我的眼神流淌着柔和的怜惜。那是一种同病相怜的悲哀，我也开始体会到西岱街街坊们对于命运不公的无可奈何——谁不想体面优雅？

汽车到了，秦姨以她惯用的尖声刺语帮我在车上抢了个好座，又几近谄媚地麻烦旁边的伯伯多照顾我。确认我在那边有亲戚能接应后，她拍了拍我的书包：“车上注意安全，到了那边要念大学，做个有出息的人啊。”然后她走了，步伐很快，因为要回家给孩子做午饭。

汽车发动的时候我检查了背包，发现里面多了一叠卷边的零钱。初春的气候很好，这春气鼓动得人心像婴孩出齿时的牙龈肉，受到一种生机透芽的痛痒。车上有人买了兰花串做的廉价项链，那样普通、那样随处可见的小花竟然这么香，氤氲着嘈杂闭塞的车厢……

指导教师：吕军

本文获第十九届初赛一等奖

点　评

满面怒容，拿着菜刀追赶她三宿不回家却只会偷钱赌博的丈夫，平时老是一脸的刻薄相，这是秦姨给“我”留下的深刻印象。然而，当“我”想要离开无可救药的酒鬼父亲，去外地找改嫁的妈妈，追求自己新生活的时候，却与秦姨不期而遇。她听完“我”的倾诉，不但没有告诉“我”父亲，反而帮助“我”上车，托人照顾“我”，并暗中在“我”的背包中塞了一叠卷边的零钱。本文欲扬先抑手法的运用，能更好地表现人物形象，突出文章主旨，同时使文章波澜起伏，摇曳多姿。

（夏冬　资深编辑）

盛粥

□ 江苏省徐州市第一中学　周彦清

刘华英正坐在书桌前，凝神忘记了提笔的姿势。

他是一个新兴作家。为了尽快找到灵感，他已在这屋中苦思冥想了三日有余。春日的清晨，阳光还未及洒落。灰蓝的街道旁，那个小小的早餐摊寂寞地等候着，周身笼罩着同华英一样寂寞的目光。

“咔嗒”，华英的妻子程玲推门进来，手中端着一碗热腾腾的粥，说：“吃点儿东西吧，英子。”

华英仍未挪开目光，只是摆了摆手，同时象征性地将满桌书稿的白色海洋破出一块地方，给那碗粥腾出个落脚地。

程玲叹了口气，将桌边一盘昨夜未吃完的、已然变成褐色的苹果拿走，把粥放在桌边。

待她走后，华英又把粥向更桌边处推了推。

“吃油条……”妻子又推开门，这次收到的是冷冷一声“不要打扰我”。

“咔嗒”，门关上了。

华英乐于独自享受早晨的宁静。街对面的阳光已跌至半楼，他期待着它落地。

要来了！华英充血的双眼中射出一道光。他抻长脖子的同时身体也伸直了，压得一桌书稿吱呀呻吟。而他和早餐摊共同等候的身影终于出现了。

是早餐摊的老板娘。

华英搬来这里不久，平时也不与人打交道。他和她素未谋面，对她的唯一印象便是一个背影。

一个亭亭的背影。老板娘小步小步地走路，腰身有致也不扭捏，一头乌发草草束在脑后，随步摇摆。

早餐摊很快来了客人。她喜盈盈地为客人盛粥，脚步轻快。阳光此刻已然过街，在她正掌勺的、翻动的那一截手腕上来回跳跃，明晃晃的，闪了华英的眼。

华英注视着她，隔着厚厚的窗玻璃。因困乏太久而时常半闭的眼终于展示了它真实的大小。她应该很年轻吧，他想。一个活泼、美丽、勤劳的少女形象在他脑海中油然而生。

如此青春，为何在这街头卖早餐呢？是因为家庭的不幸而被迫求生吗？是为了爱情追随至他乡吗？是……

他脑中掀起无数浪漫的波涛。这便是灵感吧，他想。他兀自幻想着那个少女的经历，在幻想的颤抖中端起手边一杯咖啡——其实是那碗粥，忘情地小啜一口。

他自然什么也没啜到，除了自己的怒火。因为粥已经放凉了，结成了冰凉的一大块。

早餐摊上依旧热气腾腾，少女的手腕依旧翻动着，好几次她的长发差点儿沾上锅沿，他不由为她担心。

何时能与你对话，听听你的故事呢？讲起那美丽动人、千回百转的故事，或许她要因陌生人的关怀而落下泪了，梨花般的泪。

他陶醉地幻想着，同时开始提笔写作。他决定了，新书的名字便叫"盛粥的少女"。

夜间他过于劳累，早早睡着了。妻子推开门，帮他搭上薄被，关了灯随即离去。

而他却做了一个梦。阳光下，老板娘转过身来。她有一张姣好的面容，双眼盈盈，光洁的双腮闪烁着饱满的光泽。

他因幸福而惊醒。头顶，一只巨大的飞蛾正"嗞嗞"飞过。

他决定出门。

第二天早晨，他推开书房门，妻子正坐在餐桌前，端着一碗热粥"哧溜哧溜"地喝着。看到他出来，程玲有些惊讶："没给你盛，怕你不喝。想吃去早餐摊买吧。"

正合我意，他欣喜若狂地掩饰自己的欣喜，"嗒嗒"两声套上皮鞋出了门。

离那背影越近，他越欣喜。他同时接近的，宛若他的幻想、他的希冀。他觉得自己已经浮在幸福的泡沫中了。

"老板，给我……"

他话未说完，便僵直在原地。他日夜盼望的少女竟是一名中年妇女，脸上焦黄长满斑点，连手腕上也是青筋暴突。

"你要什么嘞？"她口音极重，是本地人。

他想逃离却又无处可逃。鞋中隐隐浸湿了汗水，他心中、脚下瘙痒难耐。

"给我……一碗粥。"

他终于接过了那碗粥，走到角落里品尝自己的失落。

寡淡得很，他在心中点评道，又听那妇女跟别人闲聊，她高着嗓门叫喊似的："出摊干什么？年纪大了干点儿活儿，赚些零花给小孙孙买玩具呀！”那人随即爆发出一阵狂放的笑声，华英便在这笑声中落荒而逃。

书房中写了几章的书稿被风翻阅着，他苦笑着将它们丢进垃圾桶。

都是虚幻的背影！

他沮丧地拉上窗帘，又快步走至程玲身旁，将她未喝完的粥一把抢下，一饮而尽。

甜啊。他舔舔嘴，无视了妻子的反抗。她真美啊，又温柔。他细细打量着她。

“我打算写本书，叫‘盛粥的女人’，好不好？”

程玲面上一红，踢了他一脚。

后来呢？这本书风行一时，被誉为“平淡中的极致浪漫”。

“但粥真的很甜。”他补充道。

指导教师：孙尧

本文获第十八届决赛特等奖

点　评

这是一篇构思极为巧妙的小小说。作者写一位作家误以为楼下早点摊的主人是一位少女，头脑中生出各种浪漫的幻想，甚至为了她而厌弃每天为自己煮粥的妻子；及至真的来到摊前，才发现“少女”原来已是“奶奶”，幻想破灭才意识到眼前的妻子才是最美的女人。文章以“盛粥”为载体，折射出两个女人的形象，也曲尽其妙地刻画了世间男人的种种“小心思”，未必是阴暗的，却是极为真实的。文章构思巧妙，语言流畅，刻画人物形象生动，表现出了一种人性。

（蒋成峰 大学教授）

食一碗人间烟火

□ 江苏省句容高级中学　陈逸书

活着多好，活着能品尝到世间的美味。

如果一定要爱点儿什么，不如将满腹柔情与愉怡，寄托于面前的这一碗白粥。

汪曾祺这样说："到了一个新地方，有人爱逛百货公司，有人爱逛书店，我宁可去逛逛菜市场。看着生鸡活鸭、鲜鱼水菜、碧绿的黄瓜、彤红的辣椒，热热闹闹，挨挨挤挤，让人感到一种生之乐趣。"

小时候，妈妈会骑着一辆粉色篮子的自行车，载着我在菜市场穿行。常去的摊位上，男女主人会熟稔地问上一句"来了"，再告诉你今天什么菜最新鲜。我至今还记得摊位上白蘑菇的泥土香和冬瓜切开后的脆响。菜场外还有一条长街，早餐、熟菜、水果……像是热情的老朋友，绝不肯让你空手而归。

后来我们搬了家，楼房高了，面积也大了，周边却再也没有那样的小地方。人的脚总要踏在实地上，心里才有根。但楼层太高了，我只能抬头看夜空的星月，天也太远了，再高的楼房也不及天的高度，在这里我顶不了天，也踩不到地。我更愿意一头扎进人间的烟火气里，做欣赏万家灯火的一块青砖。

没想到之后再回到那个地方，故人仍在，许久不见，半惊半喜。这一块小地方的喧闹最具人情味，大可以搬一个凳子坐在边上看一天，看顾客和店主的争论，猜每个家庭的冷暖。

以前我和奶奶家靠得很近，她总会牵着我的手穿过那个菜市场，一路走到她家。奶奶是个脾气很好的人，但正是这一路，我看见她原来也会提高声音跟别人讲价。

自古中国劳动人民最善于苦中作乐。尝过人生的苦，更知道怎么酿成最甜的蜜。秋天，路边的桂花开得正浓烈，奶奶带着我一路走一路采，香气装满了我的口袋，也装点了回家的路。她将桂花包进香甜的汤圆，做出桂花酒酿，都是那么香、那么甜。

外公的拿手好戏是年夜饭的大菜——李鸿章大杂烩。这道菜做起来颇为讲究，以鸡杂、肚片、火腿、面筋、香菇、山笋、海参等垫底，用麻油酥烧，然后装入陶盆，点以葱段、姜片、白酒、盐、味精、鸡精粉、白胡椒粉、白糖、酱油等，加鸡汤、熟猪油文火慢烧，直至油清菜熟方才上桌。当外公端着大大的青花瓷深盘走过来，脸上总带着得意的笑，我惊喜地问他这里面都有些什么。他看着一家人团头聚面的景象，笑得更开心了："所有的应该有的，都在这里了。"家的幸福，似乎都融化在了那小锅慢火煮出的一片真心中。后来老人不在了，家里的年夜饭上再也没出现过这道菜，桌上显得空荡荡的，大家心里也都觉得少了什么。花前月下，若无酒，若无人对饮，也只是镜花水月。

我不曾想过白粥配酱菜，竟也是人生的滋味。表哥是位医生，也做得一手好菜。但那日的早餐十分简单，一碗白粥，一碟酸豆角，一碟酸黄瓜。我搅着手里的白粥，有些索然无味，但吃了两口咸菜又变精神了，问道："你这个咸菜是在哪里买的？还挺好吃的。""自己做的，喜欢吃的话就带一点儿走。"我啧啧称奇："我还以为医生都是养生派，不会吃这种亚硝酸盐过剩的东西呢。"他笑起来："俗语中叫'吃咸点儿，看淡点儿'。汪曾祺也说过，一个人的口味要宽一点儿、杂一点儿，南甜北咸东辣西酸都去尝尝。有个同事边啃泡椒凤爪，边给我们分析其中用了什么化学试剂。医生也是人，吃得广一点儿，大概对生活的态度也会宽和一些。"

汪曾祺的《老味道》我也看过，只不过那个时候年纪小，看的时候除了口水直流之外，别的感悟一概没有，真的是白白浪费了这个被誉为"抒情的人道主义者""中国最后一个纯粹的文人""中国最后一个士大夫"的老爷子的心血。我一边扒拉完碗里的粥，一边暗暗下决心，一定要把这本书再看一遍。

如果说幼时爱吃只是嘴馋，长大后爱吃则更体现一种生活的态度。语文书里不乏大家写的美食，读至流红油的咸鸭蛋、冰凉清甜的冻梨……没吃过的，一心想吃；吃过的，又觉得好像之前不曾吃过。注重情的，就如我，总念念不忘到现在。

如今，人们大多走到哪儿吃到哪儿，网络上各种必吃清单也层出不穷。我也算尝过了古今中外，虽然有让人惊艳的，但大多都味道一般。就像余秋雨特意寻访当地人，只为尝到正宗的、被称为"马赛第一美食"的马赛鱼汤，之后却觉得"不算难吃，只是平庸的味道"。当平庸得到传播，平庸与卓越混为一谈，人们是能分辨，还是只能人云亦云？

…………

凡此种种，不过食一碗人间烟火。

灯下桌前，热气氤氲，且歌且颂，喧嚣人间。

活着多好，活着能品味到人生的百味。

指导教师：于秉飞

本文获第十九届初赛一等奖

点　评

《食一碗人间烟火》是一篇饶有兴趣的杂文。汪曾祺的一段话,既是文中的主要论据,又是开启作者思路的一把钥匙。作者由此而联想到小时候跟妈妈一起逛菜市场、陪奶奶采桂花做美食、看外公做名菜李鸿章大杂烩、和表哥品评白粥配酱菜等,表现出作者热爱生活的态度,发出了“活着多好,活着能品尝到世间的美味”,“能品味到人生的百味”的感叹。

（钟湘麟 特级教师）

淡淡木香永留芳

□ 山东省五莲县第一中学　厉彦阳

皓月当空，银色的光辉洒向大地。大伯家的二层小楼内灯火辉煌，按照惯例，我们全家聚集在大伯家，共同欢度中秋之夜。屋内，精雕细刻的实木家具彰显着主人的非凡手艺和独特审美。抚摸着木质家具，我的思绪禁不住飘向远方……

儿时的我是在爷爷家长大的。爷爷是木匠，每天都在光影斑驳中挥汗如雨，"哧溜哧溜"地刨着，刨子嘴巴里变戏法似的吐出刨花，长长的、卷卷的，薄如蝉翼。屋角柴炉子上面黑乎乎的铝锅"突突突"地冒着热气，阳光射进天井，照着堆放在屋子里的木方料。我在木头堆里穿梭嬉戏，奶奶跟在我的后面小心呵护。直到今天，我的记忆里常常回响着琴瑟般爷爷锯齿的乐音，弥漫着刨花散发的新鲜的木质清香。

听爸爸说，爷爷当初学木工是为了生计，可爷爷愣是把这个谋生的活路做成了艺术。无论是大户人家的围屋，还是普通百姓的泥坯房，无论是亭台楼榭，还是桌椅门窗，他总是细心制作得精美绝伦。爷爷经常说："木匠这活儿吃的是百家饭，一年四季八方奔走，难得在家闲着。出门在外，其一要讲德行，其二要把手里的活儿做精细，不然对不起自己的心呀。"人家一小时干完的活儿，他至少两小时；人家感觉"差不多"了，他一看却是粗制滥造。同样的一块木头经过他的手就如同变戏法一样，瞬间成为艺术品。靠着这信念，在当时缺吃少穿的年代，爷爷的"老木匠"手艺远近闻名，我们一家人的生活也还算富裕。

我们那个小村子里，几乎都是子承父业。爷爷有两个儿子，憨厚的大伯去学木匠了，爸爸干起了工业。到了工厂的爸爸因为认真、实在，很快成了技术骨干。随着经济的发展，机械化越来越发达，铝合金门窗、高档家具普及了，木匠生意日渐惨淡，大伯家的日子也过得越来越艰难。

但大伯仍然爱好木匠活儿，爸爸劝他改行，他摇头。伯母骂他是榆木疙瘩，日子过得这么艰难还守着那个电锯混饭。村里人外出打工，大笔的钱拿回家，房子越盖越好，塑钢玻璃门窗通透明亮。而大伯家的房子还是曾经的旧屋，虽然木门雕刻细致，花纹清晰，但毕竟不合时宜了。此时的爷爷也干不动了，先进的机器弄不明白，他更不明白的是，他一直遵循的靠手艺吃饭的信念不流行了吗？爷爷在疑惑中遗憾地离开了人世。

“靠手艺吃饭不会过时。”大伯坚持这样说。大伯得到了爷爷的真传，视木工为生命，视手艺精细为乐事。为顾客定制家具，听起来很简单，却是一个十分精细的活儿：在每一张板下锯之前都要十分小心地弹好墨线，墨线一定要笔直，下锯时也要小心翼翼，任何微小的失误都会影响家具的成型效果。大伯对于细节太过严苛，哪怕一丁点儿缺憾也要从头再来。年幼的我很不解：“这样多费事多废料啊。”但大伯说：“细节决定成败。”对待每件家具他都是细心观察，满怀爱意，眼到、心到、手到。遇到自己满意的作品，他含情脉脉的眼神如同看心爱的孩子，不，比看孩子的眼神还深情。

在淡淡木香中长大的我，经常会看到这样的场景：清晨的阳光透过薄雾照在大伯的脸上，那张坚毅而饱含沧桑的国字脸上有些许胡楂，前额与脸颊随着电锯的节奏渗出了汗珠。晚上，昏暗的灯光下，他精心学习绘画、书法、雕刻，跟着年轻人学习电脑，有时彻夜通宵，简直到了痴迷的境地。“衣带渐宽终不悔，为伊消得人憔悴”，我觉得用这句诗形容大伯再恰当不过了。与时俱进的大伯对机械使用越来越得心应手，虽然接的活儿不多，但勉强可以维持生计。

后来，大伯也出去打工了。我想，大伯转行了吧。

再后来，听说大伯竟然带领一群木匠出去打工了。

原来，大伯到了大城市，看到城市的房地产蓬勃发展，大量建房大量装修，就承接了若干木工活儿，凭着非凡的手艺很快声名远扬。一传十，十传百，大伯有了充足的客源，工作忙不过来，就组织了装修小组。大伯作为装修小组的组长，跟同仁们立下了做工准则：“木匠一行吃的是百家饭，其一要讲心德，其二要把手里的活儿做精细，不然对不起自己的心。”

我和堂哥上学了，堂哥对任何事都痴迷认真，尤其喜欢传统绘画和书法，喜欢和木头打交道，跟大伯一模一样。我们几个兄弟姐妹也受了他们的影响，干任何事都追求完美。

堂哥经过爷爷和大伯经年累月的熏陶，利用业余时间已将各种复杂工艺了然于胸。他大学时选择了木材科学与工程，算是子承父业了。堂哥立志在学好文化知识的同时把大伯的手艺学到手，因为现在高级木匠不多，有文化的高级木匠已经出现了断层，具有工匠精神的木匠更是凤毛麟角。大伯经常教导堂哥：“手艺活儿要有一颗匠心，做事要力求完美，精益求精永远都不会过时！”

三年前大伯挣回了第一桶金，盖起了两层楼房。“老木匠家的老大盖两层洋房了！”这一消息迅速在村内传开，憋屈已久的“老木匠”一家终于扬眉吐气了。

“来来来，中秋佳节让我们举杯共祝明天更美好！”爸爸的话打断了我的思路。我说起刚才的感想，大伯说：“精益求精、力求完美是我们的门风、匠人的家风，我们要一代代传承下去，让子孙后代受益无穷。”

望着窗外皎洁的明月，我想，如果爷爷泉下有知，他老人家也该无憾了。

月光如水，团圆的人们赏月、饮酒，乐如花。

指导教师：范祚华

本文获第十八届初赛一等奖

点　评

文学源于生活。没有从小生活在木匠做工的环境中，没有对木匠工作细心的观察，是写不出“爷爷”“‘哧溜哧溜’地刨着，刨子嘴巴里变戏法似的吐出刨花，长长的、卷卷的，薄如蝉翼”这样生动的文字的。爷爷的话“其一要讲德行，其二要把手里的活儿做精细，不然对不起自己的心”，更是文章的精髓，很好地诠释了工匠精神的真谛。独特的生活体验为写作提供了鲜活的素材，在作者巧妙的文字中，表达了传承的主题。

（王会娟　资深编辑）

钥 匙

□ 山东省阳谷县第一中学 任庆昇

“我心里有把锁。”

这是他坐我面前的第一句话。

“那你找错地方了,这里是心外科,心理诊疗室在四楼。”我平静地说。

“不,我的心里真的有一把锁,你别不信。”他似乎有些着急,额头上的皱纹添了几道。

“我也真的没有骗你,这里真的是心外科,不提供心理咨询。”我看了看他身上的病号服,表情依旧平静,但心里暗想是不是该找个空子给精神科的李主任打个电话。

“你怎么就听不懂我说的话呢?我心里真的有把锁!”他真的急了,眉毛拧成了一股绳,额头上的“川”字又多了几个。

我想着真的得给李主任打个电话了,但还是应付着说:“好好好,你心里有把锁,那你到这儿来干什么? 想把锁取出来吗? ”

他犹豫了片刻,说:“如果能的话,就取出来吧。”

“好,你先去做个 CT 检查,结果出来后我们再想想办法,好吗? “我这样说着,心里有些愧疚,怎么能让人家白花一次钱呢?不过我看了看他那不安的样子,心想做了似乎也没什么,谁的心里会有把锁呢?做了可能他就不用回精神科了。不过他进来的时候没做吗?

趁着小吴带他去做 CT,我掏出手机给李主任打电话。手机“嘟嘟”响了几声,打通了。我赶忙把手机放耳朵旁,说:“喂,李主任……”还没等我把话说完,李主任便打断了:“你见着他了? ”

我莫名其妙,问:“您说哪位? ”

“就是那个说自己心里有锁的人。”李主任的语调有些低沉,听得出他现在的疲惫。

“见着了,他是你们那儿偷跑出来的吧? ”我更觉得奇怪。

“是我让他去找你的。”李主任的语气中带着歉意。

“什么？难不成他心里真的有把锁？”我大惊，几乎是喊出来。

“我们也不确定，所以让你看看……你应该让他去做CT了吧？”

“是，我安排我科里的小吴带他去做了，估计得下午出结果。”

“好，等结果出来了我去找你。”李主任先把电话挂了。

我慢慢放下手机，内心越发不安。

过了一下午，结果出来了。小吴带着难以置信的表情把片子和报告给我。仅仅是扫了一眼片子，我立刻惊呆了——

他心里真的有把锁！

细看材料，我发现这是一把样式老旧的锁，直接嵌在他的心肌里。

我问他：“你知道这锁什么来历吗？它为什么会在你心里？”

他不作声，眼睛看向地面。过了一会儿，他抬起头来，直勾勾地看着我，说：“我也不知道。”

这时，李主任来了。他看了看那个人，对我无奈地笑了笑，说：“怎么样了？”

我把材料给他，他看了看，脸上并没有太多惊讶。他把我拉到一边，回头看了看那个人，悄悄地说：“他在我那儿催眠过，我知道他有很多心事，他领养的闺女，他那要闹离婚的老婆……算了，你觉得他这样有什么办法能治吗？”

我不知如何是好。你说取出来吧，难度太大了；不取吧，虽说现在看上去没什么事，可谁敢保证将来没事呢？况且自个儿心里有东西，实实在在的东西，任谁也过不得安生日子啊！

我正想着，他突然“啊”地大叫一声，竟晕过去了。我给吓坏了，连忙过去看他的情况，所幸其呼吸平稳，脉搏有力，应该只是昏过去了。我让人把他抬上床，自己想这到底是怎么一回事，却百思不得其解。

此事惊动了院长，院长成立了一个专家组，从外科到内科，从西医到中医，很多别家医院的著名医生都来了，天天围着那个“病人”——我真不知道他这算不算得病——研究，却始终没有结果。

一天，是他来找我的半个月后，专家组突然传出消息：他心里的锁消失了！在他出院的时候，我又见到了他。他看上去精气神极好，红光满面，看见我还跟我打招呼，仿佛这些天在床上躺着的不是他而是我似的。

当天晚上，我刷手机的时候，看到这样一条消息：国家出台《中华人民共和国民法典》，妥善解决了包括婚姻、继承、收养、物权等多个人民大众十分关注的问题，受到了广大人民群众的支持和欢迎……

顿时，我恍然大悟：这就是他的钥匙啊！

指导教师：秦翠菊

本文获第十九届决赛一等奖

点　评

一个人，一把锁，一段曲折离奇的故事，初读不可思议，再读感慨万千，三读恍然大悟。“样式老旧的锁，嵌在他的心肌里”，即使“成立了一个专家组”却也“始终没有结果”，直到《中华人民共和国民法典》的出台，打开了他心里的锁。“心病还需心药医”，作者用这个引人入胜的故事告诉我们一个平易质朴的真理：个人的遭际命运与国家命运紧密相连，国家的发展也会对个人产生直接或者间接的影响。新颖独特的构思，扣人心弦的情节，发人深省的结尾，让人不禁感慨作者深刻睿智的思想和超强的语言驾驭能力。

（尤立增 特级教师）

小坎子

□ 江苏省黄埭中学　王雨凡

我的母亲曾给我讲过这样一个故事。

在二十世纪八十年代的烟雨江南，有过一个毫不起眼的村子，名叫垛子村。村里的孩子不少，但其中一个极为显眼——一个七八岁的男孩。他衣服上沾满了尘土，凝结成块，右胳膊连着后背的布料已全然撕裂，一条原本应是亮黄色的短裤泛着深幽幽的黑，松松垮垮地挂在胯骨处。而他那双绝非粗壮的小腿大大方方地暴露在三伏天中，膝盖处俨然晒出了一条"晨昏线"，线的附近还点缀着许多"红花"。村里人都喊他"小坎子"，据说是他打小眼神不好，走路一直绊坎儿。也不知是不是因为摔得多了，小坎子的脑袋也不太灵光。

小坎子有一个非常要好的伙伴，叫"小浮萍"，是个顶灵气的小姑娘。村里其他的小孩觉得小坎子脑子有问题，都不想跟他玩，只有小浮萍天天来找他。

夏日午后，太阳高挂着彰显神威，疯长的枝丫挡不住蝉鸣的聒噪，整个垛子村都瘫软在炎炎热浪里。这是垛子村的人们一天之中最疲乏的时刻。然而过不了多久，一声充满活力且稚气的呼唤透过窗子传到了村民的耳朵里。"小坎子——出来玩——"是小浮萍的声音。她每天都会到小坎子家门前，说着同样的话，唤着同一个人。大概过了两分钟，小坎子出来了，依旧穿着那件破了的旧衣服，穿着泛着黑的短裤，神情与往日所差无几，只是脚步有些许不稳。

他们就这样手拉着手往蝉鸣喧嚣处走去。

小浮萍，小坎子，牵起手来游垛子。

扔石子，彩房子，欢声笑语满巷子。

一日，村里张罗着搭一座戏台子，说是省城里有名的角儿要来这儿唱戏，村民们都乐坏了。天气转凉了三分，但蝉鸣依旧聒噪而热烈，像一场盛大的音乐会。

江南的灵气总是温柔缱绻的，垛子村也不例外。三弦与琵琶的弄巧声，似实似虚，缠绵婉转，悠悠地荡过了雨后的青石板桥，绕过了镂空雕花的窗棂，又在朦胧烟气里漾得格外生动。这番好戏已开腔。

人群簇拥，小浮萍也拉上了小坎子一块儿来看戏。她走在前面，小坎子手里提着两把凳子在后面一路跟。

这是小坎子第一次看戏。他的母亲死得早，父亲又浑，常年酗酒打人，酩酊大醉时为疏解心中不快，对着小坎子狠打一顿，暴力地撕扯他的衣服。小坎子的泪水晶莹，一滴滴落在那条原应鲜亮的短裤上。

这次，他就像是被关押狱中的囚犯，初释后看着不属于他的人间百味。

天色渐渐沉了。那戏台上角儿的演出极为精彩，粉墨打点，蹙金霞帔，一悲一喜一抖袖，一跪一拜一叩首，一颦一笑一回眸，皆印在了小坎子心中。

小浮萍透过月色看他，他的眼睛那样清澈。

“我，喜欢，听戏。喜欢，戏。”这是自那次看戏后，小坎子一直挂在嘴边的话。

起初小浮萍只当他是一时兴起，并没有太在意。日子久了，她才觉得好像并非那样。从好戏落幕的那天以后，小坎子几乎每天都会哼着不成曲的调，眼睛时常盯着某一处看，半晌才动一下，手上还捎带着些动作，整体看上去并不协调。小浮萍想让他陪着自己玩，谁想他不乐意，依旧站在原地。小浮萍就蹲在一旁看着他，蹲久了站会儿，站累了又蹲下，直至日暮。说来奇怪，小坎子那身破旧的衣服，在夕阳余晖的拉扯下，竟有些翩翩起舞的错觉。温暖的霞光落在他的眸中，清澈且明亮。

小坎子在一个荒废的院子里建了一个秘密基地。一天，他兴冲冲地拉着小浮萍一同跑过去看。他不知从哪儿搞来了许多颜色鲜亮的布料，边角处全是粗糙的线头，却整整齐齐地叠放在垒起的大石头上，还有一盘已经损坏了的磁带安静地躺在上面。他望向它们时眼睛闪烁着光，那是小浮萍从没有见过的情愫，兴许，是充满了对梦想和信仰的渴望。他激动地对小浮萍说：“现在——可以——唱戏了。”

是时夜已朦胧，小坎子并不知道自己眼睛里迸发出的光有多亮。小浮萍知道，她看着那双眼睛出了神，兴许面前这个男孩以后真的能成为一个有名的角儿。

小浮萍许诺明天带些针线过来，同小坎子一起将布料缝制成戏装。如果可以，她还想把家里的录音机偷偷带过来，连同父亲新买的几盘磁带。小坎子听到以后，开心得说不出话来，只是疯跑着。影子被月拉长又缩短，清晰灵动。他拉着小浮萍一块儿跑，他们手牵着手，好像永远都不会分开。已是爽秋，蝉鸣销声匿迹，但好似依然在二人心中鸣响，却不觉聒噪。

月光每天都会与这片废弃但不荒凉的院落邂逅，这里，是少年人的温柔乡。

然而，好景不长。一日，小坎子的父亲大醉，见儿子不在家中，便出门去找，刚巧撞见了废院里的二人。怒气之下，他毁坏了这一整片少年梦想的乐土。磁带的摔落声，布料的撕裂声，不绝于耳。

那之后，小浮萍再没有见过小坎子，每每去他家门口唤他，皆不见人出来。

后来，垛子村组建起了戏班子，零星开过几次嗓，却都散了。

再后来，小浮萍随着父母去了省城，再没回去过了。听说后来垛子村发了大水，想是淹没了那个狼藉的院落，淹没了荡在巷间的欢笑，甚至，淹没了小坎子那颗曾经鲜活的心脏。

又过了十几二十年，已没有人再会谈论垛子村，也没有人愿意回忆那段闭塞狭窄的过往。垛子村就这样被光阴掩埋，连同那个小男孩与他的梦想。

当年的小女孩，名唤浮萍，现在是我的母亲。

也不知命运究竟是怎般的巧合。一次母亲带我去社区看戏，正值夏季，浓浓的热浪使得前来看戏的人并不多。戏已开腔，看了有一会儿，母亲突然说，那台上翩翩舞动的人儿，回眸间竟像他三分。

又是一年盛夏季，蝉鸣四起。

指导教师：朱静

本文获第十九届初赛一等奖

点 评

文章讲述了发生在二十世纪八十年代关于小坎子和小浮萍的童年故事。情节的推进皆是因为“戏”，因戏相识，因戏分离，因戏相逢。江南的烟雨、月亮、歌谣、戏曲，让文字笼罩上了一层淡淡的哀愁。最后的相逢似是而非，亦真亦幻，却让人领悟到小坎子生命的坚韧和倔强，哀而不伤，令人回味。

（李飞 资深编辑）

本 色

□ 江苏省东台中学　陈雅琦

西溪古镇上最出名、最热闹、最繁华的莫过于这条犁木街了。据说在唐宋时期，这里便是享誉周边的木器一条街，四里八乡的农人们在庙会赶集时，总能在这里选到各种称心如意的木器。自然，这里也拥有众多号称一流的木器制作高手。让古镇上的人们都竖大拇指的要数木匠刘爹和漆匠老王，他们是犁木街的传奇，更是古镇的骄傲。

凡是老街上的人都知道，买木器家具，一定要买刘爹制作的，而且还得是老王上漆的。刘爹的手艺再好，少了老王的漆工，这器具便会大打折扣，逊色无光。

木匠刘爹住在街西，漆匠老王住在街东。尽管犁木街号称七里长街，但人们却经常看到刘爹捧着他那磨得发亮的茶壶坐在老王的院子里，兴致盎然地看着老王刮腻、打磨、上漆，然后再打磨、刮腻、打磨、上漆……这样枯燥乏味、循环往复的工作，刘爹居然看得如痴如醉，夕阳下的他经常眯着眼睛，一边喝茶，一边晃着脑袋痴痴地看着老王干活儿。当然，人们也会经常看到老王叼着他那乌嘴烟袋锅，背着双手，哼着京戏《三顾茅庐》，一步三摇悠然在老街上，大家便知道他不是从刘爹家回来，就是在去刘爹家的路上。

西溪的这个夏夜有点儿燥热，月光下的晏溪河没有一丝涟漪，圆圆的月亮倒映在水中，和不远处通圣桥的桥洞相映成趣，仿佛河面上浮动着两个大大的月亮。

街西，刘家老宅灯火通明。灯光下的刘爹，花白的头发根根直立，老树皮似的脸上汗津津、油亮亮的。他目光如炬，双眼间微微蹙着眉，眼镜已经滑到鼻尖，偶尔有汗珠掉落在手中的木头上也来不及擦拭，依然继续削磨刨钉。灯下那沟壑分明的黄褐色皮肤，如木色一般质朴。“爸，休息一下喝口水吧。”一直默默站在一旁的女儿翠莲轻言轻语。

老人没回应，手不停，抬头看了一眼灯前的女儿，轻轻地叹了一口气，又低下头去。翠莲知道，父亲是又想到她的婚事了。二十五岁的翠莲是犁木街上数一数二的俊姑娘，前些年那些个说媒的把刘爹家的门槛都踏破了，但丫头就是不松口。刘爹知道，丫头早就喜欢上了街西漆匠老王的儿子贵生，每一次贵生来家里取制作好的木器家具时，翠莲的脸上都会飞上两朵红霞，这眼里啊，就像开了花。说实话，刘爹并不反对丫头和贵生处对象，他心里其实也蛮喜欢这小伙儿的。这小伙儿，长得白白净净、高高大大，尤其是这张嘴，就像涂了蜜，总是能逗得丫头低着头咯咯直笑。但不知怎的，只要一想起贵生来，刘爹心里总觉得有点儿不踏实。

良久，刘爹忽地开口："老王家今儿个该来拿这茶几了吧？"正出神的翠莲一惊，赶紧将视线转到父亲手中的那件实木茶几上。流畅的线条，平整光滑的几面，结实稳固的几脚，卯榫勾搭严丝合缝。尤其是茶几四周，八朵雕琢精美的牡丹均匀分布，枝蔓缠绕，雍容华贵。细密的木质纹理，让人想到深山老林，想到那原木最初的模样。刘爹抬头看了一眼女儿，又继续埋头，捏着一把小钢刀，细心地刻着牡丹花瓣上的纹路。翠莲挤了一条冷水毛巾，轻轻地帮父亲擦去额上的汗水："爸，我觉得这茶几已经很漂亮了，纹理细巧，木色沉稳，为何还要上漆呀？蒙上一层深红不就遮住它的本色了吗？"

刘爹没有停手，抬头看了一眼丫头，便又埋下头去："傻丫头！木头毕竟是木头，再好的木料也会逢潮便腐、逢干便裂，若是腐朽断裂了，这器具再精良也是没有任何意义的，甚至都抵不上一堆烧火的废材啊！所以啊，得用漆把它给保护起来，让它耐潮耐干、拒腐防蚀！要不然，再好的本色也没有用啊！"

翠莲正在琢磨父亲这句话的意思，一个人喘着粗气匆匆闯了进来。翠莲连忙抬头，却唰地红了脸，原来是贵生。

"刘爹，我爸他……"贵生没来得及看翠莲，直冲着刘爹嚷起来。刘爹还是没有抬头："急啥？这茶几马上就好了！""不……不是茶几，是我爸！我爸晕倒了！好像快不行了！"贵生急吼吼道。"啊？快走！"刘爹忙扔下手中的活儿，一步跨出门外。"爸！爸！"翠莲赶紧转身到房里抓起抽屉里放钱的皮包，跟着父亲和贵生跑了出去。

老王到底还是没有挺过来。那天当医生推开急救室大门摇头时，刘爹的老泪就涌了出来。他知道，老王走了，他的魂也没了。

翠莲已经几个月没有了笑容，贵生在老王出事的那晚就被警察带走了。原来，这些年随着家居观念的发展，人们越来越喜欢追求返璞归真的健康生活，木器家具特别受到大家的青睐，尤其是刘爹制作老王上漆的原木家具，已经到了一木难求的地步。贵生看准市场，和老王商量，拿出了家里的积蓄，开办了自己的家具公司。看着公司的家具供不应求，贵生经不起几个哥们的撺掇，从南方进了一批便宜货，贴上了自家的商标。没想到，这一笔就赚了十几万！贵生正开心得意，准备继续扩大规模大展身手时，由于产品质量不合格，公司遭到了顾客举报。市场监管部门会同公安部门经过缜密调查取证，要来查封公司，并根据贵生的违法行为，要立案审理。那天，老王听说家具公司要被查封，儿子涉嫌违法犯罪，急火攻心，一下子脑血管破裂，倒在了未完成上漆的一件衣柜前。

月光如水，夜微凉，犁木街转眼间已经是夏末秋初。

翠莲坐在街西的八字桥边，看着弯月在水中起起伏伏，不觉黯然。一声轻咳，回头，是父亲刘爹！她刚想站起来，父亲却脱下自己身上的外套披在了她身上，并挨着她坐了下来。

“这木器家具啊，还是得上漆！再好的本色都得要精心保护，不能迷了方向，忘了初心！”刘爹看着微漾的水面，像是自言自语。“爸！”翠莲往父亲身边靠了靠，轻轻地把头依偎在父亲的胸口。

指导教师：唐柏树

本文获第十九届初赛一等奖

点 评

小小说《本色》表现的主题是“再好的本色都得要精心保护，不能迷了方向，忘了初心”。作者将这个主题植入木匠刘爹与漆匠老王的交往中，使它有了一个恰当的载体。对于老王儿子贵生的变化，作者也给了一定的铺垫。在短短的篇幅中，作者能做到这些，是非常值得肯定的。当然，作者还可以考虑使贵生这个形象，包括他没有保护好本色的变化过程得到更多的表现。

（钟湘麟 特级教师）

韵水阁

□ 山东省东平高级中学　赵博涵

声遏行云，一曲升平千圣乐；歌翻白雪，五音调叶万民欢。

城里的韵水街上建起了一座韵水阁。这可稀罕了，据说这是个戏楼，红砖黛瓦，三层阁楼，彩绘木雕……这可为这座从来没有过戏曲韵味的小城增添了不少谈资，多少年没有这样的事了。

刚开建没几天，大街小巷便传开了。每天总有些人监工似的围在这里看进度，时不时还催，令包工头十分头疼。直到现在都建好了，人们对于韵水阁的热情依旧没有减少。

在大家都在讨论何时开张、何时购票、第一部戏演什么时，韵水阁开始售票了。城街立刻热闹了起来，韵水街更是排起了长队，有老人抱着娃娃的，更有上班族趁着午休组团轮流来排队的。票很快售罄，没抢到票的人也只得悻悻而归。

一户平房人家院里，两位老人正坐在树荫下乘凉。一位鼻梁上架着圆溜黑框眼镜，披着开衫外套坐在马扎上，出神地看着手中已经泛黄的旧书——仿佛那书一动便要破损似的，于是半天都不翻一页——嘴角上扬，像是心里正想着什么美事。另一位手里正急速盘着文玩核桃，心神不宁地躺在摇摇晃晃的摇椅上，眯着眼，跷着二郎腿。他旁边还放着一台收音机，只听得里面一个女声正念着："云敛清空，冰轮乍涌，好一派清秋光景……"

听着这曲儿，戴眼镜的那位老人神态突然兴奋起来，眼里涌出了一束光。但他还是轻轻地合上了书本，小心翼翼地放在一旁的小桌上，然后摘下眼镜，随手拿起旁边的一块细布仔细擦拭起来，边擦边对另一位老人说："老赵头儿，你说第一出戏演什么呢？"这嘴角还憋着笑。

老赵头儿的脸色立刻沉了下来，如天气突然从多云转向了黑阴，身体瞬间从摇椅上立起来，扬声说："哎，我说你这老姜头儿不仗义啊，你明知我没抢到票，还在这儿跟我提。再者说你不也没抢到嘛，我看你还整天乐乐呵呵的。这机会咱可是盼了多少年了，明天可就要开演了，咱不就想在现场跟大家一块儿听出戏嘛。现在眼看听不成了，你就不急？”

老姜头儿听罢便大笑起来，戴上眼镜，两手捧起刚刚放下的书，缓缓地翻到刚刚那一页。他像变戏法似的拿出几张票，上面清清楚楚地写着“韵水阁”三个大字，“啪”的一声摆在老赵头儿眼前，说道：“票我还真买到了，你说咱们俩一块儿听了大半辈子戏了，有好东西我还能不想着你？到时候咱两家一起去。够仗义吧，老兄！”

老赵头儿颤颤抖抖地接过票，连声答谢道：“好，好，好……”起初只是低声细语，而后声音却一次比一次高。

“你拿着这宝贝在这儿看吧，我走了，明个儿下午可千万别误了点儿。”

“好，好，好……”

一天过得可真快，仿佛看一眼票的工夫就到了。

这两位老人从一大早就开始捯饬，先是买新衣服——大襟褂，再是洗头、沐浴，一切准备好后，那真是坐立不安，如芒在背，时不时看看家里的老钟。连他们自己都说，半辈子了，从未这样干净过，也从未这样紧张过。

两位老爷子说什么也不肯坐车，徒步来到韵水阁。门口有几位吆喝着迎客的小伙计，身披麻布衣服，穿着布鞋，看着也就十二三岁，动作麻利，接客也很热情，引着两位老爷子往里走。其实客人们凭这热闹劲就可自己找到地方，但这些孩子依旧领引着，还时不时吊着嗓子吆喝着。里面像极了旧时的戏楼，亭台楼阁，阡陌小路。

到了大堂一看，呵，满满的观众，而且大家都穿起了新衣服：娃娃和年轻人赶时髦穿汉服，中年人着中山装、旗袍，老年人披着大褂。

大家都坐定了，就连有的桌子上都坐了娃娃，甚至还有人带来马扎坐在了过道、后排。基本人手一杯茶，一捧瓜子。

老赵头儿、老姜头儿坐在了后排，看到伙计们这会儿不是很忙，便把刚才那个领引他们进来的小伙计叫住，问了他几句话。

“娃娃，你叫什么名字啊？”

“爷爷，我叫生儿。”

“你为啥要学京剧呢？”

“喜欢。小时候，娘曾带我去听戏，我偷偷跑到了后台，看那些角儿装扮，想象着自己哪一天也可以装扮成这些人物！那一场就是我师父的戏。一会儿登台的就是我师父呢！”

说到京剧，生儿倒是十分害羞，脸颊泛红，但一提到师父，立马就骄傲起来。

老赵头儿这时想起，他与京剧结缘，是因爷爷在家爱唱京剧，今日《贵妃醉酒》，明日《四郎探母》，每天爷爷和他也总把长棍当花枪耍上那么几回，那姿势和腔调简直和戏台上的演员一模一样！耳濡目染，自己便喜欢上了，要不是家中其他人一定要他上学，他可能也会成为京剧演员呢！

他与老姜头儿相识还是因为看戏抢票，为了一幕《霸王别姬》，两人吵得不可开交，到最后谁也没看上。不打不相识，那以后他俩却成了戏友。

“那你怎不登台表演呢？”

“师父说我们要先干杂活儿，而且我们一边干活儿一边吆喝，好吊嗓子，有时还练个台步，过不了多久师父就可以教我唱戏了，再过上几年我就可以登台演出啦，师哥师姐们都是这样过来的。”

生儿两眼放光，眼神痴痴地定在了那戏台上，嘴里细声念着：“我一定会成为一个好的戏曲演员。”他没想给任何人说这句话，但内心却是无比坚定。

戏幕徐徐拉开，生儿给两位老爷子告别，迅速回到了后台，蹲下定睛看起了戏。大堂也立刻安静下来。

只见八位侍女扮相的人儿随一位女子登上了台，这女子头戴如意冠，身着花衫，外披斗篷——一面为锦鸡和花卉，一面为鸳鸯和芦苇。她唱道：“自从我随大王东征西战，受风霜与劳碌年复年年。恨只恨无道秦把生灵涂炭，只害得众百姓困苦颠连。”

老赵头儿和老姜头儿异口同声“《霸王别姬》”，声音不大，情感倒是十分饱满，这戏他们可是天天听呢。韵水阁第一出戏就唱他们心缝里去了，二人欢喜得很。

“妃子，何事惊慌？”

戏逐渐进入高潮，人们屏息凝神，除了因为娃娃进出的，大堂内、楼上、院内几乎没有人走动。

最后，只见虞姬拔剑自刎，戏幕缓缓落下。

人们意犹未尽，好长一段时间，戏院无一人离去。人们渐渐地才缓过神来，开始热烈地鼓掌。

老赵头儿、老姜头儿出戏院时已是黄昏。望着欲坠的夕阳，老姜头儿感叹道：“老弟，你说韵水阁不会只是一时的吧，人们听戏不会听腻了吧，这样京剧又没着落了。”

“不会，韵水阁就算没着落了，国粹京剧永远都在，亡不了，总有人听它。兴于战乱，总不能亡于和平吧。”

“对头，我们后边就等着听不完的戏吧。”

哈哈哈……

韵水阁的师父在唱了几年后却病倒了，韵水阁也曾一度面临关门。但徒弟们也如师父般挚爱着京剧，韵水阁里经常传出他们吊嗓练功的声音。

几年后，韵水阁仍旧是城里人饭后的谈资，许多邻城的人也时不时过来看看。

“老姜头儿，要不要去看戏啊？这次戏的角儿换了呢，是生儿，这小子还挺争气，听说是他师父的得意门生呢。”

“好，好，好……”

指导教师：赵文兰

本文获第十九届初赛一等奖

点　评

文章从东平腊山古戏台上的楹联写起，引出韵水阁。作者塑造了两位热爱京剧的老人，通过他们的对话、回忆，含蓄地表达了对于传承国粹的思考。结尾处“生儿”继承师业，则传递出京剧艺术将代代相传，传统文化将生生不息的文化自信，令人饱含期待，意味深长！文章构思巧妙，在讲故事的过程中暗点主题，留给读者更多的思考空间。文章对人物的语言、神态、动作等进行了细腻的描写，给人留下了深刻的印象。作者在文中的思考，有着极强的现实意义。关注现实，善于思考，才能写出有思想深度的好文章。

（尤立增 特级教师）

市井之诗

□ 辽宁省营口开发区第一高级中学　王越琳

一放学，校门口的缓坡上，总有手抓饼、烤冷面、奶茶、馅饼等摊子，像孩子的妈妈一样雷打不动地守候。而蛋堡、烧烤和卤豆皮的摊子，则像粗心又冒失的年轻父亲，只偶尔来虚迎我们放学。我们未出来时，它们就已经和许多家长及汽车一起寂寂地等，间有手抓饼摊主手上铁铲银光翻飞——提前做准备。然后一声遥远的铃响，摊主们好像一齐得到了秘密的指令，于是"哗啦——"菜下油锅。为首的同学首先跨过校门"起跑线"，学生们鱼贯而出，摊子们也都沸腾起来了。

每当这时，叫卖声便此起彼伏。什么"聪明伶俐小鸡心"这种略带贿赂意味的玩笑话语啦，"爆米花，嘎嘎脆的爆米花——"这种老大爷自竖拇指的自夸啦，还有单纯地叫喊"麦多馅饼""热乎的金丝饼"这种简单直接的广告。家长伴着孩子，亲亲热热地在摊前驻足买些普通吃食，填饱孩子叽里咕噜叫的肚子，熨平孩子被学习搞得发皱的心，随后一辆车"吞"一个小孩，晃晃悠悠地回家去。

摊主撤摊，人海退潮。我正好住在街边，这样的情景和声音总令我回想起镇上那些叫得同样响亮的大爷大娘。

叫卖是简洁又干净的好语言。"大连的樱桃便宜了啊。"挑着一前一后两大篮子樱桃的男人，蹲在广场角落的蛋糕店前——他总在白天卖，贪那一处的阴凉。多好的叫卖词呀！产地在哪儿？卖的什么？哦，是大连的樱桃，还便宜得很。那男人往往把一捧樱桃呈在干净的白布上，时时挑拣，怕磕了碰了卖相不好，不好的便吃了或扔掉。白布上留下的个个鲜红欲滴品相极佳，去参加樱桃"选美大赛"都能拔得头筹。我看着布上的和扔在阶边的，无端地联想起家猫与野猫，心里为那些被丢掉的不平，又骂它们："你是怎地……那么不争气啊！"那男人见我盯着，张罗了我一句。穷学生吞吞口水，慌乱地把手揣进口袋，摸到一层薄薄的空气，哂笑着摇摇头，拽着书包袋子悻悻逃跑。

有的叫卖是带有方言性和音乐性的。"烤地瓜，热乎乎，香喷喷的。"天寒地冻之时，总有穿着破旧但厚实棉衣的老大爷推着生锈的铁炉子，在二院原址缩着手卖烤地瓜。冷啊，东北的冬天，手脚皆冻透时，是恨不得把脸、脖子和四肢全都缩起来当一个乌龟的。“热”被念成“液”，“的”被念成“滴”，和烤地瓜的香味一起飘得好远，最后散在北风中。而北方的春天呢，是一忽儿便过去的，春夏之交叶子就被晒得打卷，露出又干又脆灰白色的叶背。树底下大娘平平仄仄地念：“黄花鱼——小咸鱼——大头宝鱼——油扣鱼——”“花”“宝”“扣”定要带儿化音，悠悠地被抛向空中，而“鱼”又巧妙地变成“吁”，好听极了。每次路过，听见四种鱼在叫卖声中被高高地挑起又长长地吁出去，都让我欢喜。尽管我是不吃鱼的。

谁的童年没把学习这种叫喊的韵律当作游戏呢？我骑着儿童三轮玩具车追在收破烂车后面学“收冰箱彩电……破烂换钱”那一套，收垃圾的年轻人穿着黑色民工鞋，他的车也是三轮的。他慢慢地蹬，我慢慢地学，直学到“洗衣机、电表、麻将、水泵”的咬字和音调与他一模一样才肯罢休。我学会了，不追了，回家了，他回头看我一眼，友善地敲敲他当当的铃。还有总在周末六七点钟不识时务扰人清梦的老头儿，他也蹬三轮车，喊着替人灌煤气。那句话听起来像：“吃淹掩个饺子了啊！”“淹掩”我已经破译出来是“印染”了，可那刷银漆装煤气的桶和饺子又有什么关系呢？有时我躺在床上迷糊地想：是不是“小子”呢？可那灌气的分明是个老头儿。下次再听，仍然听不明白。之后我搬家了，好久没听到了。等我再搬回去，他还会那样不变地叫吗？

后来听妈妈说，卖破烂的哥哥家里还有个在地上爬的妹妹，是傻的，将来也是要卖破烂的。三轮车总走过的路上，还有一个常年穿同一套脏西装、头发和胡须苍白打绺、每天目光空洞踽踽而行的流浪老人，和一个几乎是同样形象的穿绣花鞋的老妪。她游走于镇上的大街小巷，以“唆唆哆——拉”的调子唱“卖鞋垫——啦”，她的身体像一颗失水皱缩的苹果，她的歌声却很洪亮，庄重得像戏里的一句唱词，把天地都叫得苍凉。

平仄的、顿挫的、优美的、神秘的叫卖，是市井的诗吧？从天空中俯瞰，楼与楼之间是黑洞洞的枯井，有人挎着篮筐，正如几百几千年前的祖先一样，向同在井壑里的同类讨生活。他们一叫，鱼就狂拍着尾巴被拉上岸来，无望地翕着鳃，最后上了饭桌；他们一叫，玉米条、爆米花、烤地瓜的香气就扑了过来，甚至崩爆米花炉子那一声古老的巨响都还原于耳边；他们一叫，枯井才波光潋滟，倒映出整个世界普通人日复一日的劳作与生活；他们一叫，我知道，这是好多人讨生活的声音，抑或是一人独自带着一生的艰辛与追问来讨一个答案。人世多辛苦啊！

是我想多了吗？是我流于感伤了吗？市井之诗还在续写。

校门口多了好多新面孔、新摊子，是一些年轻人来卖面包、冰粉、钥匙扣等。他们是不是和我一样，从小就梦想着和那些人一样蹬三轮车，和朋友一起玩这种大型家家酒？我那天痴痴地站住看，又与儿时跟在三轮车后面学叫卖的感觉重逢了，和三毛梦想着卖杂货一样，我想要卖碗盘，卖花和花盆。一个是切身的、原始的幸福，一个是尘土飞扬日子里必不可少的喜悦。

我常常执着于从别人卖的货品和不敢张口叫卖的窘态里找乐。有天朋友和我说，一个羞涩的哥哥凑到她旁边突兀地说"紫菜包饭可好吃了"，将其吓了一大跳。

我还执着于幻想与批判：市井的诗不应该成为哑口的诗。叫叫吧，把我们幼时学到的那些神气的语调复活出来。叫叫吧，让井市里的大家明白过来，正如人们乱七八糟的杂货一样，人世间的辛苦与喜乐是齐全的。叫叫吧，我已经想好，等我真正上街，一定用和老奶奶一样的"唆唆哆——拉"的洪亮声音庄重地唱："卖鲜花啦！"

指导教师：孙平

本文获第十八届初赛一等奖

点　评

"市井之诗"将俗与雅有机结合，可谓匠心独运，构思精巧。作者善于发现并提炼生活的意趣，随处可闻的叫卖声在其笔下饱含着生活的滋味、人情的温暖和人生的充盈。作者之所以能将满是烟火气息的市井之声创造性地描绘为动人的诗行，正是源于对生活之美的真切感悟。文章语言具有鲜明的个人特色，灵动活泼，质朴中见真纯。文章最后对市井之诗的续写稍显烦冗，可酌情调整升华。

（尤立增 特级教师）

钥 匙

□ 河北省怀来县沙城中学　杨薪渊

我熟练地打开管理室里高大的柜子，看见里面放着一排五颜六色的钥匙。尽管除了颜色，它们有着完全一致的形制，但我却对它们足够熟悉。每一把钥匙都有它特定的主人，而他们又在生活的舞台上努力扮演着各自的角色。

而我，一个年轻的维修工人，在门卫大叔回乡后，又暂时担任起了这个老旧社区的门卫一职。我日复一日地重复着枯燥的工作，为一栋栋老旧的房子修修补补，自嘲为一名裱糊匠。在这样无趣的工作中，我和一些住户逐渐熟悉了起来。

首先是青色的钥匙。

开门的是一位头发凌乱的女人，尽管面色欠佳，仍可见她精致的五官。她极不耐烦地向屋子内大声吼叫："赶紧出来，告诉工人哪个水管又出了问题！一天天真是让人心烦！"男人小跑着冲出来，一边和我详谈，一边听着女主人无休止的抱怨。

我从男人处得知，这对年轻夫妇结婚两年以来，妻子越来越多地向他表达对生活的不满。"我们两年前搬进这里，开始梦想很快买上一辆漂亮的车，养育一个可爱的孩子……可如今，我们的梦想依然如此。我想再努力赚一些钱，可妻子却……""我们恋爱时，她是那么温柔浪漫的女孩，我们约定一起奋斗，可现在……"他压低声音，"越来越像潘金莲。"我没忍心告诉他的是，我当真目睹过那年轻妻子把陌生男人偷偷领进房门的一幕。

婚姻真可怕，我心想。后来发现，那枚青色的钥匙不知何时已渐渐生出锈迹。

我用红色的钥匙打开门，看见的是大包小包的垃圾和一个胡乱堆放着好几套同样款式校服而不堪重负的衣架。

"哥哥，麻烦你看一下我家里的电路出了什么问题！"声音从房间里传来，不见人影。我大概看了下，偌大的房间里只有一个身材高大的男生伏在桌子上奋笔疾书。

我很快解决了问题。男生很感谢，表示如果晚上还在断电他就很麻烦了。

"你是一个人住在这里吗？"我有些好奇这个依然没有抬头的孩子，在他书桌右上角,“距离高考 428 天”几个红字格外显眼。“我自己租的房子,父母都在外打工,我必须考上大学。”他淡淡地说,像是稀释了所有情绪。他突然放下笔,抬头道:“哥哥,你没上过大学吧?”我尴尬地笑了笑。

“我必须上大学,必须有工作、有钱,我不能再像爸妈一样受穷了。穷是最大的病。”他熟练地操作手机,老师讲课的声音从中流出。我不适合再留下,于是悄悄离开,走时问了句用帮他扔了垃圾吗,专注课堂的男生貌似没有听见。他抬头时疲惫的面容和点燃火焰一般的眼神极不相配。

深灰色的钥匙我有两把。那间的住户是一个八十多岁的老人。他亲手给我他的钥匙,说:“你平时多来看看我,哪天我走了,你能早点儿发现。”这位老人经常叫我来,不是维修,只是买些必需品——老人早已行动不便。人老了或许就会不断回想过去,老人总希望和我聊天,聊起他的人生。

老人年轻时是县城里唯一的律师,且能力卓越,当地人也都尊敬他。据说他年轻时挣了很多很多钱——帮人打赢官司,私下里总会收到不少额外的报酬。有一次他一天收到八百箱黄酒,因为帮当地酒厂打赢了一场大官司。那酒怕是喝不完了。

可谁能想到,他晚年家里子孙为了争家产大打出手,结局惨淡。至于富裕一生的老人为什么住到一个旧小区无人看管,他还没向我谈到。因为没多久的一个清晨,我发现他已经安静地离世了。身边什么都没有。灰色的钥匙就再也用不到了……

我放下笔,再没有思路写下去。窗帘拉得严实,屋子一片寂静。身为一名青年作家,我时常因为写不出东西而感到沮丧。今天也是如此。深度刻画芸芸众生的生活百态是我最初的构想,可故事总是写得消极别扭,灵感匮乏——显然,真实和深刻不靠编造社会的阴暗面来实现。

我想出门把堆积的垃圾倒掉——我唯一的户外活动。回来却怎么也打不开门,倒霉,门锁坏了。

赶来的维修员是个和我差不多大的年轻人,他脸上挂着灿烂的微笑,在此感染下,我糟糕的心情似乎逐渐平复。他动作干净利落,操作熟练,我感到他是那么欢快。“你喜欢你的职业吗?”我突然问道。

“当然,我喜欢帮助大家维修,这里的住户也都和我很熟络,大家都是很好的人。但是你,我还是第一次见。”小伙子笑得极干净自然,“对门是一位老人,虽然亲属不能经常来,但老人特喜欢聊天,回顾他的军旅生涯,我也喜欢听,他很风趣,精神也很好。还有你们楼下的男孩,一个人搬到这里上高中,每天早出晚归,铆足了劲念书还腾出时间参与社区活动,和我学了不少技能。对面楼一对夫妇我熟,他们不久前当父母了,还请我吃喜酒呢!……”面前的年轻人兴致盎然地说个不停,我却早已出神。

原来生活的真相从来都在我身边，我却将心灵封闭，走进隔离众生的牢笼，妄图书写众生。我想起《楚门的世界》——无论多么逼真的设计，都比不上生活里真实的悲伤与欢喜、蓬勃与衰老。

那封闭的心灵之门终要靠自己打开，而那钥匙，就在我手中。“我喜欢各种颜色的钥匙，它们就像生活的颜色。我把它们送给大家，你也挑一把？”

我猛地拉开封闭已久的窗帘，璀璨的阳光瞬间涌进整间屋子。我看见远处的天空已被阳光划开一个口子，万束阳光倾泻下来，万物明朗。

那天，我把金色的钥匙轻轻插入门锁，转动，一声清响过后，我缓缓走出尘封的牢笼。

一年后，我把新出版的书命名为《生活的钥匙》。

指导教师：龙喜凤

本文获第十九届决赛一等奖

点 评

作者深刻地关注社会，感悟生活，自我观照；写人叙事流畅，充满浓郁的生活气息。文章以一个住在老旧小区的青年作家（“我”）的创作开篇，借一把把五颜六色的钥匙串起了一个个生活场景，虚构了小区居民的种种生活状态：一对年轻夫妇对生活抱怨不止，显得疲惫的高中生奋笔疾书，晚年凄凉的老人孤独离世。“我”笔下的世界是灰色的，这源自“我”将心灵封闭，源自“我”的创作理念。后来“我”受小区真正的维修工人的启发，明白生活是一面镜子，你对它喜笑颜开，它回你简单平凡。打开心灵之门的金色钥匙，就在自己手中。结尾“我”出版了新书《生活的钥匙》，可谓点睛之笔，意韵丰富。

（王洪春 高级教师）

熬粥

□江苏省大丰高级中学　罗子墨

一直以为，在所有食物中，粥是最具灵性的。

粥，可如名士美人，相与出尘。

粥，亦可如柴米夫妻，居家度日。

一碗粥，精心配制，文火慢熬，可作为御用佳品，进贡王公与贵族。

一碗粥，粗放炖煮，不加修饰，可作为续命良药，给予卑田院乞儿。

其实，作为贡品和日常食物，粥并无本质不同，它们都由粮食熬煮而成。吸收天地菁华的饱满籽粒，在与汤水的温存缱绻中，融化成浓稠温暖的米浆。无论是谁饮下，都将完成一场生命与自然的遇合。

粥，是爱意，是深情。

粥的前世，叫作羹。少时翻阅古书，读到初嫁女子"三日入厨下，洗手做羹汤"，不禁莞尔。面如桃花的女孩，布衣荆钗，未脱青涩，正在为家人熬粥呢。粥的味道怎样？合婆婆的口味吗？"未谙姑食性，先遣小姑尝。"在小姑一口一口地喝粥声中，她悬着的心终于放下，温婉一笑。而这一幕，被封存在千年的古籍中，供后人遐思追忆，浮想联翩。有人说，一个女孩只有在出嫁之后才会有完整的家庭意识。我觉得，为心爱之人熬一锅爱吃的粥，便是一个家庭最甜蜜的时刻。

粥，是温暖，是思念。

余秋雨先生曾形容病重的妻子马兰："青菜大米粥，入口便回神，这就是中国人。"未曾离开家乡的我们，又怎知在遥远的异地久居，是多么难熬！切好的鸭蛋红油四溢，腌好的萝卜干咸淡适宜，而作为主食的粥，便胜任着暖心暖手又暖胃的角色。我们司空见惯的晚餐，于游子，却是一种奢望。在异地求学的孩子，周日下午总会欢欣雀跃，蹬着自行车回家。母亲早已熬着一锅粥，等他回家。"那时的粥真的好吃，是真正一点点熬出来的。"每当我父亲和祖母谈起这段往事，总会一遍一遍地复制那记忆中的醇厚味。其实，那无限美味的粥，并无什么特别之处，不过是大米、清水混合熬成的米浆罢了。哦，对了，再加上一点点烟火气息，一点点爱与关怀。

粥，是恬淡，是清欢。

尝惯玉盘珍馐的世人，常愿用一碗小粥清洗肠胃。不加皮蛋瘦肉，不用黑米红枣，纯纯的白粥，也是滋味非凡。《红楼梦》中的大户人家，享用各式各样的羹汤，却在治病之时改用简单米汤。想必那朴素的粥，与桂花莲子羹之类的美食相比也毫不逊色，甚至，可作良药佳品，慰人心魂。“人间有味是清欢”，不错的，我想，那清欢中，一定有一味名为“粥”，不加雕饰，却摇曳生姿。

无论你是谁，总有一味适合你的粥。

无论你在何处，总有一碗熬得恰到好处的粥在等候你的到来。

我想，这，便是幸福了。

嘿，你在这里。来吧，粥，熬好了。

指导教师：陈舜

本文获第十八届决赛特等奖

点 评

现场写作除了考查选手审题立意的能力，主要目的是考查选手的写作基本功，尤其表现在几个方面：素材的储备，语言的调遣，篇章的布局。这篇文章在这些方面都表现出色：作者对于和粥有关的名人典故掌握得不少，也能将其跟自己的生活阅历结合起来，更显得亲切而实在。文章的结构清晰，以粥所蕴含的人文情怀为纲，写人间温暖而平淡的生活与情感，层层铺展，清朗明白。文章的语言准确流畅，短句轻盈灵动，对照自然匀称，笔调收放自如。

（蒋成峰 大学教授）

知来处，明去处

□ 江苏省姜堰中学　钱珺妍

帔帛曼妙，木俑沉寂，动静之间，已过千年。

绢衣彩绘木俑，源于新疆的古国高昌。木雕头部，纸捻臂膀，面庞饱满圆润，敷粉施朱，身形秀美颀长，婀娜多姿，仿若翩跹。绫罗锦绢成衣，彩色长裙拂地，历经千年时光仍鲜艳如初，再现了初唐时代的流行风尚。透过木俑的前世今生，我们看到这背后折射出不可复制的大唐文化。

《全唐诗》中有一千余首收录作品是关于女子服饰的，足见唐代对服饰美的文化欣赏与追求。女子最常见的装扮是上身着衫、襦，下身束裙，肩加帔帛，裙腰高系，使身形更加修长。原来早在千年前的唐代，设计师就深谙视错觉原理。

开明的君王亦成就了包容大气的文化氛围，为服饰发展提供了条件。西域的纹样、大唐的面料，色彩多元一体。源于丝绸之路的做胭脂的红花、制青花瓷用的钴蓝，定期来往的商船，都是古时文化兼容的表现。

而那历经三千年都不断的色彩，是中国色彩审美的永恒见证。红花、茜草、苏木染出了章丹、珊瑚朱、凤仙粉等不同风格的红色，石榴皮和栀子花果实染出了黄色，蓝草则染出了蓝靛。花钿、面靥、唇脂，均出于那红花。古时用的植物染料，不同于今朝的化学染料，纯真自然，经久不衰，可以防虫抗菌。人们乐于亲近自然，善用自然，在那个科技尚不发达的年代，总怀着一颗本真的心。

我们如今脱口而出的是红橙黄绿蓝靛紫，但在古代，颜色都是说酡颜、樱草、黄栌、玉色、青碧、月白、藕荷……诗意扑面而来。宝钗穿个“蜜合色棉袄”，宝玉身着“秋香色立蟒白狐腋箭袖”，诗中含的是“夜雨染成天水碧”，故宫藏着宋代的“钧窑月白釉瓶”。

用色彩诉说中国味。天青、月白、苍绿、黛蓝、绛紫、妃红、丁香、赭石……当这些名字袅袅娜娜地袭来，一幅绝美的山水画就在眼前晕开，只有中国的颜色才能这般，美得不可方物。不仅仅是化学的不同反应，它更会使你联想到河边的一棵树，天空的一卷云，或是水中的一潮浪。与自然共处，那便处处都是诗，处处都是画。

然而，在我们的成长过程中，接受的审美教育一直受西方服饰的影响。北京服装学院副教授楚艳说："纽约、巴黎、伦敦、米兰几乎主导了全世界的服装流行趋势，大部分中国设计师，包括我在内，都已经迷失了。"但是，看一看大唐，是何等的自信，无论回鹘形的发髻、丝绸路上传来的胭脂，抑或缤纷绚烂的唐锦，都不由得让人感慨：好一个大唐文化！

设计师们花了这么多时间与精力去复原，就是为了找到那份高级的对美的品位，在这个过程中，找回属于我们中国的审美精神。说到底，就是六个字：知来处，明去处。在世界追捧着各大西方名牌、现代风盛行的今日，我们应该留有一隅，去探寻中国传统服饰，敏锐捕捉色彩之变幻，从自然的细微处感受美的柔软。

对红花染色技术，楚艳曾如此描述：在整个中国，几乎已经失传了，这是她在日本偶然学到的。我不禁想到古时的抹茶制作，兴于中国，传于外国，衰于中国，盛于外国，实是文化之殇。

我们终是无法回到那"草木染成十样锦，寄我心思与君知"的时代，但仍可追寻自然的天性、人的纯真。中国的审美艺术终将在未来证明其魅力，延续诗情与画意。

知来处，明去处。中华文化依旧年轻有活力，上下不过五千年。

指导教师：沈文静

本文获第十九届初赛一等奖

点 评

大唐的服饰文化代表着中国传统服饰文化的风尚，让全世界为之倾心，为之痴迷。然而，当今社会青少年所接受到的审美教育，一直受到西方服饰的影响，使得中国传统服饰越来越不被人重视。窥一斑而知全豹，中国其他优秀的传统文化何尝不是如此？"兴于中国，传于外国，衰于中国，盛于外国"，这实在是文化之殇，民族之殇。"知来处，明去处"，每一个中国人都应该对中国优秀的传统文化怀有一颗敬畏之心，要想方设法地去传承，去创新。

（夏冬 资深编辑）

第三辑

守护神

就像那篇《背影》一样，
佩弦不会忘记父亲对他的爱，
我也一定不会忘记您对我的爱的！

我的父亲

□ 山东省烟台第二中学　杨芳萌

如果已经知道了结局，你会怎样对待通向结局的过程呢？这些天以来，我一直在问自己这个问题。

父亲结束第三个疗程出院的时间赶上了中秋节，返程车票买不到。一向节俭的他为了跟一家人一起过中秋节，愣是买了他这辈子第一张商务座的车票。回到家已经是晚上七点半了，我在门口迎接，开门便望见了满身疲惫的父亲。进门的时候我给了他一个拥抱，父亲却没有像往常那样也回给我一个紧紧的拥抱。他双眉紧皱起来，神情像是承受着巨大的痛苦。身材瘦小的母亲提着沉重的行李箱跟在后面，一边进门一边对我说道："爸爸已经承受不了你这么大的力气了。"

在那个瞬间，我忽然就想起了丁立梅散文里的片段：

"以前我总以为，青山青，绿水长，我的母亲永远是母亲，永远有着饱满的爱，供我们吮吸。而事实上，不是这样的，母亲犹如一棵老了的树，在不知不觉中，它掉叶了，它光秃秃了，连轻如羽毛的阳光它也扛不住了。"

当时的我被生活的无情震撼了，并没有想到，这种无情也会这么快地降临到我身上。只不过不同的是，丁立梅感慨的是母亲的衰老，我喟然的是父亲的病痛。

用母亲的话说，以前的父亲像是铁打的身躯，不惧风雨，百毒不侵。他身体素质很好，平常很少生病，吃糠咽菜也从来不挑剔。或许是因为小的时候吃过的苦已经足够多了，长大后的苦头他才都不甚在意。

父亲小的时候家境贫寒。或者说，"贫寒"这个词已经不足以描述奶奶家里的窘迫了。

父亲常常回忆起小时候上学的情景。村子里没有学校，从小学到高中他都是独自步行几里路去乡里上学。我脑子里总是浮现出那个画面，饭盒里装着被奶奶压得紧实的、够吃上一个月的咸菜，背包里装着掉了封面的课本和短得几乎拿不住的铅笔头儿，在天还没有亮的凌晨四点半的乡间土路上，一个形单影只的小孩背着破破烂烂的书包，在清晨的薄寒中迎着风，高声唱着他那个年代励志的歌曲，唱到月亮西沉，唱到朝阳升起……

如果说人的一生是做一幅画的过程，那么父亲画布的底色应该是夜色一般的深黑。只是他不信命，固执地在那暗色如绸的画布上涂抹光明。那个身影从歪歪斜斜的小孩渐渐高大，变成腰杆笔直的少年。拂晓的东方，启明星慢慢黯淡下去，最终被太阳的光芒掩盖。天亮了，他第一个到学校，在教室门口等老师开门。

后来他说，当他每次迎来朝阳的时候，心中想的只有一件事：考上大学，走出这份困窘，不能让下一代再吃这份苦。

现在想想，倒像是他早就替我把这份苦吞咽下去了。

父亲凭着骨子里的固执和顽强实现了他的梦想，在这座城市的大学里任职教授。再到后来出国访学，同国外实验室进行学术合作，在国际学术界知名的杂志上发表论文，他称得上是个不折不扣的学者。

自打我记事起，家里从不缺衣少食，经济条件算是相当不错，对于我合理的愿望，他也总是尽可能地满足。但是无论家里再怎么富足，他总是保持着近乎苛刻的节俭，无论是对他自己还是对我都是一样：不可以糟蹋粮食，不可以浪费水电，有必要花的钱不需要吝啬，但是没有必要花的钱绝不可以乱花。

我至今都清楚记得大概三四岁的时候同父亲去商场的场景。父亲去旁边的柜台挑东西，我坐在购物车里，看到旁边购物车里的小孩挑选了满满一车的玩具，心里有些发痒，便从车里爬下来，去玩具区拿了几个心仪已久的玩具。我爬回车里的时候，父亲刚好回来。看着我手里的玩具，他神情严肃起来，问我：“萌萌，你想买这些玩具吗？”

我点点头。

父亲从我手里把玩具夺过去，仔细地看了看，指着它们说：“只能买一个，你挑一个。”

我说：“都想要。”

父亲皱起了眉头，仍是说：“只能买一个。”

我开始哭，断断续续地问他为什么别的小孩可以买那么多，我却只能买一个。

“好好玩一个，研究明白它。没有必要买这么多。”

我哭得更大声了，周围的很多顾客朝我们的方向看过来。

父亲把我从购物车上抱下来，不理会我的哭闹。他深黑色的眸子严厉坚定。然后他把所有的玩具塞回到我怀里，一字一句地说：“不买了，放回去。”

我眨着泪水迷蒙的双眼怯怯地望着父亲，父亲仍是铁青着脸，一言不发。我便不敢再哭闹了，把它们随手放到旁边的货架上。

父亲又一一拿起来，塞给我："放回原处，不要给别人添麻烦。"

"不要给别人添麻烦"，这是父亲对自己的要求，也是对我很重要的要求之一，自己能做到的事情一定不可以麻烦别人去做。向来如此，所以父亲喊我帮他把帽子挂起来的时候，我就知道了，他一定是难受到了不能忍受的程度，才会让我帮他做这种小事的。

我接过他递给我的帽子的时候，看到了他鸭舌帽底下的样子。他年轻时迷住母亲的那一头乌黑浓密的头发已经所剩无几，头顶的皮肤在昏黄的灯光下竟如此扎眼。他感到头顶有些痒，轻轻用手一抚，随即又掉下一小把稀稀拉拉的头发。

我难以形容面对此情此景心中是一种什么感觉。"癌症"这个词我并不陌生，化疗药物会使人脱发我也早就有心理准备。只是在听说别人的亲属因此离世的时候，在生物课上听老师讲解原癌基因、抑癌基因和化疗放疗这些生物学词汇的时候，甚至在刚收到父亲的病历单的时候，我都不曾产生这样的感觉。

但是此刻，看到他头发所剩无几的样子，我心里产生了一种难以抑制的恐惧感。这是一种对于生命走向无可逆转的衰败的恐惧，是一种明知将要发生什么却依然自欺欺人的恐惧。这种恐惧让我不由自主地想要回避望向他的视线，但是又不忍心错过任何一次能看见他的机会。

我走出父亲的房间，在关上屋门的前一瞬间，我心中突然萌生出一种贪婪的想法，就这么多看一会儿父亲，哪怕只是通过一条狭窄的门缝，哪怕就看一会儿 。

父亲闭着双眼，眉头紧锁，就水吞下了床头母亲准备好的一把药片，然后他将脱落下来的又一把头发用纸包好，像个技术拙劣的小孩掩饰谎言一般，藏到床头的抽屉里。做完这一切，父亲便像是被抽光了力气，蜷缩在被子里一动不动。我听到从被子里传出一阵微弱的啜泣，像是受伤的困兽发出的呻吟。为了不产生依赖性，父亲对止痛药的用量严格控制，大多数时候他都是靠意志忍受着遍身的疼痛。为了不影响母亲休息，父亲坚持和母亲分屋休息，一直以来他都是独自熬过不眠的夜晚。

我挪动了一下脚步，声响极其细微，却惊扰了刚刚安顿下来的父亲。他睁开眼，发现了门缝外面的我，厉声问道："还在这里干什么，昨天的导数题解出来了吗？"

我几乎就要哭出来。父亲在被化疗药物折磨得夜不能寐、食之无味的时候，心里惦记着的，居然还是我和那几个题目的斗争。

看我一愣，父亲认定我不会解，挣扎着坐起来，扯过一张草稿纸开始演算。他原本厚实的大手如今竟变得瘦骨嶙峋、关节突起，握笔的时候微微颤抖着。我连忙回答说会做了，他却执拗地要给我讲完。但是终究体力不允许，笔滑落了，我轻轻拾起笔，接着父亲的步骤算下去。直到我写出最后一步正确答案，他才满意地点了点头，躺下身去。

在我准备离开他房间的时候，他突然把手从被子中伸了出来，拉住了我的手，对我说道："闺女啊，爸爸的病你不用太操心。你好好过自己的生活，好好学习，爸爸才有念想活下去啊！"

一开始我觉得，生活的残酷在于，它总是在我们以为会顺理成章的日子中，猝不及防地强加给你一些令人难以承受的现实。后来我才发现，原来更残酷的是，当它把这些现实强加到你头上的时候，你如此清醒地看到至亲之人忍受着巨大的痛苦，自己却始终无能为力。他可以替我扛下所有生活的苦，我却分担不了他一丝一毫肉体之痛。

我看到了生活最残酷的模样。

他今年才刚刚四十五岁，还没有给我过十八岁生日，还没有收到他含辛茹苦地栽培了一辈子的孩子的大学录取通知书，还没有领到我工作之后孝敬他的第一笔工资，还没有挽着女儿的手把她交给新郎，还没有听过外孙或是外孙女呱呱坠地的啼哭……我的父亲，他还没有完成自己的人生，还没有见证我的人生。恍若站在沙滩上，我抓起一把沙子紧紧地攥在手里，但攥得越紧，漏掉的越多。泪水顺着脸颊悄声滑落，我不甘心，但是，无可奈何，无能为力。

如果世界上真的有时光机的话，我多想回到过去，抱一抱那个野草一般顽强的、摸着黑迎着风去上学的父亲；抱一抱那个铁青着脸不许我贪心，最后却又偷偷给我买下玩具的父亲；抱一抱那个因为我不够努力而独自失望，转而又苦心孤诣帮我进步的父亲；或者不用那么远，就抱一抱化疗以前不会因为我的拥抱而感到疼痛的，那个天地间我唯一的父亲。

这些天来一直困扰我的问题，我想我已经有了答案——

"世界上只有一种真正的英雄主义，那就是在认清了生活的本质之后仍然热爱生活。"罗曼·罗兰如是说。

你看，我的黑夜降临了。你说那是不幸，是悲剧，是折磨，我不否认。

但我偏偏要做在夜里踽踽前行的那个人。

我要发出一点儿光，把自己照得亮一点儿，把父亲也照得亮一点儿。我不能悠游自在，我得跟世界抢点儿时间；我不能哭，我得比父亲更坚强。

幸运的是，父亲已经把坚强的秘诀教给了我，这秘诀是深邃夜里的泱泱月光，是三九天里的束束暖阳，它随着滚烫的血脉流淌到我身上，让我永远葆有野草一般的坚韧和对生活的热爱。

指导教师：徐建芹

本文获第十八届初赛一等奖

点 评

这篇文章很感人，因为是真人真事、真情实感。人生在世，谁都会面对一些生老病死的伤痛。年轻的父亲生了重病，这对于任何一个儿女、任何一个家庭来说都是天崩地裂的大事。但是要想把内心的感受真实地记录下来，使读者产生强烈的共鸣，并不是一件轻而易举的事情。本文的作者从父亲生病写起，全方位地刻画了父亲的形象：小时候的艰难生活，成年后的大有作为，对孩子的严格要求和细心关爱，对疾病的坚韧不拔和顽强抗争……都通过作者有条不紊、环环相扣的叙述得以展现。叙述的过程中作者还穿插了很多自己的思考，因为有了充实的内容，这些抒情和议论也都十分可读。

（尤立增 特级教师）

手

□ 河南省郑州外国语新枫杨学校　张潞浠

奶奶老了。单看她的手就知道。

把她的手放在手掌，好似接住落下的一截枯枝。五指指骨汇在手掌，青蟒似的血管横七竖八地附着其上。点缀着老年斑的黑黄皮肤紧紧包裹着她的骨肉，与被岁月撕扯得松弛了的皮肤叠在一起，细细深深结成皱纹。

这是一双怎样的手！

当面粉粘到她手上，又在她十指翻飞间扑簌簌落下时，她的手好似带着魔法，双手手掌相对，一拢一旋，便是浑圆的面团。一手托起面团，一手在其上跳一段欢快的踢踏舞，手上捧的便是只熟睡的小兔子。她把手送到我面前——起初她要弯下身，而后只需举着手，再后来要仰起头，把手举到鼻前，“来，给”。穿越时光，递来的还是那只安静地窝在手心的小兔子，闭着眼，唇瓣微张，耳朵贴在身上，沉睡在蒸锅揭开的那一刻氤氲的雾气里。

记忆里她的手不仅做过小兔子，还有“嗒嗒”调的凉菜、两指纠缠便包好的饺子、搅一下午的面水在“啪嗒”的私语中神奇变身的凉皮……她是厨房里的精灵，她的手是与她相伴的魔杖。

听她讲，她曾在陕西开过小吃店。爷爷在煤矿里劳作，父亲在家乡上学，当时家里穷，还有两个姑姑尚在幼年。她个子矮，干不了重活儿，便想法子支起小摊卖小吃。“什么都做。”她用双手握住我的手，轻轻摩挲，“看见别人做什么新花样，总要学得，慢慢地什么都会做了。”

我无法想象。那样干枯的双手，那样瘦小的身形！在他乡学着他乡的菜式，一个人照看摊子，拉扯着两个年幼的姑姑！

我用目光细细描摹她的手，就是这样一双手，当年生疏地一遍遍排演着，慢慢开始娴熟地飞舞着，端出一碗碗的饭菜，递给对面操着陌生口音的陌生脸孔。夜间忙上忙下，手指忙乱间两个孩子身影渐高，到了她够不到的地方。清晨，又开始新一轮的循环往复，日复一日。她劳作的指尖，有阳光轻轻攀绕。

她的手轻轻地翻飞，创作并指挥着一家人生活的乐曲，井然有序。

怪不得她的手那样瘦。

可她的手又是那样有力。小时候觉得她是超人。从老家带来的大编织袋的面粉，一袋放在面前便已及腰高。她面对着它们，一条腿向后一撤，一手横劈袋子腰处，另一手反抓着束口处，双臂向后一托，那袋子便飞也似的向上一颠，稳稳当当地落在她肩上，再也不动弹。接着，她站直，枯瘦的手指拍拍那鼓囊囊的袋子，迈开腿便走。

我背着她偷偷试过。半袋子的米，拿绳子一扎，顺势向上一拎，不动，倒是手腕像撕裂一样疼。扎开马步，一手把着袋腰，再拎，还不动，只觉得有千万头大象缠在腕间。我很佩服她的神力。

当编织袋终于改为手提袋时，她又一手拎起一袋，双手间还坠着大大小小装菜的袋子，看着我双手提着一袋龇牙咧嘴地晃悠，笑出声。那看上去枯枝般脆弱的手，此时像铁铸的钳，牢牢抓住挂了满手的袋子。难以置信，这样的手蕴含着这样大的力量！“你去参加奥运会吧，去举重！”我说。她点着头咯咯笑，拍拍我的手，回道：“我老喽，没力气了！”她的手此时又轻轻柔柔，像在太阳的曝晒下失去了水分的干裂云朵。

她的手真的是云朵，有着阳光的味道。

父母工作繁忙，总是奶奶给我洗衣服。拿来小板凳，周边围着几个盆，摆阵一样。小小的阵仗挤在狭小的洗手间，盆里花花绿绿的衣服满溢出来。她便老农插秧一样弓着背，“眷顾”着满盆衣裳。

她总能分辨什么用冷水，什么用热水，什么用肥皂，什么用洗衣粉。双手往白色泡沫泛滥的盆里一插，“咕”的一声，不同气味便在狭小空间里爆开，浓郁得让人头脑发蒙。

洗净的衣服挂在阳台，衣服便浸染了阳光的味道。她收下衣服放在臂上，手臂上便堆成一座小山，阳光的味道又轻快地蹿到她手上来。我去接衣服，只见她手一挥，衣服便从她臂上飞入我怀中，扑面而来的是阳光的味道。她又伸手来捏我的脸，手指便又弹出阳光的雀跃气味，挑逗着我的鼻尖。

奶奶的手一定是阳光的使者，有着阳光的味道，有着阳光的温暖。

日子还踩着秋老虎尾巴的时候，她就开始张罗着做棉袄的事。

她让母亲买来好看的布料，不同纹样卷着塞进柜子。色彩喧闹的布料争着叫嚣：“选我！选我！”她总是打开柜子让我挑，把布料展开在我身上比比画画，拿来尺子，用粉笔在衣料上标记，又抻直她的手指，在我身上一拃一拃量些什么，枯瘦的手指长着长指甲，即使有衣料的缓冲也扎得人直吸气。她愣了一下，蜷起手指又张开手掌，用掌心轻拍两下扎到的地方。第二天，她的长指甲就消失了，换用结着茧子的粗糙指腹摩挲，轻轻地量。

确定了衣料大小，就正式着手来做棉袄。这时，她是不让人看的，于是做袄的时间便拖到每日晚饭后。她架上老花镜，用她的手推开我想要“参观”的脸，“咔哒”一声不容置疑地关上门。我只能猜测，多少个本该安眠的夜晚，她的指尖牵引着针线，把松软绵白的棉花装进衣中，用细密针脚缝紧这不能付诸言语的辛劳，再用剩余的线绕出一个结，让那夜夜辛劳凝结成朵朵细小的花。

寒气未至，棉袄已完工，放在她的柜子里。一旦气温下降，我便有厚实的棉袄御寒。把袄穿在身上，每根线每寸布都织进了她的味道，是她一年未动用的棉线上涩涩的尘埃味道，是她木柜子的厚重味道。

生长期的孩子像春天枝杈抽条一样地疯长。昨日量好的尺寸今日便已短小。她叹一声气，拍拍我，说今年穿不上棉袄了。

她总算歇下来了，手指不再翻飞操劳。

终于一天，她应要求陪我睡一宿。她把灯按灭，躺在我身旁，一只手臂环着我。我侧过头，窗外的光由窗帘缝里偷偷溜进屋内，轻轻地在她手上蒙上一层光亮，借着这光我贪婪地观察着她的手。

枯枝一样的五指，手背上点点老年斑的皮肤下是虬结的血管，随着她入睡时均匀的呼吸起伏。关节边沿藏着细密的皱褶，像夜里湖面浅浅的水纹，指关节则绽开光洁的花。

我从未这样观察过她的手，她的手总是静默地在喧嚣里起舞，不知疲倦。

啪嗒！像秋天果实掉落在地上厚厚叶间的声响。是什么东西落在她的手背上？

指导教师：高克利

本文获第十八届初赛一等奖

点　评

本文描写奶奶的手。这双手，不是少女有如柔荑的纤纤玉手，而是为抚育子女长大历尽艰辛的母亲的手，是为孙儿洗衣做饭、在无数个夜晚缝制冬衣的奶奶的手。这双手是什么样子？它干枯却有力，灵活又温柔，充满阳光的气息……作者认真地一字一句地描绘着这双手，字里行间满溢着对手的主人——奶奶的敬佩、怜惜与爱。写奶奶的文章很常见，便很容易陷入流俗，但本文作者选取的角度独特又精准，描写细致且生动，通过一双手，将奶奶的一生生动地呈现出来，令人动容。

（尤立增 特级教师）

那种美，无以言表

□ 山东省山大华特卧龙学校　张孜硕

妈妈最近迷上了短视频。

和大多数人默默地刷视频不一样，我的妈妈更热衷于记录美好生活，简言之，拍视频！

我想，幸亏人类习惯一日三餐，不然她一天发二十个作品也不足为奇。

其实，我是不太赞成妈妈拍视频的，总感觉自己的生活被他人窥视，这种感觉可不太美妙。

但这是妈妈难得的兴趣爱好，我还能阻止不成？

直到某天我回校上课，一同学憋着笑问我："你妈妈的快手号是不是叫……"

我大惊，连忙问道："你从哪儿知道的？"

"哈哈，不行，笑死我了，"同学憋不住了，"我妈妈刷视频的时候我正好在旁边，视频里你一脸没睡醒的样子坐在餐桌旁，就跟傻了一样！"

让这姑娘一提醒，我倒是想起来了。那天早上妈妈在拍她的爱心营养早餐，似乎还要试图让我入镜："女儿上学累了，给她准备的爱心早餐！"

"别拍我！"

然而妈妈还是让我出现在视频中了。

一整天我都憋着气，不是让她别拍我吗？怎么又把我拍进去了！

我气势汹汹地回家，准备质问妈妈。妈妈正在做饭，当然，旁边照例摆了一个手机支架。

"闺女放学回家，给她做个新学的快手菜！"手机镜头里，妈妈笑容满面地拿着锅铲，煤气灶上，锅里的食物飘着诱人的香味。

但这并不能让我的闷气消散。

"别拍了！"我粗暴地打断了妈妈的话，"啪"地关掉了摄像头。

妈妈从厨房跑出来，惊讶道："你怎么了这是？"

“您能以后少干这些丢人的事吗？”我张嘴就要训斥，准备发表我的一通想法，可等到看清妈妈的脸后，我噎了一下，吃惊地瞪大了眼，“您眼皮上抹的什么？”

“口红啊。怎么了？”妈妈一脸平静地望着我。她神色有些落寞，有些蜡黄的眼皮上涂了一层粉色的东西，是有点儿神采，但也有点儿滑稽的意味。

但我实在是笑不出来。

“闺女，你觉得妈妈这样很丢人吗？”妈妈把手往围裙上擦了擦，有些局促。

我这才发现妈妈很多年没有打扮过自己了，以至于要化妆的时候家里连盘眼影都没有。

我自知失言，张了张嘴却不知道要说些什么，只是低头，苍白无力地解释：“妈，我不是这个意思……”

家里的气氛沉默到了第二天早饭。

早上，妈妈并没有像往常一样举起手机。她若无其事地准备好了早餐，贴心地问我吃饱了没有，并一如既往地叮嘱我骑车小心、好好学习。

很奇怪，妈妈明明照我的想法去改变了，可我却一点儿都不开心。

到了学校，我刚坐在位子上，那姑娘又凑上来：“你妈妈做饭做得不错啊，看起来也很年轻。她昨天怎么不发视频？”

我愣了一瞬：“真的假的？”

“那当然啊！我妈妈还给你妈妈点了个关注！你可别身在福中不知福了，有这么个好妈妈给你做饭！”

我沉默了好久。

放学后，我并没有直接回家，而是绕道去了隔壁那条街的彩妆店。

“给我拿盘眼影，要好的！”

回家后，我一推开门，便闻到了饭菜的香味。

“回来啦，坐下吃……”

“妈！”我打断了妈妈的话，从书包里掏出了那盘花光我零花钱的眼影，“噔噔噔”地跑到妈妈面前，大声道：“道歉礼物！你在镜头里超美的！以后请继续拍视频吧！”

那天的气氛很好，我只记得妈妈用手抹了下眼角，便招呼我去吃饭。

饭后妈妈上妆的样子很美，我们母女俩录了一个手势舞的视频。

妈妈在镜头里揽着我的脖子，笑得很幸福，很美。

那种美，无以言表。

指导教师：殷光利

本文获第十九届决赛一等奖

点　评

母爱是首诗,是人类情绪中最美丽的部分。沉浸于母爱中的你、我、他是否读懂了这首诗?能否品味出诗中的美和真挚的情感呢?本文紧扣母爱的主题,写出了自己真实的生活经历和体验,语言朴实无华却引发出一个值得人深思的问题:怎样理解亲情?每个人都是独立而独特的个体,虽有固定的生活内容,但也不失自己的爱好和生活方式。试着尊重对方、理解对方,才应成为亲情最佳的表达方式。本文动情之处在于最后母女之间的和解,令人潸然泪下。这不才是这首诗的最佳解读吗?这手势舞美得无以言表!

(尤立增 特级教师)

钥 匙

□ 安徽省合肥市第七中学　许天路

晚风吹过了村口的芦苇荡，起起又伏伏，一只又一只的鸟儿，从黄昏落下的地方归来。小钥匙躺在湖中的小舟里，就这么漂着。他在等，在等月亮出来。晚风吹得他很舒服，像是被爷爷的手抚着一般，只不过更为轻和些。

“小钥匙你躺那儿干吗呢？你爷爷叫你回家吃饭。”岸边的小女孩大声喊着，青蓝色的布衣随风荡着，明显是大了许多。

“看月亮。”小钥匙冷冷地回了一句，眼睛一直盯着月亮升起的地方，像是盼望了许多年一般。

婵娟见他如此，生气了，小小的脚丫在地上努力地踏着，宣泄着自己的不满。

“随你便，你爱回不回。”丢下话后，她就头也不回地走了。青蓝色的布衣在风中依然飘着，飘向不远处的村落。

同样的画面每天都会出现，像月亮每天都会升起。流光洒满村子，再洒满村外的每个地方。小钥匙躺在小舟上，周围的一切都很静，静到只剩下风拂过芦苇的声音。远方更是安静，静得连风的声音也传不过来。“今天也没有，回去吧。”他自言自语道。四周的空虚仿佛是他内心的空虚。他缓缓地抽出桨，缓缓地划回了家。

老锁匠的家在村东头，紧挨着芦苇荡。他只有一个孙子，孩子生下来便体弱多病，锁匠便给他做了把钥匙挂在脖子上，说是可以辟邪。因此，大家都叫他小钥匙。小钥匙一天一天地长大，一天一天地问爷爷他的爸妈在哪儿。老锁匠被逼得没办法，只好编个理由骗他，说他的爹娘都在很远的地方，总有一天会在月亮升起的时候回来。小钥匙对此深信不疑，每晚都在湖中的小舟上看月亮，有时一看就是一个晚上。

村里的孩子很少，和小钥匙同龄的只有婵娟，她家在老锁匠家的隔壁。可这俩孩子谁也看不惯谁，小钥匙嫌婵娟闹腾，婵娟嫌小钥匙话太少，总之，两人很少待在一块儿。偶尔小钥匙耐不住婵娟的闹腾，带她在芦苇荡里转那么一圈，倒也能和平共处一段时间。

黄昏来临，挂了一天的太阳像是被一个巨人缓缓地拽了下去。水面的微波荡着余晖，芦苇长长的影子也微微地晃着。小钥匙像往常一样，撑开了船准备荡到湖面中央。在湖边散步的婵娟看到了，大喊着："我也要坐船，小钥匙带我一起！"小钥匙本不打算理她，谁曾想她一屁股坐进了船里。小钥匙没办法，只得带她上了船。

小钥匙荡着桨，婵娟也划着水，小钥匙停下桨，婵娟也不再划水。他们俩穿梭在高高的芦苇荡中，耳边的鸟啼声起起伏伏，像风拂过的水。小钥匙收起了桨，看着月亮即将升起的地方，默默地许下了又一个愿望。

"芦苇荡里真安静，你不害怕吗？"婵娟率先开了口，打破了短暂的安宁。

"不怕。"小钥匙冷漠地回答，声音很轻，和芦苇吹动的声音一样轻。

"好吧，是因为你脖子上的钥匙可以辟邪吗？"婵娟看了看他脖子上那个镀了层金的钥匙。

"不知道，大概吧。反正也没什么好怕的。"小钥匙的声音依旧很轻。

"摘下来给我看看呗，我也想有一个。"婵娟伸手想去碰，却被小钥匙一把拦住。

"不行。"小钥匙回答得斩钉截铁，将婵娟的手打了回去。

"小气鬼，不看就不看，我才不稀罕，略略略。"婵娟调皮地吐了吐舌头。

小钥匙索性背过身子，不去和她说话。空间恢复了宁静，小舟在水面漂着，涟漪微微地荡着。

太阳早已落了下去，月亮却迟迟没有出来。风还在吹，吹得他们俩晕乎乎的。

婵娟看着空空的天幕问："你老是看月亮干吗呀，它不是一直挂在那儿吗？有什么好看的？"

"爷爷说，爸妈会在月亮升起来的时候回来，我要看着他们回来。"小钥匙看着缓缓升起的月亮缓缓地说。

"明白了。要不以后我陪你一起看吧，多一个人可以多看一个地方。"婵娟笑着对他说。

"可是你太吵了，我怕他们回来会吵到他们。"小钥匙思索着说。

"哼！我保证不说话就是了。"婵娟气嘟嘟地说，鼓着的脸颊在月光下白嫩嫩的。

"那好吧，你要保证。"小钥匙一脸认真地看着婵娟。

"我保证。"婵娟轻轻地说。

月光又一次洒下来，透着芦苇的缝隙落在他俩的脸上。青蓝色的布衣在月光下显得更为清冷，衬得婵娟像是从月宫中走出的仙女，风吹着她的发，一双眼睛像湖水一般波光粼粼。

流光像一把钥匙，撞在了小钥匙的钥匙上，渐渐地打开了什么。小钥匙并未察觉，他只觉得今夜的月亮有种不一样的感觉，像是春日阳光般暖洋洋的感觉。他呆呆地看着婵娟，呆呆地入了迷。船微微地移，直至撞进了芦苇丛，小钥匙才发觉过来，立刻移开了视线。

婵娟早就发觉了，只是不大好意思说出来，小钥匙的眼神像是封住了她的嘴。此刻，寂静被这片芦苇荡独享。

“今晚还是没有，回去吧。”小钥匙失望地说。但他的心里又莫名有种希望，希望每个晚上都是如此。

“好吧，明天我还和你一起等。”婵娟轻声地说，仿佛一直记着他俩的约定。

小钥匙抽出了桨，缓缓地向岸边划去。婵娟没有再划水，只是默默看着船桨荡起的微波。

自此以后，小钥匙和婵娟天天都划着小舟去湖心看月亮。他们在湖心轻声聊着天，笑着看月亮缓缓升起。老锁匠看到后，露出了笑容，他这么多年没解开的锁，被一个小女孩给解开了。老锁匠很喜欢这个女孩，她让小钥匙露出了许久没露出的笑容，小钥匙因为她也渐渐活泼起来了。老锁匠经常给婵娟买吃的，给婵娟做小玩具，还帮婵娟重新做了一条合身的青蓝色布衣。

锁匠家里有了往日没有的生机，白天小钥匙和爷爷学手艺，婵娟在旁边看着。偶尔活儿不多，小钥匙就和婵娟在院子里打闹。仿佛一切都变了，不变的只是每晚的月亮。小钥匙脖子上的钥匙，在婵娟生日那天，被送给婵娟做了生日礼物。婵娟很高兴，做了一条手巾送给小钥匙。手巾是青蓝色的，带着金色花纹，青蓝色是婵娟衣服的青蓝，金色是小钥匙钥匙的金。微风再次拂过村落，带来的不是寂寞，而是欢声笑语。

日子一直这样，婵娟和小钥匙也都长大成人了。老锁匠却生了一场大病，死在了床上。那一天的晚上，小钥匙和婵娟没有看月亮，而是看着一群人将老锁匠装进棺材抬走，小钥匙哭了出来，婵娟也哭了出来。哭声循着流光，一直延续到老锁匠下了葬。

老锁匠死后留下了一个盒子，小钥匙怎么也打不开锁。后来，婵娟拿来了小钥匙以前脖子上的那把钥匙，才终于打开了盒子。盒子里面干干净净，放着几封信和一些积蓄。小钥匙读着信，眼泪又不自觉地流了出来，他这才知道，老锁匠并不是自己的爷爷，自己没有父母，只是被人丢在芦苇荡里的一个弃婴；老锁匠的钥匙不是为了辟邪，而是为了锁住关于他的秘密；老锁匠辛辛苦苦地养大他，用一个谎言保护了他这么多年。

这么多年来，小钥匙早已把老锁匠当成了自己的亲爷爷，对于父母的期待也没有那么强烈了。他关上了盒子，将钥匙挂在了脖子上，把盒子里的一切都放进了老锁匠的墓里。从此，他就是老锁匠的孙子，他就是老锁匠的小钥匙。婵娟一边安慰着小钥匙，一边忍不住哭了出来，她也早就把老锁匠当爷爷看了。钥匙打开了秘密，同时也打开了所有人的心。

不久，小钥匙和婵娟结了婚，依旧在老锁匠的铺子住着。叮叮当当的声响像往常一样不停。谁都知道老锁匠去了，可谁又都觉得他还活着，他活在叮叮当当的声响中，活在小钥匙的钥匙里，看着小钥匙幸福地生活。

小钥匙和婵娟还是会像往常一样，去湖面看月亮，只不过不再看远方，而是看着老锁匠埋葬的地方。

流光洒在身上，金钥匙闪闪发着光。小钥匙笑了，婵娟笑了，老锁匠应该也笑了。

指导教师：牛红菊

本文获第十九届决赛一等奖

点 评

文美，情深，旨远。“钥匙”作为一个小小的物件，起到了线索的作用，把主人公“小钥匙”看月亮等父母、女孩陪伴、打开心锁等几个情节有机地串联在一起。文章以主人公在湖心等月看月开头，引起读者极大的阅读兴趣；采用插叙的方式交代主人公名字“小钥匙”的来由；几经周折，一把钥匙终于打开了对婵娟姑娘的感情，打开了对爷爷亲情的重新认识，打开了等父母回来的心锁。文章构思巧妙，匠心独具，颇具吸引力。钥匙转化为由开始的辟邪的作用打开所有人的心，表达了爱和温暖是走向幸福的钥匙的主题。此外，本文的描写熠熠生辉，环境描写恰到好处地烘托了人物，语言、神态及动作描写生动形象地展现了人物的鲜明个性和风采。

（李丽 特级教师）

爷爷和姥爷

□ 山东省日照第一中学　宋姿莹

我的爷爷和姥爷都是军人出身，都和新中国同龄。爸爸和妈妈结婚后，他俩也成了好朋友。他俩一静一动，一文一武，生活的姿态也各有不同。

听妈妈讲，在我刚满月时，爷爷和姥爷在一起喝满月酒。不知不觉，从中午喝到下午，两个人二斤白酒就下了肚。姥爷拉着爷爷的手，滔滔不绝地谈起当年在部队带兵训练的往事，眉飞色舞，神采飞扬，仿佛一下子又回到了军旅时代，脸上泛着兴奋的红光；而爷爷呢，一声不吭，只是笑眯眯地看着姥爷不住地点头。事后，姥爷对妈妈说，莹莹爷爷脾气真好，真有耐心。爷爷对爸爸讲，莹莹姥爷真爽快，好性情。

爷爷是个耐得住寂寞的人。

因为训练成绩突出，爷爷参军时间不长就被部队推荐考入了南京一所军事学校，毕业后去了东海某海岛军事基地从事研究工作，一待就是近二十年。听他讲，那是一座小岛，岛上荒无人烟，战友们当时最大的乐趣就是工作之余到海边进行垂钓。多年的海岛生活，练就了他甘于寂寞、办事沉稳的性格。爷爷是个慢性子，对待任何事情都一丝不苟、精益求精，他常常对我说："人哪，做什么事情都要有耐心，够细心，我年轻时在部队上搞研究，马虎不得，标错一个小数点都要酿成大祸的。"业余时间，爷爷喜欢写写画画，这个爱好一直保留至今。退休后，他常常待在房间里挥毫泼墨，一画就是一整天，尤其对山水画情有独钟。邈邈青山，迢迢绿水，缥缈云烟，爷爷寥寥数笔，勾勒出一个诗意的天堂，成为优美的纸上风景。想必，那山水画里如仙境般的桃花源，就是他心中的理想生活吧。每每完成一幅作品，爷爷就会沏上一壶绿茶，眯起双眼，边饮茶边欣赏，陶醉其中，乐此不疲。

爷爷平常不爱说话，对我却疼爱有加。每次到他家，他总是拿出近期得意的画作给我讲解，不善言辞的他将丰富的情感都寄托在了画中。而我在爷爷的指导下，绘画技艺也大有提高。有时，爷孙俩互相切磋作画心得，奶奶打趣道："孙女是爷爷的小棉袄。"向来沉稳的爷爷在一旁不禁嘿嘿地笑着，眼里满是浓浓的爱意。

在爷爷眼里，生活是安静祥和的：有孩子，有诗画，有山水，有奶奶的唠叨……

姥爷是个闲不住的人。

姥爷很能干，在部队当兵不到一年就因轻机枪射击成绩优益破格提干当了军官，后来在沂蒙山区某县城武警中队担任中队长。按他的话说，中队长官不大，但事务繁杂，查岗、执勤、训练、开会……整天忙里忙外，不亦乐乎。妈妈回忆说，当时姥爷很少有在家的时候，经常十天半个月不见人影。从部队转业后，他改行做了一名交警，成为某交警大队的筹建负责人，殚精竭虑，不敢有丝毫懈怠。公安知识储备不足，他通过自学考入了公安专科学校并以优异成绩毕业；群众交通安全意识需要提高，他组织编印了交通安全小册子广泛宣传；每逢雨雪天气，他第一个上路进行交通疏导……书橱里厚厚的一摞荣誉证书见证了他的忙碌与拼搏。

退休后，姥爷还是那么忙。当家人们以为他辛劳半生终于能享清闲时，他却说："这人啊，一旦懈怠下来就浑身不得劲。"于是，他主动应聘了市中级人民法院的陪审员，自考学的法律知识也派上了用场。每年经姥爷陪审的刑事案件、民事纠纷等各类案件上百起。姥爷对我讲，每当看到因缺乏法律常识犯罪而在法庭受审的被告人，他就感到非常痛心和惋惜。在他潜移默化的影响下，我对法律也产生了浓厚的兴趣。

为了全家能吃上新鲜有机的蔬菜，姥爷还在郊区租种了一块菜地，每天大清早就到菜地里忙活，翠绿的黄瓜、火红的西红柿、酱紫的茄子等各种时令蔬菜不久就摆上了我们各家的餐桌。我们担心姥爷年纪大了，身体吃不消，每每提起让他少种点儿菜，姥爷总是摆摆手："我呀，闲不住。"

清晨打理菜园，白天到法院陪审，晚上在社区参加老年合唱团训练，回家后遛狗、做饭……这是姥爷的退休生活。按他自己的话说，现在忙得像个陀螺，他还给菜园起了个名字叫"开心田园"。

庆祝中华人民共和国成立 70 周年大会的那天，老哥俩又聚在了一起，看着电视里阅兵庆典的画面，爷爷和姥爷的眼睛湿润了。这一静一动的两个好朋友竟角色互换了，平常不善言谈的爷爷打开了话匣子，姥爷则在一旁静静地听着……是呀，既是军人出身又和新中国同龄的他们对祖国的日益强大有着更深的感受。

爷爷和姥爷，一个甘寂寞，一个好热闹，却都对生活充满热爱，对家人满满地疼爱。从他们身上，我学到了人生的哲理和向上的力量，爷爷让我学会了沉稳、细心，姥爷让我身上充满着拼劲儿和韧劲儿。

日子一天天流淌，姥爷和爷爷经常来我家，我会给他们斟茶倒酒。酒过三巡，姥爷总是滔滔不绝，爷爷总是点头应和，快乐与祥和的气息围绕在我们的身边……

指导教师：徐凤霞

本文获第十八届初赛一等奖

点 评

读完此文，感触最深的便是爱，一种祖孙间的“隔辈”的爱，对浓郁亲情的眷恋。能将爷爷和姥爷描写如此惟妙惟肖的前提，正是对二老的爱。这爱中也代表着对于榜样的理解和敬爱，这爱中也藏有小作者对生活的细致观察和对亲情的感悟。在爱中有对于家庭的包容和睦，对于生活的热爱上进，对于国家的责任担当，对于美德的延续继承，对于哲理的生动诠释。这些美好的情感，终将化为小作者人生路上前进的坐标和动力。

（尤立增 特级教师）

看 戏

□ 甘肃省礼县实验中学 张云云

阳光落在密集的树叶间，洒下斑驳的光影。古树枝条随风摇曳，石桌旁的鸡正打着瞌睡，几位老汉在阴凉下玩着扑克，就连吆喝着卖了一上午冰棍的贩子也靠着木箱打着鼾。整个村子陷入了安静的午睡，偶尔有一两声知了的鸣叫。

就在这安静得让人懒惰的中午，三妞却无心同大人们在清爽的凉席上睡觉，她要去邻村听戏。戏台子早在三天前就搭了起来，当哥哥问她要不要去听戏时，三妞大概是想到了她去年的去年听过一次戏。那里人潮涌动，叫卖声络绎不绝，她还缠着娘给她和哥哥买了两个糖人。今年这次大抵也是很热闹的吧？

三妞兴致勃勃，在路边摘了朵喇叭花，让哥哥别在了她的头绳上。邻村不算远，但炎热的天还是少有行人。只在路程行到一半时碰见了几个不甘寂寞的壮年，他们期待能“偶遇”几个让他们难以忘怀的美丽姑娘。然而现实往往不尽人意，壮年们溜达了一圈也没碰见想要“偶遇”的女孩，只看见了几个长得寒碜的姑娘。他们垂头丧气往家走的样子正好让三妞瞧见，三妞看着他们仿佛看见了一群蔫头耷脑的大公鸡，于是她没忍住“扑哧”一声笑了出来。

她索性跑起来，跑过田野，跑过水洼，跑过山崖，跑过所有可以让她跑的地方，哥哥就一直跟在三妞的身后跑，与三妞一样快乐。他嘿嘿地笑着，黝黑的脸上绽放出灿烂笑容，就像是一朵鲜艳的红花落在起伏的土地上，那么和谐。

日光照在笔直的乡间小道上，三妞与哥哥小小的背影渐渐消失在道路尽头。

戏台搭在一条长长的河道的前面，戏台前面腾出来的一方空地上已摆好几十套桌椅。水性好的小伙子们游过去，不懂水的坐船乘舟。

三妞到时，空地上已密密麻麻全是人，河面上来得晚些的船只已无处停泊。三妞试图凭借她娇小的身躯挤到前面去，却没发现任何一条能让她挤进去的缝隙，无奈之下，只好回到了人群最后方，噘着嘴发泄自己的不满。哥哥发现了三妞的不满，他记得以前听戏总看见有小孩坐在父亲肩头，于是他也将三妞扛在了自己肩头。三妞觉得自己像是看见了新世界一般，她从未在如此高的地方看见如此奇妙的景象。黑压压的人头涌来涌去，就像黑色的潮水来回翻滚，时不时地还会有一两串浪花飞起，那是被架上父亲肩头的儿子或女儿。此时已接近傍晚，人们无论有事没事都会聚集在这里听戏。即使三妞来得较晚，现在她身后也已经积了一层黑压压的人。

三妞在哥哥肩上瞅来瞅去，她仿佛看见演员已在后台准备。被扛上肩膀的儿子或女儿都是比她年纪小的顽童，她很不好意思，想从哥哥肩上下来。哥哥却以为三妞是怕他累，耸了耸肩示意自己不累，其实他也只是个十二岁的小孩子而已。三妞没注意到哥哥的耸肩，她安静了一会儿，哥哥却依旧没有动静，于是她弯下腰在哥哥耳边大吼。这下哥哥清楚了，他有些失望地将三妞放了下来，三妞的脸却悄悄地红了。

戏已经开始，可躁动的人群没有丝毫停歇。三妞踮起脚尖却也只能看见黑压压的身影，唱戏人的声音也被淹没在沸鼎的人声中，三妞再次不满地噘起了嘴。

哥哥发现了她的不开心，于是他又将三妞扛在了自己肩头。这下三妞高兴了，她觉得自己成了这里最高的人，可以看见台上演员挥着长长的绿色衣袖，也可以听见演员在唱“呀呀咿呀”，她觉得自己是这里看得最清楚、听得最清晰的人。三妞又发现，在大人肩上的小孩都是些年纪比她小的顽童，于是她又开始不好意思了。但这次她没有从哥哥肩上下来，因为下来就看不见红衣翻跟斗、绿衣转圈圈了。

只是三妞不知道，哥哥也看不见戏台上的人，听不见戏台上的声音。

三妞看了一会儿觉得戏没意思，想去吃糖人，这次哥哥很利索地将她放了下来。他让三妞去买糖人，自己则在原地继续看戏，尽管什么都看不到。

三妞挤出人群，借着月光以及各个小摊上的灯火，找到了吹糖人的贩子。她想让贩子捏一个哥哥，于是就给贩子比画哥哥的眉毛、眼睛……小贩终于捏出来个哥哥，可三妞觉得它不像哥哥。她还想让贩子捏个自己，只是钱不够了，只好拿着糖人哥哥挤进人群。她觉得哥哥应该会有钱，想让哥哥自己过来买糖人。

“哥！你去买糖人！”

“什么？”

“我没钱了，你再去买一个糖人！”

“你不是买了吗？”

“那是你的糖人！你再去买一个，买个我……买个糖三妞！”

这下哥哥明白了，可他没有带钱，于是他告诉三妞：“我没有钱！”

“你骗人！”

“真的，不信你看！”三妞看了看哥哥空空的口袋，她失望极了，可一想到自己有糖人吃，她又开心起来。

月光缓缓地照在哥哥翻出来的口袋上，像撒满了糖。

三妞与哥哥在月上柳梢时踏上了来时的乡间小道。

他们没等戏唱完就离开了那里。离开的时候三妞看见几个老伯眼泪汪汪，几个年轻的叔叔在那儿嗑着瓜子喝着酒。不过三妞不关心这些，她觉得村子现在应该安静了，邻居家的那只黑猫肯定已经回去睡觉，白天下地的农夫现在肯定在家吃着妻子做的丰盛的晚餐，那个卖冰棍的肯定已经回家数钱去了。只是她不知道，猫是在夜晚活动的，回到家的农夫已经在床上打起震天的呼噜，卖冰棍的已经在酒楼大吃大喝，他们都在享受着难得的夜晚时光，只有那只猫就着月光在满地打滚。

三妞手中依旧拿着她的糖人哥哥，她看看哥哥，又看看糖人，觉得哥哥不像哥哥，像自己，再看时糖人也像自己了。

她大喊："为什么哥哥不像哥哥，哥哥为什么要像我？"

三妞的声音从嘴里出来，飘到月亮那儿，又飘到田野那儿，都没有回应。她只好去问哥哥，哥哥说："因为我们是一个爹娘生的。"

这下三妞明白了。可不久，她就发现哥哥的话不对了，于是纠正："不是一个爹娘，是两个爹娘！"

"是一个爹娘。"

"错了错了，是两个爹娘！"

"是一个！"

"是两个！"

哥哥不再回答三妞"两个爹娘"的问题。他有些累了，不想说话了 。

三妞等不到哥哥的回答，不满地嘀咕了句："明明就是一个爹，一个娘，加起来就是两个爹娘嘛。"

哥哥和三妞走啊走，走了很久也没有到家，三妞觉得累了，于是她再次大喊："哥！我累了！你背我！"

哥哥没有作声，他也很累，但还是蹲下来让三妞爬上了自己的脊背。三妞抓住哥哥的肩膀，觉得哥哥的肩有点儿凉，于是问："哥哥，你冷吗？"没有等到哥哥的回答，她觉得哥哥应该是冷的，于是将手环在了哥哥的脖子上："这下你就不冷啦！"

三妞将头靠在了哥哥的后颈里想眯会儿，可刚闭上眼，却突然想到看戏那会儿哥哥将她架上肩膀的事，又兴致勃勃起来了。

"哥，你那会儿累吗？"

"哪会儿？"

“嗯……就是我在你肩膀上的那会儿。”

“那会儿啊，不累。”

“那你现在累吗。”

“……不累。”

“你骗人！”

“真不累。”

“真的吗？我怎么感觉你很累啊？”

“那你下来自己走会儿。”

三妞的胳膊突然搂紧了哥哥的脖子。

“才不要呢！”

三妞觉得没什么话可以说了，于是她打算睡一会儿，却又突然想起爹娘没有来听戏，于是又问：“为什么爹娘不和我们一起来看戏？”

“戏要演三天，他们第三天才去。”

“为什么要第三天去？”

“因为……嗯……不知道。”

“你骗人，你肯定知道！”

“我真的不知道……你快吃你的糖人吧！不吃都要化成水了！”

“骗人！哥才不会化成水呢……放好多天都不化呢。”

月光照在笔直的乡间小道上，哥哥长长的影子与三妞圆圆的影子渐渐消失在道路尽头。

指导教师：李军平

本文获第十九届初赛一等奖

点　评

文章犹如一幅清新淡雅、赏心悦目的风景画，画里有恬静的乡间午时，有热闹的看戏场景，有憨厚的小哥哥，有淘气的小妹妹。生动的情景一个接着一个：三妞欢快地“跑过田野，跑过水洼，跑过山崖，跑过所有可以让她跑的地方”；哥哥把三妞扛在肩上，自己却“看不见戏台上的人，听不见戏台上的声音”；围绕着捏糖人展开的细节、发生的争论……美好的人和事化成美好的文字。

（钟湘麟 特级教师）

秋　忆

□ 湖南省常德市第二中学　李慧芳

鸭蛋青的天空下，毛毛雨一针一针插入地面，整个世界灰蒙蒙一片。前几天冷得直哆嗦，和母亲商量着添置新衣时，才真真切切感受到，又是一年秋。

想起小时候的衣服，都是和母亲一起在商场买的。天边墨色渐染，灯火繁华的商场里，各色各样的人来来往往穿梭在一个个路口，前一秒还在前面，后一秒便已不见。母亲牵紧我的手在人流中前进，两旁的橱窗里挂满精致美丽的衣裳，黄灿灿的灯光倾泻在上面，构成了五光十色的绚烂世界。母亲和我在不一样的橱窗下、不相同的店铺里走走停停，她为我仔细挑选每一件衣服——料子好不好、颜色正不正之类。好不容易挑好一件，她的脸上就显现出欣喜万分的神色来，两眼放出闪亮的光芒，欢喜地让我去试。件件如此，不知疲倦一般。那时的母亲，眉眼总含笑，年轻的气息洋溢在身体的每一角落。

那些年，手心传来的温暖与力量总让我坚定地相信，牵着母亲的手，我们可以走遍海角天涯。

后来从外地回到家乡，我们一家四处辗转，足迹遍布县城的南北西东。母亲也开始忙碌起来，在我上学的时候，她除了料理生意，还要照顾新生的妹妹。逢年过节，她才仿佛想起了什么，兴致勃勃地拉着我们来到街上，一逛一下午，除此之外就不怎么买新衣了。

父亲做了一个重大的决定，于是在一个雪花纷扬的早上，我们又搬离了县城。路上，母亲骑着电动车，载满大大小小的东西跟在我们的车后，雪花向后面簌簌掠去，后视镜里，母亲的身影在风雪中模糊又清晰。可惜新生活并不比原来如意多少，母亲愈加忙碌，眉头常常皱在一起，变得急躁的性子令我不敢忤逆。最高兴的旅程是和母亲去超市买菜，因为那样就有机会在二楼逛逛服装区。这时母亲又极有耐心了，手上拿着衣服和妹妹比量，眼睛细细察看布料的每一面，一如从前，只是少了丝喜悦，多了点儿专注。

无法忘记母亲第一次网购的情形。我刚放学回来，她就把我拉到一旁坐下，神采飞扬地将购买的商品展示给我看。那是久违的兴奋的笑容，比冬日的阳光还要灿烂、温暖几分，我也感到高兴，某个瞬间如同抓住了时光的碎片，与记忆重叠。从此，母亲找到了自己的消遣，在密密麻麻的杂事与日复一日的繁忙中，暂时放下肩头的沉重。母亲看的东西很多，大部分是添补家用的物品，小部分是我们姐妹及父亲的穿度，极少为她自己。偶然有一次，我点开母亲的收藏栏，发现长串的列表中也藏着几件母亲喜欢的衣服，我却从未在一个又一个包裹中看到过。我问起这事，母亲给我的答复是，再过阵子吧，赚到钱再说。顿时，我再说不出话，只是以后再不要求什么，一切安好就行。

过了约摸一年半，家里省吃俭用终于攒了点儿钱，在政策的扶持下准备建房子了。母亲将要回老家的前一个晚上，她嘱咐的事情比近半个月还要多，特别是天凉了，她不能再给我找衣服，一定不要冻着。我听着，一遍遍应和，有些无可奈何。第二天早上我醒来，发现小屋里早已没有母亲的踪迹，耳畔也听不到母亲的声音，这才感到怅然若失。我匆匆赶到马路边，朝着母亲离开的方向伫立着，昨夜的话一遍遍回荡在脑海间，眼前不由自主地生起薄雾。一滴滚烫的泪滴落，烫在手背，烫在我心。

一切的奔波在前几年画上终止的句号，我们的新房子落成了，全家搬回老家后便不再走动。那些日子里，虽然艰苦说不完，我和母亲却在一个又一个的电话里亲密了不少。

在家的每一天，母亲常常跑来和我说些“体己话”，我明显感觉到她变得轻松了许多，心里的一块石头已经落了地。我常看到母亲在池塘边洗菜，嘴角不再是紧抿，取而代之的是笑意。清风中，她的发丝被吹起，混杂在黑发中的银色令我不得不注意。时光的痕迹悄然留在母亲身上，不知不觉间，母亲越发瘦小，甚至多年前已穿不了的衣服现在也能重新穿上，她调侃地笑道：“这下不用买衣服了。”我听了，心里说不出的酸涩。

还好，家里的情况正在慢慢好转，母亲不用顾忌太多了。只是我们对于自己的衣服都各有主张，大抵因为观念不同。最后总是我们双方牵就点儿，互相妥协。

母亲还在电话那头激烈地发表意见。

现在，每当回忆起从前那一点点挨过来的岁月，看过往的我们在时空间交错穿梭，我总感觉有什么东西在无声地改变，又像什么都没有变。不论是朝夕相处，还是两地相隔，我只想铭记我们一起走过的这些时光。

指导教师：马红玲

本文获第十九届初赛一等奖

点　评

小时候“我”牵着母亲的手，和母亲一起买衣服；搬家后，“我”与母亲一起逛商城的服装区；母亲第一次给“我们”网购衣服，唯独不给自己买——这一切的回忆，让“我”铭记于心，感慨万千。文章以充满感情的笔触、朴实无华的语言，表现出母亲对“我”深切的爱，字里行间流露出“我”对母亲的挚爱和感激之情。作者在开头运用倒叙的手法，通过环境描写，引出对往事的回忆。结尾的抒情和议论，进一步深化了文章中心——“不论是朝夕相处，还是两地相隔，我只想铭记，我们一起走过的这些时光”。

（夏冬 资深编辑）

钥 匙

□ 江苏省南京师范大学附属扬子中学 祁苏

夜色像是一个巨大的帷幕，笼罩着整个校园。到处都是被墨色渲染过后的寂静，就连月亮也没了光影，鸟儿更是不见踪迹，只有大树因为被沉重的空气压得喘不过气，发出窸窸窣窣的呻吟。再仔细一瞧，你就会发现树后有温暖、躁动的白色光晕，代替月光，荡漾在树叶之间。

那是教室的灯光。灯光的不安分并没有影响到专心致志学习的孩子们，教室里的空气与教室外的空气浑然一体，只是笔尖的窃窃私语代替了大树的呻吟。所有人都在低着头写作业，想赶在晚自习结束前把作业写完。而这时，最后一排的一颗小脑袋不合时宜地抬了起来，他飞快地瞅了一眼墙上的钟，又低下了头。

"叮铃铃"，放学铃声划破了校园的寂静，犹如一块巨石投入了一个小水潭，随即掀起了波浪。"呼啦"一下，教室便沸腾了，刚才那个和灯光一样躁动不安的孩子更是一跃而起，把桌上的作业本胡乱地往书包里塞。

难怪他最后一排，坐着看不出来，站起来才发现他比同一排的其他男孩还要高半个头。他不仅高，还瘦，跟个竹竿一样，脑袋若是不小一点儿，怕是脖子根本撑不住。而且，这家伙黑得出奇，和泥鳅似的，好像是在泥地里长大的。

塞完课本，他便像往常一样，从又脏又乱的文具盒里扒拉钥匙，想塞进口袋，省得到家再找。可是今天，他找来找去，硬是没找到，只有笔被他弄得"哗啦"乱响，他又蹲下在抽屉里翻找，只找到一堆纸团。教室里原来的喧闹已慢慢平静，可他越着急，这钥匙似乎就躲得越隐秘。而且着急的不只他，站在旁边的小胖墩也急。

"黑皮，你快点儿！这都几点了，太阳都快出来了！你找啥呢你？""我钥匙找不到了！""哎呀！找不到就别找了，今天不是星期五吗？不是你爸接你吗？"经过小胖墩一"点拨"，黑皮才想起来，爸爸每个星期五都会来接他。虽然平时最烦爸爸来接他，但是今天他为此感到庆幸。于是二人便赶紧背上书包，飞似的奔出了教室。

黑皮的爸爸比黑皮还要黑，和黑炭似的，还穿了件黑色外套，今天又没有月光，整个人好像都融进了夜色，像是这帷幕上一块不怎么显眼的补丁。黑皮找了半天才找到爸爸。爸爸一见到他，便问道："你钥匙呢？"黑皮一愣："我钥匙找不到了。""什么？我还以为你肯定有钥匙。平常让你好好收拾东西你总不听……"在爸爸劈头盖脸的训斥中，黑皮才弄明白——爸爸也忘带钥匙了。黑皮爸爸只好给正在上班的黑皮妈妈打电话，妈妈在电话里照常把父子二人臭骂一顿，让他们先回家，她一会儿回去。

父子二人闷闷不乐地走上了回家的路。黑皮觉得今天的夜色格外深，格外沉。在风的咆哮下，路边的大树不堪重负，"呜呜"地求饶。蔷薇花受不住禁锢，挣脱了围墙的束缚，探出脑袋，大口大口地呼吸着污浊的自由空气。路边落了些花，也不知是因落的时间长了，还是因夜色的渲染，有些脏兮兮的。

黑皮跟在爸爸后面闷声走着，有些不平。他心想："明明是他忘带钥匙，凭什么骂我？还说我不会收拾东西，我一个男孩子，不会收拾不正常吗？"

黑皮和爸爸关系一直不怎么样。他觉得爸爸比妈妈还唠叨，天天和他除了说学习就是说学习，他每次出去和同学打篮球，爸爸就不停地说什么"时间紧迫别打太久"之类的话。所以黑皮不太想和爸爸说话。

殊不知，爸爸在前面也闷声走着，心里却想着该说些什么。说学习儿子嫌他烦，可是不说学习又能说啥呢？正好钥匙没带，是个和儿子好好聊聊的机会，可他想来想去不知怎么开口。

很快，两人就到了单元门口，爸爸停下了脚步，说道："就在这儿等你妈妈吧，反正都到春天了，不是很冷，上去也没多大意义，你总闷在家里，正好在外面呼吸呼吸新鲜空气。"黑皮没说话，只是把书包放地上，和夜色一样保持沉默。黑皮只希望妈妈赶紧回来。他以前也没觉得钥匙有多重要，现在终于知道，再微不足道的东西，关键时刻也有重要的作用。

父子二人就这样沉默地站着，成了夜色的装饰品。

"最近咋样啊？"爸爸率先打破了沉默。"还好。""还好是什么意思？""就是还好，最近作业都按时交了，课也听了。"

"最近吃得咋样？""还不就那样。""你呀，还是得多吃点儿。""嗯。"

随后又是沉默。黑皮站着，心里不知是什么滋味。爸爸站着，思索着还有什么话题可聊。

夜似乎更黑了。

"哦，对了，"爸爸突然想起了什么，"你们老师在群里说，最近你们学校组织篮球赛，你参加了吗？"

黑皮心里一紧。

"嗯。"

"什么时候比啊？"

"下周三。"

"多锻炼锻炼不错，但别影响学习啊。"

果然，黑皮心想，又要来老一套。

"其实我小时候，就像你这么大的时候，特别喜欢打篮球，有的时候能打上一天不吃饭。那个时候，我打篮球可是全村闻名呢！"

黑皮有些出乎意料，笑了起来。

"啧，你笑什么，真的，不骗你。"爸爸一看儿子有了反应，立刻兴奋地谈论起了自己以前的辉煌，"下次你和我两人比一次就知道了，我以前可有个'三分王'的称号……"爸爸边说，边手舞足蹈地演示起来，黑皮也情不自禁地向爸爸展示自己的训练成果。

"哎哟！你们一大一小干什么呢！我还以为你们打起来了呢！"熟悉的声音打断了正兴高采烈讲述着的黑皮。他不禁在心里抱怨：这钥匙也来得太快了点儿吧！

"聊什么聊得这么开心啊？好久没看你俩聊得这么欢了。"妈妈说着，看到父子二人相视一笑，又道，"有这个时间不会看书吗？快点快点，时间不早了，把书包拿着，赶紧上去做作业！""妈妈，我周末要和爸爸去打篮球！""行行行，先把今晚的事情处理好，再说周末的事！"正说着，三人就到了家门口。

伴随着说笑声，妈妈把那灵巧的小钥匙插入了门锁，轻轻一转，紧接着发出"咔哒"一声轻响。黑皮觉得，这声音好像是从他心里发出来的一样。

指导教师：郑芳

本文获第十九届决赛一等奖

点 评

本文的风格是轻松愉悦的，像琴键上划过灵动的音符。首先主题轻松愉快，父子间一贯的心灵冲突在一瞬间"咔嗒"而解，亲情宜人，其实不过就是用对了"同理心"这把钥匙——父母在承担抚养教育之责时，没有让家成为情感的荒漠，没有让自己变成孩子最熟悉的陌生人，而是最终满足了彼此情感的需要。而本文更出色的是，它的语言纯净简洁，流畅自然，很有生命力。环境描写借夜色、灯光、回家的路点染沉闷的气氛，渴望突破压抑的心情呼之欲出。对话描写虽用语俭省，却能见父子间丰富的内心情感，时时令人莞尔。

（尤立增 特级教师）

又是一年清明

□ 浙江省东阳市外国语学校　韦嘉

燕子来，梨花落，又是清明。

春雨潇潇地下着，伞外的世界都成了朦胧。雨水顺着树尖滑落，变成一串串水灵灵的音符，拍打起泥土的芬芳。我走在一条岁月的路上，脚下的青石板坑坑洼洼，积起一个个小水凼。

老屋已近在咫尺，我却慢慢停下了脚步，抬眼望去，正有一树梨花出墙来！在这朦胧的雨中，梨花更显娇美，正应了白居易一句“玉容寂寞泪阑干，梨花一枝春带雨”。梨花没有桃花的“灼灼其华”，也不像牡丹一样“花开时节动京城”，却是朴素中带着别样的风情。在尚且料峭的春雨中，这梨花簇成束、滚成团，一簇簇、一层层，像云般铺天盖地，似玉般流光溢彩，直教人移不开眼。也难怪那多情的元稹写下如此的诗句：“寻常百种花齐发，偏摘梨花与白人。”百花齐放，偏与这梨花看对了眼。

祖父退休前是村里小学的校长，生前最喜爱这棵梨树。天气晴朗，树下总会有他的摇椅，以及一张小茶几——用于摆放他的茶杯与几本小书。品着书籍，抿一口清茶，何等惬意！母亲曾与我说，祖父为我取过表字，大概与梨花有关，具体是什么，那便早已记不得了。正如屈原父亲为其取字“灵均”，希望他为人正直、为政公平，祖父为我取字，兴许是想要我像梨花那样，盛开在春天，不忘初心，纯真朴素吧。

思绪慢慢拉回，我重新迈开脚步向前走去。那木板门被推开，发出“吱呀”的低吟，似是在控诉我并不轻柔的行径。祖母正坐在屋檐下，看着那梨树发呆。自从祖父走后，祖母便有了这么一个习惯，只要空闲下来的时候，便喜欢坐在祖父的摇椅上，看着梨树发呆，也许是在睹物思人吧。那摇椅被放在屋檐下再不拿进屋中，只是祖母起身时，总会用布将它盖上，细心地呵护着，不让它被雨淋，被日晒。穿过门堂，我搬着一条小板凳轻轻地坐在她身旁，不去打扰她。

忽地一只燕子飞了进来，祖母似是被惊醒一般，像是刚看到我一样，慈祥地笑道：“来了啊。”我亦是笑着应答。这时头顶的叫声又引起了我的注意。我抬头看去，屋檐的夹缝中有一个小小的鸟窝。刚飞回来的燕子正把嘴中衔着的虫子喂给嗷嗷待哺的小燕子们，之后又忽地一下飞出去找寻新的食物。注意到我的视线，祖母颇有感慨："这些燕子在这儿住好多天了，本来不想让它们在这儿的。"她顿了顿，又说，"它们也怪可怜的，前几天下雨都站在电线杆上。"

我看着那一家子的燕子，心中不免有些心酸。燕子们聚在一起，而祖母却是形单影只一个人。父亲与母亲也曾提出让祖母搬过去和我们一起住，她没有答应，似乎决意守着这老宅。想到这儿，我又不由得感谢起这燕子一家，它们给了祖母一些陪伴。

祖母起身，用布将躺椅盖好，往里走去，我静静地跟在她身后。走进屋中，入目便是满墙的照片，这是一面承载岁月的墙。我一张张细细地看过去，有父亲与叔伯年轻时的合照，也有祖父祖母的合照，还有全家福。再后来，墙上便只剩祖母的个人照了。前面的照片里，祖母笑靥如花；后面的照片里，祖母虽也笑着，慈祥的脸上满是和蔼的皱纹，却不知为何让人有种莫名的悲伤。近些年，父亲与叔伯都在外地发展，父亲算是回来次数多的了，全家团聚的时候也不过是春节。

祖母顺着我的视线看去，眼眸好像黯淡了下来，她却还是笑着跟我开玩笑："奶奶年轻时很漂亮吧。"

我上前挽着她："奶奶现在也很漂亮。"

"老了，老了啊……"祖母絮絮叨叨地讲着。她走上前，伸出手细细地抚摸着照片，手指隔着相框勾勒祖父的轮廓，一举一动都饱含着深情。

她又抬起头，指着边上的那面墙道："那是留着给你们兄弟姐妹贴奖状的呢。"

我的眼眶有些湿润，声音有些哽咽，我牵起祖母的手说："下次过来的时候，我把奖状拿过来，把哥哥们的也拿来……"

"好好好，"她轻拍着我的手，"都是好孩子。这面墙贴不下你们的奖状吧？"

"怎么会呢！"我笑了，"还可以贴这边，都拿给奶奶。"

祖母笑得如同孩子般开心，仿佛又回到了年轻时。

到快要祭拜的时候了，那是祖母特意看好的时辰。她步履蹒跚地走进屋中，我在后面看着她佝偻的脊背，差点儿就落泪了。祖母年轻时是耕田的一把好手，如今是真的老了啊，只是种种门堂里一些常吃的蔬菜，腰背也会有时隐隐发痛。过了许久，祖母拿着一大袋银色的"元宝"走了出来。我知道，那是祖母折的，都是亲力亲为，不假借他人之手。我也曾劝过祖母这样太过劳累，买些店里的"元宝"就好。祖母却觉得自己折更心诚，能让她和祖父下辈子再相遇。小时候，我觉得祖母祭拜的习惯很迷信，很荒诞；长大了，也就渐渐地明白，那是祖母的念想，这样会让她的心好受一些。我搀扶着祖母，走在有些泥泞的小路上，去太祖们的坟前祭拜，请求他们保佑我们全家身体健康。父亲和母亲早已等候在那儿了。祖母上前，点燃两根蜡烛，插上，嘴里絮絮叨叨地念着些祈求平安的话，我也学着父亲与母亲的动作跟着拜了拜。之后，我们便去祖父的坟前了。如同之前那般，我们插上蜡烛，点上长生灯，祖母便拿出“元宝”点燃了。拾起边上的树枝，她拨弄着那些“元宝”，让它们烧得更彻底。一边拨弄，一边述说着往事。慢慢地，祖母的眼眶红了，她落泪了。我瞧着也有些心酸。从前能放鞭炮的时候，祖母总会燃两个在祖父坟前，让他不那么孤单。如今禁放烟花了，祖母便连这一点儿念想都没有了。

回到家中，祖母的情绪依旧很不稳定。她与我们道别，进入里屋，准备休息了。

迈出三寸多高的门槛，透过尚未掩起的门扉，我看到燕子在窝中蹦跳着，贪恋着那抹温暖。抬头，梨花雨落，正是清明。

指导教师：张利娟

本文获第十八届初赛一等奖

点 评

清明是中国的传统节日，其中蕴含着丰富的文化内涵。如何处理好“大题材”与“小文章”的关系，如何把传统节日写得有中国韵味，都体现着写作者的智慧。全文以清明回乡扫墓的事件为依托，如诗歌选取意象一般把画面一个个描摹在你眼前，化大为小，江南、乡间、雨天、梨花、往事、祭祖、静谧、孤独……这所有的选材都符合我们内心里对于清明的感受，符合中国传统审美习惯。此文更可贵的一点是，在不破坏美感的基础上适度呈现了诸如留守与迁徙、陪伴与奋斗等现实场景，让清明的现实含义更加丰富。

（尤立增 特级教师）

梦回今夏

□ 江苏省南通市海门证大中学　俞雯婕

梦里的故乡落雨，开花，起风，甚至扬起烤红薯的香气，每条路上都能听到人们的说笑声。

六月，骄阳正燥。“红奶奶，红奶奶……”不远处一声声稚嫩的呼唤声打破了这死寂般的氛围，不少户人家也忙里偷闲地探出个身影瞧瞧是哪家的小丫头。一位正在农田里卖力除草的老人家也赶忙顺手擦了下眼角的汗珠，满脸通红地跑出来，也不知是见到了谁，紧皱的眉毛瞬间舒展开来，泪珠也顺势滚落下来。只见她立马冲上前，张开双臂，拥小女孩入怀，原来是她家的小丫头。

“奶奶，我，我，可想你了！”刚学会说话不久的她正努力地表达着她的思念呢。“小文文，奶奶也想你喽。”红奶奶满心欢喜。絮叨了一小会儿后，红奶奶这才想起田里的农活儿，可是她看着眼前这个小叮当又放心不下。她抬头看看那似火球般的骄阳，又看向小孙女那红扑扑的脸蛋，生怕烧伤了她的皮肤。红奶奶急中生智，把小孙女全副武装，全身上下只剩下两只大眼睛在外咕噜咕噜地转。随后，红奶奶便牵着小孙女来到了田地里。

放眼望去，野草多得紧紧挨在一起，风动，草却纹丝不动。小孙女兴奋极了，在田地里蹦蹦跳跳，在那儿踩踩泥土，在这儿拔拔草，空气里时不时有暗香浮动，和着泥土的气息。急性子的红奶奶马不停蹄地劳作起来，旁边多了一位装腔作势的劳动模仿者。不一会儿的工夫，小孙女的衣服已被浸透，她不停喊着：“奶奶，我热。”“奶奶，我饿，我要吃东西。”其实，红奶奶哪里在专心干活儿，她的心一直被小孙女牵动着，生怕活泼好动的她磕着碰着。“奶奶知道了，马上，还有一会儿会儿。”在听到小孙女的需求声后，红奶奶更急了，她先暂时在旁边扎个草垛，把带来的小零食安顿上，然后立刻又干起来。锄头在她手里竟跳起舞来，旋转，跃动，完成了一套精美的动作。忙碌之中，红奶奶频频回头，慈爱地看着满脸大饼屑的小孙女，吃得连头都懒得抬一下。骄阳似火，红奶奶的脸颊上豆大的汗珠闪闪发亮。“奶奶，我困了，你不要再做了，我要回家!”说完,小孙女烦躁地哭起来。奶奶何曾不心疼,只是望着这茫茫无止尽的田,她必须抓紧干,嘴里还不停喊着:“文文,别哭了,再一小会儿,就一小会儿了,再坚持下,坚持下。”小孙女可能真累了,哭着哭着竟迷迷糊糊睡着了。红奶奶放心不下,担心蚊虫叮咬,于是又给搭了个阴凉的地方供小孙女休息。虽然她心里有说不完、道不尽的无奈,但开朗的她抖抖身上的灰尘,擦擦眼角的汗,又满血复活了。她似乎有干不完的力气。

梦未醒,又是一年夏天。小孙女长大了,要到大城市去上学,由于妈妈工作的原因,迫不得已需要红奶奶来陪读。红奶奶听后,整宿整宿地睡不着,她要离开她生活了大半辈子的故乡,她要舍弃她劳碌了大半辈子的农田,她要来到陌生的地方。曾几个晚上,她辗转反侧,小心翼翼地坐在床边,偷偷地抹了抹眼角的泪珠,这可能是要强的红奶奶第一次哭吧。但红奶奶体谅妈妈的不易,硬是给答应下来了。“活了大半辈子,一直待在这里,就当看看外面的大世界了。”红奶奶爽朗地笑了,但眼里好像闪着什么。

到了要跟故乡说再见的时候,红奶奶打包行李,可总觉得少带了什么,她在屋里四处张望。一切都带齐了,但红奶奶依旧伫立在那里。“妈,好了吗?我们要出发了。”“好了,来了。”红奶奶这才缓缓关上了门,透过窗户又忍不住往里看了一眼。就这样,门被锁了,心也跟着锁了。

几个小时的路程后,红奶奶来到了陌生的城市。面对新生活自然有些不适应,妈妈有时打电话会问红奶奶住得习惯吗,她每次都说:“过几天就习惯了,刚开始嘛。”城市里的开销大,一向节省的奶奶总不会花太多钱,对自己十分吝啬,也常抱怨着:“大城市啥啥都要用到钱,不像乡下,起码白菜青菜都是田里的,唉……”妈妈让她放开吃,可她依旧固执,总把最好的留给孙女。孙女每天上完晚自习,回家的路上总能看到红奶奶抻长脖子、瞪大眼睛地四处寻找自己,生怕错过了;找到后,总能看到她欣慰的笑容。就这样,她俩走在回家的路上,孙女有时故意放慢了脚步,跟在她的身后,看她快步向前走,她应该觉得自己走得很轻盈。但,她放慢了脚步,停了下来,看看四周,茫然道:“文文,我们走在哪条路上啊,这是哪个方向啊?奶奶有点儿晕了。”孙女的心里“咯噔”了下,看着她的背影,似乎明白,她老了。

孙女立马跑上前去,为她指了方向。快到家门前,红奶奶竟又不认得哪个门了,她仔细找了好一会儿,依旧不认识。看着已满脸皱纹的她,孙女终于忍不住了,眼泪倾注而下,为了不让红奶奶看到,立马背过去,低头似寻找些什么。以往,无论严冬或酷暑,红奶奶都在那个马路拐角处等她的孙女。

梦依旧继续,殊不知做梦者——我的眼角何时有了泪。那个夏天,孙女考上了大学,去了外面的城市工作,红奶奶也回到了她魂牵梦绕的故乡。依稀记得,她是笑着回去的。当然，回去之后，她依旧奔赴于心心念念的农田，依然不服老地觉得自己有使不完的力气，便拼命地干着。有人问她："一大把年纪了，为什么还这么拼命干呢？人要想开点儿，人眼一闭，一切烟消云散了。"她也明白，但她就爱干活儿，不做心里就难受。干着干着，用力过猛，把腰给闪着了，她硬是强忍着痛把田种完。外边的孙女听后立刻直奔回家里，看着消瘦的奶奶，满满的心疼。"多大年纪了，还这么拼命干什么，还当自己是年轻的时候呢！"孙女气愤地责备着。奶奶笑着不说话，但她心里都懂。

夜晚将至，孙女问道："奶奶，你说啥是故乡？"

"祖祖辈辈都埋葬在这里的叫故乡。"

在这里，简单生活不被视为一种堕落，勤劳的人节制朴素。在这里，你可以坐在时间的溪水里垂钓星星，不必终日奔波于风尘。在这里，你可以看大地寒暑往来，四季消长分明，看种子播散信念，古树支起苍穹。

梦到这儿也就醒了。梦醒之前恍惚听到有人问："你想长大吗？"此刻的我会回答："我想长大，因为我想保护所有我爱的和爱我的人。"

指导教师：侯建英

本文获第十九届初赛一等奖

点　评

这篇文章说是记梦，实则是对奶奶后半生的深情回顾。文章从时空上分三个阶段进行了描写：幼年和奶奶在乡下、我读书时奶奶进城、我参加工作奶奶返乡，勾画出一个勤劳、无私奉献、热恋故土的奶奶。细节饱满，尤其是"在田地里""迷路"两处细节令人动容。一梦一生，最幸运的事是梦醒时，爱的人还在。

（李飞　资深编辑）

爷爷的钥匙

□ 辽宁省实验中学　任朗

走进种满果蔬的小院，跨过褐色的木门，再穿过一条长长的走廊，正对面的便是爷爷家的堂屋。堂屋尽头摆着一张年代久远的八仙桌，儿时的我总能看见爷爷坐在那里，花很长时间去擦亮一把老旧的古铜色钥匙。

每一次，爷爷都会先从一侧抽屉里掏出一块褪了色的手帕，往里再摸出一小瓶黑色的机油，把这两样整齐地摆放在桌子上，停一会儿，仿佛在思考着什么。接着，他便郑重地从衣服最内侧的兜里掏出一把系着红绳的钥匙，用手帕蘸着机油一遍遍地擦拭，动作很轻很轻，仿佛稍一用力钥匙就会断成两半。

很多次，我都会好奇地跑过去，想看出这钥匙的珍奇之处，但爷爷总是远远地朝我挥挥手，让我不要靠近。家里人说，爷爷从来不让别人碰他这把宝贝钥匙。爸爸小时候因为偷偷把钥匙拿出去玩而挨了爷爷好一顿打，被哭声和叫骂声引来的人站满了院子。

后来，我长大了，离开了爷爷家，去城里读书。很多年过去了，那把古铜色钥匙渐渐地淡出了我的记忆。就在一个月前，爷爷生病住进了医院，周末我带着水果去医院探病。那是一个午后，爷爷睡过了午觉，正醒着，远远地朝我招手。我轻轻走过去，只见爷爷的枕头旁露出一小段红绳，在医院白色设施的映衬下，那一抹赤红格外显眼。爷爷注意到我的目光，便把红绳慢慢地从枕头下拉了出来，只见那红绳下端拴了一把古铜色的老钥匙。钥匙很旧，褪了不少颜色，但在阳光的照射下还隐隐透出底色的光泽。

童年的记忆渐渐在我脑海中浮现，这不正是当年爷爷每天都在擦拭的那把老钥匙吗？爷爷看着我微微笑了笑，用手慈爱地抚摸着钥匙的齿纹。过了半晌，他才幽幽开口："娃儿，想不想摸摸看？"我急忙点点头，小心地接过钥匙。钥匙质地很硬，但十分轻巧，还散发着旧物特有的淡淡清香。我小心地把钥匙递了回去，爷爷没有接，而是转头看着远处高高低低的楼宇，轻轻地说："娃儿，你知道不？爷爷小时候的家在清原，清原离这儿可远着哪！好几百里好几百里的路。现在想起来，清原真漂亮，到处都是山，山上长的都是树；到处都有水，那水清得都能看见水底的鱼！小娃儿们的耍处才多哪！唉……有一个坏年头，老天发威了，闹大水。房子都被大水冲得只剩瓦片啦，住的地方都没了，哪来的吃的啊。然后你太爷爷啊，就带着家里十几口人往北逃啊，一路上不知道翻了多少座大山，渡了多少条河啊。那路上，到处都是人哪，大家一不留神就把五弟丢了。大家一起找啊找，找了七八天都找不到，大野地里根本没啥吃的，一家人都饿着哪，到处都是人喊啊、叫啊、抢啊。你太爷爷一狠心就说不找了，走吧……”

讲到这里爷爷的眼泪就下来了，一滴滴顺着脸流下来，落在枕头上。我轻轻擦去爷爷眼角的泪珠，握住爷爷的手，仿佛感受到爷爷的心在颤动。

又过了好一阵，爷爷才用沙哑的声音说：“那时候啊，身上啥也没有，大家胡乱跑着，连从水里抢出来的东西也都没了。最后啊，你太爷爷只从身上摸出了一把家里的大门钥匙。一家人一看钥匙，眼泪都齐齐往外涌啊。到后来，咱一家子终于跑到了个不错的地方，你太爷爷能干，在那人生地不熟的地方把家里几个娃给拉扯大了……”

爷爷顿了顿，抹了一把眼泪，看着我手里的钥匙继续说道：“后来啊，新房盖起来了，生活也比早先好起来了，你太爷爷要把这旧钥匙扔了，说留着太晦气。是我跟着，偷偷给捡回来了，拿红绳拴上，这么多年来一直藏着。”

“藏把破钥匙算个啥呢？唉，就图个纪念吧，这么多年来我还一直记得咱家早先的样儿哪！不知道五弟后来咋样了，他要是还在的话，跟我一样成老头子了吧……”

午后的阳光柔和地洒落在病床上，爷爷慢慢从回忆中走出，看着我的脸，微笑着说：“娃儿呀，这钥匙爷爷给你了，你替爷爷好好收着啊，等以后爷爷不在了，也得给娃儿们留个纪念！”

我一只手握着爷爷的手，一只手紧紧攥着钥匙。钥匙在我手中似乎变得沉甸甸的。张开手，迎着光，我细细地观察钥匙上的每一个划痕、每一道裂缝，那古老而又沧桑的铜色仿佛在向我诉说着一段段往事。

钥匙很旧，红绳很新。这把传承三代的古铜色钥匙像一本书，记载了七十年前一家人的辗转流徙、悲欢离合；像一座桥，指引我走入爷爷内心深处的记忆；更像一座丰碑，象征着一种精神，那些从苦难中走来的人啊，亦会坚强地生活着，用生命书写奇迹。

指导教师：王勇

本文获第十九届决赛一等奖

点　评

文章构思巧妙，以一把老旧的钥匙为线索串起故事。开头对爷爷的钥匙设疑，引起读者的阅读兴趣。“我”儿时记忆中的爷爷一直在擦拭一把古铜色的、系着红绳的神秘钥匙，并且轻易不让人靠近。长大后“我”懂得了，这把钥匙有爷爷对七十年前的“家”的记忆，承载着爷爷一家的悲欢离合，谜团解开。现在爷爷又把这沉甸甸的钥匙传给“我”，不仅有铭记，有嘱托，更有对生命的感悟，情感真挚。场景细节的描绘、爷爷形象的刻画、“我”的心理描写，都生动传神。作者以小见大，视角独到，结尾卒章显志，故事意蕴丰富。

（徐恒春 高级教师）

饮食父母

□ 甘肃省崇信县第一中学　杨彤

炖鱼汤，我爸极为拿手。选条肉质鲜美的大鲤鱼，剖去内脏，用特制的料酒腌个一天一夜，然后下锅油炸，炸至两面稍黄，下锅煮。这时不能加任何的佐料，不然熬出的汤不白不鲜。大火煮上八分钟，再小火慢炖，直到鱼肉泛起一片细腻的光泽，加入盐、味精、香菜、葱段点缀。盛一碗，汤色乳白，味道浓郁，鲜得停不住嘴。我爸说："这鱼汤难也不难，关键在'火候'二字，一切准备工作都得慢慢来，这样熬出的汤才能色香味俱全。"

爆炒大虾，我妈极为拿手。买上一两斤新鲜的大虾，洗净，挑去虾线，放入事先调好的酱汁里过一过，然后下锅，大火煎炸。待虾的颜色稍红时加入辣椒、姜片、葱段、盐、味精、生抽等佐料爆炒，过个三四分钟，热气腾腾的大虾就出锅了。吃一个，麻、辣、鲜、香，滋味妙不可言。我妈说："这爆炒大虾呀，其实秘诀只有两个，一就是快，不然虾不鲜嫩，口感绝对会差；二就是火，火一定要大，要不然怎么叫爆炒大虾嘛！"

我爸当年就是凭着这一锅汤入了我外婆的眼，我外婆说："这年头做饭这么好吃的男人可不多见了，鱼汤熬得这么好，日子过得也绝对不会差。"

我妈当年也是凭借着这一手好厨艺被我奶奶看中的。当年很少吃得起虾，但我妈也总能将各种普通的食材做出新鲜滋味。而且她下厨做饭"行云流水"，绝不拖泥带水。我奶奶对我爸说："做饭看人啊，下厨快、做事利、用料足，这一看就是个能持家的。你们俩啊，一个'慢炖'，一个'爆炒'，我看啊，绝配！"

这就是我爸，性子温暾，坚信"慢工出细活儿"。

这就是我妈，性子火暴，坚信"快刀斩乱麻"。

但就是这么两个性格迥异的人，最终却走到了一起。我爸我妈各自的家境都不宽裕，结婚后他们俩就去了北京，摆小摊卖水果。我爸拉货，我妈揽客。由于我爸的憨厚老实，我妈的聪明伶俐、热情大方，生意倒也不错。那段日子里，无论多忙，我爸每天都会为我妈炖一碗热气腾腾的汤。不止鱼汤鲜美，就连各种各样的下脚料也被我爸变废为宝。我妈给我爸炒菜，小青菜、小白菜……各种便宜的青菜配上一碗米饭，我爸倒也吃得有滋有味。我妈做什么他吃什么，还一直夸我妈做的饭好吃。

后来，我妈怀孕了。那段时间，我爸忙得昏天黑地。每天天不亮就起床炖汤，然后去摆摊卖水果，他要和不同的人打交道，真真难为了他这个笨嘴拙舌的男子汉。我妈心疼我爸，不顾我爸的反对执意要回老家，我爸拗不过我妈，只得答应。回来后，有了我奶奶的帮助，我爸便轻松不少。后来，我出生了。我爸更是变着花样为我妈补营养。他还学会了炒菜，但被我妈笑道，没有她炒得好吃。

“我当时胖了好多斤呢，照镜子的时候都认不出自己了。”现在的我妈，回忆起当时的情境仍带着一种温柔的微笑。

但在当时，胖了好几斤的我妈可顾不上这种问题。我爸开起了大货车，每天早出晚归，饭也吃不上，眼看着瘦了好几斤。而我又尚不足月，整日里只会哇哇大哭。这下忙碌的又变成了我妈，她每天早起为我爸炒菜，然后装进饭盒，待我爸走后，她又开始料理一天的家务。无论我爸晚上几点回来，总能看到那一盏亮起的灯，推开门，迎接他的总是那碗热气腾腾的饭菜和一尘不染的房间……

就这样，在这汤与菜散发的香味之中，我爸我妈携手走过了十几年的岁月。十几年的风风雨雨带走的只是他们如梦的时光，并没有带走他们对生活的激情。我爸依旧爱炖汤，特别是鱼汤。氤氲雾气间，透露出的是他的从容不迫，是他对生活的热爱和他那份慢品、慢尝、慢慢来的生活态度。我妈也依旧爱炒菜，翻炒的火光之间，折射出的是她的热情伶俐，她的雷厉风行和她风风火火、永远保持好奇的生活态度。

饮食塑造了他们，而饮食也将他们联系到了一起。在这锅碗瓢盆的声响间，我爸我妈将两种截然不同的生活态度糅合到一起，共同制作着这世上最令人怀念的一餐。这份香气，将伴我到天涯海角，也将陪伴他们继续走完未来的人生之路。

指导教师：岳蓉

本文获第十八届初赛一等奖

点　评

木心曾说“从前的日色变得慢/车，马，邮件都慢/一生只够爱一个人”，本文作者描绘的父母间的感情便是这般美好与浪漫。与众多写父母感情和睦的文章不同的是，作者选取了饮食这个连接点，叙写了父母的结合与相守相伴，让浪漫的爱情氤氲在现实的烟火气中，更给人以真实和感动。一生二人，三餐四季，在这一餐餐汤饭中，令读者感受到作者父母那平淡却又浓郁真挚的情感。

（尤立增 特级教师）

守护神

□ 北京市第四中学　袁来

夜，又是一个来回翻覆的夜，困意犹未至。我于是爬起来，点上灯，驼着背，像个老书生一样，给我爱的人写一篇文章。

我的姥爷在我小学三年级时来到我的身边，如今已经回归故里，在享受真正的老年生活了吧。他这一陪伴就是七年，几乎是我的大半个童年。少了他，一家三口和猫咪挤在更小的房子里，仍旧温馨，但再也没了清脆的拨弦声、风琴的乐声和经轮转动的咯吱声。我的心中总是空落落的。

姥爷身形魁梧，像一头俄罗斯的棕熊。在同龄的老人中实属铁打一般健康。他在之前的部队却是一个文官，写得一手好字。记得小时候，每每遇到回执签字我总是拿给姥爷，然后理直气壮地告诉母亲："你的字太丑了！"

据母亲回忆，她和姐妹三人小时几乎没有受过姥爷的训斥，但宠爱不是溺爱，一家之主必定有其独有的"严厉"。

更小的时候，我由诸多阿姨带大。小孩固有的顽皮和脆弱，加之我自身的好强，便育出了许多坏毛病。那是第一次与姥爷对弈，此前我"从未尝过败绩"，与人下棋全部以"十分正当手段"取胜。但和"棋艺大师"姥爷相比，我的技术相形见绌，不久盘面便呈现败绩。后来，我趁其如厕之际调换棋盘。他回来时，我开始高调宣称我的胜利。他便对我说："输了即是输了，胜败乃兵家常事。"接着很长一段时间，我还是没能赢他一次。但慢慢地，面对失败，我不哭了，不闹了，不玩赖了。待到终于名正言顺地战胜姥爷时，他似乎笑得比我更快乐，他用双手握着我的一只手，说："向你学习！"

我已经忘了姥爷握的是哪只手，但那一刻，我心灵的翅膀变得坚硬了。此后，每当遇到挫折和失败，我脑中总会响起那句"向你学习"。

四年级，我加入校足球队，姥爷成为我的"御用司机"。

第一日，下午四点半，常年关闭的铁门外出现了一个宽大的灰色马夹。

六点半，训练结束，我奔出大门，姥爷在外面等我。

我问："为啥来这么早啊？"

"看你踢球啊。"

"训练到很晚呢，下次不许这么早！"

姥爷没有说话，只是翻身上了车，我也艰难地上了车。

第二日，他又在同样的时间出现在同样的地点。后来，这便成了每日的惯例。早早来到，遥远观望，笑容迎接，"上马"回家……

风吹，训练并没有停止啊。那高大的影子，舞动的衣衫配上飞扬的鬓发，电动车上多了一件衣、一张巾。

雨打，训练并没有停止啊。那些为了应急临时买的蓝色雨衣点亮了我的童年。热汗变成冷汗，在雨中瑟瑟的我依在他的身上，企盼着二十分钟后家的温暖。

严寒酷暑，不过增减衣服而已。我换了新球鞋，他都要问："哪个是你呀？"我才明白，距离太远，看不清正脸，而我之前的球鞋总是最靓的那个。

后来，我当上了球队的首发前锋，他驾车带我"南征北战"。每次从场地出来后，我只要说一句"赢了"，就能立马看到洋溢着的幸福；如果我说"我进球了"，他便重重地拍我的后脑勺，说："好！有你的！"

毕业会上，唐教练为我们送行。临行前他醉了，对我说的最后一句是："替我感谢你姥爷，他是建队有史以来最忠实的观众。"三年，除非生病，从未缺席，从未迟到。

姥爷曾经说，我小学毕业他就要回去了。可我的初中路途遥远，他最终还是留下了，于是他又守护了我三年。

无妨，不过是换个地方。从此，初中门口的小卖部便是他等候我的地方。沿着夕阳的余晖走去，那是家的方向，我一天天长大了，初二一年长了二十厘米。具有历史意义的一刻，是我发现自己比姥爷高了。他又是挂着比我灿烂的微笑说："以后你就是咱家最高的了！"接着的事儿，就是我发现小小的车座容不下我了。手巧的他改装了一下午，那小电动便又能驮着"幼小的我"了。

到了初三，有个同学问我："你怎么还是姥爷送上下学呀？"我当时涨红了脸，想不到辩驳的理由。我早有能力自己上下学了，而姥爷也快没有体力接我上下学了。

一天放学回家，我的书包太沉了，转弯时老人家一不小心失去平衡，连我一起掀到地上。我赶忙扶起强忍痛苦的他，接下来的路上只有胆战和心惊。归家，姥爷说"无大碍"，而我努力说服母亲自己上学。

可离中考也不远了，我还是希望能和姥爷多共处些时光。说起考试，母亲告诉我，每次考试前姥爷都会为我祈祷。周日的书房总是烟雾缭绕，我喜欢，父亲不喜欢。我的中考在姥爷的守护下结束了。

七年的时光啊，过得飞快！天下没有不散的筵席。昏暗灯光下，母亲依在窗边的沙发流泪不止，面前敞着的是行李箱和一个手风琴。姥爷的手风琴弹得多么好啊！年过古稀，他却执着地继续学习一门技艺，并达到炉火纯青的境界，真是值得“向你学习”啊！虽然我在用苍白的文字劝解母亲，但可能我也是需要劝解的吧。门咯吱地响，伴随着热腾腾的蒸气，姥爷从浴室里走出来，走到母亲面前，灰色的背心卷在脖颈下，露出白花花的胸膛。父女之间没有说任何话，只是母亲站起来，把那卷着的衣服抻开拽下来，并挤出一个笑容。

我再也忍不住了，冲进自己的房间，关上门，任由泪水涌出眼眶，发疯似的撕扯着床单，再把头埋进被褥，就这么哭呀哭呀……

姥爷啊，昨天我翻到2014年在什刹海滑冰的照片，咱俩坐在冰爬犁上，我那么小，您那么高大。那么小气的我居然把最爱的棉花糖分您一半啊。高中如此忙碌，那天终于有机会和您视频，看到您的牙都掉光了，我是多么痛心啊！我想为您写文章已经很久了，我不想您不在了再写文章怀念。我希望您能看见这篇文章，这是一个赤诚纯粹的表白啊！就像那篇《背影》一样，佩弦不会忘记父亲对他的爱，我也一定不会忘记您对我的爱的！

骤雨反复，春梦无痕，而您永远是我的守护神！

指导教师：王楚达

本文获第十八届初赛一等奖

点　评

文章以时间为序，以事件为纲，串联起“我”与主人公“我”的姥爷——“我”的守护神之间的亲密关系。在叙述“我”的守护神守护“我”的过程中，最重要的是，不仅仅表现出姥爷对“我”的照顾，更展现出对“我”价值观的影响和建构。“我”的守护神不仅仅守护“我”的生活，也在守护“我”的精神世界。这才是真正意义上的守护神，这也是作者所要表达的，源于亲情，但更高于亲情。

（尤立增 特级教师）

钥 匙

□ 江苏省南京市秦淮中学 陈颖桐

生活总是这样稀松平常地回环往复、周而复始。

清楚了这种道理，今天像往常一样平淡也就无可厚非了。已经是傍晚时分，斜阳在远处此起彼伏的山峦间若隐若现，红得像一盏橘子灯，竭力去燃烧直至熄灭。华灯初上，老张借最后一缕光把车开进停车场，摇下车窗，背倚靠车座半卧着。

然后他开始抽烟。一片缭绕的烟雾把他的脸衬托得晦暗不明，一吐一吸间烟已经燃到指缝，老张知道这就是独处时光的末尾了。他垂着眼睑迈出车门散了散味道，心刚刚平静又开始烦躁，他知道不能流连太久，只能拖沓着步伐缓慢地往家走去。

老张不愿意回家。三十多岁的年纪，小张变成了老张，已经呈现出了被生活压得不堪重负的颓态。工作场上不如意，家里的事情也忙得一团乱麻，回家也是无尽的痛苦。都说七年之痒，何况老张结婚已有十年，如果说大学时期的恋情总带有朦胧滤镜的鲜活色彩，十年婚姻，曾经面若桃花的恋人也足够成为眼中的白米饭和蚊子血了。已经过了饭点，老张停在门前，一摸口袋，却没带钥匙。他深吸了一口气，把冷空气吸到肺里冷却一腔烦躁，屈指开始敲门。

门缝倾泻出一丝灯光，露出半张妻子略带愠怒的脸庞。

“怎么这么晚回家？饭都凉了，我给你热一热。”

老张这才想起今天没有给妻子发信息，然而为了逃避回家吃晚饭，他已经在外面吃过了。他拦住妻子，声音干巴巴地说：“你别去了，我在外面吃过了。”

“你怎么不早说，我特意给你留了饭，没吃就扔多浪费啊……”

习惯了这种数落，老张早就学会了左耳进右耳出。

这时妻子突然凑近，鼻翼翕动捕捉到空气里尚未完全褪去的气味，眉峰紧蹙，脸色开始发青：“你抽烟了是吧？”

果不其然，现场变成了面红耳赤的暴风骤雨，唇枪对舌剑，针尖对麦芒，刺得彼此两败俱伤。老张本来就没什么耐心，一顿消耗他已经在怒火爆发的边缘。他往妻子身后看去，目光投向橱柜上的玩偶——好几年了，那是他刚和妻子在一起的时候送她的礼物。玩偶右心房上有个类似于钥匙的发条，转动起来栩栩如生，当时两人悸动不已，现在他望着眼前妻子这张气闷的脸却觉得曾经的快乐面目全非。两种印象重叠对比，他再也难以忍受，冷冰冰地甩下一句“我们都冷静冷静”，便逃也似的冲出了关押他的冠以“婚姻”的牢笼。

他又一次回到了自己的车里，仿佛这才是家，一个能包容他的真正的家，对他而言，爱已经是一个高消耗品。他把脑袋置于方向盘上，喘气的声音嘶哑而干涩，急躁、烦恼等混乱情绪交织在一起，勒住他的脖颈，缓缓收紧，要将他窒息。他在车里休整了许久才准备回家去面对自己留下的一堆烂摊子。他打开手机，看见无数个未接电话，全是妻子打来的，回拨过去，对面传来一个冰冷的机械女声，“您拨打的电话正在通话中，请稍后再拨”，转而自动挂断了电话。此时一个电话打过来，老张接通，刚从嗓子里挤出一个语气词，就被对面急促的声音制止了：“你是这个手机的家属吗？”

老张不知道是怎么到达的小区门口的那条马路。多么熟悉，走过去多么快，老张却第一次感觉到去的过程中没有尽头。妻子躺在一片血泊里，是她自己的血，一碰，胸腔空落落的，老张不可置信地在她心脏处发现了一个类似于锁孔的空洞，那里是汩汩流血的源头。用钥匙去堵住血是不是？他开始搜寻身上的所有钥匙，一一比对，从车钥匙一直到手里突然出现的金属条，没有一个适合妻子心口上的锁孔形状。老张呆望着那个如深渊般的空洞，猝然发现它和自己家的家门钥匙是完全契合的。

但他没有带。

玩偶！他突然意识到猝然出现在自己掌心里的金属原来是玩偶的发条，老张心里开始发毛发寒，如今妻子破碎了，那发条还有什么用？玩偶又有什么用！

错了，错了，本末倒置了！老张猛然惊醒。

直到回过神的时候，他才后知后觉地发现自己满脸热泪，原来是场梦，他刚刚躺在沙发上睡着了。妻子在拖地，她看起来很好，料想自己身上的毛毯也是她悄无声息给盖上的，衣裙上也丝毫没有方才惊心动魄的血痕。老张把玩偶拿过来贴了贴胸口，放在膝盖上，再三检查它的右心房。完整的，没有破碎，发条也好好地在插销里，一转动，又一次恢复了活泼的生机。

一种幸福的感觉时隔多年终于再次涌回了老张的胸腔，陌生而熟悉，疼痛又甜蜜，唤醒了尘封的家长里短的爱意，他整颗心都酸软了。他把家门钥匙和车钥匙挂在一起，使它们不再分离。

老张想，学会重新去爱吧，他也应该去戒烟了。

指导教师：李敏

本文获第十九届决赛一等奖

点 评

关于婚姻感情的著名论断莫过于钱锺书先生的“围城”，而每个人都有自己的破城之法。在老张的心里，曾经种下过美好的爱情种子，那是他和妻子大学里的爱情，青春里的感动，是一个人把心托付给另一个人的甜美与笃定。这一切可能会被“围困”在琐碎、乏味、抱怨、争吵的日常之“城”中，甚至似乎会被掩埋，但是这一切却能因为一个动作、一个画面、一次经历而重新焕发出光彩，日久恒馨，因为心里早已种下过爱情的种子。所以，看好你曾经在心里种下的那粒种子，用心呵护它，让它在时间里开出美丽的花。

（尤立增 特级教师）

春雨无声润心田

□ 山东省蒙阴第一中学　伊若冰

听，是什么敲打窗棂？“滴答、滴答……”分外清脆，无比动听。噢，是雨，是春雨，是润物无声的春雨。倾听那美妙的落雨声，飞溅的雨花仿佛是琴弦上跳动的音符，落雨形成的美妙乐音，使我的心灵得到升华。我端坐于书桌前，静静地听着窗外的欢乐，不由得内心荡漾起来，同雨滴一同起舞。随着雨声浮想联翩，思接十几载。

这天穹的细雨，无声无息地降落在这世间，毫无保留、毫无怨言地滋润着万物。带着她无私的爱，用她柔和而光亮的雨珠润入万物的心田。她唤醒了世间沉睡着的种子，唤醒了各种各样的小生灵，唤醒了休眠了一冬的麦田……连枯萎的草儿也探出了头，柳树儿也抽出了柳条，迎春花儿也笑弯了眼。这样的无私奉献，谁都会赞叹！

岁月流逝中，落花无意，细雨有情，还有谁像这细雨般呢？是母亲。小学时的我，在雨中偷偷用手去拨弄花瓣上的雨珠，浅绿色的花伞出现在我的头顶，母亲没有埋怨我淋湿衣服，而是微笑着轻轻握着我的手一起触摸那晶莹剔透的雨珠，感受自然的美好；蒙蒙细雨中我攀上暮春的桃树，采下将败的桃花，洒下了一片一片的花瓣雨，母亲没有埋怨我爬上了高高的桃树，而是微笑着在细雨中伸出双手轻轻地接着一片片美丽的花瓣，空气里散发着醉人的温馨。微微细雨中涌入眼里的是融融的暖意，这一切的点点滴滴，时常浮现在我脑海，勾起我美好的童年回忆。母爱以润物无声的细腻陪伴在我身边，令我毫无压力，幸福永驻。这般无声的爱，如同这无声的绵绵细雨，会滋润我愉悦地走向未来。

“滴答、滴答……”雨滴敲打着校医务室的窗棂，在那场春雨中，我坐在靠窗子的排椅上打着点滴，独自一人。初中时期学习压力大，住校后，我的体质越来越差。这一天，我又生病了，百无聊赖，隔着窗户，听着一串串雨滴落在屋顶、房檐……每一滴雨都是如此的悲伤，使人不禁在心田的某个角落留下伤感的泪痕。悲伤的雨滴，好像有诉不完的愁绪，令人极自然地想起李清照的词“梧桐更兼细雨，到黄昏、点点滴滴”。我的心绪与这绵绵细雨交织融汇在一起，落寞的情绪一下子溢满了心头，空气中顿时多了几分惆怅。

“滴答、滴答……”雨滴敲打着行人的雨伞，雨伞汇成了五颜六色的花朵，突然一朵蓝色的花朵停留在医务室的门口，雨水顺着雨伞的四角细细地流着，伞下的一双眼睛是那么的熟悉，原来是母亲来学校看我了。看来是我好心的班主任告诉了她。我承认班主任很贴心，但对生病时的我来说，母爱如密密麻麻的春雨，虽绵软但更细如针，敲在心上带来更多的压抑与烦闷，让我承受不起。我承认我是叛逆的，越来越厌倦母亲絮絮的叮嘱，越来越渴望挣脱母亲的双手，我一直想尽办法和母亲抗衡，守护那片让我自由呼吸的天空。

母亲焦虑地走进来，带着一身湿气，她额前的刘海也被春雨打湿了，一绺一绺散乱地贴在额头上。雨伞还未来得及收她就开始唠叨，问我怎么又发烧了，还需要她去拿药吗。

“天冷了不能因为爱美就穿得单薄……”本就头疼的我越发难受，刚想打断母亲喋喋不休的唠叨，就听见旁边的女生发出了轻轻的叹息：“有妈妈关心真好。”我不禁扭过头去，看她眼眶有些湿润，突然想起同桌曾和我说过，她的父母离婚后，母亲外出打工只有过年才回来看她。看着她通红的眼眶，病中的我心有戚戚然。母亲听后满脸感伤，不知她的脸上是雨水还是泪水。我不自觉地望向母亲，发现母亲的鬓角早已被岁月悄无声息地染成了白色，她的身形因常年辛苦劳作已单薄得像一个影子。“妈妈。”我轻轻喊了一声。母亲快速地坐到了我的身旁，我依偎在她的怀中。

我小声地和母亲说对不起，母亲摸着我的头，笑着说：“你永远是我的小棉袄。”有母爱的感觉真好，幸福感溢满心间。幸福总能让人平静，如细雨般静静流着，流入我烦躁的灵魂、不安的心，我的心田由此春暖花开。

“滴答、滴答……”雨滴敲打着卧室的窗棂。远望，那雨飘洒着从天而降，落到屋顶，顺着屋檐飘落到树枝上。我依稀听到树叶从蜷曲到伸展，一片片叶子舒展开来。在那场春雨中，我住在租住的小屋内，母亲陪读，理由是高中学习太苦、太累了。我听着绵绵的春雨，思绪慢慢流淌。厨房里传来轻微的锅碗瓢盆相撞的声音，那是母亲在为我准备早饭，清香的小米粥、原味紫薯馒头、葱花炒鸡蛋……每天都元气满满的我，在母亲温柔的目送下，融入了微微春雨中。在母爱的滋润下，我浑身充满了力量，奔跑在人生路上。

暮色四合，侧耳倾听，那雨声如和风吹过小草的欢畅，如月夜的微风轻抚荷塘，有节奏，有强弱，时慢时快。青草的香味伴着泥土的欢愉汇成了美丽的小夜曲。橘黄色的灯光中，我在认真地温习功课，两个小时一动未动；母亲在看报纸，静静地阅读，两个小时也一动未动，没有翻阅报纸的声音，没有半点儿声响。母亲润物细无声的陪伴，如细雨般给予了我温暖而坚定的前行力量。

细雨密密斜织在屋檐瓦角，传来轻微的“滴答”声。这似有似无的雨声，在我心中奏出一首悠柔婉约的、自然而平静的乐曲。暖暖的橘黄色的灯光中，我平静地迎来了十七岁的一抹希望——成人，成材。此时此刻，我要如绵绵细雨缓缓滴落般，不着急开花，不只求片刻灿烂而忘记散发幽香；不厌倦烦闷而漫长的等待，执着的心如同细雨滋润万物，无声而有力。终有一天，我会守得生命的花开，因为在我身后有绵长而细腻的母爱供给养分，待我储蓄足够的营养后，成功的花儿就会在绵绵细雨中灿烂开放。

细雨还在滴落，我依然端坐在书桌前，捧着母亲送来的热牛奶，感受着杯子传来的温度。一股暖流混合着雨声流入了心间，充盈着心田，温暖了身心。

指导教师：杨文军

本文获第十八届初赛一等奖

点　评

文贵情真，本文以润物无声的春雨贯穿全文，用时空转换的方式写作者在暖暖的母爱陪伴下成长，描绘了一个个温馨的瞬间，如母亲“微笑着轻轻握着我的手一起触摸那晶莹剔透的雨珠，感受自然的美好”；展现了一幕幕暖心的场景，如母亲“微笑着在细雨中伸出双手轻轻地接着一片片美丽的花瓣，空气里散发着醉人的温馨”。情感细腻深沉，文笔舒缓流畅，语言纯美干净。母爱如绵绵的细雨滋润着作者的心田，文章也如潺潺的小溪流过读者的心田。

（蒋成峰 大学教授）

钥 匙

□ 山东省聊城第一中学　李泽坤

秋日本就肃杀，许是不愿看树叶一片片落下，抑或是不想再忍受苦寒的冬天，姥姥在这个初秋离开了人世，把最后的记忆留给了热烈的盛夏。

她走后三天，妈妈不忍尚未成年的我去那些哭声一片的场合，便在电话里嘱托我去姥姥家里看看。虽说姥姥搬完之后的家，离我家也不过一个路口的距离，去一趟不过是走几步的事，但我心中却对进入过世之人的房子有些抵触，又想起自己手中并没有姥姥家的钥匙，便以此为理由想要推脱。可手机里传来妈妈哽咽又带有疑惑的声音："钥匙？你姥姥给咱留的钥匙不是一直在脚垫下压着呢吗？"

妈妈的话勾起了我脑中角落处的回忆。似乎还是在两年前，姥姥刚搬到我家附近来住，房子一共有三把钥匙，一把她自己随身带着，一把锁进了柜子里备用，而剩下这一把，便是专门给我和妈妈留下的。她害怕我和妈妈想来时她正在睡觉或恰巧不在，又担心妈妈会觉得兜里再装这么一把钥匙实在麻烦，就把这把钥匙放在了门口的脚垫下，让我们可以随时拿出来开门。只是我的学业太重又鲜有假期，很少会独自来这里，且来时也一般是由在楼下乘凉聊天的姥姥领上来，和妈妈一起来时开门这种事也不用我操心，时间长了，也就忘了钥匙这回事了。

心中升起的愧疚感让我应允了妈妈的嘱托。

来到姥姥家，我弯腰从脚垫下拿出钥匙，钥匙上落着灰，让人分不清是沾染的地上的灰尘，还是许久没人取出而落下的寂寞。面前的铁门此刻对我来说竟有些陌生了，我霎时感到了迎面而来的压迫感，这压迫感不同于对生离死别的恐惧，而是来源于我不敢面对门背后的事物。我只得大口大口地喘着气，手略微颤抖着把钥匙插进孔中，左右试了几次，才听到"咔哒"一声——门开了。

我轻轻走进房内，把门带上，一切仿佛都还是记忆里的样子。玄关处摆着整齐的鞋，小沙发扶手处放着茶杯，床上叠着整齐的被子，阳台上摆着一盆盆的花，厨房里放着我爱吃的小零食。我看着那一大袋零食，有年前买的，我前几次来时吃过几袋，剩下的都已经或将要过期了，也有前段时间刚买的，我还没有吃过。房子里依旧是熟悉的设施，熟悉的摆放，可我知道一切都不一样了。比如说，一向爱干净的姥姥每天都要扫地拖地，可现在地面上已落了些灰尘；玄关处的鞋少了她最爱的那一双，正中间处空空荡荡的；小沙发扶手处的茶杯里的水，凉了以后便再也没有续过；床上的被子再也没有裹住她胖胖的身体，外边阳光这么好也没有铺开晒；阳台上的花许久没有浇灌，爱花的姥姥怎么忍心看到自己花费心血栽种的植物就这么枯萎。我没能看到那个一见到我就展开笑脸、放下手中的针线活儿朝我走来的身影，无法听到她问我一句“今天想吃啥好吃的，姥姥给你做”。

或许在这间房子里，也只有厨房里的小零食没有变，但它没能等到要等的人。

我拿出一包零食，坐在小沙发上一言不发地吃着，又恍然抬头看到了茶几上的小台历。台历还停留在上个月份，我看到六号那里有姥姥用已经不怎么出油的笔画的一个圈，这是什么意思？拿过台历往前翻看，发现每个月份都有或多或少的画着圈的日子，有的是一个圈，有的是两个圈，一个圈的数目要比两个圈的数目多很多。画着两个圈的最近的日子是上上个月的十四号，我竭力回想那一天可曾发生过什么，在恍然大悟之间不由得一阵战栗——那是我和妈妈最近一次一起来看姥姥的时间。

手不禁发软，手中的钥匙兀地掉到了地上，在空荡的房子里显得异常刺耳，我没去捡起它，而是颤抖着继续看着台历。如果说两个圈是我们一起来的日子，那么这些单圈，就是妈妈自己来看姥姥的时候吧？在我不小心遗忘掉姥姥的日子里，妈妈总是独自给姥姥带来她所一直向往的春天。单双圈数量的差异让我顿时感觉到无比羞愧，原来自己所遗忘的，不只是那扇铁门的钥匙，还有通向姥姥心门的钥匙。

不由得想到小时候在她家住过的日子，她曾无数次守护着我的梦，又把自己的疲惫隐藏得天衣无缝，留给我的永远都是温暖可依靠的背影，还有和蔼与憨厚的笑容。人们常用太阳来象征温暖与幸福，在我眼中，太阳的光芒就只如一寸，短暂与永恒也只在一念，可她却像月亮一般，爱了我一轮又一轮，历经圆缺。这么多年来，我们这些后辈似乎都习惯了在春天熙熙攘攘地围着她成环，从她身上感知年与家的味道，却又在秋天随着迁徙的大雁散落纷飞，留下她一个人经历冬日的风雪。可春去秋来，岁月流逝，她就这么孤零零地守在循环的起点盼了又盼，为我们积攒着长风吹来便能连天的爱。

我捡起地上的钥匙，轻轻地拭去上边的薄尘。还是晚了些，我发现这把钥匙还是晚了些，它能打开面前的这扇铁门，却再也无法让我看到门里那个满头白发的老人笑着的模样。世人都说钥匙是桥梁，能够联通门外和门内的世界，也能连接两个人之间的距离，可我遗失这把钥匙太久了，久到我只能在重新找到它后，感受它仅有的一丝余温。

离开姥姥家时,已是傍晚,我没有再把钥匙放回脚垫下,而是和我家的钥匙串在了一起,仿佛这样就能找回我没能陪伴她的时光,把我们紧紧相连。身后亮起的串串灯火中,必定也燃着我们的思念与牵挂,年复一年,永不熄灭。

腰间的钥匙随着风声叮当作响,向我传达着姥姥对我最后的挂念。

指导教师:王晓慧

本文获第十九届决赛一等奖

点 评

钥匙的背后是姥姥浓重的爱,也是因“我”们的“薄情”,留给姥姥的凄清感伤。作者用电影镜头一般的方式,给我们展开了几组明暗画面的对比:“我”对逝者房间的抗拒——暗,姥姥房间一如往常的陈设和盼孙来的零食——明;“我”寥寥数次的看望,儿孙的不常付出——暗,一家人在春天围坐在姥姥身旁,索取年味——明;布满灰尘的冰冷的钥匙——暗,“我”把钥匙和自己家的钥匙放在一起,代表对姥姥的思念——明。本文没有华丽的辞藻,也没有刻意煽情,但正是一个一个细节的描绘、心情的述说,更能打动人心。

(尤立增 特级教师)

赌 约

□ 黑龙江省哈尔滨市第三中学 王旭

清晨，小区内，全副武装的志愿者正在各个居民楼间巡逻，消杀设备嗡嗡的轰鸣声震耳欲聋。

“咚咚咚……”

一阵敲门声收回了他游离的目光。

“您好，做核酸。”

“嗯……啾！”

每早一次的核酸检测已成了他的日常。忍受着胃部的翻江倒海，他不禁问了一句：“哥们儿，咱这小区啥时候能解封啊？”

“不知道，等通知吧！”两个“大白”扔下一句话，就匆匆下楼了。

也许是长时间的等待让他有些焦躁，关门前他忍不住抱怨道：“等等等，让老子等到啥时是个头？”说完，他烦躁地摔上门。而此时，如同是一种呼应，很快类似的抱怨接踵而至，伴随着楼上醉汉的咒骂声、隔壁孩子的哭闹声、楼下机器的轰鸣声，以及大喇叭里的动员声，混杂在楼道间，搅成了一团恼人的喧嚣。

他早已习惯了这喧嚣，百无聊赖地窝在沙发里刷着手机，眼见新增确诊病例只增不减而评论区的“加油”“挺住”日益消减，耳边电视仍然努力地循环：“疫情之下，我们要守望相助，一同打赢这场疫情防控阻击战……”

一时间，他很想笑，很想嘲笑，更想吐槽。

于是，他点开“铁哥们儿”微信群，抛出一句：“这疫情还有个头不？”短短一句，一石激起千层浪。“叮叮叮”，几条信息很快刷了屏。

“可不是，我真是一天都待不下去了。”

“这一天天圈着，好人也要憋出病来了！”

…………

突然，他发现，在这一片“和谐”的吐槽中，有一条信息格外扎眼。

“兄弟们，这个时候，只要我们心齐、不添乱，总会过去的！”

好家伙，是谁这么“乐观”？他定睛一看，原来是阿凯——一个周末驻扎在社区，朋友圈全是社会鸡汤文的“疯子”。阿凯的言论经常成为群里的吐槽焦点，即使每次他都会认真地争辩。

一看是阿凯，他的兴致马上高涨了，顺嘴怼了一句：“这疫情反反复复，再凝聚的人心，怕也散咯！”

而这次，阿凯却没有马上反击。

两三分钟后。“叮叮”两声，他看到阿凯在业主群和“铁哥们儿”群同步了一条信息：

“社区通知：今天下午五点半，社区大合唱《团结就是力量》，请大家积极参与，为抗疫加油鼓劲！”

紧接着阿凯又在“铁哥们儿”群里，追加了一条：

“我们来赌一把，今晚五点半大合唱，心齐不齐，口说无凭，自见分晓！”

阿凯的这波操作真的让他始料未及。

疯子，他心里嘀咕着，这光景，谁还有闲心唱歌，有病！

不过，阿凯的话成功燃起了他沉寂已久的斗志，于是他回应道：“没问题，拿什么赌？”

“你输了就来做志愿者吧！”

“要是你输了呢？”

“我不会输。”

有意思，他没想到今天的阿凯显得格外执着。

“你输了，包我一个月的午饭！”他心中窃喜，这次胜券在握，必须狠宰。

“没问题！”阿凯爽快地答应了。

虽说，胜券手中握，但是整整一下午，他总是不时打开手机，而第一件事就是打开业主群，看到空荡荡的对话框才安心放下。就这样一直熬到了下午五点整。胜利在望，他已经开始在心里拟定下一周的菜单了。

“叮叮”！一声提示音把他猛地拉回现实，他看到了一句“我加入”不合时宜地出现在了业主群。刚开始他还在安慰自己：“还好还好，就一个而已！”

但是，接下来的事情，完全超出了他的预期。

“叮叮”“叮叮”“叮叮”……

他开始对自己的论断产生了怀疑。

太阳逐渐沉没在楼宇之间，离约定的时间越来越近了。小区群里响应的人慢慢减少了，他舒了口气，放下手机，“也不过一半的人，成不了气候。”

手机上，时间跳到五点二十九分。

还有一分钟，他来到窗前，内心突然忐忑，似乎少了些底气。

五点三十分，窗前，小区里一个熟悉的声音准时响起："团结就是力量……"

紧接着，一个、两个、三个……慢慢地，他已经没有办法听清歌声的来源，只记得那晚他哑了嗓子。

在后来的新闻视频中，他看到几个小伙子打开窗户，探出身子，在他们目光相触的那一刻，歌声响起，他感觉胸口似乎有一块巨石陡然落下。在越来越嘹亮的歌声中，他头脑中闪现出疫情前和兄弟们的最后一次聚餐、最后一次约饭……

他的声音越来越大，心底里也开始重新期待，期待疫情早日结束，甚至期待这一次他也能做些什么……

他的声音越来越大，他知道这场赌局他彻底失败了。

但他却丝毫没有落败者的沮丧。恰恰相反，随着合唱队伍越来越庞大，尽管音色各异，但他却在声音中听到了一些共同的东西，人们为之命名：希望。它赋予了声音以人的感性与温度，不断传播，温暖了北方冬天寒冷的夜晚。

指导教师：郑百艺

本文荣获第十九届初赛一等奖

点 评

新冠肺炎疫情深刻地改变了我们这个世界，也影响到每一个人的生活。它无疑是我们这个时代最重大的、也最沉重的话题，围绕这一题材写多少作品都不为过。这篇文章写了一群因疫情被隔离在家的人。虽然表面上大家对防疫措施有些不满和牢骚，甚至会鄙夷、嘲笑那些心态积极的人，但实际上，绝大多数人的心里却都潜藏着一股积极的力量。在一定的条件下，这些力量就会被激发出来，汇成浩浩洪流。这个立意是非常高的，很真切地反映了当今中国社会一种真实状况。作者的观察和描述非常细致，尤其是所切入的角度比较新鲜，用一个似乎是玩笑的"赌约"来折射两种看起来矛盾的心理。作者有很好的语言功底，人物对话很真实，也很有个性，尤其是能让每一句话都有用处，而且有内涵、有味道。这一点很不容易，非常值得学习。

（蒋成峰 大学教授）

熬一碗醇情

□ 浙江省乐清中学　朱家源

我们家从前都爱喝粥，祖母也爱熬粥。

“孩子们都不爱喝粥啦。”祖母现在总这样喃喃道。

看着餐桌上寡淡的白粥和几碟小菜，我一如往常地抱怨道：“怎么又喝粥啊，我点了外卖，不要再熬这些了。”

祖母只用方言说了几句外卖又贵又不健康，便一个人蜷在桌边喝她热了又冷，冷了又热的粥。她每天都熬一家人的粥，总一个人从早喝到晚，反复加热才喝完，怎么也不听劝。

餐桌上酥脆的炸肉和各式的小食每天都在变，可祖母总守着桌边的一隅，津津有味地喝她的白粥：“粥是最好喝的啊！”

“孩子们都不爱喝粥啦。”洗碗时，她喃喃的低语随水声流走，没有人听到。

一日午后，我忽然胃中隐隐不适。祖母见状，忙趿拉着拖鞋小跑到灶台锅边，还没等我拒绝，便已经开始为我热粥。

边热边又开始讲，父亲小时候肚子疼，她总熬粥，喝一碗便好了。我本想回驳她粥又不是药，能治什么病，却又想着老人家总爱回忆些往事，终是没说出口。祖母总爱讲些粥的故事，虽然没人理睬她。她也不知是在和谁说话，只是一个人津津乐道。

粥一热好，她便用双手把碗捧到我面前，期待地看着我。

“说了多少遍，碗太烫就用夹碗的夹子，怎么还是非得用手。您别看着我，忙您的去吧。”

“那夹子有什么好用，什么夹子有我的手端得稳。熬粥多了，手上茧多不怕烫。”语罢，她便去拿了针线盒在我身边坐下。

虽说是去忙针线活儿，祖母的双眼却还是偷偷瞥着我。我发现她盯着我喝粥，却也假装没看见，眼睛看向别处。

傍晚的暖阳洒在粥上，粥里的水雾腾腾地向上升着，在阳光中滚得金黄。粥中的米饱满烂熟，绽开几道小缝，粥水稠稠的，光滑剔透，匀称清润。

定睛看了好久，才发现，我是好久没有喝粥了。

舀了一小勺，醇厚的米汤散发着熬熟的暖暖的米香。滚烫下肚，全身都温热了。说不上是什么味道，却是别有一番滋味。

心中缓缓荡漾起一种说不出的感觉，像是沉甸甸的稳稳的欣喜与满足。上次有这种感觉，好像是儿时喝粥时吧，但那时好像轻松些，现在回味起来添了几分厚重。

“这碗粥，很好喝。”我小声说道。

“你小时候最爱喝粥，每天就要喝粥，炒饭啊炒面啊都不吃……”祖母一听我说这话，便眉眼含笑地开始絮絮叨叨起来。

“这粥啊，要熬很久，把米都熬透，把香都熬出来，把汤熬稠……这才好喝哩！不像你那些外卖，瞎炒一通，吃多了又不健康……现在小孩却都不爱喝粥了，也都忙，没时间去慢慢熬……”祖母又用方言碎碎地念着，一会儿像是与我说，一会儿又像是与自己说。

品味着米粥醇醇的、厚厚的味道，我也忽然觉得其他五颜六色的零食失了几分滋味，酥脆的油炸食品少了几分细腻，轻浮的甜品少了几分甘醇与厚重。这粥，却是恰好的，醇厚又不沉重，甘甜又不发腻，温润不辣口。

在一个暖暖的午后，慢慢地喝一碗粥，我好像回到了祖母念着的“从前”。在她的从前里，有故乡，有故人，有故事，有一种回不来的、简单的、慢慢的生活。

从前的情感，醇厚而安稳。每天的生活，都像是在慢慢熬一碗粥，褪去了浮躁，褪去了紧绷，褪去了小心翼翼，用时光去沉淀。不需要太多佐料，一碗白粥中也熬进了百味。

而如今，每个人都行色匆匆。太匆忙了，甚至来不及熬一碗粥。也许很多人每天灯红酒绿，生活五光十色，餐桌上有美味佳肴。却很少有人能静静地享受慢慢的、从容的幸福。

行色匆匆中，人们忘记了从前，把放松等同于宣泄。

“孩子们都不爱喝粥啦。”

好像人们都忘记了，怎样在沉静的时光中，慢慢熬制醇厚的生活。

只有祖母一人，给自己留下了一隅，反复讲述着没人听的故事，反复熬着那一碗醇情，熬着缓慢的时光。一个人更能在耐心中，在沉静的凝固的片刻里，触摸到那份现世安稳。缓慢中熬得出悠长，简单中熬得出厚重。不需要佐料，一碗白粥中也能熬出人生百味。

指导教师：周乐平

本文获第十八届决赛特等奖

点　评

这篇文章选了一个比较新鲜的角度，写老一代和年轻人之间生活态度的不同。老祖母喜欢熬粥、喜欢喝粥，反映了老一辈人所坚守的本真、单纯的生活；“我”喜欢的外卖、炸肉，反映了年轻人所追求的快捷、新潮的生活方式。文章的主旨在于揭示前者才是生活该有的样子，而年轻人也总归会发现粥中安稳、醇厚的味道值得珍惜。文章的表达显示出作者具有很高的语言素养，总能在看似不经意的叙述中展现人物的个性，语言生动传神。当然，由于时间的限制，文章整体故事情节的设置稍显生硬。

（蒋成峰　大学教授）

第四辑

且把夏日的心情酿成酒

将熟未熟的果子，
悬而未决的心情，
时间都会给出答案。

嘿，看这儿

□ 辽宁省义县高级中学　张欣彤

“嘿，说你呢，看这儿！”

老王扫视人群的眼神一顿，慢条斯理的声音陡然拔高了几度，他边说边用指尖把黑板敲得咣咣作响，连着上面的粉笔灰扑簌簌落下一小层。

我回头去看，最后一排那个人高马大的男生正费力地把头从桌子上拔起来，眯着眼睛和老王对视，眼神绝对迷茫。

老王用指节敲了敲黑板边，似笑非笑地看着男生，男生此刻终于清醒，挠挠头，认命地站到了黑板旁。

老王于是满意了，点点头又转过身点点黑板，道：“看这儿。”

大家好不容易挨到下课。值日生擦黑板，突然喊得超级大声：“三个！”语气惊喜得不亚于哥伦布发现新大陆。

我们都挤挤挨挨地凑上前去，探着脑袋看，啧啧称奇。

“你说老王这手劲儿得有多大？”

“不知道，不敢试。”

“哎呀，咱班这黑板为老王付出多少。”

“‘我对你付出的青春那么多年’？”

…………

可能是敲黑板实在敲出了名，其他老师上课时总要摸一摸黑板，然后问：“王老师这次又敲了几个？”

老王有时自己也会发现，敲完后轻轻将指尖从上面扫过，貌似也在反思手劲儿问题，可下次依旧照敲不误，边敲边喊出那句经典台词：“嘿，看这儿！”

便是改不了了。

老王是我们初中班主任，明明教数学，却斯文得像个语文老师，敲起黑板来又秒变体育老师。我们倒是接受起来心态良好，只是苦了我们班的黑板。老王某次乐呵呵地拍拍黑板:“你们擦黑板可得擦干净点儿,这可是我的‘老战友’啊!”我们就着反光看他自己在“老战友”身上留下的一片坑,然后笑作一团,老王拍拍脑袋,也乐起来。

“老战友”陪他“出生入死”,他总归改不了在“老战友”身上留坑的习惯。

老王就这样敲着黑板,把一批又一批的学生送入了理想的高中。

老王原以为自己能敲着黑板退休,他常在闲聊时给我们看他手上敲黑板敲出的茧子,然后长叹一声,带着几分满足:“等送走你们这届,这两只手都能退休了。”

离老王退休只剩半年时,教室里换上了多媒体黑板。

“不禁敲,不禁敲。”安装师傅特意叮嘱。

换完黑板上的第一节课就属于老王,我们还是第一次见到他如此局促。手反复抬起落下,话到嘴边又不知要说些什么,举手投足间茫然又无措。

新黑板确实好看。可能还有些反光吧,老王站在黑板前,头上的银白有点儿刺眼,是,这黑板确实反光。

那节课全班同学听得无比认真,老王目光扫了几圈儿,后来便只顾讲课。

“换了挺好,换了你们能看得更清楚点儿。”下课前,老王自己念念叨叨。

我们都不再提黑板问题,只是上课开小差的人少了太多太多。我们也要中考了。

老王依旧讲他的课,依旧文雅得像个语文老师,就是背好像微微驼了些,偶尔手会突然顿住,然后慢慢放下去。

“该退休了,都是‘糟粕’了。”他向其他老师这样开着玩笑。

没人能阻挡时间,老王备好了我们和他的最后一节课。

新黑板啊。我们在黑板上留言时只这么想。

老王夹着书进来了,语言有力,声音洪亮,一如少年般意气风发。

“上课!”

“老师好!”

老王错愕地看向我们,我们依旧深深弯着腰。

我偷偷瞄了眼,只见一颗一闪而过的晶莹。

老王于是眯起眼睛,很轻很轻,但坚定得不容置疑地敲了敲黑板,气沉丹田:“嘿,看这儿!”

几片粉笔屑掉了下去,如残雪未消。

指导教师:李娜

本文获第十八届决赛特等奖

点 评

本文通过“黑板”二字，精心构建起三重变迁：第一重是黑板材质的变迁，从实体黑板变成多媒体黑板；第二重是老王年龄的变迁，从敲黑板时的力道到微驼的背；而真正导致老王这种变化的，正是第三重变迁——以老王为代表的老一辈教师们在面对教学手段革新时所产生的不适应。而这三重变迁之中，渗透着一层不变，即老王对同学们的深情从未变过。这也正是老王们自始至终沉迷在这块以黑板为中心的方寸之地的缘由。本文语言自然流畅，真实可感，叙事不动声色却含意深刻，有些描写用语还不够准确，需要作者进一步提高。

（厉周吉 作家）

秋　落

□ 山东省莱山第一中学　赵露萍

我们是否知道，自己所守护的执迷不悟正在一点点地流失，像秋日傍晚新落的树叶。秋落充满遗憾也是结局，我们不曾看见落叶从枝头到达地面的孤独与落寞。

青春的关键词是光芒万丈的红日，抑或是求之不得的爱和时光不再的遗憾。

徘徊在起点与终点之间，我辨不清方向，所以不敢走下去。一丝凉意拂过，才发现已是叶落的季节，缓缓回过头来，望着那已腐烂的枯叶，想起那时和你在铺满落叶的小路上谈着未来与梦想，在微微秋风下互相救赎。

阳春三月，万物复苏。春去秋来，又是一场浪漫与遗憾。

一次课间我收到了你给我的明信片，薄薄的一张白色卡片，背景印染的满是落叶，仿佛落叶是你的代名词。卡上有一行娟秀的笔迹：小琳，盛秋了我们去看枫林吧。句子结尾特意用红色的水笔画了一片枫叶，让我欣喜好久。

回想起来，那天傍晚天色已经暗了下去，路上没有什么人。枫林就在离我们两米远的路灯下，一群飞蛾从四面八方朝着淡黄色的光源飞过来，然后成群结队、劈里啪啦地撞在了灯罩上。两眼放光的我早已迫不及待地跑到枫树林中，你就在对面静静地望着星星，一阵风吹乱了你的头发，你才意识到我已经跑过去了，回过头来朝我傻傻地笑了笑。后来漫步在枫林中，我们一起倾听着风的声音，感受着盛秋。

春在灼烧，日暮时也仍未灭掉，熏风揉碎晚间缠绕在树干上的干瘪秋蝉。秋来秋落，整座城被浸没在缄默与暗淡中。或许我言秋日胜春朝，偶尔有一两声欢呼剪碎良夜，或是几尾鱼醒来弄皱了倒映在海中的天空。那是祈祷，为当今盛世的平和祝愿。

“所爱隔山海，山海不可平”，赤道的温度从未融化乞力马扎罗的雪，朋友不甘、爱人不敢。让事情结束在那个秋天，错过是短暂的遗憾也是不甘。

秋季的一天我在看景，不知是黄叶舞秋风，还是秋风舞黄叶。看着看着又乱了。失落是波澜不惊、渐行渐远到销声匿迹。记得在中秋他喜欢上了隔壁班的一个女孩，他和我说起这件事情的时候，他那双褐色的瞳孔里充满了欢乐的笑意。他就坐在我旁边的位置，临近着窗户，脑袋埋没在题海中。窗外下起了秋雨，滴滴答答的爱意渐消，树上淅淅沥沥地掉落了几片枯叶。

时间纷繁于我惊不起了的波澜，春去秋来多少遍，枫叶飘落了几片。

我望着天空，长长地伸了一个懒腰，MP3 播放器里放着曲目《鱼》。又是一阵秋风吹来，头脑顿时清醒了许多，我才突然意识到我们的过往就像那凋零的秋叶一样随风而去了。回头看看那些被风吹远的枯叶，思绪也随它们回到了初中，脑海中浮现出初中生活的点点滴滴。

初中四年从初一的懵懵懂懂到初四的迷茫与奋斗拼搏，经历了许多春夏秋冬，让我欣喜的依然是秋天。喜爱秋天的天高云淡，喜爱“晴空一鹤排云上，便引诗情到碧霄”的壮阔。我吹过你吹过的晚风，感受过和你在一起的悲欢离合，穿过时间的缝隙，这瞬间的光景对你我而言既是不可忘记的青春，又是懵懂的青涩。

还要多远才能进入你的心，还要多久才能和你接近？虽秋落但冬暖，结束即开始。雨会停，天会晴，落叶也会复生？

暖暖的阳光透过红黄色的叶片缝隙散落在我们身上，每一个细胞都变得活跃起来，让人不禁感叹原来盛秋不止秋落。站在走廊的窗户旁，光影照映在他的脸庞上。我仿佛已经沦陷，脸颊上出现一抹绯红，当即低下了头思绪万千，似乎沉浸于温暖秋风拂面的喜悦与一起看秋日太阳升起的激动，无法自拔。

芸芸众生，每个人都在守护着自己的热爱，守护着自己的执迷不悟。

走在树下，花开花落缘去缘散，树早已没有了昔日的繁盛，地上的叶片越来越少，坚硬的树枝上已没了这遮风挡雨的叶片，我就知道秋落了，冬天要来临了。我轻轻地靠在树上，温柔地依恋。它身上沧桑的痕迹似乎在诉说着它已接受叶片的离去。

新叶亦老，留给大树的又是哀愁。

秋，它是季节走过的脚印，是岁月流逝的象征，是结束亦是开始。我心存希冀，痴想着秋风让落叶载着我的万水千山而来。躺在九月凉秋的草丛上，仰望星空，我们努力寻找着属于自己的星星，却看不见它在黑夜里发射微弱的亮光。故事终结就像南柯一梦，醒来只剩枯叶的骨骸。

富士山终留不住欲落的樱花，秋天的细腻终不会让过去失而复得。

黑暗席卷了天空，星月跌撞逃窜，与我的悲戚擦肩而过。夜色在放肆翻腾，我的哀思随淡漠的晚风游走人间。暮秋已经有了些凉意，那次相遇，本可以上前打个招呼的，却发现自己好没有勇气。不听使唤的双脚，死死地伫立在原地，不肯挪动半步，最终我只好选择默默低下了头，不敢动，连呼吸都不敢用力，直到他的身影渐渐远去。

生命予我们平淡，我们予它繁华；岁月予我们荒芜，我们予它锦绣；征途予我们刻薄，我们予它温柔；爱情予我们遗憾，我们予它永爱。我们曾不屈于离别，但从未点亮相恋的色彩。我们困顿于孤寂，却忘记了这一路缄默温馨的陪伴。我们之间，苍穹补，金乌逐，桃园开，生灵赎。

秋风吹满田野，路过人间烟火，沿着秋风方向，寻找我们留下的遗憾。残秋落叶意正浓，十月的秋风吹低了气温，也吹凉了欣喜，夹杂着落叶随风远去。

秋落冬来，年复年，叶因秋落，对你又何止秋落。

指导教师：牛麦燕

本文获第十九届初赛一等奖

点　评

刘勰在《文心雕龙》中说，人禀七情，应物斯感，感物咏志，莫非自然。本文以优美的语言，通过描写、叙述、抒情、议论，表达了作者青春之际的思绪、体悟、心境和认识，通篇充满向美、向善、向真的力量。语句长短有致、整散错落、文白相杂，间接抒情和直接抒情结合使用，多元修辞手法交替运用，这些使文章境界优美，诗意盎然，既蕴藉又奔放，读来颇具感染力。

（张宗涛 作家）

黑板留日月

□ 山东省诸城第一中学　吴雨桐

天下之事,莫不都有纵横尺度。擦黑板,亦然。其中道理文章,也算得上枝丫交错。从前,擦黑板主要用板擦,或木板硬毛,或薄壳软布。如各种兵器有各种用法,板擦也需要"区别对待":硬者易留刻板粗糙之痕,软者将生朦胧混沌之晕,故须前者顺势加力,后者徐徐施压,一刚一柔,堪称艺术。后来,配套拖把接替板擦,又成新宠。拖把杆长,易触讲台,驱使此物要巧辨角度,上下挪移。此外,不可习张旭风姿,化身墨客随心纵意,待水干后,黑板留下各色印记,如道路四通八达,使师者无从下笔;应心有矩规,一角起,一角终,稳力前行,一气呵成,使满眼笔迹皆不在,水痕消隐亦难寻。

人总要有独特的拿手本事,如我,便对擦黑板情有独钟。于是,不知从何时起,这一幕成了班中常态:班主任周夫子向我右手一扬:"来,擦个黑板。"我稳步上前,执拖把一柄,洗净,推行,然后面对赞叹摆摆手,深藏功与名。

擦黑板者拥有的景色简单又奇特。先说这形。用拖把擦黑板,从上到下每一道纵痕都不能断,防止水渍散乱,又积淀粉尘,干后成小小沙丘。而那成型后整齐划一的纵列水痕,浓淡皆有致,如田间阡陌,将黑板划分得均匀可爱。再说那色。太阳灿烂日,宜擦黑板。朝夕皆潋滟,正斜总风情。霞光烂漫,如倾倒了仙宫杯盏,无意流经湿漉漉的黑板。光芒将水纹装点,偶尔遇见黑板上的坑洼,便献一个璀璨的吻。而我也醉倒一旁,不知今夕何夕了。便说那意。更迭、变幻,都可作为擦黑板衍生出的真意。让从前空白,为未来展卷,我成了结束与开始的某个黏合点,与黑板并肩,推时光缓缓前行。我就如同一位提刀立于沙场的将军,面对密密麻麻的敌军,任豪气吞没四肢,还世间海晏河清。

擦黑板者拥有的权利隐秘却不渺小。就拿数学课来说。周夫子热爱板书,字迹清秀整齐,唯一缺点是书写过于迅猛,白色粉笔字倾满黑板只于分秒之间。众人埋头苦记时,下课铃如约而至,周夫子拍拍粉笔灰,宣布下课,又向我招手:"来,擦个黑板。"我已悉数记下,便遵命上前。可这手刚碰上拖把柄,就被"哀鸿遍野"吓得一哆嗦。

"大人使不得!"同学们一边奋笔疾书,一边哀号。

我放下拖把，无奈勾唇一笑。我静静复习着黑板上的内容等待各位同窗放下笔的轻响。一时间，竟有些岁月静好的意味了。

擦黑板者经受的疼痛直白而酸涩。那是毕业前的最后一节班会课，我们安静端坐，与讲台上的周夫子对望。周夫子提议，我们每个人都在黑板上写句话，与这段青春拥抱告别。一个个同学走上讲台，拿好粉笔，用或羞涩或潇洒的字迹留下心声。有人写梁启超饮冰之言，有人写鲁迅炬火之思；有人感悟青春与过去，有人企盼人生和未来；有人说“最是人间留不住，朱颜辞镜花辞树”，有人说“心有猛虎，细嗅蔷薇”。最后周夫子提笔在中间落下刘禹锡的诗句：“长安陌上无穷树，唯有垂杨管别离。”她说：“你们看窗外垂柳，多美。”那绿意映亮了眼眸，浸润伤感与希冀。

我坐在位置上，身边的同学接次离开。我知道，我还有个任务。但当周夫子像往常那样向我招手时，话音未出，眼眶已先一步湿润。我知道我要做个终结，可这谈何容易。那一道道稚嫩又深沉的笔迹，是一颗颗天真炽烈的真心，而我，像个刽子手。

周夫子为我洗净了拖把，拍拍我的肩膀：“你注定要不断告别的。不管是与一道题、一句诗，还是与旧人，与昨天。擦黑板让这种告别具象化，但难过，是每个人都要品尝的。”

我拿起拖把，听到她温柔的收尾：“所以未来，才更值得期待呀。”

温柔的力量感动着我，也塑造着我。周夫子身上的书卷气是我们这样唤她的原因，她充满哲思的话语也给了我勇气。

我与她告别，她打趣道：“不哭了？”我倚着黑板摆摆手：“丈夫非无泪，不洒离别间。”

我进了新的学校，依然擦着黑板。当一切笔迹消失，我与黑板仿佛都获得了新生。每一次简单的劳动都成了人生馈赠，教我把离去的留在心里。把一个个知识点留在心里，也把溜走的时光与爱留在心里。擦黑板是一次告别，又何尝不是相逢的开端？逝去的并未逝去，初见的以真情相待，这的确是艺术。

我又一次擦完黑板，伸了个懒腰，拍拍黑板的边沿。额角薄汗被风缓缓吹干，我附耳倾听，听到时光正于氤氲水汽的黑板上，策马疾行。

指导教师：任雪媛

本文获第十八届决赛特等奖

点　评

文章以黑板记流年，记读书时光，所刻画的人物都栩栩如生，诸多细节跃然纸上，叙事不黏滞，抒情不空泛，节制而妥帖；语言较为成熟，无一字生涩，难得还有幽默感，可见作者有才华且勤于笔耕。

（蒋成峰 大学教授）

雨 思

□ 广东省佛山市第三中学　赖晓琳

当急雨啪嗒啪嗒地砸在窗上的时候，我贴近窗户玻璃朝外看。我看到雨里的许多人，但却不是为了看他们。一朵朵圆圆的雨伞的花在空中绽放，雨水顺着伞滴落，一朵朵小花在路上绽放。雨鞋踩到水洼里，水溅得很远，但四溅时的水声似乎还迟缓地留在原地。雨雾把一切都笼罩其中，这个世界显得很宽广，又很迷蒙。

雨似乎总能承载太多的情绪，雨中有人生的大起大落，有世间的悲欢离合。《边城》里写的最后那场雨，有人死去，有人离开，有人盼望着心上人归来。还有《百年孤独》那段电报："奥雷里亚诺，马孔多在下雨。""别犯傻了，赫里内勒多，八月下雨很正常。"在雨里，虎耳草也许凋去，也许新生。在雨里，巴旦杏树枝头挂满初生的泪滴。

屋里看雨的人会不会想起张爱玲，想起那句"房里有金粉金沙深埋的宁静，外面风雨琳琅，满山遍野都是今天"？也还可以认为期待的人是因为下雨才不来，还能听见竹帘子梦见了从前的叶子。所以在屋里躲雨的人，也不可避免地被其他东西淋湿，比如岁月、人群之类，深浅不一的情绪会在寂静凄冷里踱步。没有谁是不在雨里的，没有谁不浸透人世的杂色，再温柔平和宁静的落雨，也有把人浸透的威力，好像要把人淋得融化。

雨还总把万千景象悄悄改变，一场秋雨一场寒，一夜风雨花满地。让人不禁要拾起木心的诗了："一夜透雨，寒意沁胸，我秋天了。"秋雨是最浪漫不过的。春雨扰困，夏雨急骤，冬雨深寒，唯有秋雨，落叶满阶，喁喁似诉，偷偷心事相许，窃窃万般情绪。站在屋檐底下，看水裹着水，从黄叶上滑过，我和你隔得不很远，都在看雨，都在读彼此的呼吸。你挑一个细雨绵绵的下午，在咖啡馆，在窗边的位置，说是看书来打发悠闲时光，其实是窗外往来的人和雨打发了你。虽然秋日里好萧条，但我内心仍有难以遮掩的喜悦，你要是在雨里，你也会一样。

想起刚过去的七八月，下了太多雨，途经九月汇入时间的海，将一切琐碎也汇集，一切消逝与流水相似，在遗忘里又那么勇敢。我手里剩下的，只有燥热，于是我比雨的悲喜，又少了一个满是西瓜凉气的暑。终究我怕你嫌弃，我容易忘记。

一些灰暗时云垂下的泪珠是如此幸运，刚好落成你的心情，你把雨又落在笔下，让一些解释走出你的身体。你的字里行间，爬行着大自然最原始的交响乐，把晌午奏成黄昏暮色。玻璃外面是雨痕，玻璃里面倒映你的影。

我们总把雨比作云藏不下的哭泣、云遮掩不了的情绪，或许是我们听雨看雨的人，内心也颇不宁静，把自己的感怀偷偷隐在雨滴中，像小孩把哭声埋在雷里。

伞感受雨的亲密，我呼吸雨的呼吸。

我将悲欢寄放在雨里，顺大气环流寄托于你。

总说雨的到来没有规律，天气预报似乎也不能尽信，原来天文地理和人的心情一样捉摸不定。

倘若，淋同一场雨，你能不能感受到我？

在这么大的世界，茫茫人海，面对同一场雨，能不能有同一种心情？

试想雨线有无尽的长度，足够在我心上穿过后再穿越你心底的隧道，串联起我们无法拥抱的距离，在每一个雨线刺穿空气的瞬间，想到彼此。

你会在冷雨里泛起温暖吗？你会对着窗外笑吗？

请借着雨告诉我，让我明白你未曾开口的话语。

如果可以，再送我一点儿我未曾见过的笑，和一个人的孤寂相抵。

你有没有读过黄锦树的《雨》？

我想给你抄下一句："雨声是回忆和怀旧的原初形式。"

是的吧，我每次听着雨声，思绪也总是跑回从前。有的是梦，有的不是梦；有的像梦，有的不像梦。我家在南方，祖祖辈辈都在南方。雨季是潮热的符号，是万物疯长的信号。我也疯长在雨季，所以会想起老家雨中的榕树与新芽，河道中雨幕里的船与桨，有湿漉漉的鸡躲在山林，有外婆匆忙地收衣。

上一次想起还是笑语，说不定下次就是哭泣。

雨浇灌土壤，还浇灌我的记忆。

没有相似的声音与场景，记忆不会被反复唤起。

故而雨总有乡愁，亦有别离的愁绪。

我反反复复念起，雨反反复复来去。

它不固执地长久地在，教我别固执地想起。

天气预报说明天没雨，更有阳光和煦，今天的雨也就下到这里，除了水洼以外没有后续。我往后半步收回情绪涌动的海，等着阳光晒干水洼，也晒干潮湿的情绪。

雨霁。心静。

指导教师：潘玉雯

本文获第十九届初赛一等奖

点 评

《雨思》是一篇底蕴厚实的夹叙夹议散文。它融合了作者自身在雨中的亲历亲感和中外多位作家、诗人有关雨的作品，从多个角度阐发了对雨的思考。文章告诉我们，“雨似乎总能承载太多的情绪，雨中有人生的大起大落，有世间的悲欢离合”；“再温柔平和宁静的落雨，也有把人浸透的威力”；“雨还总把万千景象悄悄改变”，并且影响和改变人们的心绪；雨会关联人们的回忆和记忆、乡愁和别绪。这些都能给读者以心灵的启迪，引发读者的深思和共鸣。

（钟湘麟　特级教师）

钥 匙

□ 山东省东营市第二中学 黄梦飏

小区南门那位配钥匙的师傅，是我七岁那年印象最深刻的人。

十几年前，我们这里还没有配钥匙机器，小区的人要配钥匙，就要到南门的配钥匙摊找这位师傅。每次经过，我都能看见他拿着一种特殊的工具敲啊敲。那时我正对各种东西的形成感兴趣，每天揪着妈妈问这问那，像个行走的《十万个为什么》。配钥匙这种新奇玩意儿，自然也吸引了我的注意，我便叫奶奶陪我去配钥匙，一探究竟。

那是我第一次认真地观察钥匙。看到钥匙上高低不平的齿纹，我才恍然大悟，原来钥匙能开门，靠的不是童话书里的魔法，而是这些齿纹。可我又疑惑，这些奇怪的"锯齿"是怎么来的？钥匙师傅见我好奇，便给我搬来一把小凳子，让我坐着认真看，他一步一步讲给我听。师傅拿出一个盒子，里面安静地躺着许多形状各异的钥匙，与平常的钥匙不同，边缘都是平滑整齐的。"咦，这些钥匙怎么没有'锯齿'呢？"我奇怪地问。"哈哈，小姑娘，钥匙一开始都是一样的，得要一个一个地敲出'锯齿'，才能开门去嘞！"师傅拉开桌子底下的抽屉，来回挑选着，将几个铁冲子拿出来，把我家的钥匙与新钥匙对齐，将铁冲对准，拿着小锤子一下一下地敲。敲完了半圆形的，再敲小山丘形的。钥匙上的齿纹实在太多了，细微的纹路更是数不胜数。偶尔铁冲会因为用力过猛而滑动，师傅也不懊恼，只是笑笑，揪起身上的背心胡乱擦一把汗，然后继续拿起小锤。那个时候我才真正感受到，这把小小的钥匙来得着实不易。

时间缓缓流淌着，钥匙摊旁不断有人提着刚买的菜路过，路边长椅上两个老奶奶聊着鸡毛蒜皮的家长里短。我们依旧坐在配钥匙的小摊前，沉浸在叮叮当当里，看着钥匙一点点凹凸起来，好像不是在刻磨钥匙，而是在雕刻光阴。

面前马路上的汽车飞驰而过，伴着时空隧道的风，带着我往前走。我不舍地回头，看看师傅，看看盒子里那些钥匙。师傅还是驼着背坐在小摊前，手里的忙碌掩盖了他面容的疲倦，他的身影也慢慢变得模糊。一串串钥匙在太阳下反射出金属的光点，渐变成我眼中朦胧的星光。

当我再次经过南门那片空地，只能看到几个卖水果的小贩往塑料袋里装橘子、苹果等各色水果，旁边放着录好音的大喇叭，一遍一遍地叫卖着。那个温和的配钥匙师傅不再来了，连那些可爱的铁冲和小锤子也一并带走。代替它们的，是先进的配钥匙机器。我渐渐长大，配钥匙也不再是当年那个新奇的“魔法”。

还有一个月，我就年满十八岁，成为一个独立的成年人，即将获得更多的自由，承担起更大的责任。回望过去的十八年，我发现原来经历的那么多挫折和成长，都已经被我刻磨进钥匙上的凹凸。

恍然之间，我仿佛又变回了站在配钥匙摊前的那个小女孩，那时的我多像那把没有齿的钥匙啊！出生时，人生给我一把无凹槽的钥匙，拿着它，去经历我的童年。它虽然没有开启人生之锁的能力，我拿着它却有如此无忧和快乐。

然而这种快乐，在我小学三年级时戛然而止。从我感受到走路时脚跟轻微疼痛起，短短几个月，我每天面对的不再是教室、课桌和同学，而是房间一眼看到顶的天花板，凌晨天空无所探寻的深蓝，以及被窗栏切割成一块块的四季变换。几个月前，我还以自己爬山最快为傲，转眼就只能坐在窗户前羡慕别的小朋友。生活忽然重重给了我一拳，打得我措手不及，没反应过来就已经跌坐在地上。我试着扭动身体，却发现站不起来，又急又恼，便开始坐在原地哭，眼泪伴着月亮落，陪着太阳升。

这时候妈妈告诉我：“孩子，这种生活才刚刚开始，你难道要哭着过完你宝贵的一生吗？别怕，孩子，妈妈陪着你，咱们一起一步步地走下去，好吗？”

我点点头，牵着妈妈的手，跌跌撞撞地走着，走着。我相信坚持过这一次就会结束，因为电影里都是这样演的。但不是所有的电影主角都是经历一次挫折就可以逆袭，现实也远比电影复杂、残酷得多。从最开始的脚踝，到膝盖，再到腰部；从一瘸一拐，到躺在床上难以活动，事情完全偏离我的预期。除了治疗，我唯一能做的就是反复让自己相信：这是最后一次，明天会更好。

变大的课本，变小的衣服，几场雪，还有数不过来的日出月落……

当我独自走进手术室，独自面对药物副作用，看着只能停留在原地的父母，我学会了笑着对他们说别担心。我明白有些路，就算再坎坷也必须自己走。当我看到药物昂贵的价格，看到妈妈下班回家后眼圈微微泛红却笑着问我晚饭吃什么，强烈的愧疚感笼罩着我的心，我知道自己不可以再不管不顾地提出各种要求；当一路带大我的奶奶忽然离开，我才反应过来，比起财富、名利，与家人一起的每一秒是多么珍贵。

就这样走着走着，我一次次跌倒，又一次次爬起来。有一次，我不小心跌倒，那把钥匙被摔出来。拾起它，久久摩挲这把齿纹粗糙又与众不同的钥匙，我泪水涟涟。

只有我知道，这把钥匙来得多么不容易。打造它需要有耐心，有希望，还要有面对挫折时重新开始的勇气，需要小心翼翼，也需要放开脚步。钥匙珍贵又脆弱，也许哪次折断就再也拼不起来了。配钥匙的师傅保护着自己的钥匙，不折断它，也不放弃刻磨它。

而我却不止一次想过放弃。长期的压力和孤独带来的负面情绪在两年前爆发，严重的强迫行为和近乎涣散的注意力影响着我的生活。失眠、恐慌如巨浪将我淹没，我数次挣扎，刚探出水面便被再次袭来的巨浪淹没，来不及有一丝喘息。我曾站在五楼的天台向下望，心中想要解脱的疯狂念头和求生的本能纠缠在一起互相厮打。最后，理智告诉我：不能让无用的思绪控制自己。再次下定决心时，好像是谁把我的影子撕碎了，揉成团碾成渣，最后松开手，碎片一块一块散落在地上。我看到软弱、懒散、崩溃和堕落，我还看到理智、骄傲和追求，然后在里面挑拣出坚强的、倔强的、还能坚持的几块重新拼接起来，告诉我准备迎接新的自己，迎接那涅槃后重生的灵魂重新站起来往前走，决不向命运低头，决不向生活认输。而现在，感觉到自己的病痛大幅减轻，我知道未来值得期待。

青春不长也不短，刚好够我看清自己。我的叛逆和无知，我的痛苦和成长，我的开心和希望，我的错误和反思……十八年生活的种种，全都凝聚起来，化作钥匙上的每一个凹凸。这是只属于我的钥匙，而人生的锁也早已匹配好。

一个月后，我将拿着这把刻磨了十八年的钥匙打开成年的大门，然后继续去刻磨开启其他大门的钥匙。最后，我也将握着刻磨了一辈子的钥匙，去转动死亡的门锁。人生很长，需要许多钥匙一点点解锁，我将始终做好刻磨新钥匙的准备。我对自己有信心，也对我将要面临的崭新的人生充满自信。

"喂，小姑娘，别到处看了，叫的就是你！"

"我是来给你送钥匙的。拿好了，这是你的新钥匙。"

指导教师：赵维荣

本文获第十九届决赛一等奖

点　评

作者从钥匙制作的儿时观感写起，将"刻磨一把人生钥匙"的现实经历凝成对生活、对命运、对成长的痛彻认知，文章写来笔墨细腻，结构有致，故事感人。作为线索的"钥匙"在记忆的起点、认知的转折点和此刻的临界点，既作为实物也作为象征，持续而生动地出现，极好地体现了命题的价值。创造结尾隽永效果的同时，作者也还可以在最末一句继续打磨，或是明确引语来自何人，或是把推理留给读者，比如处理锁匠所言就在他第一次出场时形成相近语句的照应。

（包学菊 高校教师）

我与我，海同海

□ 江苏省南京市东山高级中学　陈天浩

我站在了这海边。

时间消散在背后，而此刻的我不必去顾及。我默默地面对着眼前无言的别离，那是所有的光顺着云逝去的行迹。我仰望，难以自抑，分明无法抓住，却始终难以忘却那道不明、说不尽的忧伤。它们飘散着，流逝着，轻柔地缱绻着，吟唱着，唱那些遗憾。曾经的哑然无声，是现在唱不尽的悠远。那些苍老的、触不及的远方，印着那些逝去的痕迹，藏着些或深或浅，或明或暗，似近又似远的蓝，淡淡的，恍若不曾存在过，也如未曾如愿寻觅的种种。

我迷惘，不安地退后。我面前的世界，就在我嬉笑奔跑的时候，深邃了，古奥了，森严了，成了我读不懂的模样。我仓皇地四下寻觅，目力所及却尽是离别，是遗憾。它们落在风里，一脸疲乏。耀目的光在此刻黯淡，郑重的欢愉也化成仓促的道别，如果美好会以悲剧的咏叹结尾，那我们又何必拉开戏的大幕？存在的意义是什么，感受这些沉痛又是为了什么？我克制不住去思考，却始终觉得脑海同心一样，素白空落。

我走着，我开始发觉我所呼吸的空气是那么沉重，它们都心事重重，都已慵懒倦怠了，不愿再说些什么，也不愿再演出些什么，即便是那些汹涌思绪的一缕。没有过往的闪回，也不存在未来的浮现，此刻便就是此刻，严肃而沉默。海水的涨退都显得拘谨，像是试探。泛起波纹的清冷蔓延着，交叠着，纷繁着，也不曾起起伏伏。是纯粹的黑，不似泥潭，也是清灵淡漠的白，与月无别。这大抵是海最惬意的时光，不必映射世间万物，卸下那些责任与宏伟，只为了自己而流动，随自己心意的缓急，将那些乐与悲都肆意表露，只如一湾浅浅的湖，单纯又澄澈地存在着。所有的花都茫然失了颜色，变得同树与草一样沉默，一样无闻。没有鼎沸的人声，没有疾驰的车马，这里是窄窄的世界。仿佛就要变成一滴忧伤，就此融身于海，不必再挣扎浮沉。

这是我，我看着这一切。

而后我竟不是我了，我退了后，那里是另一个人。她提起裙摆蹲在海边，好像细数着什么。她站起身来，抬起手，抚动着飘舞的月影，随后就这样舞起来，温柔的像是梦里那些来不及收集的片段。她也许并不为了任何人，只是为自己，只是为身边这片海。她并不厌弃舞台的草率，也许正相反，她从来都没有这么隆重过。

她的动作沉凝起来，像是对生命做着郑重的回应，愈来愈快，使人理不清缭乱的视线。与她呼应着，海忽然翻起浪来，猛烈的、错落的水流为她戴上纯白的浪花。她成了海的孩子，层层叠叠的云间响起沉闷的碰撞声，忽然间如同世界被惊醒了。她仍在继续，没有看见这一切一般。

云层就此而破裂了，隐匿的光再不能被阻挡，疯狂地奔向沉重的一切。橙黄的光在水中晕开，更多的是红，是紫，是清亮到看不清颜色的希望，在大地上驱逐着孤独与彷徨，如同运筹帷幄的古代将军，眼中燃着驱散彻寒的火，所向披靡。而她闭着眸，抿着唇，忽然间飘飞起来，每一个舞步却都坚实地踏在空中。

沙滩上昨日画上的笑脸又清晰地被照亮了。我抬起手，本想遮挡光亮，却忽然间触到了永不断裂的绳索。它自日出之地垂下，将我带至万里长空。我望见黑夜里的一切都腾空而起，如同白昼中不息的烟火，冬春与夏秋同时辽阔着年华，绚烂着生命。

原来黑夜只是黑色的面纱，原来还有黑色的双眼映着星与月，原来最纯粹的忧伤也便是最纯粹的美好，原来我们的存在本身，便是最美的，最自由的。当我们满怀热爱，便永远心怀林木般的生机，永远有着面对一切热泪盈眶的勇气。原来……

她隐去了踪迹，像是美丽的、荒芜的，却又无处可寻的歌与诗，就此缥缈。

我想，不知在什么地方，她一定还像这样起着舞，正像是生命那样的，永不止息。而我，也或许可以再次成为她。

指导教师：于红薇

本文获第十九届初赛一等奖

点　评

文章正如题目《我与我，海同海》那样，充溢着青春的浪漫气息，流淌着作者跳跃的哲思。这是作者独自面对大海时的呓语，也是自我在黑夜里与心灵的对话。全文文笔流畅、优美，如同一首诗——或者干脆说，通篇就是一首散文诗。作者对文字的韵味和文章的节奏，都把握得相当到位，令人读来就像是在欣赏一首小夜曲、一幅秋景画。全文是一种情绪化的表达，前半部分弥漫着鲁迅《野草》式的阴郁，而后半部分的基调却变得明快起来，并在结尾的部分成功地奏出了高潮，给人以希望，给人以期冀，给人以鼓舞。愿作者继续行走在自己的文学道路上，载歌载舞，一路芬芳。

（刘耀辉 大学教授）

擦黑板

□ 山东省潍坊第一中学　刘佳琦

“来，同学们把这几个题的思路自己‘嘟囔’一遍。”

老吴话音未落，读题的“嘟囔”声便如一团蒸汽笼住了整个班级。“嘟囔”是老吴用方言自创的数学学习法，其精髓在于自己给自己理顺解题思路，但这个工作呢，老吴一般不舍得拿出他“宝贵”的上课时间来给我们做，而是鼓励我们用“闲暇”的课余时间来做。除非……除非他不得不擦黑板时。

抬眼望，四大块黑板已被他写得满满当当，而最绝的是，他还爱在字上再写一层，为了突出重点。于是黑板上便姹紫嫣红、花团锦簇——老吴对这方法很自豪，“板书越乱，你们就越不敢走神儿，不然落下了连题号都找不着。”但这也间接导致了他擦黑板要擦三遍才见底儿，才有了我们“嘟囔”的时间。

以往，我都会低下头，盯着题，嘴皮子带动着大脑飞速运转。而这次，我却偷偷抬头看老吴擦黑板。你问为啥？因为我心里装着块黑板啊！为了高三的“精神文明建设”，老吴把教室后的黑板——原来用于写各种通知的——安排给了我，让我“弄一下”。对于在小学、初中做了九年黑板报的我，这简直是绝妙的暗示，想不到数理化成绩并不突出的我，也能凭“这一手”在班里显露一下了！

老吴举起拖把，在他亲手种下的板书花海中开始了收割。水痕扫过之处，彩色粉笔的足迹即刻淬灭，残余的色粉顺着水迹延长，在拖把抬起之处收出一道峰。我突然有了一种预感，果然，这块没擦干净的黑板成了“艺术品”——粉笔字起笔较重，留下的色粉多，被水拖过一遍，色粉顺水流动，渐变延伸，像极了明灭的彗尾。一黑板密密麻麻的字，擦过后就像流星雨光临的夜空。

我可感动坏了。如何用粉笔表现渐变效果可是自小学起就困扰我的技术难题，今天老吴化身灵感之神，给我来了这么一拖把，真是“一拖点醒梦中人”。

理论联系实际，咱们说干就干。午休现在要为艺术让路，吃了一碗方便面，我就站在了教室后的黑板面前。中午的教室空空的，无人打扰，正是创作的好时机。我有充足的信心，并准备好了迎接下午同学们走入教室时的赞叹。

主题我早就想好了——“我们的征途是星辰大海”，既美观，又有个好寓意。拿起白粉笔，先在角落里画一个小小的圆圈，在右下侧顿腕，笔迹略粗，换用食指，顺着粗的痕迹向圈内轻扫，自然而然地形成一个有立体感的气泡。

手感不错。刷了两年题的手，再次触到毛玻璃粗糙而富有质感的“皮肤”时，还是能隔着时光，感受到艺术那温热的体温。您别笑，我知道您不信黑板报能做出艺术感。我不怪您。因为他们都不信。可是，我从小学起就觉得黑板报像一片夜空，写上的字是星子、是花朵。在白纸黑字的世界之外，有这样一个广阔的天地，它那么大，装得下那么多内容。

在被“灵感之神”点醒之前，小时候的我，总是用手指制造渐变的效果，现在，我还是想用手指来表现浪花。浪花肩并肩连缀起来像雾，用浸湿了的黑板擦蘸粉笔末儿一拍便是。但单个的浪尖，非用指尖轻轻把小点粉笔笔迹抹开不可。虽说远看，它只成了微不足道的一点儿阴影，但我总觉得指纹与毛玻璃的“皮肤”纹理碰触，“若合一契”，才能真诚地表现我想表达的东西。“轻拢慢捻抹复挑”，虽说是形容演奏琵琶的，但当我看到黑板上出自我手的排浪涌向天边时，我仿佛听见了四弦和鸣的裂帛之旋律。

最后的星空，是时候祭出终极武器——拖把了！我在黑板上部写满海子的诗句，总是落笔用力，让更多粉笔的色粉在起笔处驻足，然后挥动如椽的拖把，让所有文字隐身于一条完美的流线。时间滴落，我静静地等待水迹干透——那里果然出现了流星！诗句化作的星星点点拖着长长的尾巴，就要飞出黑板，落在教室最后排我的书桌上。我兴奋地跑向讲台，站在那里眺望我的劳动成果。

每一个泡沫都饱满圆润。

每一束浪花都自在盛开。

每一颗星星都划开黑暗。

没有文字内容的黑板报，也请您别怀疑。我们真的不需要用它承载知识和信息了。知识与信息那么多，连呼吸都要被它们充塞起来。我想要的，只是同学、老师在紧张的高三课业之余，回转过头，能看到一片那么大的星空。

我满意地坐回自己的座位，还可以睡五分钟。但出乎意料的是，我没有听到同学们的赞叹声，连一句带有惊异语气的话都没有。

午练铃响了，我不得不抬起头。教室里已经坐满了奋笔疾书的同学。

老吴进来，递给我一张纸——“高中数学常见失分点及公式汇总”。

“把这个写到后黑板上，我和你说过的。”

“不是说让我出黑板报吗？”

“啊，不是，”他停顿了一下，“你写字好看点儿，所以让你写。”

“我已经……画了一部分了。”

“那就把黑板擦一下再写。”

我什么也没再说。几个同学转过头来，睁目、微笑、默叹，又回过头，慢慢低下头去。

“画得真好，太可惜了……”

我什么也没再说。“我们安坐的灯火涌向星辰”，我不想只安坐。我将在黑板中见夜空，在平凡生活中见星辰。

指导教师：张景涛

本文获第十八届决赛特等奖

点　评

这篇文章细腻而真实地再现了当代中学生的生活状态：一方面，他们要面对单调、枯燥、繁重的课业学习；另一方面，他们又满怀着浪漫、美丽、自由的艺术梦想。但美好的梦想常常又不得不在现实的重压下被迫放弃、屈服。而黑板，既是老师苦心孤诣引领学生研读数理化难题的地方，也是同学变着花样放飞艺术想象的地方。文章的每个细节都真实自然，在舒徐轻盈的叙述中，展现出非同一般的艺术感觉与哲理思考。

（蒋成峰　大学教授）

给你写封信

□ 云南省曲靖市第一中学　李孟庭

我想写封信。写什么呢？不知道。你的地址呢？没告诉我。

单纯感受一下文字的美妙，就像假期的第一天清晨，你可以被阳光唤醒，尽情聆听露珠摔碎在草叶上的安静，不用拜托闹钟催促自己与黑夜的尾巴博弈，尽情地挥洒昨夜已饱蘸的墨汁。

给你写封信，不用考虑真假，不用挑选论据，只需把我当作你的朋友，在记忆的小巷漫无目的地逗留，絮絮叨叨地唠些琐事，恰是我俩爱听的、朴素的东西。

如果你是一个旧式的人，那更好，我们不是讨厌高效，只是对时光有所偏爱。谈起时光，平添沧桑，是否看到一个在生命尽头求索的满头花白的老人，充满智慧地有感而发，旁人却不懂他的话。

我想到了我的大爷爷，去他家拜访从来不用提前通知，因为老两口都没有手机，连座机也在前几年拆了。或许是遥远年代积累的习惯，没有必要刻意让他赶上信息时代的热闹与喧哗。

我前不久去了他家，沙发角仍堆满报纸，最上面一期是上周的。后院的乌龟懒洋洋地晒着太阳，弟弟碰了它一下，到我们离开时还缩在壳里。乌龟头上的鸟倒显得欢快，走近了便摆出高傲的姿态，一走远又叽叽喳喳讨论些什么。最惹人喜爱的还是一只满屋跑的小狗，活力四射，满身雪白，与主人发色相映。给了块骨头它便总围着我转，还舔了我一手口水。

大爷爷需要些鲜活真实的陪伴，现代的长途通话倒成了多余的桎梏，他也热衷于书信，就像我写给你一样，他经常给自己写信，写进本子，我们称之为日记。薄薄的纸页已经堆满几箱，或许只是无关紧要的细节，例如某天初开的花，他都记下了，旁观者般拍摄整整一天的影片，给读者展现自己详细的生活。大爷爷是个冷静的人，他不像大奶奶一样开心溢于言表。大奶奶常一遍又一遍询问刚刚问过的事，而姑姑也耐心地一遍又一遍回答着。大爷爷的高兴总内敛于心，或许就是你想探索的那个时代的素质。他会像猎豹般审视着什么，虽看他和爷爷聊得不亦乐乎，但总觉得他的目光游走在我们每个人身上。我悄悄回瞥，要是发现没有在看自己，便会顿时放松不少，也会再添一份警惕，若能幸运地对视，我便不知回以微笑或是什么了，只装作在看那头的陈设，但能察觉到他已将我的行为洞察于心，伴随……我的心虚。我对这敏锐的观察已习以为常，并心生敬畏。

和大爷爷聊天很是困难，不仅得放大声音，还必须加上必要的手势。我看见爷爷好几次将食指弯成钩，又用手指圈个圆，再加上三根手指，分别表示七十七和九十三，大爷爷大着爷爷十六岁。他一遍又一遍地询问，无意验证苍老的年岁与时光的残酷，他只是真的老了，记不得了。他老了，连微笑都有些吃力，这次拜访，我只看见他笑了两次，第一次他调侃我们这些小孩儿怎么都戴眼镜，第二次是在告别的时候。大奶奶嘴角反复地抖动着，"舍不得你们"，"舍不得你们"，而大爷爷一如既往地冷静，拄着拐杖站在大奶奶身边。车发动了，我打开车窗大喊了一声"再见"，隔得有些远了，可他却听到了，微笑着，朝我挥手，嘴里好像在说"走吧"。或许那时我才发现，我面对的是一个老人，不是奶奶口中那个十六岁出村闯荡，年纪轻轻就任县委书记，退休后拿着高额退休金却甘居斗室，全力资助老家大学生的人。他只是一个我所钦佩的老人；一个迫不及待想和你分享，跨入这个时代又未融入这个时代，能把时间慢下来坚持写信给自己的老人；一个安静的，头发花白、需要陪伴、健忘的老人。

我们会像他一样潇洒一生两袖清风吗？我们会融入这个时代又遥望那个时代的遗留吗？是回流点点滴滴还是掀起众生波澜？是改变秩序还是孑然一身不食人间烟火？我们只是坚守现实，不盲目预测未来，没有选择的余地。

然而当下我有选择，选择给你写信，选择执笔挽留时间的公平公正。我不那么浮躁，只想给你个惊喜。千里之外的陌生人的信，里面装满人间的温暖，没有功利的目的与意义，只是你的运气而已。信息交互便捷得让人难懂相思之苦，但更多人向往我给你的雁帛。就像某个不知名的下雨天，找个有减速带的斜坡，看水像鱼鳞一片一片摇开，幻想一条大鱼在坡下无尽地潜游，雨天才出来透透气。而飞快涌流的车辆总忽略了这细节，折断脊骨、侧鳍，连尾巴都不放过，太快了，忘了，我们空悲切。

这封信的寄出地是陆良——我的家乡，一个缓慢前进的小镇。这里的人都是勇士，从不惧怕时间的流逝，就像它的博物馆一样大方，不用门票。我在一个名叫"大觉寺"的地方——很多老乡也不知道这个盛放历史的地方——给你写信。普通的东西总不起眼，你可能知道爨宝子碑在曲靖，但不知道它的源头在陆良。这个被平凡掩盖的小镇，卑微地站在南方的角落。我在寺中只看到爨龙颜碑的拓印，白了几块内容，也是没有必要知道的信息，只留字体默默惊艳，独特笔法赏心悦目，毫无乱章一泻而下。传留过去的故事，传留过去的态度，他们没有时间却又拥抱时间，我们有时间却又害怕时间。

我也曾善待时间，仅仅为了我的马虎，用时间去弥补。吸引我的是一个木刻窗棂，第一次去看它，风和日丽，我惊叹于古人手工之精细。第二次它又成功捕获了我的目光，我发现网格中的花各不相同。鬼使神差我去看了第三次，它其中居然有相似的刻法，只不过是分顺时针、逆时针罢了。第四次是去专门看它，我努力想找出其中规律，但以失败告终，只能潦草地告诉自己，没有规律则是最好的规律。我本以为看了很多遍总能记住几个纹路，最终落笔纸上，只有五个完整的。或许，第五次……

他们是否穷尽一生精于一物，我们是否涉猎广泛长路愈漫，手工雕刻的错位是否激发了新的灵感，添就无序，此刻精确无误的机器是否显得虚假了，孰对孰错，不在意。彼方的朋友啊，你为何快乐又为何苦恼，为何不对深夜欢笑而对清晨哭泣呢？你为何不对时间负责而要迎合谁的期待呢？你收到信，会迫不及待看完，还是先摩挲一遍凹凸不平的字迹呢？

期待你的回信，我的朋友。

指导教师：钱永兴

本文获第十九届初赛一等奖

点　评

写信，是一种情感表达的好形式。你可以无拘无束，尽情倾诉，甚至还不用明确信寄往哪里，收信人是谁。对于“大爷爷”这样一个“我所钦佩的”，“能把时间慢下来坚持写信给自己的”，“安静的、头发花白的、需要陪伴的、健忘的老人”；对于大觉寺“这个盛放历史的地方”，包括它的“夔龙颜碑的拓印”“木刻窗棂”；对于“我”关于人、事、物，关于现实、历史的观察、思考、感悟，又有哪一种表述方式比“给你写封信”更自然、更合适呢？

（蒋成峰　大学教授）

如鱼入云海

□ 浙江省海盐元济高级中学　汪瑞

条带状的白云在天空铺设，似仙人昨夜不眠织下的康庄大道；熹微的暖色自东南方洒向暗涌的波涛，为起伏的边缘涂抹光亮。

我抬起头，用惺忪的睡眼倒映湛蓝的天幕，疾行的脚步渐缓，四周陌生的环境被我抛诸脑后，眼中浮起的是一种名为向往的情感。身后忽然传来室友叫着“快迟到了”的声音，我收回目光，低下头，奔向操场。

新的环境会让一切好起来的吧？尽管我并不确定。

画笔勾勒涂抹，颜料在画布上凸起和凹陷，画中的沟壑极像纵横的山河，可这不是我想要的啊。本应浩瀚的云海在我的笔下化作一汪水洼，畏首畏尾地伸展不开。本应于云中游戈的鱼儿颇有几分喧宾夺主的意味，占据了大半空间，却仿佛搁浅了一般，奄奄一息。

整个画面展现的，是一种死气沉沉的压抑。

泪水无声滑落。“还是不行吗？”无声的呓语在我所处的空间盘旋。

阳光灿烂，云层高远。蓝白交织间，鼎沸的人间烟火气急速后退，融融暖意将我包裹，一切都美好得不真实。

“嘿！你在干什么呢！”前桌的女孩落落大方地走过来，明明我俩不相熟，她的语气却十分热络。

大课间很长，能够满足他人补觉的需求，也足以写完前两节课的作业，却不能满足我对云的贪恋。许是我站了太久，她来找我回去吧。她轻轻地拍拍我的肩，示意我要上课了，之后便转身回了教室。望着她的背影，我有些恍惚。她好似一阵花香，突如其来地让人窒息，一瞬间后又清馥怡人；她又像一个小太阳，浑身上下散发着自信的光芒，耀眼夺目。

我不禁有些羡慕，但我知道，我做不到。我只想独自隐于黑暗，独自舔舐血淋淋的伤口，将自己包裹得像装在套子里的人。这样，是不是就不会再被伤害了。

可当她的光芒与我的阴影碰撞时，我犹豫了。

再次提笔，我漫无目的地随意渲染。色块碰撞间，女孩巧笑嫣然的模样泛上心头。苦涩在此刻荡开涟漪，我有些闷闷的。举笔又止，我叹了口气，还是放下了。

原本铺天盖地的云变得丝丝缕缕，邈远得有些失真。

“天上有什么好看的吗？”女孩仰起头，将手抬在眼前。浅金色热烈地倾洒在她的脸上，而她的手却荫蔽出阴影。阴影里，大眼睛扑棱着的睫毛微颤。

“云。”我牵强地扯了扯嘴角，望着女孩明媚的笑容，露出一个不太难看的微笑。

“可那些都快散了呀，”她瞪大了双眼，“好吧，确实挺好看。唔，吃饭了，吃饭了。”她挽起我的手，拉着我向食堂走去。

晴空之上，丝丝缕缕的水汽再次蒸发，直至无法维持白色的形态，最后归为虚无。

蓝色的小鱼与雪白的云海碰撞，激荡出水花。它在自由地游戈，优哉游哉，自信的光芒几乎灼伤了我。

“我也想这样。”心底有个声音在咆哮。

我也想要，想要自己的生命中铺满明亮艳丽的色泽，开出大片大片耀眼的花朵。但那些色彩在可能编织出一幅美丽图画的同时，也可能变得恐怖狰狞。我是个懦夫，我不敢尝试。

所以，就这样吧，双手无力地垂下，笔被我攥紧又松开。可我真的真的好不甘心。

仿佛下定决心，握笔的手缓缓抬起……

云层厚重而瑰丽，红日不甘沉没，在云层后挣扎呼喊。

“哎呀，就去玩玩嘛。得不到名次又不要紧，你不试试怎么知道不行。”女孩摇着我的手臂，试图让我参加长绳比赛——需要五个女生，加上我刚刚好。

“大不了我们教你。”可能是看到我的表情有所松动，她拽着我径直走向操场。

“这里不一样，历史不会重演的，答应吧。”心底有个声音冒了头。

当比赛即将开始时，那乌泱乌泱的人群还是让我的脸色白了几分，让我的思绪忍不住飘回噩梦般的过去。

手上突然一暖，是她。“别紧张，你可以的。练习的时候你做得很好。”手心的温度将我心中的不安拂去大半。

“我,可以的!”我全身都在呐喊。

落下最后一笔,我轻舒一口气。只见完成后的油画浓墨重彩,缤纷的颜料在纸上旋转晕开,仿若海水在流淌。来自深海的鲸鱼自云海轻跃,大大的头腾于更远的高空,无拘无束,自由自在,自信优雅。

我曾被禁锢于陈朽的黑白梦境,那里乌云蔽日,寸草不生,万物凋敝。当阳光越过层层枷锁而来,蜷缩于黑暗中的我被给予力量,去走进多彩的世界。

天光大亮,抬头望去,如画的云层被朝阳镀上金辉,铺开在天际。

远处的天氤氲着希望,映着美好世界。万物都可爱。

指导教师:欧晓明

本文获第十九届初赛一等奖

点 评

文章以飘忽的笔触、意识流的手法,写了一场心路历程、一段青春记忆、一个成长的故事。文中的“我”,在失败后经历情绪的低落、沮丧,自我“消化”疗救,到最后在朋友的鼓励帮助下,重新获得自信,并终于获取了成功。文章选用了鱼与海的意向,含混而又朦胧,如一段梦境,极具艺术氛围与奇异境界。作者对微妙情绪的描写和对云等景物的刻画,颇见写作功力。作者写的虽然只是身边的小事,可并不是简单的还原生活,而是进行了裁剪、留白、跳跃,使这篇文章显得空灵、活泛、多意,而不是沉重、直白与单纯。作者所具有的对生活的感悟和文字上的驾轻就熟,或许可以使其在写作上比别人走得更远。

(程相崧 作家)

钥 匙

□ 河北省唐山市丰南区第一中学 王浩颖

许多年前，在我还在上小学的年纪，我曾经对“钥匙”这一物件产生极大兴趣。放学回家，看姥姥拿着钥匙开门时，我问姥姥这钥匙能不能打开别人家的门。姥姥反问我：“如果能开的话，那锁又有什么用呢？”可是为什么呢？锁明明长得都一样。我不明白。

后来有一次，不知道上了什么课，老师说一把钥匙开一把锁，钥匙和锁是相对应的。于是我回到家，不信邪地拿着大门的钥匙去开家里其他的锁，实践出真知嘛。然后那把钥匙就断在了橱柜的锁里边。我终于相信了一把钥匙开一把锁。

那时住在乡下，是有那种“集”的，就是很多卖东西的聚在一起，像是超市的低配版。姥姥带我上集去找锁匠，和锁匠讲我干的“好事”。锁匠在大笑之后，给我指着钥匙上的凹槽，说是和锁里的相对应才能开，否则钥匙就很难插进去，甚至会断在里边。我终于理解了一点儿。后来学的东西见多，想法不再如儿时那样单纯，简单点说就是学会了联想。虽然姥姥说我这叫胡思乱想，但我想的应该还是挺有水平的，比如我见了月亮想“人有悲欢离合，月有阴晴圆缺”；见了雪又想“人生到处知何似，应似飞鸿踏雪泥”；早春时节又想到“几处早莺争暖树，谁家新燕啄春泥”；见了钥匙，嗯……想锁呗。钥匙嘛，无非是用来开门的。

姥姥家门前有一株金银花，当时正值花期，花是白色和黄色的，也没别的颜色，我嫌它太单调。于是每放学到家，我就找出墨水和毛笔，给金银花手动“变异”。变完了之后呢，我也学古人“诗兴大发”，吟诗作赋一首，取名《金银花赋》，顺便夸了自己的杰作“彩衣装扮好兴致”。那首诗至今仍挂在姥姥家墙上，偶尔也被拿来笑话我。那时小学有各种各样的社团，我由此得到灵感，报名参加了“海棠诗社”。社团活动时，指导老师也提到钥匙，她问我什么是我学写诗的钥匙。我想了想，回答说大概是金银花吧。

我那时小孩子心性，总爱写些闲情雅致的东西，譬如风花雪月之类。老师叫我多看一看真实的生活。我当时不懂，总是追着问老师。她只是高深莫测地对我说，没有人能替我打开门。上初中时，学了生物，我于是开始用蓝墨水掺水去浇那株金银花。姥姥总是可怜它被我这样那样地糟蹋。

后来的一个夏天，金银花竟然真的开出了蓝色的花，是那种很淡的蓝，别提多漂亮了。我于是"梅开二度"，又写了一首《金银花赋》。当时学了不少诗词格律，整首诗写得文绉绉的。老师一边读，我一边讲解。她还建议我跟生物老师探讨一下。后来父母不那么忙了，我便鲜少住在姥姥家，那株金银花的日子也自然好过了许多。但看不到金银花，我仿佛和缪斯女神走散，只是偶尔地写一些伤春悲秋的文章，也时时地想念那株金银花。如果我浇黑墨水会怎样呢？我不住地想。后来因为整治市容市貌，那株金银花好像被当作杂草给除掉了。我回去时看到门前光秃秃一片，只有两棵新栽种的、光秃秃的不知道什么树。那株金银花，连带姥姥家门前那棵绒花树，一并只存在于记忆中了。我写了一篇文章，写的是记忆中的事。自那以后我便很少回去了，也很少再写些什么。

初三那年，我在朋友圈看到一则"水滴筹"。我点进去看，是我初一时的同班同学，剃光了头发，面色苍白地躺在病床上，双眼紧闭，仿佛从没睁开过。是白血病。我曾经还夸过她的性格很活泼。我的泪止不住地流。我很想为她写些什么，可是我写不出。千言万语都成了泪，融化到我周围咸腥的空气里。

我撕掉了我用来写诗的本子。

高中因为住宿，在学校的报亭买了一把锁，用来锁自己的柜子。而前些日子，朋友因为钥匙丢了打不开锁，来向我借钥匙。我非常疑惑，一把钥匙不是只能开一把锁吗？后来我的钥匙顺利地打开了她的锁，以及很多人的锁。

我花了很长时间来相信的"一把钥匙开一把锁"在短短的十分钟内被推翻，我当时的表情大概是痴呆的吧。

一把钥匙能打开很多把锁，一把锁也能被很多钥匙打开。可这样的话，锁又有什么意义呢。朋友说，这叫"广开言路"。那天傍晚体育课下课，我从操场回来时，看见花坛里白色的五叶梅在橙色的晚霞里红了脸庞。于是我为她写诗。那天吃完晚饭，我往教室走时听见操场上突然一声泄愤似的大喊，随后是哭声，夹杂着喘息声在风里游荡。让我想到钢琴组曲《镜》，一样破碎的声音。恰巧风一过，旁边的花片片地掉落，我想起我初一的那个同学。我也想为她写诗。

妈妈是爱花的人。从前家里有一株茶花，据说开花时会很香，我本想把"浇黑墨水"的想法付诸实践，顺便探求一下墨水会不会影响花的香气。可惜的是还没等我下手，花已经枯死了。我不禁怀疑是不是我吓到了它，于是也写了文章，说什么"勿学黛玉葬花去"，只当是纪念了。

在图书馆我碰见过小学时诗社的老师。她问我还有没有在写诗，我便翻出手机备忘录中的文段给她看。我给她讲述了七八年以来我的放弃又拾起，她耐心地听，末了问我，现在什么是我写诗的钥匙，还是金银花吗？我愣了一下。七八年的经历让我改变了答案，金银花或许是打开第一道门的钥匙，但不是打开最后一道门的钥匙。

高中的课业有些紧张，闲暇时光我倒也写了一些东西，伤春悲秋的少了一些，却更愿意去回忆一些往事。那天看到伦勃朗的油画《加利利海上的风暴》，我现在倒是很想学一学油画，想画一幅金银花，再画一幅风暴中的花园。

花园不需要有门，因为我就是钥匙。

指导教师：晏语晨

本文获第十九届决赛一等奖

点 评

于细微处见真章，于平凡生活中思人生。作者截取成长过程中的几个生活片段来书写自己对“钥匙”的理解：小时候的“实践出真知”，“相信了一把钥匙开一把锁”；然后学会了联想，用墨水浇金银花，由此生发灵感，找到了学写诗的钥匙；后来生活中的一件小事让作者推翻了“一把钥匙开一把锁”的结论，发现“一把钥匙能打开很多把锁，一把锁也能被很多钥匙打开”；最后感悟到，时光流逝，一切都在变化，想画一个花园，“花园不需要有门，因为我就是钥匙”，从而升华了主题。作者思维灵活，感悟独到，表达准确，创作出这一佳作。

（徐恒春 高级教师）

渡 过

□ 江苏省苏州外国语学校　沈天慧

我承认，我是个任性的人。因为我出逃了，就这么远远地离开了那一切——我所熟悉的过往。走在陌生的大街小巷间，不知何为所归，亦不知何为所往，却有了与往日不同的恣意。

像是时光中迷失的旅人，我没有目的地，只是一路走，一路看，走累了便停留几日，待腻了，又继续走。一路上，我见过了咆哮的大海，仿佛要将人吞噬一般；我也见过了高耸的青山，令人望而生畏。春暖花开时，我见过花开遍野的娇俏；白雪皑皑时，我见过银装素裹的清冷。可纵使它们宏伟，或明艳，却都不是我的归处。别问我为什么，我的心这么告诉我的。

不觉，又是一年春天，柔柳曼舞着绿丝，环绕在古镇外。迷蒙间，我来到了这座古镇。今天不是周末，古镇中并无什么游人。早春的寒凉，更衬得这粉墙黛瓦有些萧条。独自一个人走着，看着这些历史留下的斑驳，与那格格不入的商业气息，我不觉感到悲哀。古镇像位典雅的美人，沉默地凝望着我，哀怨而惆怅。如此身不由己地困于这利益的牢笼中，怎能不伤怀呢？而我，又何尝不是为时光所囚。一切尽在不言中，沉默着。

两岸密密地排着木房，中间的小河倒是颇为清冽，时光里，不变的也只有它了。我买了船票，来到泊船的地方。船如狭长的一片柳叶，静静地浮在水上，船中央有只小小的乌篷可以避雨，船上还置着靛青白花软垫，颇具古色，像是自家扎染的。撑船的是一位老大爷，皮肤紫黑而康健，从他的脸上可以看到时光留下的那沟沟壑壑的痕迹。我坐在小篷下，不作声，那片荫翳恰好遮住了我。我并不赏两岸的风景，只是觉得河里偶现的垃圾格外刺目。原来它也身不由己地变了。

大爷撑着船，望向我，打破了寂静："姑娘，你怎么一个人出来啊。坐船也不赏赏我们这儿的景，来玩的人都说，我们这儿的景跟画里的一样！"说着，他便嘿嘿地笑了起来，脸上的皱纹像花一般绽放。我附和地笑笑，不回答，反问道："您在这里住多久了?”这一问让他打开了话匣子,他告诉我说,他自小便住在这里,那时候这里还是一片一片的油菜田,河也不是这么细窄的一小条。他身为家中的长子,从小就担负着家中摆渡的职责。菜籽总是由弟弟妹妹收好,而后装到船上,让他摆渡到镇上去。有的直接卖了换钱,有的榨成了油自家留用。那时,他可是村里摆渡的好手,还经常帮别家摆渡蔬菜去城里卖。大家于是都不唤他的名字,只叫他作“摆渡郎”。他仿佛是为摆渡而生的,不管河水多么湍急,他都可以稳稳当当地穿过。他心中仿佛装着指南针,从不会迷失方向。长大以后,他真的成了一个摆渡人,为往来的行人摆渡。老了以后这里被开发为旅游景点,他便在这里撑船了。

他的眼里透露出欣喜,也暗含着几分落寞,充满自豪的语气里,蕴含着对过往的怀念。

我认真地听完了他的叙述,觉得有些熟悉。我的爷爷,大抵也是如此的,一讲起往事就停不下来,还非要你应和、肯定他,他才罢休。我笑了。又追问道:“那您还想回到过去的日子吗?”

面对这突如其来的问题,他思虑片刻后摇了摇头:“肯定是不想了。以前的生活虽过得自在,但一点儿也不比现在好。以前总是挨饿,吃着这顿,都不知道还有没有下顿。现在多好啊,各式各样的店都开在家门口,想吃什么就买什么,比以前开心多了。以前的苦日子过去了,现在我们也享享福,过过好日子哩。”他顿了顿又补充说:“我现在还有个小孙女呢,天天爷爷、爷爷地叫个不停,可爱得紧呢!”

我听了不觉有些错愕。本以为他们会痛恨这商业化破坏了他们的青山绿水,却不知道他们的幸福其实很简单,只是活在当下的幸福。世事变迁,有些变化是人力难以阻挡的,与其用力地蒙蔽自己,不如欣然接受。

人生就像这船,靠人来摆渡。每个人都是摆渡人,摆渡着自己走向生命的终点。没有人可以代替他人而摆渡,也没有人可以陪伴他人一生。因为各人有各人生命的轨迹,并不可能完全相同。但是,即便每个人的终点都是死亡,那也应当在旅途的过程中好好享受两岸的风景。一味地追溯过往,便是逆流而行,艰难而无果。

我垂下眸子,有些落寞。忽然,手机屏幕亮了起来,是母亲发来的短信:“什么时候回啊,我和你爸都想你了。”是呀,好久没有回家了。我瞥了一眼日期,一个刺眼的数字映入了眼帘。爷爷就是去年的今天走的,一晃眼,都已经一年了。当时我不能接受这个事实,告诉家人,公司派我去外地的分公司任职,便悄无声息地走了。其实我是辞了职,用着我的积蓄一路漂泊。我害怕面对这残酷的现实:一个从小到大陪伴我的人,昨天还与我有说有笑,一夕之间便永远离开了我。我不敢告诉自己,生命如此脆弱,人生多么渺小。我便这么逃了很久很久,不愿看见那些熟悉的东西,害怕就此沉沦。

我妄图摆渡着生命之船，逃离时光的长河，谁知时光浩渺，任凭我如何逃避都难以离开，始终是这时光中的旅人。生命之河流向未来，过往已逝，追溯也无用了。美好一直在身边发生着，渡过时，你望着生命自然是幸福的。若你满眼皆是绝望，那渡过的，也是绝望了。

我半眯着眼，枕着双臂，望着天上的流云，生命之船仿佛在云间游弋。原来海很蓝，山很翠，花很红，雪很白，只是曾经映入我眼中的，都是我心中臆断的丑陋。偶尔传来的叫卖声，好像也变得悦耳，他们淳朴的心，正散溢着生命之船渡过时的幸福。

生命之船总须渡过，任性够了，也该回家了。

指导教师：印月花

本文获第十九届初赛一等奖

点评

文章以“时光中迷失的旅人”入笔，书写了一个“摆渡生命之船”的故事，塑造了一个“任性够了”“该回家了”的年轻人形象。作者笔下的春天，有柔曼的绿丝，有古镇外的流水，有摆渡的老人。文中的“我”妄图摆渡生命之船，逃离时光长河，却发现始终是这时光中的旅人。文章体现出作者对生命的思考、对人生的关注。“幸福其实很简单”的体悟，令人印象深刻，更表现出社会主义新时代的美好。

（王蕊 正高级教师）

且把夏日的心情酿成酒

□ 江苏省南京市田家炳高级中学　陆梓妍

语文老师曾在中考前夕推荐过一篇文章——《且把六月的心情酿成酒》。文章说得好："将熟未熟的果子，悬而未决的心情，时间都会给出答案。"

但我得到的答案却不甚美好，成绩比往常低了二十多分。七月的湿热空气，包裹了我心中的沮丧与不甘。

刚搬进的房子有一个朝南的房间，我整日寂静地坐在那里。眼看夏意渐浓，阳光透过镶着金边的窗沿筛下来，父母邀我出门去新学校附近转转，我却没有一点儿走出房门的心思，心里无比燥热、沉重。于是，母亲只得发出轻轻的叹息声。

正是梅子黄时，湿热难耐，人的心绪也仿佛缀满了水珠，凝重不畅。

门铃骤然响起，是朋友刚从她家乡寄来的青梅，整整五斤。那浓绿圆润的果子，给我以宽慰，让我从拖沓而虚幻的梦境中醒来。

"将熟未熟的果子，悬而未决的心情，时间都会给出答案。"我想再试着让时间酿出一个新的答案。

我于是觉得，那种悬而未决的心情，哪怕在今天已失望透顶的时候，也可以化作一颗苦果子，在无限延展的未来里慢慢发酵。重泡一坛青梅酒的愿望，在这个不凡的夏天，让我动摇的心，生出重整旗鼓的决心。

我的心情明朗起来的时候，也是我开始酿造今年的青梅桑葚酒的时候。

当时寄来的青梅，全家吃了一部分，分了一部分，剩下的便拿来酿酒。广口的玻璃罐子消毒，沥干。青梅择去叶子，盐水浸泡，在水中浮上几日。一层梅子一层糖，几颗绛紫的桑葚点缀，封入广口罐里，再倒入一瓶爷爷从老家带回来的白酒，旋紧盖子便开始了漫长的等待。

起初，在夏日热风的微醺中，阳光渐渐旋进罐子深处，酒液被调和得如琥珀般。

母亲这才有些慰藉地笑了。

过了几日，果子的青色渐次褪去，和酒液的透明交融，罐子里变得浑浊，伴着白酒又辣又烈的气息急欲冲出瓶口，我便也少去看它。直到有一天，母亲提醒我已经过了一月有余了。阳光从窗外钻进来，冰糖在浮水中消融，如同有一团冰冷的云笼罩在酒液上，透明的酒液暗自翻涌，使人看到日光流动着的影子，沁满了青梅味道。

这不禁催我踱步窗边，面对着朝阳的方向。对的，"披云似有凌云志"，前些日子品读《夏花灿烂》时被宋代贾昌朝的诗句惊艳。这一刻满溢出来的酒香，也给了我应有的答案。青梅刚入酒罐，颜色那么浅，味道也那么淡，然而青梅不语，只是不断地缩小和沉沦，随着时间慢慢将自己与酒液相融，最终酒香惊艳众人。

我的夏日亦如青梅酿酒。起初的希望也微薄难寻，抑郁不可终日，见青梅如此，亦感人事皆然，不如将自立化作一颗将将饱满的青梅，沉睡在酒液里，慢慢也随时间化为一阵清冽的酒香。

心情波动起来，则是在七月末。那罐青梅桑葚酒，已是好久不见。眨眼间到了报到那天，金色的晨曦映在脸颊上，我无意看见那玻璃罐装的、颜色稍浅、透着清亮的青梅桑葚酒，似乎还泛出些呛鼻的酸涩。走近时，那阵浓烈的酒香始终缭绕在心头。

行至橱柜，我忍不住打开盖子去嗅，馥郁的果香和浓厚的酒香交融，颜色倒是越发变得活泼起来。一眼惊觉玻璃罐中酒色变黄，好似酒味也醇厚了些，心底一份不曾泯灭的热烈与执着仿佛又燃烧起来。一本本暑假里套上水晶书套的课本，摆得整整齐齐的，几缕光静悄悄地从半边敞开的窗户蹑足而来。我站在拂过的夏风里微笑着，从三楼窗口朝外面望。

我想和这酒香共同欢笑着走过这个夏天，畅饮这罐青梅桑葚酒，时间自会给出它的答案。让墨香袅袅，时间酿酒，畅饮这个夏天未来的理想。

指导教师：匡海霞

本文获第十九届初赛一等奖

点　评

这篇《且把夏日的心情酿成酒》写的是"我"由中考成绩不理想而"沮丧与不甘"，"心里无比燥热、沉重"，到"明朗起来"，"心底一份不曾泯灭的热烈与执着仿佛又燃烧起来"的心路历程。作者借助一罐青梅桑葚酒的酿造过程将这一变化徐徐展开，写得十分细腻，把青梅作为自身情感变化的喻体，化抽象为形象，以可视之象、可嗅之味映衬难状之情，富有意蕴，耐人寻味。

（钟湘麟 特级教师）

辗转的柿树

□ 广东省紫金中学　黄雨婷

一

午夜醒来,发觉窗子忘了关。我的房间如书中说的那般,一屋子风雨味。

“班长,你瞧那柿子,多大多红啊,下课我给你摘一个吧。”那小子喝着饮料,看着窗子说。我用手肘碰碰他:“语文老师。”我不再理他,摩挲着书本上凹凸的方块字,却又听见他咂巴着嘴念叨:“那周五放学,你等着我。”什么周五不周五的,我低头欣喜地笑,却不自觉地答:“鬼要等你啊。”

我看向窗外,是一排柿树。肥肥的绿叶拥簇着胖胖的柿子。柿子的香气溢出来,招蜂引蝶。或许我对那些红彤彤的小家伙并不感冒,仅仅是喜欢看,看衰败与盛放,看孕育和成熟,看无聊的枝丫伸进窗子里边,向钢筋水泥里的我们诉说绵绵情话。我猜想她是厌倦了身边和她长相一般的柿树,觉得一切都太寂寞了。

她是美的,因为生命是美的,自然是美的。我问她,梦想是什么?未来又是什么?我这个扎着马尾的女孩,以后的时光都会这样过去吗?

但谁会理我?除了那个聒噪的小子。“及时行乐,班长。”他踩着铃声向外跑去,“走咯。”

但那个周五我没等到他。我没等到他用家里偷来的竹竿摘的柿子,也没等到他再向我闹着要答案。

如果他来了,或许会把偷竹竿的故事给我讲一遍,然后笨拙地拉下那些枝丫,和蜂蝶争果子。

但是没有。老师说他去学体育了。他再没有出现过。

二

后来，我到了人们口中所谓未来和梦想的跟前，看着云层被日头吻红了脸颊，时间逐渐沉寂。

我在桌前执笔轻笑，回忆那个记忆里陌生的朋友，回忆那个未完的故事，回忆从前的自己不知风花雪月，只知平铺桌上的黄粱一梦。那些个无知的幼稚问题依然困扰着我，让我承受着关于未来的无情批判和鞭打。

终于有一天，我发现了记忆里的柿树，她随着我一起离开了过去，辗转到了异乡眺望未来。如今的这棵，从不开花，从不结果，可她比任何树木都要艳丽，都要醒目。

“情催桃李艳”，我想着，还有，“人面不知何处去，桃花依旧笑春风”……我在柿树下灿烂地笑，树下老奶奶摇着蒲扇看我，也眯着眼笑。

竹椅上的老奶奶，或许把柿树看老了，柿树也把她看老了。她们缱绻，一同喝茶，一同细语，空中的呢喃之音在婆娑。而我踌躇，想上前问奶奶，能否折下一枝夏叶给我，聊以慰藉。

可我没有，没有迈出脚步去询问，也没有鼓足勇气诉衷情。

在后来一个漫长的黑夜里，悄无声息地，老奶奶和柿树消失了。空中的呢喃随着柿树被砍断，与所有以往和现在的记忆一同消逝。

三

可是，“满船清梦压星河”，与我擦肩的他们挥之不去。

一棵又一棵柿树离我远去，一个又一个过客随风而逝。我永远学不会把握，就像夜巡的猫头鹰，无法在日头下清醒。

所以我放慢脚步，不再庸人自扰。“冲就完事了！”贪恋的南柯一梦终究会消逝，那我为何不留在地平线，匍匐前进？彩虹没有尽头，但当下触手可及。

“负担越重，我们的生命越贴近大地，他就越真切实在。”我依然不忘，不忘摩挲过的这些方块字。如今，这些凹凸不平的句子给我的不再是虚幻的想象，而是厮守时光的真实和脚踏实地的幸福。

一切都在向好，风雨已过，留下的不论是绿肥红瘦还是浮生一日凉，都让人神清气爽。

四

阳光透过隙罅。独坐树下的我写道："微凉，日子却看红了小柿娃娃的脸。"发送，小诗问候世间，问候朝霞。

"莫听穿林打叶声，何妨吟啸且徐行？"我默念，苏轼写雨我写晴。

我拍拍裙上的灰尘，头顶柿树叶落，我拾起一片夹进书里。在弯腰的瞬间，我忽地明白了，这在记忆里落款，陪我辗转多时的柿树，到底意味着什么。

它在我的人生扎根，于心底独处一隅，提醒我其实还有曾经错过，或不敢把握的东西等着我去怀念。

于是我抚着叶脉，看着从不理我的柿树说："我再也不是夜巡的猫头鹰了。"我是晨间早起的麻雀，啄食文字果腹。我是枝头的小柿娃娃，学会活在当下。

头顶的阳光愈加灿烂，我向朝霞走去。

"班长，你瞧那柿子，多大多红啊，我给你摘一个吧。"

我诧异，回头，辫子却甩到自己的脸。

"好啊。"

在阳光灿烂的日子，夏叶葳蕤。

我笑自己愚笨又聪明，他也是。

指导教师：叶淑芬

本文获第十八届初赛一等奖

点　评

这篇文章写懵懂的少女情愫，写朦胧的少年心事。写这种题材的文章当然无可厚非，这是最美好、最纯粹的感情，也最值得珍惜与纪念。但是怎么写好却是值得思考的，文学的本事就在于将美好的感情化作可感的意象，在是与不是之间引人想象。这篇小说选择了柿树这一意象，一方面，它是实际生活中存在的事物，是当初一段似有若无的情感中的"道具"——所有事物都能生发情感，哪怕是一块石子，一片落叶。另一方面，它又是一个幻想，结出果实也好，不结果实也好，都是美丽的。文章在一个个画面细节中淡淡地叙述，像电影蒙太奇一样，充满诗意，耐人寻味。

（蒋成峰 大学教授）

擦黑板擦出火花

□ 山东省新泰市第一中学　侯佳蕙

“黑板上老师的粉笔，还在拼命叽叽喳喳写个不停……”我哼唱着歌一路小跑，直奔学校。

我一直坚信，是因为我数学不好，才直接导致我对时间的估算能力如此差劲——没错，我又迟到了。

其实我并不认为我迟到了。我是踩着铃声进的校园，我很喜欢这种巧合。伴着大喇叭里的钢琴曲《致爱丽丝》，清晨的校园有花、有草、有露珠，还氤氲着阵阵新翻泥土的气息，此情此景，我总想告诉自己：“又是元气满满的一天！”

可迟不迟到总还是老师说了算。

“又是你！我警告过你一次了吧？看来上次擦一天黑板还是罚得轻！这次……从现在到高考，你就一直擦黑板吧！”张老师甩袖离去，留我在原地欲哭无泪。

我真讨厌擦黑板！每次擦黑板，路过的同学还总拿捏着张老师数落我的样子叫我好好擦，一句句的嘲笑让我这个自卑敏感的差等生真想遁地而逃！我能怎样？奋起反抗？最后还不是只能左手握拳容忍，右手挥动板擦，消去那些令人反感的同学上台写下的痕迹。只是一边擦，看着字迹一点点消失，我内心冷笑：“呵呵，写字这么丑也好意思上台？”

一个星期后，我还是讨厌擦黑板！你见过阳光下擦黑板的情景吗？板擦一挥，字迹一消，万千粉笔末儿脱离黑板的束缚，在阳光的光影中翩翩起舞。这简直是我见过的最烦心的舞蹈表演！“舞者”总深爱帮它们摆脱黑板的那个“天使”，追着“天使”，一直追，直到覆盖在“天使”的衣服上、头发上、每一寸肌肤上。

那天擦完黑板，我一边拍打着身上的白色粉末，一边从讲台往座位走。“侯同学，都要上课了还不回座位上坐好！”张老师板着脸出现在教室门口。“啊？老师！您不是让我擦黑……”话没说完，张老师便道：“这么不喜欢坐着？那就上黑板听写吧！”我晕晕乎乎地点点头，慢慢悠悠地晃到讲台上，拿起一根白色粉笔，准备落笔。

没有人知道吧？我的板书可是一流水平。笔头触到黑板上，每一个横竖撇捺在黑板上落笔成花，虽不至于“入板三分”，但与我昔日差等生身份形成了鲜明对比。

“这是‘侯黑板’吗？”我听见下面人群中有同学嘟囔我的外号，我不回头，毕竟习惯也就成自然了。

“这也太好看了吧……”“我还是头一回见咱黑板姐上去写黑板字……”“从没注意她写字好，真是一鸣惊人……”我听见同学甲、同学乙等等各个同学的夸赞。虽然平时与他们很少接触交流，分辨不出是谁，但却可以很清楚地知道，他们在夸我！

我得意得心怦怦跳个不停，当然要在脸上看不出一丝开心，其实没有人知道我的心早就跳到九霄云外去啦！

张老师怎么也笑了？

“侯同学的字怎样？其字之美，大家有目共睹。以后，侯同学，请你在擦黑板之前，在黑板最左侧写上高考倒计时，麻烦每天做一个数字的减法。”张老师说。

这次同学们没有哄笑，却都仰头看着我。下课后，我也不是一个人。上讲台上写高考倒计时时，平日里几乎不来往的同学都围住我，甚至让我帮他们在本子上写座右铭。

从那天起，每天早上我都早起一小会儿，早到学校，修改倒计时的数字。不知为什么，看着黑板上的倒计时从三位数修改到两位数，看着那些字竟出自我手，我内心仿佛开起一朵烟花，上升，爆炸，落下的尽是繁华。

距离高考还有一百天。当“100”被我擦去，修改成“99”时，心里竟有一个声音在问：“嘿！想不想拼它个九十九天？”我点点头。心中擦出的火花引着我回到座位，我打开书本，竟一头扎进了学海之中。

大家都说二十一天养成一个好习惯。我也不知道是擦黑板擦到了哪一天，我爱上了这项劳动，它变成了我课间的放松，而且还能帮我复习前一节课的内容。这种痴醉，早已成习惯。只是包括我在内的所有人都没想到，一个差等生通过擦黑板，找到了自信，找到了朋友，找到了方向。

沉醉于学习的生活过得很快。某个假期回校后，我注意到黑板不一样了——一大块被分成了四小块。老师说，学校给我们换了黑板，中间两块拉开，里面是白板，是可以连电脑的。那时我只是感叹学校的帮助真是“及时雨”，感叹白板这种高科技给学习生活带来了莫大的便利。

可怎么回事？慢慢地，我怀念起擦黑板的生活。也许“无关风月，只是爱了”，但我细想，应该更多的是感激吧！擦黑板使我擦出了火花，火花引我向前，给我力量。

擦黑板是我高中时代最深处的回忆，也是分水岭。擦出火花，擦出自信，擦出友情，擦出我充满方向与目标的未来人生！

我想着，想着，又哼起了那首《童年》，看着“黑板上老师的粉笔”，抬头、低头，抬笔、落笔，投入紧张的高考备战中……

指导教师：朱晓平

本文获第十八届决赛特等奖

点 评

平淡的校园生活中，黑板普通，擦黑板常见，但作者善于捕捉，敏于思考，于平凡中发现生活之“奇”、人生之“趣”、成长之“乐”。善于通过细节描写展示心路历程：从“擦黑板”到在黑板上书写，从所谓“差生”到师生称赞，从有畏难情绪到乐于擦黑板，从成绩普通到奋起直追。以“擦黑板”为载体，作者“记录”了自己的成长经历。文章对“擦黑板”过程的描绘生动传神，对自我心理的揭示层层推进。擦出“火花”，暗含了作者对人生的感悟，这些都是语言成熟的表现。

（蒋成峰 大学教授）

剪得月光入梦来

□ 江苏省运河中学　王泳凯

整日埋头在书桌上堆积如山的作业题集里，我不知道多久没有好好地抬头看天了。初中同桌突然打电话约我一起看月，说今晚的月亮很美。所谓“一起”，并不是二人比肩而站，共沐月光，只是她相信洒在她心上的月光也能洒进我那几近干涸的内心。我知道在这个城市里，此刻和我一起举头望月的，也只有这个痴痴的同桌了。

我是喜欢月亮的。至阴至柔的月亮，是那么温润秀洁、清光四溢。她该是一位柔情百转的白衣女子吧？“青天有月来几时，我今停杯一问之。”这是当年李白月下独酌时发出的感慨，古人仿佛特别喜欢饮酒、望月、问天，把自己对宇宙、人生的思考和慨叹都遥寄给了这位女子，她的慈悲情怀里该承载着多少人世的悲欢离合啊？

现在都市的高楼不断地向更高处攀升，鳞次栉比，都快遮住了月亮来往的路径。要像许美静的《城里的月光》唱的那样，“城里的月光把我照亮……让幸福洒满整个夜晚”，绝对是一件很奢侈的事情。而且城市上空的烟雾常年萦绕不散，很难找到一块留给月亮的明净蓝天。月亮最优美的姿态应该是流淌在秦砖汉瓦上。

幸运的是小时候我有一段在农村老家跟奶奶生活的经历。我记得儿时有月的夜晚，天空总是那么深邃和澄澈，如水洗过一般，纤尘不染，皓月高悬，将清辉酣畅淋漓地倾洒人间。大地上亮如白昼，但比白昼多了几分清幽，一切事物都明晰可辨，甚至可以就着月光读书。月下的我们那时没有读什么书，多半是嬉戏打闹，笑声搅乱了乡村夜晚的宁静，时常惹得邻村的狗汪汪大叫。我们有时也聚在老人的身边，听他们讲那些稀奇古怪、在夜晚显得更加神秘的故事，也讲月亮，讲月中的嫦娥、桂树和玉兔。我们仰起神往的小脸，仿佛真能看到桂树下玉兔在不停地捣药。那该是怎样的一个童话般的美好世界呢？李白“小时不识月，呼作白玉盘”，看来他的儿时也同我们的一样。遗憾的是这白玉盘的美丽模样，今天城里的孩子很难见到。

今晚就有月，天上虽有一层淡淡的云，但整个世界还是被它的银辉包裹。我隔着铁栅栏欣赏这难得的月色，心中很郁闷，有一种被囚禁的感觉。雁字回时，月满西楼。

今天的月光是难洒满甚至难洒进现代化的摩天楼房间了。再美的月光碰到冰冷的铁栅栏都会铩羽的，更何况栅栏里还有着厚厚的窗帘。现代人讲求实用美观，不仅室内，连室外的灯柱上、草丛中，甚至地上，都挂着、埋着各色灯盏，将整个城市搞成了不夜城，在人类五颜六色、变换多彩的灯盏面前，这来自邈远天空的清光显得那么寒碜。

古人感叹月色撩人，撩动多少浪人望乡之情、思妇怀远之思，得意者的感怀、失意者的悲叹。今晚的月色就很撩人，撩动我那同桌满腹的诗情，她这才暂时撂下作业，出门去捡拾这难得的月华。我知道在这个小城里，今晚也许只有我这个痴痴的同桌做出这等痴情之事。都市人的眼睛正盯着电视里的肥皂剧，或者电子游戏中的拼斗厮杀，莘莘学子也正在题海奋战，哪里顾得上天上的这轮明月呢？我和同桌绝对是高二学生中的另类了。月儿弯弯照九州，几家欢乐几家愁，大人们愁兜里的钞票怎样才能赚得更多，学生党就愁考卷上的分数什么时候能增加。

我常想一些高中生不该想的问题。比如，如果将钞票从现代人的口袋里拿走，那么我们的生命还能剩下什么呢？如果再拿走内心鼓胀的物质欲望，我们的生命是不是就真的干枯了？我的同学看过我的这些文字，就曾嗤笑过我；我的老师也曾说过，我想多了。

海德格尔说，人应该诗意地栖居在大地上。我执意在自己的心中修篱种菊，并执着地认为清风明月不需一钱买，就该留一点儿空隙给它们。在我们反观自己内心的时候，也许还能找到一点儿生命的诗情和本真。就如我那同桌，抖落满身风尘，挽两臂月华走进家门，该是怎样的一种清雅与浪漫。

想到这里，我撂下笔，合上作业本，熄灭了室内所有的灯，拉开窗帘，静静地躺在床上，任凭从铁栅栏上挤进来的月光好好洗一洗我疲惫又锈蚀的灵魂。

诗情也似剪刀快，剪得月光入梦来。今晚有月，相信，梦也不再孤单。

指导教师：于海

本文获第十九届初赛一等奖

点 评

在紧张的题海奋战中，能挤出一段闲暇，举头仰望明月，剪得月光入梦，实在是一种难得的情趣。本文情感真切，想象丰富，收放自如，由初中同桌相约看月作为引子，开启了夜观月色之旅。作者将当前景色与古人诗句、今人歌词、儿时往事、世态时尚、人情哲理一一拈来，展示评议，表现了“留一点儿空隙”给“清风明月”、“找到一点儿生命的诗情和本真”、保持“一种清雅与浪漫”的美好愿望。

（钟湘麟 特级教师）

那种美，无以言表

□ 广东省惠州市第一中学　周子越

我曾无数次踏过校园的小路，从未发现过它任何的独特之处。但近来，正是春末夏始、叶嫩花初之际，小径上铺满了宛如郁达夫在他《故都的秋》里说的“像花而又不是花的那一种落蕊”，踩上去有极细腻极柔软的感觉。它洁白，边上微微皱起，浅浅地泛着些粉红，还留着些香气。它好美，以致我不忍心它零落成泥，然而每每伤心至此，抬头一望，却发现树上已经全是苍翠欲滴的叶了，斑斑驳驳，让我深深地感慨自己怎么不是莫奈，没法使这美成为永恒。正想着，初升的太阳便染红了天际；正醉着，学校琴房里柴可夫斯基的《六月船歌》又准时在六点半响起来了。让人好想一叹：“奈何！”那种美，一开始似乎是某种理想，现在看来，它从来就在身边。那种美，无以言表。

东晋有恒子野每闻清歌，辄唤：“奈何！”谢公闻之，曰：“子野可谓一往有深情。”我以为，“奈何”二字叹的是美之极、之深、之热烈。明明只是清歌，连伴奏都没有，却可以被子野认为是超世之美，足见其对美的感知的敏锐程度。世界的车轮一刻不停忙忙碌碌地往前赶，我们逐渐失去了对美的感知力，不如子野内心静谧得像一池春水，不如他品格简单质朴得像出泥的莲花，不如他灵魂纯粹深情得像皎白的月光。其实，只有保持内心的宁静才能发现美，简单质朴是有一颗发现美的心灵的外显，而深情则是对美有感知力的体现。

那种美，是宁静之美。林徽因说：“真正的平静，不是避开车马喧嚣，而是在心中修篱种菊。”我也喜欢在心里修篱种菊的过程。我曾感动于林清玄温的那一壶下酒的月光，震撼于余光中月色和雪色间的第三种绝色。我喜欢三毛穿着洁净干燥的白球鞋大喊——“雨季不再来”，也钦慕白先勇文字中曲终人散的怅惘。“良辰美景奈何天”，这是杜丽娘的心声；“用唇间之吻，与死亡定永恒之契”，这是朱丽叶的悲恸……万般如此，畅游在书海，就像找到了灵魂的寓居之所，宁静自然而然地浸润了心灵。我还爱着西方的古典音乐。肖邦琴声中不动声色的忧悒，像远处高楼上缥缈的歌声，又像远方寺院里的钟声，不绝如缕，宁静中蕴藏强烈的情感，泣孤舟之嫠妇。于尘世之中，这样的乐声，就宛若荒漠中的一洼，热燥中的一清，喧闹中的一静，可使内心更显灵动，思想更见充盈，灵魂更展风韵。想要于寻常中寻找到美，便更需要这种对灵魂宁静的锻炼。

那种美，是质朴之美。能感知到美的人，必定是简单质朴之人。简单质朴，乃中国人之精神。如同辜鸿铭云，中国人博大，深沉又质朴；实际上还有最与众不同的一点，那便是温润。中华民族是从泥土中生发的民族，故简单质朴乃中国人之本色，亦是泥土之本色。就好像赛珍珠在《大地》中所创造的角色王源一样，命运多舛颠沛流离，也接触学习了众多国外的思想与知识，却永远忘不了他的土地，一天中最快乐的事莫过于在土地上耕种。我在湖南老家的家中也有一片小小的土地。我最喜欢的是踩在泥土中那一股踏实之感，听锄头击打土地的或清脆或酥软的声音，望着鸡在桑树之巅鸣叫，鸭在水中结群，饱满的李子又挂满了枝头——咬下一口，酸甜的汁水在嘴里迸溅，有时还吃到一条小肉虫——还有跟着奶奶收花生，任凭汗水浸透衣裳也不在乎的独属于吃苦的爽感……这一切都是那么美，我总算是体会到《乱世佳人》的女主角的心声了——“这世上，唯有土地与明天同在”。回到乡村，铲一勺青苔，置于瓷盘之中，便自有野趣，不要雕琢，不要掩饰，充满了无以言表的质朴之美。人在乡间待久了，也便充满了质朴的气质，成了最地道的拥有中国精神的中国人。

那种美，是深情之美。《边城》这部看似普通的小说之所以到现在还被众多人喜爱，正因为其中蕴含了独特的过往年代山间的深情之美与情节的悲凉之美。男孩和女孩隔着山水对唱，自有质朴；傩送日日夜夜唱歌给翠翠的心，自有深情。在现代社会，如此美好、质朴又深情的事，仿佛已经不复存在了。山歌既已消失，少有存在于我们的生活之中了，但这一种因对美的敏锐而存在的深情，是不是还可以留存着呢？就像子野一样，听见清歌就大呼奈何的纯粹之心，还可以因为我们对生活的热爱而留存着。从我欣赏校园落花的那日起，我又观察学校的草坪，竟然还有许多有趣的事物。就像庄子说的：“天地有大美而不言。”连小小的三叶草也在拼命地绽放它的魅力。它开的花，居然有的金黄如骄阳，有的粉嫩似小姑娘的脸。它结的果，一旦成熟了，就会灵巧地崩裂，弹出无数小种子，然后一头栽在土里。它可爱得让人无法不爱。我忽而发现，当我对美的感知愈敏锐，我对生命之爱就愈热切——这或许就是对美的感知力所致的深情。

那种美，实际上就在我们身边。不论是“微雨过，小荷翻，榴花开欲然”，还是“袅袅兮秋风，洞庭波兮木叶下”；不论是戏剧中“冷清清的落照，剩一树柳弯腰”，还是小说中“一朝春尽红颜老，花落人亡两不知”，实际生活和思想灵魂中的一切，都有着无以言表的美。能否寻找到，就看我们有没有子野的宁静、质朴与深情。

窗外，遮不住的青山脉脉，斩不断的绿水悠悠。人何必在世俗中随波逐流，灵魂能被美丽安放才是最终的追求。灵魂中所蕴藏的宁静、质朴、深情才是真正的美,像朱光潜在《谈美》中所说,内在的情感会被投射到外界,成了世间万物的美——那种美,无以言表。

指导教师:徐玲

本文获第十九届决赛特等奖

点 评

每个人都渴望与美相伴,可怎样才能发现美呢?最常见的一句话是“不是缺少美,而是缺少发现美的眼睛”。一般人的思考就到此为止了,而作者更进了一步,他思考的是“怎样才能拥有一双发现美的眼睛”,并就此问题做了鞭辟入里的分析论述。开头部分明确提出“只有保持内心的宁静才能发现美,简单质朴是有一颗发现美的心灵的外显,而深情则是对美有感知力的体现”这个观点,从“宁静”“质朴”“深情”三个角度来阐述发现美的条件和表现,角度新颖而深刻。文章在严谨的论述中还有着难得的情感美。

(王军霞 高级教师)

我的远方

□ 山东省桓台第一中学　周鸿基

我的迷茫和胆怯一直都在，但我告诉自己，就算前方是万丈深渊，也要坚持走下去，也许黑暗的尽头是前程万里。于是我迈开了步子，阔步向前。

有时远方很远，远在天边；有时远方很近，近在咫尺。

远方可以是嬉戏玩闹的小城街巷。“丫头——回家吃饭啦！”谁家的外婆又在门口叫道。玩闹一天的孩子也已经乏了，在做好“明天继续”的约定后四散回了家，没走多远又停下脚步，也不管别人看不看得见，就举起小小的手，挥了又挥。街巷又安静了下去，各家的红砖房里散出昏黄的灯光，狗儿躲进窝里，不时地出来喊上两声，紧接着钻了回去。风吹过树梢，又沙沙地响，断线的风筝挂在树上，摇了几下，也许有人看着它，心心念念忘不掉。白天的炊烟也已经消散，草丛中传来断断续续的虫声，一天的疲惫过后，夜总是静的。远方，七月流火，九月授衣。

远方可以是落满柔情的江南水乡。水绿天蓝，白鹭一行辗转飞过芦苇荡。船歌声声慢，融入温暖的风，渐行渐远。薄雾不散不见远山，长亭垂柳，青石台阶湿润。天色暗淡一方光景，余晖一缕缕洒下，碎波漾着水面，四野尽染，佳人也留不住易散的云彩。雾尽了，微寒独上远山，晚风里传出灯影柔曼，水乡的湖面送来阵阵风儿，清清的月光披在两岸愁思的人儿身上，这一曲潺潺水乡，余音袅袅挥不去。远方，三秋桂子，十里荷花。

远方可以是壮志凌云的都城长安。迤逦了一地的繁华，城墙斑驳，灯火通明，柳巷里美人私语拨人心弦。天子威严在天下四方，百姓熙攘在闹市喧嚣。是那春风得意的马蹄，跑出中举后欣喜若狂的心情；是那掩不尽的一纸青史，记下盛唐里安居乐业的光景；是那书不完的泱泱风华，写尽九州五岳的万里豪情。这重重的楼宇，包住了几世几载的帝王心术，也承载着多少文人谋士一生的心血。总有满怀壮志的人，踏上入仕的路，穷尽一生，换得国泰民安，人丁兴旺。远方，六朝何事，八千里路。

“轻轻地我走了，正如我轻轻地来，我挥一挥衣袖，不带走一片云彩。”对徐志摩来说，远方是天空，是自由。

“春天之所以美好、富饶，是因为它经过了最后的料峭。”对舒婷来说，远方是爱情，是美好。

“我只愿面朝大海，春暖花开。”对海子来说，远方是静谧，是幸福。

远方，于我于他不尽相同，或许是童年记忆的街道，或许是天南水北的旅行，也或许是满腔热血的抱负，可能只是生活的一点儿温暖，也可能是未来的万丈光芒。但无论如何，远方于我于他，都是心中的一方净土、一种追求。它可以是一个地方，也可以是一种心灵寄托，可以是我们从小向往的生活，也可以是长大怀念的时光。

远方，对小时候的我来说似乎太过遥远，而如今，时光荏苒，我早已不再是那个牙牙学语、蹒跚学步的孩童，我逐渐懂得了远方所在，逐渐开始奔向远方。

远方，就是我心中热爱的梦想，是我愿意一生为之奋斗的梦想。于是，我便乘着初春的暖风，躲在盛夏的绿荫里，走在深秋的落叶中，欣赏着三九的梅花细雪。一步步，一步步，都是青春的足迹，是成长的见证。

“世界不止眼前的苟且，还有诗和远方。”风风雨雨十五载，冬去春来，我徜徉在青春的路上，因为心中有着诗意的远方，所以我抛弃了安逸，远离了喧嚣，疯狂过，失落过，为了梦的远方拼搏过，也曾与这个世界格格不入，但逝去了就已经成为过往云烟，在岁月的黄卷中慢慢消失。

茶未凉，仍在角落氤氲着清香。窗外的风景正好，层林尽染，漫江碧透，百舸争流。“恰同学少年，风华正茂；书生意气，挥斥方遒。”

草在结它的种子，风在摇它的叶子。如今，又是在这开满朝颜的晚秋，我终于可以依靠在窗边，卸下一身的疲倦，独自踏上旅程。我将脚步放慢，欣赏着沿路的风光，抬头看看天空，万里无云，阳光正好，我站在伸手可触碰阳光的地方眺望远方。

诚然，长路漫漫，我们并没有抛弃这样的青春，用时光记录下生活的点滴，用汗水谱写一篇又一篇的华章，只因我们心怀远方。

哪怕路再漫长，我依然热爱那远方，我依然热爱那梦想！

如果说青春是足迹，那梦想，一定叫作远方。

生活明朗，万物可爱，人间值得，未来可期。

这，就是我的远方！

指导教师：蔡娟娟

本文获第十八届初赛一等奖

点 评

散文贵在真诚,这篇作文便是一份诚意满满的作品。首先,诚意在于有话可说。从对旧日时光的回忆,到对未来生活的展望;从身在此中的平凡日子,到文学作品中的美文佳句,作者都信手拈来,为我所用,无空洞乏味之感。其次,诚意在于有"象"可想。作者以一个中学生对现实的认知,能够思接千里,纵使生活未必五彩缤纷,但他对于未来的理想构想是丰富而饱满的。作者笔下一系列的想象之境,给人如在眼前之感。最后,诚意在于有感可发。全文少见直抒胸臆,但对远方的神往之情,倾注笔端,溢于言表,文字中流淌着一种静谧之美。

（尤立增 特级教师）

钥 匙

□ 浙江省温岭中学 彭凡珂

十六岁那年夏天，我从一个学校考到另一个学校，从老家搬到新家。

妈妈往我手中塞了一把新的古铜色钥匙，匆忙去上班，甚至来不及看我脸上疑惑的神情。我机械地将旧钥匙摘下，将新钥匙套在我的钥匙扣上。

这种感觉很奇妙，当我放大刻度去回顾一段时间就会发现，从一个节点到另一个节点，似乎每一段时间都是有流向的，但仿佛从一开始，我的每一步都已在冥冥中被确定好。我被推着走，用哪一把钥匙开哪一扇门。

我向来不与父母争辩，也学不会争取。一转眼大半年过去，除了分不清晚秋和年末的日子哪个更快，我也在新生活的缝隙中产生了失重感。我每日过着复制粘贴般的生活：早晨看着妈妈风风火火离开的背影之后去上学；白天埋头接二连三地汲取着新知识，有时斗志昂扬，有时晕头转向；晚上迎着月色回家，熟练地用钥匙打开家门，面对空无一人黑暗的房间。生活颠来倒去，生活中的万事万物好像一场循环。陪我应对这场循环的，除了我自己，还有每天在我走路时叮当作响的那串钥匙。

很难适应新生活的性格让我总是独来独往，而不知何时，我习惯了那串钥匙在我口袋里叮当作响。金属碰撞发出的声音陪伴着我上学放学的路。我边长大边观察着自己，急切地想要从生活的缝隙中找到属于我自己的那扇门。

课间，我偷偷地读从家中带出来的小说，耳朵却在听着邻座女生们的讨论。“我想去××大学”“我想读法学”“我以后想去杭州”“我要去××旅行”……这些对未来的希望刺耳又让人失落。好像每一个人都找到了只属于自己的钥匙，而我呢，却还等着我的家人把他们配好的钥匙放在我的手里。

日子还是过得很快，在很多个测验和抓紧时间奔跑的空当里，我明白时间不等人，知识不等人。高中生活就如同一场赛跑，身边的人接二连三地进入自己的跑道，用努力和成绩换来“钥匙”，往自己的那扇门跑去，而我依旧原地踏步。

那我的那扇门呢？

口袋里的钥匙已经因为每日使用和反复摩挲出现了金属独有的光亮。钥匙扣是初中最好的朋友送我的礼物，虽然我们已经很久没有见面。我们也曾有许多约定，也对我们的未来充满期望，也努力地找寻自己喜欢做的事情。盯着那串钥匙发呆的时候，我清楚地感觉到，过去和她一起的期盼是真实存在的。一起去学校，一起讨论村上春树的新书，一起看最新上映的文艺片……往事在我的脑海中愈加清晰。

那现在呢，那些期待呢？

高中之后，看课外书似乎成了别人眼中“浪费时间”的存在，但我仍不停歇地想从文字中汲取一些能量。那天看太宰治的《晚年》，其中提道：“化学有方程式，几何有定理，理解这些都有完备的钥匙，可是文学却没有。”我恍然大悟，文学是不是我想要的那扇门，我的梦想是不是如同文学一般的存在？它需要时间精雕细琢，需要经历推敲，需要勇气和决心，需要坚韧。而从那一刻起，我似乎没有那么固执地想要去寻找我的那扇门，我明白苦苦等待的、期望得到的那把钥匙，其实一直都在我自己手里。

那把钥匙是我与孤独对抗的决心，是我坚持做喜欢的事的热忱，是日复一日埋头刷题时的底气，是与朋友约好一起长大的诺言，是明白父母辛劳背后的苦心，是自己也未曾发现的但一直深埋心底的对未来的期待。其实我也在奔跑，观察自己就是一种前进。每个人都有自己的节奏，而在我的时区里，我已经找到了我的那把钥匙。我未来还有很长的路，所以要好好地活，邂逅温暖、年轻与寂寥。“我相信世界那么大，我的野心再大，也一定可以装得下。”

毕竟青春才刚开始，春日依旧漫长。我尚有勇气迎接明日抵达，用属于我的钥匙打开未来的那扇门。

指导教师：李迅若

本文获第十九届决赛一等奖

点　评

本文中写到两把钥匙，一把是现实生活中新住所的钥匙，一把是心灵世界中打开未来之门的钥匙。前一把钥匙是为后一把钥匙提供的引导与铺垫，后一把钥匙才是本文的核心与重点。作者感悟到，每个人总会去寻找自己未来的门，这就必须拥有打开未来之门的属于自己的钥匙，而“那把钥匙是我与孤独对抗的决心，是我坚持做喜欢的事的热忱，是日复一日埋头刷题时的底气，是与朋友约好一起长大的诺言，是明白父母辛劳背后的苦心，是自己也未曾发现的但一直深埋心底的对未来的期待”。

（钟湘麟　特级教师）

擦不掉的是芳华

□ 山东省费县第一中学　王艺璇

“长亭外，古道边，芳草碧连天……”

我轻声哼着这首《送别》走在高中的校园里，此时正值春天，校园里一派生机勃勃、春意盎然的景象。我情不自禁地闭上了双眼，脑海中浮现出一片绿色的草地，草地中点缀着几点黄，一位身姿小小的姑娘在此穿梭、跳跃。

彼时的我，刚上小学。

或许是年纪小的缘故，我独得老师的恩宠，老师从不给我安排那些脏活儿和累活儿，我每天值日的任务，就是把那不大的黑板擦干净。可奈何我个子不高，黑板上方的字迹我总是擦不干净，老师便会在上课之前，亲自把上节课的字迹擦掉，继续给我们讲述新的知识，灌溉我们的心田。

那时的我看着高年级的哥哥姐姐们，好不羡慕，于是想快快长大的种子便在心中生根发芽。

时光荏苒，转眼间我就来到了初中的校园。

彼时的我，依旧是那个朝气蓬勃的少女。

课堂上老师孜孜不倦地讲着。“叮……”下课了。“好，同学们，今天的课就上到这里，课下值日生记得擦一下黑板。”我趴在课桌上，抬头扫了一眼黑板，唉，今天老师写了好多东西啊。等我再起身准备去擦黑板的时候，发现有两个同学已经帮我把黑板擦了，我莞尔一笑，给了她们一个大大的拥抱。

这个年龄，正是中二的年纪，意气风发，不可一世，倒也坦诚无忧。

“终于写完作业了，高中怎么这么累啊！”我抱怨道。一看表，已经十一点半了。明天又是星期三，我又要擦黑板了，我带着苦恼烦闷的情绪进入了梦乡。

夜依旧那么静，静得那样的刻意，静得那样的无奈，又静得那样的倔强，偶尔的几声蝉鸣，好像是在嘲笑我的不堪。

早上五点半，我拖着疲倦的身体，眼睛还未完全睁开，昏昏沉沉地向教学楼走去，看着还没睡觉的月亮，心中的烦闷"更上一层楼"。殊不知那温柔如水的月光，亦是安慰的轻抚与诉说。

化学老师在讲台上讲着我听不懂的"天书"，我望向窗外，微风拂过枝头的绿叶，阳光明媚。如此绚丽的景象，如此多彩的时光，我却无暇顾及。下课要擦黑板，不能出去玩儿，这个事实在我的脑海中挥之不去，令我十分烦躁。于是下课后我拿着板擦狠狠地擦着黑板，以此来排解我内心烦冗的情绪。

随着时光一天天流逝，学习的任务一天天加重，上课时我也开始认真听讲，少女的肩上不只是莺飞草长，还有那沉甸甸的书包。时间过得好快啊，我感慨着，应该擦不了几次黑板，我们就要分别了吧！这样想着，擦着黑板的手突然停顿了，心中不舍的感情越发强烈。就像《那些年》里胡夏唱的："黑板上排列组合你舍得解开吗？"不舍得，舍不得解开，也舍不得擦去。

可黑板终究要擦，该分别的人，迟早都是要分别的。但黑板上的排列组合可以擦去，古诗文可以擦去，属于我们的青春记忆擦不去，晚自习教室外被风吹得红了脸颊的晚霞擦不去，同学之间的情谊更是擦不去，我们的芳华永远都在。

或许某天当我们打开记忆的相册，黑板上的知识仍历历在目，同学间的不舍也会从眼中滚落，那是我们擦不去亦抹不掉的青春。

我们应当带着这些记忆，去追逐诗和远方，去追逐黎明与大海，去倾听月光下的诉说和歌唱。春来夏往，秋收冬藏，我们来日方长。

指导教师：董晓燕

本文获第十八届决赛特等奖

点 评

本文是一篇线索明晰、情感真挚的散文。文章以"擦黑板"为线索，选取了小学、初中和高中三个阶段校园生活的回忆片段，将同学情谊、师生情谊和一个中学生的青涩、懵懂与对未来的憧憬融入其中。作者描写的场景都是平常之景，记叙的事件都是平常之事，流露的情感都是平常之情，然而正是这份平常的回忆，却又是每个中学生最珍贵、独一无二的青春印记。

（厉周吉 作家）

第五辑

故乡的游吟者

小时候我总嫌弃故乡苍老破旧，
故乡却从未嫌弃我年幼无知；
后来我总埋怨故乡太远，
故乡却从未埋怨过我迟迟未归。

青蟹长情

□ 浙江省温州中学　温纯纯

晓秋的时令是白露，家家吃蟹。白露有清浩的晚空，像一面澄过的古镜，像把老梧桐叶的苍翠渗在熟宣里，渺渺茫茫，叫人望不尽，也望不够。麻雀倦啼着，收翅趴在枝上，在寒风里瑟缩着一颤一颤上下晃动。白露的时候，蟹早熟，还有一分腥鲜的湖水味儿。

我小时候极嗜海鲜，爱吃鲳鱼、鮸鱼、鲫鱼，爱吃蚌贝一类，也爱吃螺，对于蟹更是情有独钟。中秋前后，是吃蟹的旺季，家里的早中晚三餐，都少不了这道至味。

我不过爱吃两种蟹，却好像可以吃尽一辈子。秋来，一方小小的厨房，飘来甜丝丝的河蟹味，我就进去看切蟹。河蟹壳子泛着淡淡的青色，和白露的天一般颜色，如同湖水一样深远寂寥——湖里有河蟹，舞着两只大大的螯，蟹螯也是淡淡的青色。它与湖水相逐，刚还在石上懒洋洋地趴伏着，又倏一下，潜进幽幽的水藻里了，再分不清哪是湖水，哪是蟹。回过神来，蟹的两只螯，已静静躺在板上，螯上有深深的痕印，那是它们生于水的印记。

世人总说，水生动物最会忘情，一旦放生，入水便不见踪影，好像融进水里，归进水里，连骨血也化作这清清寡寡、无穷无尽的水了。但谁知，水生动物才最重情，鱼、蟹、螺、蚌，水与之情，恰似骨肉亲情，是剪不断，理还乱，藕断丝连、无法割舍的离乡情；是那远漂的游子对“家”的切切思念；是风烛残年得归故里，如潮汐般漫来的浑浊泪水。

小时候，我立在老家湖边浅浅的沙里，褪了鞋搁在一边。湖水泛出一条支流，是一弯银白的小溪，极缓地流进尘埃里。清清亮亮的水中，搁浅了几只纤小的青蟹。我步进水里，让沁凉的水漫过脚面，绵绵痒痒。几支残苇生在沙里，细弱的梗上有被风蚀过的坚韧。几块大石横亘在水下，只露出一角，我喜翻它起来，水里飞起沙雨，像禁锢在圣诞球里的璀璨雪花，纷纷扬扬，飘飘洒洒。几只蟹仅是缓慢地动了动，举起几只淡青色的蟹螯，那一对对蟹螯上，有水滴纹、旋纹、钟乳纹......它们亘古以来对水无声地守望，在江流湖泊中沉浮，斑驳了多少年。一对忧郁的蟹眼，是邻居家孩子等候父母归来的汪汪的泪眼，是铁门前骑垃圾车的老伯疲倦的困眼，是一切为生存挣扎的人在日常琐细中流露出来的对归属之地的渴求。在世间行惯了，便是神行太保，也会渴望一个栖身之地，饶是最骁勇无畏的士兵，也会在羌笛吹奏之际遥望故乡，谁又能说水生动物无情呢。

宋人高似孙，嗜蟹，曾留下十几首蟹诗——《赵嘉甫致松叶蟹》《答癯庵致糟蟹》等。从古至今，蟹是送礼的首选，送友人，送亲戚，而高似孙以咏蟹来诠释感激，礼尚往来间，蟹便也被赋予了祝福安康之意。丰子恺喜吃蟹，曾于《缘缘堂随笔》中写下在场院与父亲一起吃蟹的场景：落日昏黄中，远山雄厚，尽在视线遥不可及处，一张八仙桌，一柄紫砂壶，一碗豆腐干，再填上一只端坐的老猫，一切心事悠然敞亮，话语沿远山流泻。取一只刚热的蟹，起手剥蟹壳，剔蟹脚，父亲吃蟹手法精纯，能用蟹骨堆叠出一只振翅蝴蝶。年幼的孩子却总是吃不干净，父子间的感情便在这一饮一斟间迅速升温。再回顾起儿时我吃蟹的岁月，仿佛隔着一张泛黄的窗户纸，抬指可破，却又不愿捅开，只在窗外看着柔黄色的光晕中一家团聚的和悦情景，近乡情怯，在心中默默品怀。

我家也有吃秋蟹的习惯，秋蟹吃来最佳。时近中秋，我在僻窄的阳台上独开一隅，抬头正好望见一个皎白的圆盘，上有阴影绰绰，是吴刚和他的桂树，还是广寒宫恢弘屋宇在铺天盖地的月纱底下露出的一角？搬好椅子，我同家人坐于月下，一盆大闸蟹，油厚膏肥，味美足以解去晚秋惆怅。想起方岳诗曰“玉脍雪螯新煮酒，桂花香后菊花前”，我便又临时起兴，妄想附庸风雅，折几株阳台丹桂，插在小瓶里，左右端详，不自觉端正坐姿，仿效魏晋名士，以茶代酒，举杯言欢。团圆，在我这里，就是那一盏茶香，添了蟹的鲜，桂的甜。吃饱喝足后，湖滩边人流熙熙攘攘，一只蟹从水里爬出，艳羡地偷偷望了眼人群，又倏地消失在水里。

河蟹染于湖水，拢起一身青冷，那一对眼，簇满了情，是乡情、水情，是人情。

不只是故乡的标识，还是圆满的象征，这“无肠公子”其实有着一副炽热肝肠。它把渴望归属的人们聚于一张桌前，闲叙家常；让心有郁结难以抒怀的人孑然独坐，寂寥中默默冥想；让爱玩水的稚童，在月下笑个畅怀；让江上打鱼的渔夫，收获到当季的衣食无忧。人们吃蟹咏蟹，将生命的流转寄托于咀嚼，体会到生命在万物中流转带来的情意，吃蟹时感受到的那“生命与生命之间的相遇”厚重了时间，冰释了人与人之间的嫌隙，在这浩然月色中，与万物和解，领略无边诗意，体味光阴幸福。

河蟹真有那么好吃？其实不尽然。同简媜《踏一回月》中的傻瓜面，细尝的，不就是那情之一字？值此“鲈蟹正肥时，烟雨新凉日”，不知何时，桌上不再有了河蟹，厨间不复传出似近却远的甜腥味。只有等到中秋，才有那般滋味好尝。不再嗜海鲜的我，却还爱吃蟹。阳台桂树旁，一盏明黄的小灯被古色古香的灯罩笼住，透出盈盈的暖光。空气里杂糅了街边万户灯火的馨香、高台下的阔亮清冷、不知所以的涩意，还有一缕悠悠荡荡的湖水味儿。

一只蟹静静地趴在大青石上，半截身子探出了水面。

指导教师：郑一舟

本文获第十八届初赛一等奖

点　评

如果说青蟹是一种美味，那么《青蟹长情》就是一篇不可多得的美文。作者笔下的青蟹不再是一种物，而是充满各种生命情趣的特殊存在，这种特殊存在与作者自己的生活结成了非常有情味的联系。作者的能力在于用极其细腻唯美的笔调，刻画出了一幅幅生动的画面，在这画面中又非常好地融入了自己对生命的体悟。

（蒋成峰　大学教授）

渔港之韵

□ 江苏省启东市汇龙中学　陈开云

锣鼓喧天，狮舞欢腾，随着闸口开启，几百艘保养完好、锃光瓦亮的渔船开足马力，威风凛凛、浩浩荡荡地奔向大海的怀抱。经过四个半月，伏季休渔期正式结束，新一季的捕捞期开始啦！

一个捕捞期大概十天，在那十天里，待在家里的妻儿都会谨守着规矩。平日称土豆为"洋番芋"，出海后，人们会自觉称其为"土豆"，而绝不叫"洋番芋"，因为"洋番"谐音"洋翻"，为大不吉之语。吃饭时，将筷子搁在碗上，为大不顺之举，因为这个动作象征着渔船的桅杆倒了，渔船自然也就遭了难。吃鱼时，如果孩子把鱼翻过身来，肯定遭到一阵打，人们还要做一番"利事"去讳。这是祖祖辈辈留下来的出海规矩，在缺乏科学知识与装备的过去，是人们心理的自我慰藉，也代表着一种祈求平安的精神寄托。现在，科技进步了，船上装备也先进了，渔民的生命得到了更充分的保障，但这种民俗还完整地保留着。人类小心地接受着大海给予的馈赠，又敬畏着大海，人与自然就这么和谐地共存着。

"呜——"渔船返航了。一艘、两艘、三艘……忽而在浪窝中隐身，忽而在蓝天下突现，直向港口驶来。时间不长，成百上千的渔船便密密麻麻地排列在海面上，渐渐向港口移动，其势如万马奔腾，煞是好看。

通过船闸，渔船直往各自预定的码头驶去，号子连天，热火朝天的场面会带你融入丰收的喜悦之中。而返港归来的渔民一刻也不闲着，他们把分拣好的捕获物从船舱运上甲板，负责转运的工人借吊架下到渔船，把一批批捕获物吊上码头，那些鱼、虾、蟹，白的像银，黄的像金，绿的像翠，红的像玉，青的像石……五光十色，灿烂无比；长的似鞭，短的似穗，扁的似饼，圆的似盖，尖的似箭……千奇百怪，包罗万象。工人们把转运上岸的捕获物归拢，马上就有鱼贩子前来谈价，过秤记录，海鲜随即被装上早已等待多时的保鲜冷链车，发往全国各地，运往不同市场。人们各司其职，穿梭往来，忙而不乱。

到了夜晚，整个渔港又变成了另一番景象。看，每艘渔船上所亮起的渔火，仿佛是上天撒下的繁星，它们与天上的星星竞相眨眼，相映成趣，构成了一幅巨大而又立体的繁星风景画！外地渔船上的渔民围坐在船头、船尾，品着小酒，拉着家常，有的还哼几句家乡小调，充满着收获后的激情与喜悦！本地渔船上的“伙头”，严格遵守当地的规矩，夜夜在船上值守。几年前，我曾几次跟着外公，于夜晚时分直接到船上“品鲜鱼”。偌大的木盆内盛着刚烧好的新鲜的大带鱼、大鲳鱼，每条足有两斤以上。我一边大快朵颐，一边听着海浪在船底的敲击声，再抬眼看看天上的星星，觉得这是人间天上的绝佳享受！

“出海捕捞二更天，慈母明眸难入眠。只听寒风呼吼吼，犹闻雪粒闹喧喧。担忧渔网欺生手，唯恐狂涛吞没船。秋水望穿无返棹，儿归心里始安然。”忐忑不安的家人早早计算着归期，被子晒了又晒，衣服熨了一遍又一遍，冰箱里食物装得满满的。终于，船归港了，人回家了，家里人才真正地安下心来。他们回到家，泡个澡，洗去一身疲惫，喝口酒，和家人唠唠趣事，却绝口不提遇到的危险，只留丰收的喜悦与归家的安然。休整几天以后，他们又整装出发，再次奔向广阔无垠的大海，再次接受海的洗礼，再次迎接新的挑战，为家人的生活劈波斩浪，一往无前。

这就是我家乡渔港人民的生活。大海、渔港，日复一日，年复一年，渔港人民无悔守候。一代代渔人的更替，一代代渔人的努力，使得原来不起眼的小渔港变得富裕起来，热闹起来，变得那样有生机，正所谓：“夕阳晚照送归航，蓑子行舟畅大江。一曲渔歌烟渚上，万千碧浪竞徜徉。”

海边的人们，就像是大海之水，随着季节的变换而轮回，永不停息。

指导教师：施晓霞

本文获第十八届初赛一等奖

点 评

文章将渔港生活写得富有韵味。渔船返航时的壮观、各色海鲜的丰富、渔工分鱼时的忙碌、夜间渔港的静谧、品鲜鱼的喜悦……文章点面结合，有动有静，生动形象，读来如临其境。民俗和歌谣的插入，更给“渔港之韵”增添了特有的风味，加上海鲜的鲜香，令人回味无穷。结尾歌颂渔港人民勤劳致富、生活幸福，自然真挚，水到渠成。

（王会娟 资深编辑）

故乡的游吟者

□ 山东省泰安第二中学　李智攀

这里曾驻留过我的童年，盛放着过去快乐的日子。或许几年后，故乡只等于我学生时代蜗居过的六十平方米，位于城里的破落小屋。可是现在，故乡不在了……

许多个春秋过去，我逐渐喜欢上春天柔和的风、秋日慵懒的云，喜欢把一个充满自然气息的闹钟定好时，在晨曦未启前的片刻醒来。有时我想，好多千米之外那个叫做庵上的地方，是不是仍旧可以听见鸡鸣？灶台与烟火也一道醒来……

在十二路公共汽车的终点站下车，眼见一片生机盎然的林子，绕着林子旁的柏油路，一路向南，直至看到拐弯处伫立着的两个大石墩子，那便是村口了。

那时候，村子还在……

我不知道姥姥的姥姥是否知道村子的年龄，流淌了上千年的汶河或许知道答案。村子安静地偎依在大汶河河畔，缄默，淡然。常常，我娴熟地爬上姥爷的车，不多久，车子便停在河岸的坡地上。

风与云相互推搡着，云是童年的形状，风将云的样子画在水面上。湖面明净，姥爷说，他在我这个年纪时，一眼就能望见湖底，冬天比现在更好玩儿，湖面结了厚实的冰，可以直接在上面跑来跑去……

我不厌其烦地寻找着乐趣，拾起半浸在水中的鹅卵石，蹚着柔和细腻的沙子，又或是找寻扁平的石子，学打水漂的样子。我竟是那样地乐此不疲，把太阳都熬得消沉了下去。天渐渐暗下来，不方便去摸寻水里的石头，我于是又坐回了姥爷的车上，听姥爷讲大汶河和不远处徂徕山的故事。

不知名的鸟与山鸡掠过头顶，点缀在汶河河面之上，河面金光粼粼的涟漪荡漾开来，旋即如醉酒般红晕满面。日夕佳，相与还，纵一苇，凌万顷……慢慢地，水由紫檀到深蓝，又沉沦于一片寂静的夜海。困意连同落日余晕一点点扩散开来，小孩子的头时不时就要耷拉下去，伴着那河水呼吸的声音。

小孩子早已睡着了，风畅然地游荡在他迷迷糊糊的梦中。

我不了解方文山，可我真的淋过雨，哼着歌，追逐那份由衷的欢喜和一切向往的美好，任风在我童年的麦田飘着，飘着……

我记得在这里的最后一个中秋，村子陆陆续续拆了大半了，从前那个躲藏在土屋之后的秘密花园，也裸露在断壁残垣之中，像十五的月亮在一片孤寂中亮着光。

此时蓦然想起八岁时的庵上，那年的月亮也很大，很亮。吃过晚饭后，我拖着姥姥姥爷、爸爸妈妈一起上了平房房顶，姥姥铺了一张满是补丁的毯子——每年都是这样。我们一家就坐在上面，一起看着月亮。“十五月儿圆，全家笑开颜。月照平台上，全家共团圆。”八岁那年的中秋，我作了这样一首诗。

姥爷他们仍在聊搬迁的事，我一个人走上了平房房顶。这依旧是我八岁作诗的那个平房，往下看是生了杂草的阡陌小路，东边便是那徂徕山。与年少记忆中不同的是，曾经了无生息的远方，现在却拔地而起了一座座高楼。起重机支撑着工厂厂房，货车的轰鸣夜以继日地持续着，我不禁想到——或许不久后，这里也将如此。这个从来散发着人间烟火气，从来有着飞鸟吟唱、虫鸣星稀的地方，将满是钢筋混凝土，在无情的机器中逐渐被人们遗忘。直至又聚起了不知“几〇后”的青年们，庵上被赋予新的模样……

亘古屹立的徂徕山，在最后的中秋，勾勒了一幅春江花月夜的图画。月出于东山之上，继而照着山头的残枝，残枝也有了亮光。月亮一点点升高，变亮，高得亮得仿佛能照亮所有归乡的路。我仿佛看见了汶河中倒映的月，月是故乡明，我想到潮水同月光涨落于人的心扉，何处春江无月明？

我不了解张若虚，但我真的像是在春江之上，赏着月夜，心思跃然纸上，孤篇压倒全唐。就像八岁那年所想的那样，我想成为一个诗人。

我总盼着姥爷来城里，盼着同姥爷一道而来的好吃的。打我记事起，车站旁的小店最先是一家香味四溢的鸭子店，然后是卖烤兔子、糕点、蒜香鸡块和夫妻肺片的。后来，我也能自己坐车回乡，等好久挤上一辆载满老爷爷老奶奶的车，有时得站整整一路，站得腰酸背痛，却满心雀跃；有时会有人唤我的小名，我至多记得面熟，哪里知道人家叫什么，只是尴尬地、含糊不清地应付一句。村子不是很大，乡土情愫将人们连在一起，我打小在那儿，人们也便都认得我。

下了车，我必然能看到等着接我的姥爷。从老旧的三轮车到三轮摩托，姥爷用它们载着我，一次次穿过这里我再熟悉不过的乡间田地。我依旧娴熟地上了车，却在轻快的微风中，惊异地看到了风中轻轻飘着的他的白发……

每次我回姥姥家打开电视机，看到的总是那调高了音量的中文国际台。姥爷是个共产党员，从我小时起，就常常讲那都听腻了的海峡两岸的故事。前些日子，社区组织退休老党员旅游，一向不喜欢出远门的姥爷却穿了妈妈新买的鞋，背上了老旧的包。姥爷说:“共产党让我们过上了好日子!”

是啊,在这片土地上劳作了一辈子的姥爷,也该享受享受好日子了。

我总盼着回家,盼着过年,我记不清农历日子,只知道等到了腌香肠的日子,我便能回姥姥家了。于是每当家里挂起香肠,我高兴得不得了,妈妈或是以为我是馋那香肠,到现在每年都要灌好些挂在阳台上,只是后来吃到,仿佛没了从前的滋味,干涩了些。

那天中秋节回家的路上,妈妈说:“唉,一个六百年的村子就要没了。”我追问村子的历史,妈妈却说:“是孙二娘时候就有了的,六百年了……”我马上想去驳斥,就像那个十五六岁少年曾做的那样,但我还是没有说出口。我静静地转过头看向山边,月色若水,徂徕如画,轻描淡写的一句话缓缓流出——那可不止有六百年了。

小时候我总嫌弃故乡苍老破旧,故乡却从未嫌弃我年幼无知;后来我总埋怨故乡太远,故乡却从未埋怨过我迟迟未归。我将我的无理取闹留在故乡,却卑以自牧地走向远方。

我不了解朴树,但我真的像那些花,告别了故乡与儿时的梦,从此散落在天涯。我不了解许巍,可总在梦中看到自己走在归乡的路上。“她们都老了吧,她们在哪里呀?我们就这样,各自奔天涯……”我该怎么写好庵上与一个孩子的童年?该如何讲出这个逝去的村子与过去的故事?

我想成为一个故乡的游吟者。

指导教师:户晓萌

本文获第十九届初赛一等奖

点　评

文中出场的既是一个跃动于生长之地的孩子,又是一个“乡土中国”的典型代表,“我”思考着现代化步伐中农村的命运和自己的归属,又力图按照词人、诗人或歌手的身份,为逝去的故乡留下点儿什么。作者正如一个游吟诗人,用散文诗的笔法为故乡庵上唱出了一首怀旧的歌,而且一唱三叠,从童年到少年,不断吟诵出对乡土、亲人的情衷,颇为打动人心。文章描写生动,语言流畅,主题上体现着一定的时代特征和作者的社会责任感,将乡土情的表达深化了一步。

(包学菊 高校教师)

干了这碗羊肉面

□ 江苏省常熟中学　范馨怡

我小的时候很喜欢吃羊肉面。爷爷常带着我到大桥堍下的一家店吃面，店面不大，装修也很普通，塑料招牌上写着“藏书羊肉面”五个大字。我小时候不解其意，傻傻地以为面店老板藏书万卷，除了会做生意还是个爱书喜读的雅士；面店也像图书馆一样充满了书卷气，在里面吃一碗羊肉面的感觉就像是读书品茗，变得高雅起来。推门而入，热气缭绕，喧闹声伴随着羊肉的香味扑面而来，烟火气瞬间把人裹挟在一种平庸却温暖的氛围里。

后来才知“藏书”是个地名，羊肉以地得名。大概是西汉时期苏州一个酷爱读书的穷书生，常在砍柴沿途藏书阅读，最终学有所成，人们便以“藏书”命名他的老家。而他家乡的人又善于烹煮羊肉，“藏书羊肉”因此得名。这个故事在苏常一带家喻户晓，再具体如何，我便不曾得知。

似乎所有名人轶事、历史典故都是美食作引子，它们的存在让食物变得完整。它们赋予了食物更多的人文气息和想象空间，食物因此不会寡淡无味，只会层次分明，就如同生活一样，有了仪式感就有了光彩。

店面不大，布局也很常规。进门左手边是老板的柜台——用铝合金搭建起来的一个小隔间，老板站在窗口，菜品的价格贴在玻璃上。正中间放着一块木砧板，砧板上放着切碎的羊肉，一柄沾满油腻却锋利无比的菜刀架在其上。砧板上全是刀痕，很像老板脸上密密麻麻的皱纹。

老板是个自来熟，每逢有人进去，便会满脸堆笑，主动招呼：“您来了，吃面还是喝羊汤啊？”“要羊糕还是现切肉？”热情的语气让人很是舒服。

每见爷爷和我进店，老板总会微笑着说：“一份羊糕单浇轻面，一份切肉常面。”对于熟客，老板的语气很是笃定，疑问句往往成为肯定句。然后老板麻利地提起刀，片片羊肉应刀而落，装入白色的小碟子里，送往后厨。透过玻璃隔墙，我能隐约看到里面的忙碌。后厨舀上羊汤，淋上羊油，码上细面，一碗漂亮的羊肉面就像一件精美的瓷器一样出炉了。阿姨通过窗口将面递到外堂，食客们搛上一筷子姜丝，撒上一把青蒜，缀上一簇香菜，这便是人间美味。

我和爷爷等面的时候会先选好位置坐下。餐桌是普通的松木桌，盖着一层绿色塑料餐布，动起来“咔咔”作响。靠墙的一侧有佐料，一般是酱油、盐、辣酱、葱花和姜丝，按个人喜好添加。面店里的辣酱很好吃，是适合江南人口味的鲜辣，相比辣油，多了几分咸鲜，能冲淡几分羊肉的膻味。爷爷喜欢现切肉，我喜欢羊糕，我俩都喜欢加点辣酱。

店内右上方挂着一台电视机，老式的那种显像管电视机，早上放的是《朝闻天下》。老板有时会应和着新闻说上两句，总有人接话。爷爷总是默默地听他们聊，有时会附和着笑一笑，却从不插话，眼睛始终柔和地看着我，示意我专心吃面。我也很听话，闷头吃面，真可谓“两耳不闻桌外事，一心只吃羊肉面”。

因为年龄小，爷爷怕我浪费，总是为我点轻面。一碗面半碗汤，肉沉碗底，面浮汤里，要用筷子将面从上到下捞起几下，肉才能浮上来。羊糕慢慢融化到羊汤里，汤越发浓郁，面条也变得口感鲜滑。嘬一根面，咬一块肉，喝一口汤，温暖感从胃里弥漫开来，味蕾尽情享受美味，我流下了鼻涕也全然不知，整个人变得暖洋洋的，这时爷爷总会低声嘱咐：“细嚼慢咽，别呛着。”

可最后，面仍是吃不完，我就被爷爷告知：“面可以剩，肉不能留！”但每次吃着吃着，碗里的肉总是越来越多。爷爷说自己年纪大了，肉不能多吃；我信以为真，每次都在他的监督下把搛给我的肉全部吃完。爷爷似乎也很享受这一监督的过程，满脸带着笑。吃完起身，老板微笑送客，用纯正的苏州方言说：“再会啊！明早再来啊！”吃完面的我们就好像电池充了电，能精神一整天。

过了三四年，爷爷走了，大桥堍下的羊肉面店也关了，“羊肉面”三个字仿佛是我人生中禁忌之语，逐渐淡去。每每见到羊肉面店，我也失去了进去的欲望，偶尔的品尝，也不知何味。朋友们以为我不喜欢羊肉，我也奇怪，是自己口味变了，还是面的味道变了，或者是陪我吃面的人变了呢？或许都有吧。

我上高中后的某次生日，爸爸提议吃全羊宴来庆祝，于是张罗了羊肉火锅、红烧羊肉，自然还有羊肉面。但没有了熟悉的辣酱，我不甚喜欢，吃了两口，鼻腔却感觉一阵酸涩，难免要像汪老笔下的萧胜一样咧开嘴痛哭起来，高叫些什么。尘封已久的情绪在这一刻终于决堤，我一边拼命吃面，一边泪流不止，险些呛着，爷爷当年的嘱咐此刻竟忘却了。面是咸的，泪也是咸的。我最后还是吃完了这碗面，然后又长了一岁。

我和羊肉面的故事很平淡，就是最普通的人间琐事。老板只是普通的商人，羊肉面只是最普通的街边吃食，我和爷爷也只是最普通的爷孙，但就是这众多的普通，构成了人间最普通也最真挚的情感，这才最值得我们珍惜。

羊肉面是冬天里的一道暖阳，它教会我如何成长；教会我如何去面对所有的告别和开始，过好我的生活，在自我的人生里精致，在别人的记忆中得体；教会我不必告别人间烟火，内心留有洁净圣地给梦想栖息。不囚于怀念，却永远感恩。

干下一碗羊肉面，一碗温暖红尘下肚，一口一生活，一步一欢喜。

我们都很好，便足矣。

指导教师：张静

本文获第十九届初赛一等奖

点 评

在作者笔下，羊肉面不仅美味可口，更是寄托了作者对爷爷的感激和怀念，以及对儿时生活的留恋。从羊肉面中，我们能深切地感受到爷爷对"我"的挚爱，老板对顾客的热情，"我"对爷爷的感激和无尽的思念……这些人世间最普通也最真挚的情感，可以说是世上最感人肺腑的，也是最让人回味无穷的，让我们学会珍惜过往，学会感恩。

（夏冬 资深编辑）

火　车

□ 天津英华国际学校　牛博煊

我随父亲来到火车站，接六十五岁的外婆回家。也许，这个被我和父亲称为家的地方，并不是她的归宿。不然，永远慈祥温和的外婆，怎么会听不进所有人的劝阻，执拗地坐上火车，独自奔赴千里之外的巴蜀大地，不顾一切地返回她阔别已久的故乡？

先是一个远远的、模糊的小点，被出站口熙熙攘攘的人群裹挟着。然后是一个不甚清晰的身影，我努力地辨认，迟疑地举起手向那个身影示意。直到她走近，我才辨认出那就是我的外婆。然而这个外婆却让我有些陌生了，她消瘦了，也变黑了，大概是旅途的劳顿使她疲惫，但她脸上浮现出一种我从未见过的神情。她的嘴角依稀带着几丝满足的微笑，眼睛里却有着淡淡的怅然，似乎刚刚经历了一场道别。她眯起眼睛，有些困难地锁定了人群中的我。我奔过去替她拿行李，她轻轻地唤着我的小名。后来，我无数次回想起外婆当时的目光，知道我本来有理解她的机会，但我错过了。那一颗历尽沧桑、在冰水里浸过又在烈日下晒过的心所结出的岁月的果实，是十四岁的我不能理解的。

那一年我十四岁，外婆六十五岁。一个渴望出发，一个渴望到达。

十四岁是一个狂妄而充满渴望的年纪。那时的我，渴望出发，渴望离开，渴望一生中都有新的梦想。我渴望搭上一列火车，千山万水随意行去，不管星辰指引着什么方向。我出生在北方的一座石油小城，在那里度过了平静安宁的十四年。我每天按时走着相同的道路上学，放学回家时，楼下喂猫的老人问我一句："放学啦？"我答"是"，然后上楼，按下电饭锅的按钮，写着作业等妈妈回来。一天就这样过去，一年就这样过去，所有的日子透过我奔向海洋，不在这座平静而落后的小城做丝毫停留。我也不想再停留。

就像车站留不住火车，安恬舒适的小窝不能留住我，外婆做的可口的饭菜不能留住我，我听不进所有人的劝阻，执拗地要坐上火车，独自奔赴百里外求学。外婆知道了我的决定，没有阻拦也没有问我什么，她只是默默地为我准备着她所能准备的一切。从衣物到曲别针，她和妈妈一项项地核对着长长的清单。日子在我的暗暗期待中一天天过去，我终究还是坐上了去往异乡的特快列车。

那一年，我十四岁。当时的我，还没有异乡和故乡的概念，更不懂得离别的意义。我看看车窗里的旅伴，又看看车窗外的父母和外婆。父母眼中是藏不住的担忧，而外婆定定地、温柔而专注地看着我，仿佛透过我看到了身后的岁月。然而我全然没有关注这些，火车还未启动，我的心却已经开始驰骋。在我的想象中，火车将载我去一个让我实现梦想的地方。直到车门缓缓关闭，我的心忽然悸动，后知后觉地产生了几分被剥离般的痛楚。我连忙透过车窗向后看，看到外婆的身影逐渐模糊，远去，渐渐湮没在火车启动时扬起的灰尘和昏黄的暮色中。但是，外婆朝着火车远去的方向，不停地挥舞着双臂，好像她知道我一定会回头一样，好像她也曾经历这样带有淡淡苦涩的离别，也曾在出发时回望那片养育她的土地——带着不舍也带着眷恋，她向后抛掷深爱的一瞥。

她看到了什么？我无从得知。我知道的只是，外婆离开故乡的那一年才二十五岁，梳着两条油光光的麻花辫，带着一只人造革皮箱。在人群之中，她感到无所适从却又不得不假装淡定从容。被人流裹挟，被时代裹挟，她登上了二十世纪七十年代的绿皮火车。那时她还很年轻，有的是力气。火车再怎么高，她爬得上去；人群再怎么挤，她站得住脚。突然脚下一震，火车缓缓地启动了，她顾不得找自己的座位，连忙挤到车窗旁，脸贴着窗户，向外匆忙地看了一眼。广袤宽和的大地温柔地看着它的儿女。她不会想到，直到火车站翻新了三次，直到绿皮火车变成了和谐号，她才得以重新踏上这片土地。她那一去，就是四十年。

绿皮火车载着她奋斗的梦想一路北上，来到当时有待开发的中原。然后，生活的纤绳深深嵌进她年轻的肩膀。异乡的日子并不是她想象的那样。她曾在烈日下劳作，北方的太阳使她变得黧黑；她曾为漏雨的屋檐担忧，阴冷的雨滴憔悴了她的心；她也曾遭遇过求职碰壁、投诉无门的窘境。我的言语已经无法描述她曾遭遇的苦难。那时，昨日只是今日的回忆，明日只是今日的梦想。一切只剩艰难的今日，无论如何也要渡过的今日。可是，她性格中有水一样坚韧的力量，支持她渡过最艰难的岁月。她在生活的缝隙中找寻奋斗的价值，因为她始终明白劳动的意义。对她来说，奋斗就是紧紧抱住这片土地，就是每一天都在期盼着更好的明天。所幸，她筚路蓝缕所换来的一切，最终成了她的宝贵财富。她见证了中原大地四十年的兴衰，见证了万丈高楼拔地而起，见证了工业血液从地下喷涌而出，见证了绿皮火车变成和谐号……东方的太阳正在冉冉升起。

溪水急着要奔向海洋，浪潮却渴望重回土地。外婆老去了。在这四十年里，她无时无刻不在思念着故乡。思念是隐性的，若是不去体会它，它就淡得像水，若是细品，就醇得像酒。她终于回乡了。她没有创造出惊天动地的事业，也没有可以作为勋章的功绩，而广袤的大地依然接纳了它的儿女。山河仍在，春天依旧。外婆满足而丰饶地老去了，或者说，成熟了。然而土地是不会老去的，土地将永远年轻。我沿着外婆的足迹，在这片年轻的土地上尽情挥洒汗水和热忱。

十四岁的我，和二十五岁时的外婆一样年轻而充满精力。我青涩而莽撞，在生活的田野里横冲直撞，开垦出歪歪斜斜的沟壑。外面的世界，并不像我想的那样，并不是走出来之后，路就宽了——路永远是自己走出来的。但即便如此，我也从来没有因为选择走出来而感到后悔，我想当年的外婆也一定是这样。我在一条崭新的道路上，蜿蜒曲折又跌跌撞撞地走向成长，走向改变，但有些东西不会随着阅历的增长和心灵的成熟而改变。游子就像风筝，即使飞得再远，线也紧紧攥在家乡的手里。剪断了线，风筝飞不高。这也是为什么不管多晚，即使没有了出发的火车，也一定会有返程的班列。

正因为这些不变的东西，离开才成了另一种形式的回归。三代人的命运就在火车启动的那一刻奇迹般地相交了。这列火车从枪林弹雨中驶来，从茫茫戈壁中驶来，从鲜血和泥土中驶来。外婆坐上这列火车，妈妈坐上这列火车，我坐上这列火车，三代人，不同的精神面貌，不同的生活背景，却有着不变的故乡情怀、不变的梦想初心。我们都是这列火车上的普通人，我们也都是推动这列火车的人。历史的车轮正滚滚向前，我们的征途是星辰大海。

指导教师：冯丹

本文获第十八届初赛一等奖

点　评

一列火车，奔向远方，注视着它离去的目光里饱含不舍与担忧，随着它离去的那颗心里则涌动着期盼与激情。作者以“火车”为线，描写时代洪流下祖孙二人的青春与奋斗——她们在异乡的辛酸中体味乡愁，在迷茫坎坷中追求梦想。行文时，作者将自己的记忆与外婆的经历交织，并以深厚的文字功底将其娓娓道来，虽跨越多年，却依然扣人心弦。文章主旨意蕴丰富，有对远方的憧憬与期待，有对家乡的眷恋和思念，有对奋斗的坚定信念，有对祖国四十年沧桑巨变的深切感慨……情感细腻真挚，思想深刻含蓄，是一篇难得的佳作。

（尤立增 特级教师）

风尘之城

□ 甘肃省兰州第一中学　李毓欣

家乡是一位行走在外的侠客，走过了太多的路。从山的一隅到水的两岸，兰州——一座缘起于黄河的城市，留给我的是它的形容和不多的言语。在我记忆中的它，是一座风尘之城。

曾经多少次，我的脑中浮现出这样一个画面：狂风席卷起漫天的黄沙，这之中有一座城市，一座屹立不倒的抵御着风沙的城市。来自四面八方的江湖侠士来到这座城市，他们谈论着各自在风沙中的经历——迷失道路以及找寻方向，就为了寻找这座传奇的英雄之城、侠客之城、风尘之城。

城的外形，俯瞰是龙盘虎卧，在黄河的两岸，有着独特的气质。九曲回环，万里之沙俱下，送来的不是帝王将相的誓言，而是绿林豪杰、江湖侠客赖以生存的慷慨。

入了金城，黄河居中两山相隔，吸引你的不再是渐趋平缓的水，而是一定要去一观的山。山也不高，甚至没有多少值得谈起的有名的景，可它却对这座城市意义非凡。山路不算崎岖，途中有些普通的花草树木、用水泥和木料建成的阶梯和栈道，游客在他们各自的故乡大抵也见得到。来人初登这儿的山，或许都会说一句：其实也不过如此。倒也没错，在兰州没有什么名山大川，只有普通的山峦，游客来此地之山一览，仿佛只是走过场一般。可黄河水需要这山，也还好，此山遇上了此水。黄河，从前行到无畏而终，它的一生是一条没有止息的路。流经金城，遇到了两座无奇而对的山，河水会稍稍慢下它的步伐，听山诉说平凡的世界，它的剑鞘中不再是名满天下的紫电青霜，而是重剑无锋、大巧不工的木剑。这山让水成了一条江湖之河，这水让山拥有了平凡中的豪情与积淀，于是你就会明白山与水赋予这座城市的意义。

我听过人们对于这座城市的褒贬，我记得这座城市的聆听和淡然。在街头巷尾，我无数次发现金城的痕迹，终于明白，有一场雨会洗去这城市的悲欢。兰州于是开始了新的现在，过去终于不再被人们经常谈起，我却喜欢在此中回忆雨的感觉。

不是从一个固定的时间点，而是从任何随它心愿的时候，兰州的雨来了。这雨率性洒脱，不会有任何拟声词来为它作注脚，没有淅淅沥沥，没有瓢泼和倾盆。它不是一场从一而终的雨，从来顺心而为。从广场的繁华商业街到老街的弄堂，下雨的时候你不是一个安于贫富的人，你是一个听雨的人。雨点无规则地打在有缘或无缘者的身上，那随风而来的不知会润物细无声还是会让行人步履匆匆。我不知道下雨的时候该想些什么，但觉得自己总是情不自禁，会依着雨的痕迹看看曾经的事情。属于那些事情的时刻，本不会属于这一场雨的，可就连那些事情本身的情感，竟也不自知地涌上心头，想来真是不可思议。

金城的雨是一个任性的孩子，没有画笔，却在这座城市中画满岛屿，让每只飞过的候鸟找到栖息的地方。我看见兰州的所有，都是雨的影子。

我无法忘记在城里走过的那些街道，甚至记得许多店铺的名字和它们的招牌小吃。生活在兰州的人很少有不爱当地小吃的，食客如此之多，以至于那些小吃店铺的掌柜也成了人们所熟知的对象。他们不大的店铺遵循了传统小吃店的惯例，食物以一个价位维持很长一段时间，所以追捧者们知道店铺中一切小吃的价格。这样的店铺是很有趣味的，较之高档餐厅的奢华讲究，它的简单也成就了它的独特。没有鲜榨果蔬、开胃饮料，没有奶油蛋糕、饭后甜品，没有华美的拼盘，没有精致的餐具，只是一碗酿皮或是一碗灰豆子。食客坐在摊位边，拿起木质筷子，可以要一杯红枣茶，先饮茶后品尝小吃。当清凉滑爽的酿皮、绵柔饱满的豆子触及味蕾的时候，任何美食家的术语都无法去形容那种感觉，就是纯粹到几乎每个人都能陷于其中的美味——来自金城的风味。兰州的街道，寻常巷陌，此类隐藏的小吃店数不胜数，它们是这个城市宝贵的记忆。

在任何霓虹交织的地方，不会有真正的安静。繁华的街道人头攒动，热闹总是千篇一律的。这不是批评都市夜生活灯红酒绿、夜夜笙歌，而是为缺少内心的安宁而遗憾。过多的欢愉有时会失去它的意义，不若独自坐下进行片刻的冥想，只是那样坐着也好。

我不喜欢夜里依旧烦扰，于是来到城市中没有太多高楼大厦的地方，纷繁的光束打搅不了这里的安宁，而这里还留存着金城的气息。白天的时候人来人往，夜里复归平静，这恐怕是一种最理想的状态。从高处看全城，目力所及，竟和我意念中的兰州不太一样。这座历经千年沧桑的古城，交融了现代文明后，褪去了些许的沉稳，注入了悸动的血液，而我心中大概还想看看它旧时的风范。夜里的灯光再明亮，不会亮过皎洁的月光。摩天大厦带不走的哀愁，院落中小小的平房可以抚慰。在夜里，这座两山之间、黄河之畔的城市不知会不会留恋它曾经的风尘故事。或许一位侠客，不应该有太重的包袱，因为现实的诰命，不会有风尘的随性。

山水之间，城市之中，我苦苦追寻着兰州的痕迹。

听到我内心的呼喊，金城给了我回音。这大概是一位侠客的声音，也是一座风尘之城的声音。

指导教师：李占祥

本文获第十八届初赛一等奖

点 评

家乡是我们生于斯、长于斯的地方，承载着生命最初的记忆。兰州，在风沙中屹立不倒，是风尘中的英雄传奇。它在繁华旖旎中坚守安宁与沉静，在朴素平凡中积淀豪情与洒脱。作者以行云流水的笔触，将厚重沧桑的历史文化与简单恬淡的生活场景融合，通过黄河的山与水、率性的雨和街巷的小吃，使一个有着自己独特风韵和深厚底蕴的城市跃然纸上，可见其深厚的文字功底和善于观察生活的细腻情致。文章开篇便出手不凡，将家乡比作行走在外的侠客，字里行间含蓄地流溢着自己对家乡深沉的爱恋与依赖，结尾再次点题，情感饱满，结构清晰，不失为一篇佳作。

（尤立增 特级教师）

骑在候鸟的背上

□ 江苏省常州高级中学　曹依诺

故乡那些紫薇的春、银杏的秋、腊梅的冬与荷花的夏，就是我的童年意象。

父亲这一概念，对幼时的我来说是单薄而虚幻的。比起陪我蹦蹦跳跳、上山下河的祖父祖母和夜晚拥我入怀的母亲，父亲像是动画片里的人物，亲切但也遥远。在那些对于一个孩子来说弥足珍贵的瞬间——跌跌撞撞地走出第一步，张口说出第一句含糊的称谓，哭着把掉下的第一颗乳牙递给妈妈……他从未出席。但在家人含笑的回忆中，却又有父亲风尘仆仆骑着摩托车回家，来不及脱下身上沾满了风雪与尘土的军大衣，就被我一把抱住大腿的令人哭笑不得的场景。是啊，尽管我早已遗忘了父亲抱着我凿冰钓鱼的场景，却还记得他那辆威风凛凛的大摩托车。

那辆摩托车是父亲青年时的坐骑。

很酷的黑色大摩托，有高高的底座和高高的挡风玻璃，叉开腿坐在上面，很有“八〇后”青年的风采。父亲中专没毕业，就和兄弟们骑着摩托车风风火火地穿梭在故乡的大街小巷，来时一阵风，去时一阵烟，谁提到了都得感叹一句“年少轻狂”。

后来他结了婚，后来他们有了我。

载着青年桀骜不驯过往的摩托车上坐了一个有妻女的男人，他要奔波在故乡与外地之间，像千万农民工一样春而往、冬而归。二十一世纪初时，每年年关总有那么一支浩浩荡荡的摩托大队，从北上广一路骑向故乡。一辆小小的摩托车，竟可以载得下被褥、锅碗瓢盆，再坐下一对贫苦但幸福的小夫妻。背着包袱，脸被寒风吹得红扑扑，笑得嘴唇都干裂了，我此刻回想并在时间的河里妄图看见的，也有我的父母吗？

我在农村长大，我们那个村子里的孩子都有这样的家庭——父亲在外地打工，母亲在家乡种田，抑或父母都在外地打工，孩子由爷爷奶奶抚养。生长在村子里，倒也不感到孤独，孩子们总是闹着的，不用担心上学，不用担心吃喝拉撒与未来没有婚房。所以在很长的一段时间里，我以为天下所有的小朋友都是和我一样的，父亲就应该像是远方的鸿雁，遥远地守候我们而不相见。

直到城里的小学第一次开家长会。当我的奶奶局促地坐在风华正茂的爸爸妈妈们中间时，我意识到，或许，我的家庭是不太一样的。

那是二十一世纪初的十年，那是农民工问题和候鸟家庭问题最热的年代。

我开始意识到，原来母亲每年暑假带我去父亲打工的地方过暑假，并不是很多小朋友口中的旅游，而是一种团聚。在开往大城市的绿皮火车上，在人潮汹涌的火车站里，在父亲的工地上，我遇见了我的同伴们，我们被统称为“留守儿童”。一年中只有短暂的寒暑假能全家团聚，其余时间分居两地各自思念，我们像迷惘无知的小候鸟傻愣愣地跟着母亲南北奔波，为了短暂的幸福与团圆。

正是那些在绿皮火车上蜷缩着身子不愿碰到邻床臭脚丫子的夜晚，那些在工地集装箱棚屋里聆听工地上丁零当啷声音的酷暑，那些坐在父亲摩托车后座上风驰电掣的傍晚……构成了现在的我。我深深地意识到出身农村、曾身为小小候鸟的我脑中的烙印如此深刻：从小到大被拎着耳朵教育要通过学习改变命运，过年时被老得走不动路的长辈用枯枝般的手抚摸着祝愿前程顺利。

我们被寄予了太多期待，是登上云梯起飞的一代大雁。

越长大，我越对祖辈的付出深感惊讶与感激。他们披星戴月供养子女，使其拥有离开故乡的机会，且不要求任何回报。即使孩子工作繁忙，一年回不了几趟家，但似乎一个“我过得幸福”的消息便能让他们乐呵呵地独自守望在偏僻荒凉的故乡。

这些年来，多少闪亮的星星从大山深处升起，从执着追寻考古梦想的钟芳蓉，到回馈母校华坪女子高中的毕业生，山里、村里的孩子们蹬着祖辈的梯，骑着那只牵引了童年时故乡与远方的鸿雁向远方飞去，从此故乡只余寒暑，再无春秋。

所以我永远感恩父母数十年的辛劳、祖辈几十年的养育、故乡几代人的守望。

那只曾被遗落在巢穴里的雏鸟，终有一日也会羽化成足以翱翔天际的大雁，飞往远方。但飞得再远，候鸟也要归乡。

指导教师：李文谦

本文获第十九届初赛一等奖

点　评

本文讲述了一个特殊群体痛与爱的故事。作者巧妙地将倒叙和插叙结合，先写童年时代父爱的“缺席”，再写长大后往返两地的团聚，最后表达了对“候鸟”群体的真情解读。作者以成长为经，以情感变化为纬，表现了骑在“候鸟”背上的“我”终于化成长之痛为感恩之心和蜕变之志的心路历程，既真切又感人。

（张宗涛 作家）

钥匙

□ 山东省五莲县第一中学　杨志腾

这是一串在祖父腰间挂了许多年的老钥匙。当父亲把它们从表面盖满灰尘的楠木箱子中拿出来时，我一眼便看到了上面缠着的熟悉的红黄蓝绿紫五色绳，那是我亲手系上的，如今已褪去鲜艳的颜色。

我忙从父亲手中接过这串沉甸甸的老钥匙，小心翼翼地捧着。我不敢也不能慢待它，因为这是祖父一生的轨迹，也是我的童年。我轻轻抚摸过每一把或大或小、或银白色或古铜色的钥匙，指尖游走在它们身上独特的细微纹理上，蜿蜒前行，像是丝丝的情思，在指尖的温暖与金属的冰冷之间慢慢纠缠交织。捧近鼻尖，闭上眼睛，我嗅到了那股淡淡的烟草清香与草药苦涩的味道，深吸一口气，所有的一切那么熟悉，像是一股暖流，冲击着我的四肢百骸。我跑出阴暗潮湿的地下室，举起手中的老钥匙，迎着骄阳刺目的光，看到了钥匙上细小的刻痕，坑坑洼洼的，都是岁月的印记。

父亲从阴影里走出来，叹了一口气道："满意了吧，上车！"我收敛起笑容，握紧老钥匙，忙跟着父亲上了车。跑在土路上，车子还是一如既往的颠簸。

我透过车窗去数路边一棵一棵向后方奔驰的老松树，我想知道这些老朋友是否一个不落地列队在路边欢迎我。我又盯着慢吞吞向后方挪动的层层山峦，它们是否还是先前的模样，我命名的"马耳""蘑菇""鸟嘴"是否还在老地方等我再唤一声它们的名字。手中的老钥匙像是一坛老酒，独自散发迷人的芳香。我轻轻地捧着它，不让车子的上下颠簸让它受一点点磕碰。我知道，我不敢也不能慢待它，因为这是祖父一生的轨迹，也是我的童年。

这次的故乡之行缘于一天夜里我偶然梦到了这串老钥匙，便执拗地缠着父亲给我找到这串将近十年未见的老物件，还要回一趟远在一个静谧小山村的老宅，因为我觉得总有些什么是祖父上了锁而我不曾见过的。我闭上眼睛，总有旧事涌上心头，堵在我的喉咙处，迫切地想要发出声来。

终于回来了。老屋依旧依偎在两棵合欢树的怀抱里，娇小可爱。屋顶瓦片上早已被疯长的杂草铺盖成一顶“棉帽子”，有些长长的草枝开着淡雅的黄花。站在熟悉的天蓝色铁皮雕花大门前，我迈开步子上前，可又像是被什么绊住了似的停了下来。门扉上的春联已经变白，很难去辨认上面曾经书写过的祝福言语。我仍能记得每到贴春联的早上，祖父在门前弓着腰，手里端着一盆早已和好了的糨糊，用一根细长的合欢枝子，蘸着浓稠的白浆，涂抹在艳红的春联上。我用我的小手，他用他的大手，我们一上一下，将满载着新年祝福的春联稳稳地贴在门扉上。我拂去门上长年累月积攒下的蛛网，摸索出钥匙孔，从老钥匙中找到那把最大的、表面最光滑的、钥匙孔上拴着一根红绳的古铜色钥匙。我细细端详了一刻，将它插入锁孔，艰涩地向右转动，伴随着铁锈摩擦的吱吱呀呀声，只听略显低沉的一声“咔”，十年紧闭的大门訇然打开。

跨过门槛，走进天井。水泥铺设的天井地面不知什么时候裂了许多口子，缝隙里是野蛮生长的杂草，偶尔有蹦蹦跳跳的不知名昆虫，在遮遮掩掩的草茎间穿梭。天井的角落里，还是那个不变的老地方，安置着祖父的小药炉子。祖母患疾，需要常年喝中药调养，祖父为此去学了一手磨中药、熬中药的好手艺，久而久之，便逐渐熟悉了各种药材的名称、功效。仍记得幼小的我摇着大大的蒲扇坐在药炉旁，听祖父念叨着“这是当归，多么好听的名字，可以补血……”而当时的我只是纠结于为什么我吃剩下不要的橘子皮，晒干了就可以成为一味中药；为什么妈妈喜欢的琥珀也可以放进药汤里面熬煮，甚至连蛇皮都可以入药。至今，每当我剥开一个橘子，我都会乐呵呵地将橘子皮收集起来，尽管晒干后它仍然逃不过被丢弃的宿命，可我也乐得如此。

我把药炉慢慢地移到天井中央，黑陶烧制的小药罐有着圆润的身子，弯曲的把手处早已被祖父摩挲得锃亮。掀开盖子，灰尘沿着盖口倾泻而下。罐子内依旧是黑洞洞的，我趴下去闻，尽管知道它已经十年不曾熬煮过草药了，可还是偏执地认为，只要我细细地闻，它还是会给我那熟悉的苦涩药味。这时，我想到了手边的老钥匙，忙去找过道里那个老木雕花的草药柜子。还好是在不见光也不见风雨的过道里，十年来，老木柜子始终安静地站在那里。我凭借着记忆中祖父伸手摸钥匙开柜门的动作，在这串老钥匙中找到了那把最小的白铁钥匙，趴下身子，打开了柜子最下面的那一层。果然，我曾经坐过的蒲团、我曾经摇过的大蒲扇，甚至当年祖父为我刻的竹蜻蜓，仍然在里面静静地睡着。我伸手摸了摸它们，多看几眼，也算是交流了。我将柜门缓慢合上，尽量不弄出声响，不想打扰我沉睡在柜子里的童年。

我起身，向里屋走去。一扇小小的白皮铁门，这次我精准找到那把上面刻着缠枝花卉纹样的钥匙，轻车熟路地打开了门。掀开已经变得灰黑的白色门帘，踏进里屋，一片黑暗仿佛要将我吞噬。我努力睁大双眼，在掉了皮的土墙上摸索着开关。当熟悉的坠着一个螺母的细绳落入我手心的时候，我松了一口气，轻轻一拽，在清脆的声响中，依然是一片浓黑。我撇撇嘴，嘲笑了一番自己的愚蠢：十年啊，哪还会有电呢？我只得摸索上前，找到墙边的窗子，用力一推，木质的窗扇在发出一声呻吟后缓缓敞开了。

窗外的阳光透过斑驳的玻璃投射在屋内的每一个角落。四只脚的小圆桌依然在离灶台最近的地方，风箱的拉手依然有半截子露在外面，被烟灰熏得黝黑的灶王爷塑像依然笑眯眯地看着我，身后“上天言好事，下界保平安”的对联依然清晰可辨。还有熟悉的雕花碗柜，这个盛放大大小小锅碗瓢盆的小柜子是不用上锁的。我恍惚看到了幼小的我举着大大的瓷碗，翘着小凳子，晃着小脚丫，叮叮当当地敲着勺子，要祖父再给我盛一碗甜腻的白米糖那有点好笑的样子。

继续向里面的祖父卧室走过去。门依然是虚掩着的，据说这是祖父当年在部队里养成的习惯。衣柜的门敞开着，里面空荡荡的。炕上干干净净，只有一张草席铺盖在上面。可我仍然记得十年前那个凌乱的夜晚，满屋子的亲戚，小小的房间被哭声与叹气声填满。就是在这张炕上，祖父想去抓烟斗的手再没有抬起，像风箱一样喘着气的胸膛再没有发声，他浑浊的、充满爱意的目光再没有投向过我，他满脸的皱纹也再没有开出灿烂的菊花。一串沉甸甸的老钥匙从他的腰间滑落下来，落在土炕上，唱着低沉的挽歌。

眼里湿湿的，我仰起头，想将所有的眼泪流回去，可是泪还是沿着两侧眼角流向胸膛。朦胧中，我看到了桌子上码好的木箱子，我知道那里面是祖父最喜欢听的京剧光碟，是祖父最喜欢读的《三国演义》《水浒传》和《封神演义》；我知道躺在箱子里的收音机不会再响起“雄赳赳、气昂昂，跨过鸭绿江”的豪迈歌声；我也知道里面的剪刀不会再为我剪出一朵朵精致的桃花。手中的老钥匙依然沉重，它们与这箱子、与这里的一切都是一一对应的，不曾凌乱。可我却不再有勇气去一一打开这些尘封了十年的往事，我怕我坚持不住，我怕我花了好些年才慢慢走出的苦痛再次朝我袭来，我怕我像当年一样，会在炕前哭得昏天黑地，我怕我这一次还是会落荒而逃。

屋外的父亲早已不知催了几遍。我晃晃头，手里的钥匙跟着我的身子叮当作响。我知道祖父总是喜欢把东西都锁上，但我却不知其实这一切都向我敞开着，不曾设过一把锁。他锁的，只是关于我们的美好记忆，是一个个承载着回忆的老物件。我以为老钥匙是能够打开过往的唯一物件，却不知这所有的一切都在我心里封藏着，只要我轻轻一推，所有的门都会向我敞开。

我走出老屋，转动老钥匙，锁上蓝皮大门。我久久伫立，将这一切都刻在眼底。一把没有钥匙的锁，就此锁着我的心。

指导教师：窦金波

本文获第十九届决赛特等奖

点　评

“这是祖父一生的轨迹，也是我的童年。”文中重复出现的这句话，点明了钥匙的含义。“我”带上一串老钥匙，逐一打开老宅的一把把锁，由眼前所见展开了对于祖父、对于童年的回忆，表现出亲情的温暖和童趣的美好。文章细节描写生动，叙事饱含深情，有强烈的感染力。文末“一把没有钥匙的锁，就此锁着我的心”，是所表达感情的升华和凝聚。

（钟湘麟 特级教师）

故乡老井

□ 山东省日照实验高级中学　王姝心

脚踩着落叶。一树海棠，探出斑驳的院墙。古绿色的藤蔓缠绕着旧门，儿时在门上的涂鸦被这抹陈旧掩盖。我终于忐忑地推开了这扇门。

我慢慢地走进。啊，还好，它还在——老井依旧。

“嘿，慢点儿跑，慢点儿跑！瞧你这小囡满头汗地跟人家瞎窜乎啥？”娘为我擦着汗嗔怪着。“娘，瓢呢？”我风风火火地寻找，急了，跪在老井旁捧起水就喝。“呦！咋就不长记性呢？说了多少次了，不能用脏爪子碰这井水，瞧这耳根子硬的！”娘拿着水瓢跑来，不轻不重地在我手上打了一下。我小小的手抹了一把嘴，这水真甜啊，凉凉的，脸上顿时绽开了个大大的笑容。“没事的，娘，只要它不嫌弃我就行。”瓢漾在水上，小小的涟漪悄悄地把我带着笑意的倒影揉在了一起。

这口老井在我家院子里，井口与地面的青石板几乎持平，由于历史悠久，青石板光滑如镜。每天清晨我家最热闹，汲水的乡亲们络绎不绝，井水也冒得越发欢畅——“咕咕”“咕咕”……

“这是我最好最好的朋友，它叫小咕咕，像布谷鸟唱歌，它还会跟我说话哩！”

“我家的井水最好喝，是甜的！”

“我娘用这井水洗的衣服都是香的，神奇吧！”

…………

我自豪地向小伙伴们炫耀，感受着他们的羡慕，心里溢满了幸福，像一圈圈的井水。老井像一个勇士、一个英雄，守护着我的骄傲，撑起了我整个童年的欢乐。

一把油纸伞撑出了一片天，身着旗袍的姑娘走出家门，走出小巷。余晖将她的影子拉得很长很长，渐渐地离老井的孤影愈行愈远。

我站在位于城市的家里，窗外有昏黄的落日与林立的高楼，窗内有先进的净水器与抽水马桶。我离开故乡、离开老井时的画面虽然不时地浮现在脑海，但仍然渐渐淹没在现代化的快捷享受中。油纸伞、旗袍、小巷、老井，就像墙壁上的风景画不被在意地挂着。

父亲的一个电话打来，说村里的小作坊和饲养场污染了地下水源，全村征集意见安装净水器。“唉，老井怕是要搁置了！”父亲一声长叹。心里咯噔一下，我仿佛看见墙上被摘走了风景画而出现了令人不自在的空白。我站在窗前望着鳞次栉比的高楼、辉煌的灯火、穿梭而过的轻轨列车、一排排等待绿灯的车辆、匆匆而过的身影……大脑深处某些尘封的东西突然变得明亮，朦胧中似乎有什么湿润了空气。

记得每个夏天的傍晚，娃娃们披着一身尘土从田野归来，一个个趴在井口，就着井水里的月亮，蘸着井水里的星星喝个畅快。每个小伙伴的肚子里都装了个天空，睡得格外香甜。冬天水井上白气袅袅，井中的水带着神奇的温度，温暖了故乡人的心。

父亲絮絮叨叨：“这些年，附近村里的井都闲置了，都从大水库里引了自来水，哪里赶得上我们的老井泉眼子旺？几辈辈人喝着长大了，有出息了……”

记得二十年前，村子里的年轻小伙子都争着去参军为祖国效力，探亲时戴着一前胸勋章归来。在井边洗衣的老奶奶含着满眼的泪花，笑着拍着那一个个结实的肩膀：“就说这井水养人嘛，小子就是不一样，结实！给咱村争光了！”我们这群半大孩子停止打闹，羡慕不已，也生出了好好学习为村里争光的豪情。不久，村里出了一批一批的大学生，老迈的奶奶更是笑得合不拢嘴：“吃这水长大的娃出息啊，给劲儿！他叔，过几年喝你娃的状元酒啊！”井边洗菜的大婶们一片欢腾：“婶子好好活，也喝我娃的喜酒！”

再后来，每年大年三十都会看见一群群开着宝马、奔驰，带着媳妇、孩子回家乡陪年迈父母过年的成功人士。

在我心中，老井仿佛是母亲，她的乳汁与一代代人的血液相连，延续着我们的命脉。老井与人们的生活紧紧地交缠着，养育了我们热情淳朴的性格，教会了我们要脚踏实地地生活——用自己的双手去拼出属于我们自己的一片天。

“阿囡，你说村里净赶那时髦，如果都安了净水器，咱家那古井没得人家吃水，不得废了呀！真舍不得，老井就是咱们的保护神啊！”父亲感慨。

是呀，老井是我们的守护神。它总是默默地呵护着娃娃们的童年，默默地注视着他们的成长，又默默地目送着他们远去闯荡，默默地送上祝福，最后又默默地从他们的世界中退隐。我的眼睛湿润了。窗外夜色浸染，我仿佛隔着层层迷雾看见那口沉寂的老井，隐约中描摹着它的轮廓。它散发着神秘的气息，而我即便在迷雾中也能够清晰地感知——老井确实是这个村庄最古老、最神圣的存在。

老井古旧得数不出岁月，但依然泉泉相盈，生生不息。一代代人在此汲水，无论严寒酷暑、稔岁荒年，它始终不变，还是那么深，那么清，那么甜。后来听老辈人说，我家的那口古井与都江堰相通，我恍然大悟，怪不得它拥有无穷无尽的能量。

“囡啊，社会是发展了，可有些个陪我们生活了几辈辈的老物件都搁置了。可惜，可惜……”爸爸的话无奈又伤感。

“爸爸，咱家的老井对咱村贡献可大了，都属于非物质文化遗产了，国家都号召保护传统文化遗产呢。再说卫生部门也检测了，这井水比矿泉水都好喝、卫生。家乡人不会忘了它的。爸，你放心吧，今晚我就发朋友圈，号召咱村把老井保护起来，好好利用。明天我回家！”

我来到它身边。秋日里，斑驳的树荫下老井越发显得坚韧、沉稳、内敛。老井记得每一个水桶，看见了每一颗稻谷的生长，见证了每一个娃娃的成长，经历了寒暑更替，承载了历史风云……

院门打开了，几乎全村人都来了。老辈人异口同声：“阿囡，别担心，我们都商量好了，就吃老井的水。”我的伙伴们从不同的城市回来了，我们相视而笑，都拿出手机，打开微信。

“村委会宣布咱村建自来水站，就用老叔家的水作水源，这是真正的自产自销呀。”

“好！”一片掌声。

“镇政府要求咱村保证老井的水质，养殖场要迁到南田啦！”

“还有还有，村里阿栓老板要在老叔家的水井上建亭子，立功德碑。”

“应该！应该！”一阵欢呼。

“还有更好的消息！咱村的古井已经被国家列入古井群‘申遗’计划了！”

一阵阵叫好声此起彼伏。

指导教师：刘霞

本文获第十八届初赛一等奖

点　评

本文着力表现这样的主题：在社会日新月异的现代化进程中，很多“老物件”虽然看上去不大适应新的生活方式了，但它们承载着厚重的历史，寄托着人们对于过往生活的心理依附，所以需要对它们加以保护。文章描述了主人公小时候喝井水、炫耀井水的往事；记述了当年家乡父老对井水的骄傲和依赖；也叙述了在当今社会发展的背景下，人们对老井价值的重新发现。在一定意义上，老井是一种转喻，用来指代那些在我们生活中历经起伏又重新获得生命力的古老传统和元素。不过，文章还有值得商榷之处，一是线索不够清晰，情节安排有些凌乱；二是人物语言比较生硬，表达主题过于急切。

（蒋成峰 大学教授）

北　雨

□ 江苏省宿迁市马陵中学　夏斐

宿迁连着下了几天的大雨，倒是让我想起了老家的雨。

记得有这么一句诗："南风知我意，吹梦到西洲。"我想，既然风是有指向性的，可称作南风、北风之类，雨也应该归个类出来。要知道，北方的雨和南方的雨是很不一样的。尽管宿迁地处苏北，可到底还是比我的家乡——河北，要南得多的。宿迁也不常这样下好几天的雨，忽急忽缓，忽停忽下的。南方的雨，让我想到汪曾祺的《昆明的雨》，是柔美的、深静的、纤细朦胧的，一如当地的人，那戴着方帽的姑娘也是这样。相比之下，北方的雨就要爽利得多了，一如北方人性子里的率真朴实。

我还是很小的一团，是孩子的时候，就喜爱雨。北方的夏天并不潮湿闷热，也不会燥人，只是有很大很大的太阳，晒得皮肤发热，使人睁不开眼。这样的夏天下一场雨是很好的，一下给干热的空气增加了点儿水汽。户外原本热得要命，要用扇子扇扇风、挡挡太阳，要在手里抓根冰棍；一场雨后，喧闹的空气突然沉静，不仅不再炎热，反而还有些寒意——要缩进被子的那种冷。我躺在被子围成的窝里，懒散地享受恰到好处的悠闲，在瞎玩瞎闹之余的宁静。

在这样下雨的日子里，我们家的惯例是要打牌的。电视机是不敢开的，连电灯都要小心着用，大人说村里电路不安全，外面若是打雷打闪，用电是很危险的。他们便穿上收起的厚外套，在炕上坐成一圈儿，手上不闲着，或是"炸金花"或是"拐冰棍"。我和姥姥更热衷于"接串子"，这个简单，只要数字重复，中间就能拿走，一直到一个人手上没有牌。虽然游戏简单，但玩儿一下午都结束不了。我也在这样的雨天发明了新游戏——用各种衣服上掉下来的纽扣，蘸上水贴在玻璃上拼画，这样也能玩儿一下午。我有太多太多的时间可以用来浪费，谁会在意这样的一个下午呢？

这样的一个下午，一个下雨的下午，在忙碌的夏天里，却是农家人空闲的下午。

我看雨。

雨顺着瓦片成珠串下坠，在泥土地上慢慢砸出一个个小深坑。屋顶上的雨水汇聚于排水管，“哗啦”很大一声，形成一段长长的水柱直捣院落。风把渐小的雨吹成雨线，密密地斜织成网，把院落笼罩起来，铺天盖地。雨水顺着长长的、越发绿得可爱的玉米叶滑下，在尾巴处坠一个小小的玻璃珠。雨水也落在黄瓜架上，落在只露个头的萝卜上，落在还有花的豆角藤上。

我听雨。

雨落在各个地方响声是很不同的。落在瓦上是“啪”的一声，落在泥土地上几乎听不见响声，落在院子石灰砌的地上是有些沉闷的，落在水坑里水与水相撞是很清越的响声。我搬上小板凳，专趁着雨大到雨里去，撑着伞造出一个小天地来，听见雨珠打在伞面上“噼里啪啦”地响——雨很大的时候声音听起来就像鞭炮的声响，给这样安静的、有雨的下午，增添了许多热闹。

在这样的雨天里，再稀松平常的乱炖也显得很有滋味。早上在街口新端的豆腐，软乎乎的，不如城里超市卖的小盒豆腐嫩，可是咬起来很糯，不至于一下就滑进肚子里烧得人心发慌。若是冰箱里拿出来的冻豆腐，可就完全不同了。大概是什么物理原理驱使豆腐变得疏松多孔，汤汁可以渗进里面，倒有一点儿像面筋了，很有嚼头。除了豆腐，还有绵软的土豆——去年收在地窖里的，豆角——夏天新摘的。这些连着肉炖上一锅，盛上热乎乎的一碗，就上姥姥腌在瓮里的酸豆角、酸黄瓜、酸白菜、洋姜、咸蒜之类的，吃上一大碗米饭，暖融融的热气不由分说地缠上了在阴冷雨天中的人。

我也等雨停。

雨停后，驴车下总能长出几个小蘑菇，小小的一朵云落在地上，轻轻一拔就掉了。这蘑菇虽然不敢吃，但它胜在可爱啊，让人想留下做些什么。把它们放在阳台上等着晒成干，焦糖色的干枯成灰棕色，不用使劲一掐就会断。雨后的空气带着潮湿的气味，混着淡淡的草木香气，闻起来很舒服。

雨停总在日暮时分。未见放晴的天，已经染上了绚烂的霞光。近处是草黄和浅粉，向远处则渐深了，血橙、绛紫，被同样染了颜色极薄的一层云连接，自然又绮丽。有鸟在这样的天景下飞过，不是鸷鸟，大多是麻雀，小爪子极快地掠走一缕夕阳，“腾”地落在枝子上。背光，小小的一团黑影，立在谁家的屋顶的枯枝上，一动也不动静静地立着，像是不知名艺术家的雕塑。在我恍惚间，它“哗”的一声张开翅膀钻进暮色，留下细枝微微颤抖。

我会站在屋顶，等风来。

它携着凉意，亲吻耳畔，又匆匆耳语，匆匆离开。我被极尽缠绵的风撩得一抖，在很美的天空下，我听见心脏在很热烈地响。我震颤于这样的温柔。

我坐在车里，车窗外雨下得好大。晚上九点，雨还在下。大颗的雨打在车窗上，在挡风玻璃上炸出一朵朵小蘑菇，像一朵朵云的坠落。雨刷器一下划过——我看见，云散了。

等雨停了,我关于北雨的回忆就显得模糊又遥远了。我也想写一些什么说说我的北雨,拟定了几句,又不免俗气。受文采所限,暂且套用古诗体,或许可以是"北雨寄我思,云落到窗前"吧。

指导教师:王军

本文获第十八届初赛一等奖

点 评

本文是身处异乡的孩子对家乡之雨的忆念。文章从宿迁的大雨写起,写到了作者家乡河北的雨,生动展现了雨天时北方乡村的种种生活场景,情感真挚,以情动人。作者紧扣"雨"这一意向,将"看雨""听雨""等雨停""等风来"的景象刻画得细腻传神,尤为出彩,全方位调动人的感官体验,让人如临其境,如历其事。此外,作者还不吝笔墨描绘了炕上玩儿牌、雨天吃乱炖等生活画面,虽稍显累赘,却也充满生活气息——至于如何剪裁安排,将琐碎的生活细节写得更精巧、灵动,还是需要仔细斟酌的大功课。

(蒋成峰 大学教授)

星斗其文，日月其城

□ 江苏省江浦高级中学　董梦萱

“文学之昌盛，人物之俊彦，山川之灵秀，气象之宏伟”，乃金陵城者也。云山苍苍，江水泱泱，金陵之风，山高水长。凡文之昌盛，城之雄风，皆为无量。

余光中在《寻李白》中写道：“酒入豪肠，七分酿成了月光，余下的三分啸成剑气，绣口一吐就半个盛唐。”李白一生恣意远游，仗剑天涯，在游历之中对江苏南京颇为钟情。“三山半落青天外，二水中分白鹭洲”——以浑厚博大之气，统揽四海，于无声处听惊雷。“解道澄江净如练，令人长忆谢玄晖”——乘南朝之遗风，发怀古之兴叹。除了李白，仍有众多“绣口一吐”就墨香游弋的诗人，述说南京的万态千姿。“渺渺斜风吹细雨，芳草渡”的别情入肠，“往事悠悠君莫问，回头，槛外长江空自流”的叹史问今，“虎踞龙盘今胜昔，天翻地覆慨而慷”的豪迈雄姿，丰富了南京的历史，积淀了南京的文化，引无数游人“竞折腰”。

“我的肩上是风，风上是闪烁的星群。”遨游浩瀚，逐梦九天，紫金山发天文之先始，承千年的夙愿，越过山川，巍然立于南京城中。作为中国第一座拥有先进天文台的山峰，紫金山身披星斗日月，立于滔滔江流之上，静观天宇。遥远星空寄托着中华民族的古老梦想，所以自古至今，都不乏科学探索者仰望星空，书写传奇。往昔，游龙潜蛟，四兽游蛇，托起沉重的浑仪来赴千年之约；今朝，紫金山天文台研发了中国第一颗暗物质粒子探测卫星“悟空”号。如同神话中的孙悟空一样，它在茫茫征途中“大显神通”，真正将典籍中的天马行空照进了太空中的现实。紫金之巅所有那些因起伏不定的山势，因春秋寒暑，因古老的探寻，因深沉的威严等而清晰深刻的旧纹新痕，正是南京人刻苦钻研，砥砺前行，平安守护一方沃土，在中华文明的康庄大道上无畏创新、铿锵前进的证明。

盛世风华之下，是人与天地近乎完美的契合。灯花如雨，画檐飞仙，朱雀桥旁，秦淮河清。河水穿城而过，划开了一道长而深的波痕，也随之铺开了一幅和而美的双面画卷：一面是繁华锦绣，一面是古韵依旧。花灯赛火，如群蚁排衙，让龙门内喜气洋洋；游人若海，人言声不绝于耳，烟火气息环绕不去。翻过来，另一面的古王朝沉淀千年的缩影，被缓缓构建复原——叱咤风云的英雄人物，余音绕梁的歌赋词章，卓尔不凡的历史气韵……

百年沧海桑田，换了人间。古色古香的山河图卷上，流露出现代化的时尚新气息。作为拥有第一座由中国人设计建造的长江大桥的城市，作为中国第一个全城覆盖地铁路线的城市，作为创造众多“之最”的城市，南京始终不输颜色，果敢领跑！信息化的大背景下，这个古老之城蜕变出了前所未有的模样——经济稳定，综合发展，时时跃动着创新创造的时代脉搏，流淌着醇厚新鲜的人文血液，令居者安、近者悦、远者来。整幅长卷，接续绵延，月恒日升。

《中庸》首篇曰：“致中和，天地位焉，万物育焉。”南京城形似一条巨龙，山、水、城浑然一体，相辅相拥。正是这种贯穿古今、让自然古迹与人文现代融会贯通的天地人和，才使得这个六朝古都既引领时尚，又古韵丰盈。

有人说，世间的一切都是遇见：冷遇见暖，就有了雨；春遇见冬，就有了岁月；天遇见地，就有了永恒。而南京的遇见，蕴养出的是深情的极致浪漫和蓬勃的文化自信。今朝，跨越浩荡时空的喧哗与灿烂、严肃与庄重，吾辈来见，吾辈承愿。

指导教师：孙泉荣

本文获第十九届初赛一等奖

点 评

文章从三个不同的层面介绍了自己的家乡南京——诗的南京、科技的南京和既古典又时尚的南京，层层递进，结构清晰，引诗入文，笔法老练。作为学子，我们应该努力写好关于家乡的作文，这片土地不仅是写作的源泉，还是对一个人的历史文化、地理环境、社会变迁、风土人情等方面人文素养的检验。

（李飞 资深编辑）

山歌余韵

□ 江苏省梅村高级中学　李菲菲

贵州的山是浸润在歌声里的。

漫步山中，清风裹挟泥土特有的气味缓缓拂来。正值盛夏，山间却是凉的。袅袅的白雾在山顶溶成嫩绿色，流到山脚时却已晕成苍绿。山下的溪里飘过几团白云，也是极干净的。时间在潺潺的水声中慢慢游走，沉静、幽深。

这时，你听。

不知从哪片绿色里，淌出歌声来，似是这山间某处涌出来的一股清亮的水。起初，声音低沉平缓，似是小溪呢喃细语，轻声慢步；忽地，调子变得高亢，如同河流跳涧越石，疾雨骤至，嘈嘈切切，高低错落；后来，应和声便从各处弥漫出来，交织、旋转、融合，愈来愈强，仿佛瀑布直泻而下。我无法抗拒，只得张开双臂满腔热情地去拥抱这歌声，触摸这声响。沉浸其间，微阖双眼，我仿佛看见那雄劲的山、被风侵蚀的岩石缝隙、澄澈的山泉、溶洞、瀑布，看见梯田、稻谷、玉米、田埂上山路中来往的人们，看见人们背上的箩筐、箩筐里的苞谷和菜，还有小孩。一张张脸，不同的声音，那是画，是诗，是一首首朴实到极致而又美到极致的歌谣。我思绪万千，沉醉在这迷人的歌声中。良久，声音弱下来，再次变得低缓，在某一瞬间戛然而止，成了一汪平静的潭。周围是一片邈远的寂静，可那歌声仿佛没有结束，仍如丝如缕地萦绕耳边，很久很久，才像雨水蒸发一样消散。

山里的人似乎都会唱山歌，孩童稚嫩，老人沧桑，男人浑厚，女人柔美。他们喜欢唱，习惯唱；播种时唱，丰收时唱；白天唱，傍晚也唱；有时背着竹篓刈着草呢，也哼出几段小曲来。我着迷于那吐字的微妙圆润、旋律的跌宕起伏、曲调的无拘无束，山中的一切也因歌声灵动起来。

还有这里的人，脸上是红的，眼睛是亮的。他们锄地种菜，割草喂猪，扫地晒谷，过年时在门前挂上香肠腊肉，取下一块就送到邻人家去了。日子是苦的，可他们是笑着的，用双手种出了粮食，用歌声唱出了幸福。

我特别喜欢这里的姑娘，她们穿着各色的衣服，头发被风吹得浮动，脸颊微粉。我一直觉得她们极好看，有时望着她们，她们会回过头来，有些害羞地朝我笑，嘴角漾出两个醉人的梨涡来。她们的歌声脆生生的，像挂着雨珠的果子。

从前不理解这里的人为什么唱，唱的什么。看着他们劳作，听着他们唱歌，我渐渐明白，山歌是一种情怀。秋收时他们唱歌，唱的是山，是水，是田，是人，是哪家的哥儿姐儿，谁家的辣椒串蒜串，谁家的孩子去了哪儿又回来了。生活的点点滴滴由歌声汇成长河。我俯下身，从这河中汲取到爱与希望，至纯至美，如袅袅的雾、绵绵的云，如贵州这片土地上升起的太阳。

“唱了一辈子，嗓子亮堂了，日子也亮堂了。”外婆这样对我说。我的外婆外公、母亲舅舅都会唱山歌，只是轮到我时，歌声消失了。惋惜之余，耳畔仿佛又响起了那迷人的山歌，内心的原野空空荡荡，四处是流水冲刷过的痕迹。山歌淘净心尘，在我的心间铭刻家乡的名字，让我在千里之外也能听见贵州的心跳。

我想念贵州的山歌。

指导教师：杨玉琴

本文获第十九届初赛一等奖

点　评

这篇文章语言优美，显示出作者拥有高超的语言驾驭能力。全文用如诗似画般的语言写出了山歌之美，借山歌之美赞颂了生活之美，进而赞美了当地人日渐美好的幸福生活。作者注重语言锤炼，尤其善于运用短句，对偶、排比等修辞手法的运用进一步增加了文章的文采。“山歌淘净心尘，在我的心间铭刻家乡的名字，让我在千里之外也能听见贵州的心跳。”文章最后将对山歌的赞美之情与对家乡的思念结合在一起，进一步增加了文章的深度和意蕴。

（厉周吉　作家）

江南清歌奈何闻

□ 浙江省湖州中学　沈心

在江南的莲叶田田里，时光随清泉流淌，与每一块鹅卵石的相遇，都由浅浅的波纹诉说。其间糅杂进了姑娘们的菱歌、小儿的笑闹和老者的低语。多么奇妙，江南的清歌，从千百年前的源头，就这样一点一滴流进了每个江南人的心。

东晋有桓子野，一听到清歌，就会不由得呼唤"奈何"。这是谢安口中的"一往有深情"，其实也是每个人对生命魅力发自心底的赞叹，为自然文化最虔诚的折服。

我想到小时候，大概是摇摇摆摆学步的阶段，外婆常常抱我去她家旁边的莲花庄。那里据说是某个文人雅士的宅院所在地，其实也无从考证，只记得有一个大池子，白玉拱桥下大片的荷叶在小小的我看来已是奇景，以致后来听到"接天莲叶无穷碧"就和这个画面绑定在了一起。那些荷叶上总是飘着歌声，轻轻地，弯弯绕绕，悠悠转转，我相信那应该就是吴歌了。那是我们这儿的老人们，轻轻唱和，听不清唱词，却听得出她们年轻时风采的江南情调。稍大一点儿的时候，听外婆说，我竟然会咿咿呀呀地跟着，甚至手舞足蹈，来一段即兴伴舞。"你那时候可不怕尴尬，是大家的开心果。"外婆总是笑着说，让我不好意思起来。

初中的时候，我不知为何加入了一个"湖剧社"，也不知为何学校里会有这样一个社团，因为那是很小众的剧种，是我们湖州土生土长的，甚至也许很多本地人都不知道。唱词用的都是吴语，也就是我们的湖州"土话"。我当时好像有些触动，因为我已经很久没有说过湖州话了。其实，读幼儿园之前我一直说湖州话，而且非常地道，甚至会说一些湖州话独有的词语和句子。比如现在人们用湖州话说"下雨"是"落雨"，但外公教我的是"豁落"——一个不知道怎么写出来的词，两个入声字，利落爽快。外公很喜欢逗我："豁落否豁落啊？"我就会颠去阳台上往外张望，高兴地喊："否豁落！"但上了幼儿园，全班只有我一个小朋友说的是方言，别人说"虾"我就说"弯攒"，总是被大家笑。于是，我"痛改前非"，一两个月就学会了普通话，还经历过一个用普通话的语调"翻译"湖州话词语的让人哭笑不得的阶段。但我从此不太愿意再说湖州话了,饶是外公严厉地让我用湖州话跟他说话,我还是慢慢地变成了只会听不会说,有时要说两句,舌头也像打了结不利索。

然而湖剧让我发现,“土话”竟然也能唱进歌里,那么独特的歌,不是京剧的庄重富雅,而是淡淡的,一唱三叹,正像记忆中莲花庄里的低吟浅唱。其实我根本没学会什么,但我却发现了藏在身边的江南韵味。每天出门时外婆的一句“百坦”,就是我们的慢文化:不要急躁、凡事坦然的叮嘱,我们当作“再见”来用。这也是为什么很多外地人对湖州城、湖州人的最大印象就是“温吞”。“百”是入声,而“坦”有三个转音,说起来必得拖得长长的,总让我想起湖剧的宛转来。原来,我每天听到的话便是江南最独特的清歌:没有伴奏,有的是四声八调,古朴而清丽。湖州话非常接近古语——有些用普通话读不押韵的诗,用湖州话读就押韵了。从“鱼戏莲叶间”到“桃花流水鳜鱼肥”,再到“寻遍江南清丽地,人生只合住湖州”,我发现原来我生在诗词里的江南。

我所遗憾的,是曾经熟习的方言已很难让我亲口说出,这大概也是许多方言现今的困境。其实方言一点儿也不“土”,它承载着地域文化最深层的精神、最坚固的根基,是需要我们共同守护的非物质文化遗产。我多么希望,有更多的年轻人能够开口用乡音诉乡情。

虽然我自己说不好,但听闻家乡话,总是有种亲切的感动。那几句湖州话,是梧桐树下竹躺椅上的大蒲扇摇来的,是满布青苔的白墙黑瓦弄堂里的风吹来的,是笼着晨曦的早点摊上混着茶糕和青团的香飘来的,带着湖州人慢悠悠的生活哲学,藏着心底对家乡风土的一往情深。在压力渐增的现代社会中,也许生活节奏不能像从前那样慢,但听着湖州话,一种温吞坦然总是存于心底,为我抚平生活中的焦躁不安。

“一往有深情”,我生在这里,长在这里,对这江南的情早已溶于血液,在我心中不停歇地流淌。泉水叮咚,清歌缥缈,我心中的那句“奈何”也许已不用说出口。

指导教师:王湘萍

本文获第十九届决赛特等奖

点　评

好的写作,总是眼光向下,能挖掘到生活底层的富矿。这篇文章也是如此。作者顺着题意的指示,向湖州文化、湖州的方言以及自己的生命成长深入开掘下去,不仅描绘了独特的生活内容,而且揭示了方言背后那种无与伦比的美。诚如作者所言,方言不土,而且还很美,它凝结着地域文化深层的人文风景,是我们的生命密码,真是“一往有深情”!作者扣合题意自然巧妙,写起来四两拨千斤,文章如行云流水一般,清丽、简约、别致,有回甘。

(何郁　特级教师)

山水宜人有佳处

□ 广西壮族自治区河池市宜州区第一中学　谭清文

课间，我和同桌最热衷的游戏，是伏在窗口，越过波光粼粼的龙江河水，一一辨认远处青山白云下的翠峰。“青鸟山、难涉山……欸，你说，我们这儿叫宜山县城，那宜山又是哪座山呢？”同桌不解地问我。“那当然是，是……”我从气定神闲到支支吾吾，也没想出宜山到底是哪座山。

“你知道我们县城名字里的宜山是哪座山吗？”老师、妈妈……我问遍了身边所有人，或许因为他们从未深究过这座小城的名字，自然也都没有答案。而这也增加了我寻“宜山”名字由来的渴望，这不仅仅是对一个答案的执着，仿佛还有别的什么原因。在执着的追寻中，我找到了答案。老家一本落满尘灰的古书记载：“宜山，县北一里。群山皆高大，此独卑小，下临龙江，宜于远眺，故名。”我愕然：这不就是喷泉广场上的那个小山坡吗？这与我所想的实在大相径庭！此前我曾听过“宜山千丈碧，宜水一溪寒”的诗句，心想宜山也许谈不上“会当凌绝顶，一览众山小”，但也应有“势拔五岳掩赤城”之姿吧，却未想到现实竟开了如此大的玩笑。实话实说，那一刻我的内心是失望的。

而在我万般灰心之际，李楚荣先生的文字为我指出另一种理解的可能。他写道：“登泰山而小天下，而登宜山，却有大天下之感。”联想起暑假游曲阜泰山的亲身经历，我明白了先生的深意：孔夫子曾说“登泰山而小天下”，这是一种藐视天下的大胸怀、大气度；而当我登上宜山，四面皆是高山巍峨，便更觉自己的渺小。而这样的感觉不正是宜山这个小县城在这大地上给世人留下的印象吗？的确，宜山只是众多高山遮掩下的一个山丘，这座小县城只是中国数千万座县城中平平无奇的一座罢了。但生于斯、长于斯的人们并没有故意修饰出身的平庸，反而以一种如此坦荡的胸怀，接受别人的优秀，并因此激励出进取之心、学习之心。登宜山方知世界之大，警醒着自己需有谦卑之心，时刻学习，不敢怠惰。这是一个平常名字背后不平常的意义。

我们早已过了需要过分夸大自身的时代。有，我们展示；没有，我们承认。这才是真正的自信。我着实佩服宜山这种坦荡与自信！似乎刹那间，我和这片土地的距离拉近了，宜山在我心里有了别样的韵味。我也有了更多好奇：这儿还有怎样的过往？于是，我想起了小时候常去的会仙山公园与其中的山谷祠。

小时候对会仙山所有的印象便只有进门的那一方池塘和其中曳尾的锦鲤。稍大些，这印象便又添了一个山谷祠，但每次都是散步时草草而过。直到高中住校，公园渐渐淡出脑海。而如今在这股寻名热情的鼓动下，我又开始对这平日里熟悉至极的地方多了几分思考：为什么人们会在会仙山下修筑山谷祠，以黄庭坚的衣冠冢来纪念这位贬谪骚客？我知道一个地方的百姓不会仅仅因为一个人的名气大就为他树碑立坊，他一定是有什么很大的功绩，才让当地的人们在千年后仍思念爱戴着。

史事到底没被岁月的尘埃所掩盖，在苦苦追寻后，我终是翻开了这段过往：原来黄庭坚虽是在迟暮之年以贬谪之身来到宜山，但他也以残烛末光点燃开化当地民风的火炬，并用自己在文坛上的号召力感召来了一批批文人，引来了中原科举的春风。我想，这也许不及韩愈被贬潮州时除鳄利民那样的大作为，但于获罪海隅之际仍心系百姓，也是颇为难得。更何况，个人超越周遭的束缚，社会挣脱时代的偏见，教育是支配未来的权利，山谷先生为先人们点开智慧之门、未来之门，这样的伟人，怎能不让我们时至如今仍对他肃然起敬呢？

不仅如此，我还了解到，有许许多多的当地县令受他的熏陶，在山谷先生之后，在这岭南一隅建起一座座书院，传承着这风声雨声、书香墨香。

再次经过山谷祠，看着那青砖黛瓦，我似乎能透过它们看到千年前学子求知若渴的模样，感受到他们笔为刀槊倾银汉的潇洒墨气。我感激山谷先生给宜山留下如此宝贵的财富，感激先人对此文风的代代相传，感慨这片故土所积蓄的我从未想象到的厚重历史。我虽为那被误拆的山谷祠无比叹惋，但看着这重建的山谷祠，心中还是充满无限希望。毕竟，“悟已往之不谏，知来者之可追”。

能在现在的家乡触摸到与千年前故乡的联系，是那么令我激动。那若是在远隔千里的异乡呢？定是另一种不可名状的思绪，而我也在机缘巧合间感受了一遭。

浙大西迁至宜山的故事我已耳熟能详：一所大学与一座小县城的碰撞，让一座小城又多了一分底蕴。而在我游玩杭州漫步浙大期间，更能感受到这种震撼。在那被郑重刻下的“宜山”二字前，那股历史的震撼扑面而来，以雷霆万钧之势倾泻下来。远隔千里，本不相干的一所大学与一座县城，却因历史而巧妙地联系了起来。我就如那误入桃花源的渔人，经过弯弯绕绕的小路，意外地发现了这般美妙的图景。能在千里之外看到如此郑重刻下的故乡之名，我当真是有“他乡遇故知”的欣喜，更有一股自豪感荡于胸间。

想到这里，我又禁不住万分庆幸：若我先前未曾了解这段往事，在我看到浙大此景时，是否还有如此澎湃的心绪？若宜山与浙大都未保存好这段过往，我是否有机会感触这历史的奇妙？

还有，若无先人代代相传，若无山谷先生对宜山的恩德，如今还有谁能记起？若无前辈口口相授，付与纸书，我是否还能找寻到从宋朝流传至今的“宜山”的真正由来？

我在探寻中渐渐明晰了我流淌在血液里的与故乡的联系，也渐渐明白了身上所担当的职责。先人将历史传给了我，也将传承历史、保护历史的重担留给了我。我更有了一种信念：不应只有我知道，还应有更多人了解，这承载了千年历史的小城。

山水宜人有佳处，我将在成长旅途中与先人一道，用自己的尘雾之微补益这历史的山海，让这宜人佳处能“风雨不磨斯碣兮，历亘古而常新”。

指导教师：李敏

本文获第十八届初赛一等奖

点　评

本文可以看成一篇初具规模的文化散文。文章写了自己家乡名字的由来，写了黄庭坚和浙大西迁留在此地的印记。由于有了名人、名校的光环，故乡文化也有了不一样的色彩。事实上，每个地方都有自己独特的历史和文化，生长于斯、浸染其中的我们往往习焉不察、置若罔闻，若能够换个视角来考察，也许得到的印象就会全然不同。一个个习以为常的风物或习俗背后，也许就隐藏着一些足以让我们吃惊的文化宝藏，挖掘、感受它们，可作为我们写作的不竭源泉。都说“读万卷书，行万里路”，其实，故乡的路也很值得好好走走，很值得和我们所读的书结合起来。

（蒋成峰　大学教授）

城和乡

□ 江苏省涟水中学　潘欣然

颠簸。回乡。这是一个北方初春的早晨,风里夹杂着一种难以言说的尖锐。车窗框着晦涩的苍穹,隔着冰冷冷的玻璃,我好像可以尝到湿润的空气。人间全灰,天空好像是毫尖上的墨汁,点染了行驶的车。汽车沿着公路朝同一方向行驶,映成条形码,能读出回乡人的沉默不语。

车停了。近处是一条河,河南面是树和水泥路,河北面也是树和水泥路。但在北面,风一吹,落叶和尘土会扑到脸上。这条河是我见到的第一条河,它并不宽阔,但我总会趴在窗框前,想象着它能流入大海,去到我从未去过的远方。

顺着河,往北面走,是一片居民区。环顾四周,这里的风景我已经不知道看过几百遍了。有树,有楼,有街巷。小巷早晨弥漫起来的清雾,被渐渐亮起来的灯光照射出一团团光晕。渐渐地,人们的洗漱声、叫孩子起床声、案板上咔嚓咔嚓的切菜声托起大片大片的雾,惊醒了小巷的清晨。它揉揉眼,爬起身来。几个孩子背着色彩斑斓的书包穿过巷子。大片紫丁香的树荫下,老人们在那里晨练舞太极。他们时而踮起脚,手握着剑,身体向前探去,时而弯下腰,将那柄长剑以极其刁钻的角度从腿弯擦过。视线转向另一边。那里是楼,是窗,是阳台。阳台上放着两根竹竿,上面晾着衣裳和冬被,花花绿绿的。透过衣被褶皱的缝隙,我看到一家人的客厅,里头有一架钢琴、一台电视机,还有一面满是奖状的墙,奖状上的金箔在阳光中一闪一闪,熠熠生辉。街巷口的一片空地上,放学归来的孩子会在那里踢足球。足球滚出边界线,人群会爆发出一片整齐的抱怨,为首捡球的男孩子额头上的汗珠被阳光照得很亮。

如今我回到这里,只能从落灰的玻璃珠中窥探,从生锈的铁门缝隙中张望被我丢下的童年。宽敞的柏油马路掀起青石板,扔掉,然后自己躺下去,遮住隐秘的角落,也遮住我的一部分记忆。我只能看到过往的自己,一个,又来一个,在那里,或散落在更远的彼端。那些自己木然地凝视着我的追忆,仿佛铁了心要撇清我和他们的关系。

我碰见很多喝牛奶的自己。是的,喝牛奶,我花了很多时间喝牛奶。现在回想起来也没有什么感想，反正时间花都花了。如果那时我不喝牛奶的话，我可能会把时间用来捏小人、造城堡，建造独属于我的理想之国。我也可能造小木船，顺着那条河，顺着沿岸的树木，划啊划啊，划到远方的海里。海里有美人鱼，她会游过来向我借蜡笔，她说她要把她的眼睛涂成她喜欢的红色。我几乎能断定我之所以错过了美人鱼，错过了那双红眼睛，就因为我花了太多时间喝牛奶。

红眼睛啊红眼睛。我想写一首红眼睛的咏叹调。

红眼睛啊红眼睛。那个没有雨的清明，我们的脸上都有着这样一双红眼睛。

那天没有雨，风愈刮愈紧。远处的山头上站立着一排排墓碑，我知道，那里也站立着许多人，他们扛着厚重的岁月，脊背弯到最后只能躺进土里休息。外婆也在这里埋下了她的脊背。她的地盘不大，圆顶的土堆前立着一块简单方正的小石碑，上面刻着一些文字，一些单薄却述说完她一生的文字。死亡真的好奇妙，一点一滴便可抹去一个人，就像水消失在水中。外婆先是得病了，病得很痛苦，癌症将她的生命抽丝剥茧，最后只剩下一捧轻飘飘的骨灰。悼念者们的泪要把我淹没了，气氛变得湿乎乎的，我被淋得说不出话来。我以为还和小时候一样，我可以偷偷跑进她的房里讨要糖果吃。而现在，她确实还在她的房里，只是我再也吃不到她给的糖果，我们再也不能相见了。我用手扶了扶石碑，冰冷的、刺骨的，我想再见见她。

风吹得更急了。吹着这样的风，我感到自己被刮着，被刺着，被剔掉了骨肉，皮肤已呈现半透明状态。似乎一切生和死的界限都模糊了，到头来，大家都是一段没有风情的文字、一张没有温度的照片、一块冷冰冰的石碑。恍惚间，我看到一群追闹着的孩子从我身旁跑过。有一个小女孩，不知道听见还是看见了什么，或是鸟类的鸣叫声，或是恰巧飞到她眼前的植物种子，又或是从天而降的花瓣。总之在那个瞬间，她停下奔跑的步伐，侧过身去，望着天空某个看起来什么都没有的点，背对着其他孩子，就像个宇宙的孤儿。而后，她回过神，转过身来，我看到——年幼的我。霎时，名为孤独的风暴在我心里席卷，势不可当。在北方这片土地，我所遇到的迟滞的生命一并在这里失语。

我和越来越多的同辈一样，为了摆脱出身自带的种种烙印而重塑自己，试图像“特休斯之船”一样，把自己身上所有的原生符号都换掉，用力地、用力地奔向城市。而我的乡村，就像看我长大的老人那样，目送我离开，微笑着、沉默着看我奔离的身影，它站在原地，用满是沟壑的苍老的手，隔空碰了碰缩小成点的我的身影，然后背过身去。我在城市和乡村之间奔梭。我时常回想家乡的景和物，却发现当初的美好早已变成战争片中士兵怀表里恋人的照片，只能在冲锋前或受伤后匆匆掏出来看两眼，最后在临死前遗憾地交付给下一代。关于家乡的那些记忆，已生生地嵌进年轮，长成我生命的印记。

临走前，我看见这一日里的最后一束阳光，在矮墙上，哆嗦着，看起来很冷的样子。我把手伸进光里，慢慢把掌心打开。嘘，我们都别说话了，因为阳光睡着了，它做了梦，梦见自己是来自世间、频繁出现却又常说常新的东西，是爱，是铭记。

指导教师：翟春娣

本文获第十九届初赛一等奖

点 评

文章开头用变焦镜头不断拉近景观：汽车沿着公路行驶—近处是一条河流—顺着河，往北面走，是一片居民区—有树，有楼，有街巷—树荫下的老人、阳台上的衣裳、街巷口的孩子……家乡的生活在面前缓缓打开，童年的记忆也被唤醒：幼时的幻想、外婆的离世、青春期的孤独、乡村带来的烙印。随着成长，一切都会过去，包括记忆中的混乱和矛盾，最终留下的是爱和铭记。

（李飞 资深编辑）

钥　匙

□ 浙江省台州中学　周子曼

外祖父给她留下了一把钥匙。

她坐在河岸的青石阶上，放下手里的竹篓。篓里是整堆刚刚洗干净的衣服，柔软的布料在阳光下散发着一种土肥皂和流水混合起来的香气。一把铜钥匙——她老是通过回忆老物件，在繁重的洗衣工作间隙获得片刻放松——依稀还可以看出生锈的卷云流水样的花纹，带着来自二十世纪的陈腐而微微发酸的味道，很小的一枚，放在掌心里却有着不轻的分量。外祖父走的时候没留下什么话，直到遗体入殓之后，一家人才在那张散发着霉味的席子下面发现了这把铜钥匙。

外祖父把寡言的特征一直保持到了生命的最后一刻，但一家人却为外祖父这唯一一件遗物折腾了许多年。外祖父是地主出身，虽然够不上富可敌国，但家财万贯还是名副其实的。尽管在二十世纪"打倒地主"的骂声中，家里被抄去了整箱整箱的黄金绸缎，但没人说得清那万贯家产究竟有没有被抄"干净"。七十年前，外祖父回到了他出生的那条河上，曾经大观园一般豪奢的屋宅只剩下这样小小一间立在废墟上，于是他住了进去。是乾隆年间烧制的青瓦见证了外祖母的花轿，又见证了母亲的诞生，当然，也见证了她的。

而外祖父偏偏又留下了一把钥匙——钥匙意味着锁，锁意味着箱子，箱子意味着藏起来的秘密，沉甸甸、金灿灿的秘密。一想到这一点，她的心就不可抑制地狂跳起来，震得泛黄的墙纸、爬过老鼠的木梁、被太阳晒裂的青灰色瓦片"咚咚"地响着。她的家，这座已经在河道边立了上百年的小屋，被水乡潮湿的空气侵蚀得奄奄一息，正渴望着一笔能够使它焕然一新的钞票。她用被碱水泡得粗糙的手指掐算着，一个三十岁的大姑娘出嫁，办酒席得要多少钱？她算了很多次，依旧算不清楚。她一向很不擅长算术，记得初中毕业那天，数学老师看着她，又是摇头又是叹息。那一年夏天，她没考上高中，可能是差了数学的二十分，于是她回到家，和母亲，和外祖母，和水乡千千万万的女孩子一样，拿起了搓衣板和肥皂。

“那是我们女人的命。”母亲告诉她，“除非，除非我们能够……”母亲说到这里，声音不由得微微颤抖起来，以至于不能再说下去了。但她明白母亲的意思——找到那笔宝藏，然后离开这座腐臭的老屋，住进城市里墙壁雪白的、房梁不会因为暴雨和洪水而哀叹的高楼大厦里。

临近晌午时的日头光线很强烈，但冲过她指缝的流水却又凉得那样真切，或许这正是水的特性，和多年以前她那拿着洗衣篓的外祖母和母亲所感受过的一模一样。外祖父会留下什么呢？她想着，从另一篓脏衣里面拿出一件，泡到水里。温柔是流水的另一种特征，于是它吞没了衣领上斑驳的浅黄色汗渍，清澈地奔向远方。水乡九曲的河道，注定了流水生来不能像被草原惯坏了的野马一样，肆意地追逐地平线。但她从不替流水遗憾，因为草原的天怎么能够和怀抱着水乡的、涟漪似的青山相提并论呢？

黄金、银洋，还是那一捧捧她叫不出名字的、光彩夺目的宝石？想到宝石，她又不由得想起了她初中时候那个同桌的母亲。同桌的母亲和她的母亲是一样的年纪，手指上却戴着一枚漂亮的戒指，镶在正中的那颗漂亮得让人心惊的绿宝石，晃晃地照得她感到一阵阵眩晕。同桌的女孩子告诉她，那种宝石叫做祖母绿。十几岁的少女托着腮痴痴地想着，笑着，说着：“我将来也要像我娘那样，嫁给一个给我买祖母绿的男人。”她不知道那个女孩子最终有没有嫁给这样一个男人，但或许是会的。女孩那年考进了城里的高中。城里有的是买得起祖母绿的男人，却往往只能支付相当廉价的爱情，比如说她同桌那位素未谋面的生父。

外祖父会把宝藏藏在哪里呢？或许他忘了给他的子孙们留一张寻宝图之类的，或许只是她们一直没有找到。但她转念一想，难道她们找得还不够吗？外祖母翻遍了当年她和外祖父共度了大半生的婚房，而母亲里里外外把那一方小木屋找了无数遍，只差劈开房梁寻一寻有没有珠宝镶在木心里了。她们一度几乎要放弃了，但那把钥匙，那把生锈的铜钥匙就这样沉甸甸地坠在口袋里，欲望和希望这两只猛兽同时把利爪搭在心口，扰得她们不得安生。

但或许外祖父压根儿就没藏什么东西，那把钥匙根本打不开任何一把锁，或是那把锁、那个箱子连同里面的宝藏，早就在悠长的岁月里蛀坏了，烂掉了。这真是个糟糕的想法，她重重叹了口气，把衣领上的汗渍蘸着肥皂摁在水里狠狠地搓。没等她搓洗干净，手就酸得没了气力。她垂着手，把衣服浸在水里，流水带来的快活平息了她刚刚的怒火，青山的影子重新在水中摇摆。

倘使我们没有发现这把钥匙呢？她问自己。或许水乡会多出一个安心洗衣服的老姑娘。这个念头也许跟前一个一样让人恼火，但流水似乎把她的一部分脾气带走了。倘使她得到了那笔宝藏，她会离开这条河，离开她的老木屋，离开她的水乡，像与她同桌的那个女孩，像那个女孩的父亲一样，削尖了脑袋往城市的人潮里挤吗？水里倒映出来的姑娘皱着鼻子，似乎在埋怨她的外祖父把一部分特性连同血脉一起留在了她的身上。她再次长长地叹气，把最后一件洗干净的衣服扔进竹篓里。隔岸响起了母亲催她回家吃饭的喊声。

她把竹篓背在肩膀上，站起身来，正午的太阳热辣辣地照在她脸上。如果有个男人来帮忙该有多好。她突然记起母亲前些日子似乎推着她和下游一个男人相亲，或许“下游”这个词用得不太恰当，那个男人早就抛弃了水乡，跑去城里讨生活了，甚至眯着眼对她笑着说，他们结婚之后他可以带她去城里住，过城里人的生活。“城里人？”她也笑了，“他们洗衣服用洗衣机，不欢迎我。”男人还在竭力地维持着体面的笑，却被她下一个问题彻底击碎了。“你会为我买祖母绿吗？”她问。

她一点儿都不怀疑她会把那个男人气青了脸的丑态记到八十岁，男人说他养不起这样一个爱慕虚荣的女人，他们不适合在一起。

“如果你买不起祖母绿，”她指着窗外的青山回答他，“那就别把它送我的抢走。”

她背着竹篓转身时，毫无防备地被青山绿水呛了满眼。外祖父真是打了一手好算盘，她忽而意识到。他用一把生锈的铜钥匙，便把他的外孙女“锁死”在这片青山绿水之中了。

“可我能怎么办呢？”她浅笑着，轻叹着，“难道我能够把对这条河流的爱恋化成的锁敲断吗？不，我不能。”

于是她做了她唯一能做的：唱起了一支古代浣纱女编的歌谣。

指导教师：洪方煜

本文获第十九届决赛特等奖

点 评

本文是一篇构思巧妙的作品。文章以外祖父留下的钥匙引出故事，以传说中的宝藏留下的悬念展开叙述，呈现出历史与现实、城市与乡村、富有与贫穷等诸多值得思考的丰富意蕴，以此强调先人的苦心和主人公的坚守。然而，可以讨论的是，抛开城市，坚守农村，做一个水乡“安心洗衣服的老姑娘”是否就是文本最后的要义？就像文中所说的，一把生锈的铜钥匙便将外孙女“锁死”在这片青山绿水之中。从这个意义上看，文章最后所显示的情怀，体现的不正是一种明知不可为而为之的勇气吗？这恰恰是文章特别能打动人的地方。

（徐刚 青年批评家）

忆儿时

□ 甘肃省崇信县第一中学　杨彤

我的老家在一个闭塞的小村庄。从村子坐车到镇上需十二三分钟。我是在那里长大的。

那里有许多树。屋旁有核桃树、杏树，屋后有白桦树、槐树，还有许许多多我叫不出名字的树。我在核桃树上摘刚长成的青皮核桃，在杏树下捡拾掉下来的熟杏，在槐树上摘一串一串的白色槐花。我还在屋后的三棵小小的白桦树上刻下了自己的名字，我想和树一起快快长大。

那里有许多人。有爷爷奶奶，有太爷爷太奶奶，还有一位有着长长白眉毛的老爷爷。

爷爷总是忙碌的，只有冬天下大雪的时候，他才能闲下来。他很珍惜这一段时光。他总是用一个被火熏得黑黑的易拉罐煮茶。易拉罐上绑着一根长长的铁丝，爷爷握着铁丝，坐在一个小小的靠背椅上，虚倚着火炉，半眯着双眼。明亮的火舌舔着罐底，易拉罐"咕嘟嘟"地冒着热气，火炉边上两三个吃剩的馍发出焦香的气味……茶水开了，爷爷也醒了。他小心地倒出茶水，把易拉罐放到桌子下，拿起焦褐色的馍。他会给站在边上的我掰上一半，然后和我一起吃。我记得，爷爷总是吃上两口就喝一口热茶。他半眯着眼，吃得很香，仿佛天底下没有比这更好吃的东西了。

爷爷喜欢我，我是他最疼爱的小孙女。他给我买好吃的，给我捉蚂蚱，给我在屋后的杏树和核桃树上扎秋千。他带着我散步，我就在他旁边蹦蹦跳跳，他总是笑得很开心。

奶奶很干练，很勤劳。不论是春夏温暖的清晨，还是秋冬寒冷的早上，不论我起得早还是迟，奶奶都已经在干活儿了。她很瘦很高，说话很快，也很有主见。我是她亲手带大的。她会在端午节给我带上荷包，会在除夕给我点亮灯笼里的蜡烛；她会给我剥核桃，会给我摘杏吃；记得我爱吃什么不爱吃什么。我总喜欢在她干活儿时跟着她。记得有一年，奶奶要去挖土豆，我非要跟着去。她只得给了我一把小镢头、一个小筐子。到了地里，奶奶很快便挖了一大筐土豆，而我的小镢头一落下去，只会把土豆劈个对半，奶奶笑得前俯后仰。最后，她把我挖烂的土豆带回家，给我做了炸土豆。

太爷爷很慈祥，很温和。我总爱黏着他，就像一条小尾巴。他的肚子里有许许多多的故事，每当我睡觉时，他总会在我的床边给我讲“三打白骨精”“三借芭蕉扇”的故事。太爷爷还写得一手好毛笔字。过年时，他会亲自给家里写对联。奶奶把红纸裁成长条，在桌子上铺开。太爷爷便一手背在身后，一手拿着毛笔，在红纸上随意挥洒。有一年，太爷爷突发奇想，想要教我写毛笔字。我记得他当时穿着黑色的棉袄，戴着黑色的棉帽子。天气很冷，但他的手掌却温暖而干燥。他抱着小小的我，用他那特有的悠长的腔调给我讲笔势的起伏变化。我那时多调皮啊，只听了一会儿，便不耐烦了。我从他的怀里挣脱开，一溜烟儿便跑没了影，还不小心打翻了桌上的砚台……

村子里还有一位眉毛和头发已经苍白的老爷爷。他的眉梢很长，吊在眼角上方。他有一个长长的烟斗，总会蹲在路边抽烟。我每次看到他，总会夸他的眉毛好看，说他一定能够长寿。他每次都很高兴，用长烟斗敲一下我的脑袋，说我以后一定能够成大事。

那里还有我许许多多的回忆。

春天的花香，秋天的麦浪，夏日香甜的午睡，冬日温暖的被窝。山林里茂盛的草木，早晨白茫茫的雾气，田野里和伙伴的追逐打闹……

还有端午的粽子香，中秋的满月。过年时，奶奶会给我们找出许多纸灯笼。那些纸灯笼圆圆的、亮亮的，就像天上的星星落到了地面。我提着星星，在小路间穿行，耳畔是欢声笑语、爆竹声声……

秋千荡啊荡，荡过了四季，荡过了岁月，荡去了我的童年。

那三棵白桦树在太奶奶去世时被砍了，做了太奶奶的棺木。

那个秋千也被拆了。因为我长大了，秋千太小了，木头也腐朽了，再也不能载着我了。

那个我和奶奶曾经挖过土豆的地方，早已经被承包，种上了苹果树。

那位长眉老爷爷的腰更弯了，皱纹更深了。

太爷爷也去世了，在我上初二那年。我赶着回去见了他最后一面，他躺在床上，胸口剧烈地起伏，整个人瘦得厉害。我们到后不久，太爷爷就走了。大家都说太爷爷撑了那么久，就是为了看看我们。我好后悔，那一年没有好好跟着太爷爷练毛笔字。因为第二年，太爷爷在半夜起床时摔倒了。那双手，再也不能拿起毛笔了。

爷爷也生病了。他在一天早晨醒来后发现自己的右胳膊动不了了。爸爸带着爷爷去看病，医生说是爷爷的脑血管里长了一个小水泡，让我们不要担心。可是爷爷变了，他变得敏感多疑、暴躁易怒。他不是躺在床上就是蹲在角落，嘴里喃喃自语。他最喜欢的不再是我，而是医院，因为医院能让他安心。那个易拉罐被搁置在柜子上，不知道落了几层灰。

我也已经好几年没有回老家过年了。那个小村庄的人陆陆续续地外迁，再不复之前的热闹。我的那些回忆、那些美梦，那些星星、那些花朵，那些在山林小路、漫天繁星下的畅想，那些我挚爱的人和事，在时间里消散，最终珍藏在我的心底。

指导教师：岳蓉

本文获第十九届初赛一等奖

点 评

这篇《忆儿时》回忆了儿时老家的许多人和事，概述了它们这些年的变迁，思路清晰，结构严谨。儿时回忆部分，用“那里有许多树”“那里有许多人”“那里还有我许许多多的回忆”三个句子引领，逐一展开，而对“总是忙碌”的爷爷、“干练”“勤劳”的奶奶、“慈祥”“温和”的太爷爷、“眉毛和头发已经苍白”的老爷爷的描写，突出了长辈的慈爱和生活的温馨。人事变化，有变革，也有遗憾，衬托出儿时回忆中人和事的珍贵。

（钟湘麟 特级教师）

归路，心路

□ 西安交通大学苏州附属中学　刘少杰

有一条路，父亲走过，我也走过。这是蜀河的山路，连通着蜀河镇和外面的世界。

蜀河躺在陕西的怀抱之中，没有黄土高原的宽阔浩渺，没有秦岭山歌的悠远绵长。它是静谧的，山群葱绿，弯曲环绕。山峦掬起一水蜀河，河谷下陷，像老人的眸。

对于先人，这是一条求生路。

蜀河居于深山处，地势险峻，河水湍急，是一片难以寻觅的深处。战争时期，炮火遮天蔽日，东南沿海、中部平原无一处幸免，而蜀河的地势，让它自得一片安土。来自河南、河北的逃命人将此处的草丛踩出一片喧闹，他们携着妻小，操着各式的乡音，准备好了逐渐斑白的鬓发，将自己所有生存的权利寄托于此。

而他们给这片土地留下的，却不止沿河的一片喧嚣。极目远眺，站在山头的我能看到遍山的黄土房和散乱的、静静匍匐在半山的田。而那泥土的苍黄是让先人安心的颜色。

对于父亲，这是一条出路，也是一条归路。

父亲说，这是承载他记忆的路。父亲出生于二十世纪七十年代，那个时代的蜀河，饥荒、战乱、浩劫的影子都已淡化，但贫穷却依然能让忙碌一天的农人走进门槛叹气。

蜀河的山不如五岳泰斗的凛然峻峭，不像吴地丘陵的低矮可爱，它让你抬头望得见宽广的天，远眺却见不着出山的口。蜀河山的葱绿遥遥成为乡人心里永远的结。

“走出去，走出这片山！”父亲如是说道。蜀河河边的石子路便是希望，每月初阳第一道洒下的光辉便照亮了湍急的河水和与它做伴的山路。

山路盘曲延伸，布满石子，路旁没有护栏，失足便会跌入河中，被河浪带到漆黑的深渊。“出山上学要走几十里山路，清晨出发，背上一大袋炕好的馍。若是走慢了，到了傍晚天色昏暗，前路便不再光明了。”父亲常和我讲述过往他求学的回忆。没鞋穿，穿自家编的草鞋，走完路脚底磨烂都不见怪。有时天色不好，雨水落下，你不仅能听到雨滴到石子上发出的“嘀嗒”的声响，还能听到自己生命微微颤抖的声音。

父亲做到了，他考上了大学，来到江南大城市定居，让我从小便把城市中的大楼当作心中故乡的山。“还是想念蜀河的路，再让我脚底磨烂一遍我也愿意。”父亲笑道。这是他常说的话，每次说到，父亲都笑得灿烂，眼眶闪着光辉。故乡难回，每年过年，父亲总要站在自家园子，和老乡们畅谈往事，又不忘向北方望望。我知道，曾经父亲的出路，他梦萦的走出大山的路，成了现在难觅的归路。

对于我，这是条寻根路，是心路。

我出生在江南苏州。炭黑的墨，粉墙黛瓦，水之灵秀，青石板街之清丽，这是我童年的回忆。我不曾想象过每日第一缕阳光送给山峦的感觉。我于《红楼梦》中长大，狮子林、留园……是我的后花园。像史铁生一般——疑惑家乡到底是北京，还是父亲的家乡涿州；不知心中的路是天坛的石板路，还是涿州拒马河上那架代表出路的桥——我亦心乱，听父亲讲述家乡的故事，却不闻田垄麦香，不见蜀河湍急；说起陕西话我也只能像小丑般效仿，演技突兀。何处见明月，何处是吾乡？蜀河山路的模样在我脑中变了又变，这不是山路，是心路。

等我年长些，父亲第一次带我归乡，熟悉的陌生感混杂着五味油然而生。坐着时代的快车，蜀河路也向着现代化发展。道路裁弯取直，柏油修筑，进乡的路程缩短了一半，我与心中故乡的距离却拉远了。我踏上了蜀河路，柏油是那么冷静，水泥是那么僵硬。现代化发展为蜀河注入了新血液，但让我陷入迷茫。

我见到了深山的小路，通向那个旧时代的黄土房。走进去，阳光随着树枝蹁跹，洒下变化的光斑。鸟兽走动，落下作响的枯叶。我见到了倒下的黄土房，周围杂草丛生，远处的山雀向我张望。不知为何，这景色让我安然，它似乎代表了什么。是“旧”吗？我不清楚，走过现代化的蜀河路，在深处张望着一个不属于这个时代的产物，它或许也是某个人内心的留念吧，我想。

蜀河路，是生路，是出路，是归路，是心路，也是条永远无法踏上的路。

指导教师：司庆强

本文获第十八届决赛一等奖

点 评

同一条路，对不同时代的人来说有着不同的意义。对于先人，这是求生路；对于父亲，这是出路，也是归路；对于“我”，这是寻根路，是心路。路的不同意义，体现了社会的发展和时代的变化。文章条理清楚，层次分明，既写了现实之路，又写了“我”的心路，展现出作者对时代和故乡发展方向的深层思考，深化了主题。

（厉周吉 作家）

麻 糍

□ 浙江省杭州市余杭第二高级中学　戴希

春节，我们家乡家家户户都会做麻糍。麻糍啊，尝在嘴中，藏在年中。

天微亮，我早早等在温暖的灶房里。往灶膛中添了柴，我透过塑料纸糊的窗框向村中看去，遍地的红花是新年的爆竹。古色古香的土屋、木屋此时正不约而同地炊烟袅袅着，家家户户都赶着蒸糯米，做麻糍呢。炊烟像从天上挂下来的白丝带，当多情的风撩过，这白色的丝带就婀娜地摇曳着。空气中弥漫着香甜的味道，混杂着柴火的木香和糯米的稻香。

不知什么时候，家里人已经将捣麻糍的大石臼搬到了前院。要打麻糍啦！我不禁兴奋不已，跳下青石槛，在石臼前蹲下，仔细端详着。石臼有米缸大小，却比米缸厚得多哩，外壁上还有两个精致的“小耳朵”，可真招人喜欢。我伸手摸这个祖传的石臼，在表面来回摩挲着，坑坑洼洼中仿佛体会到了春秋日月的变迁。在一代代人的传承中，石臼内壁早已被软糯的麻糍磨得圆润光滑，发散着青灰色的光芒，仿佛向我们神秘地诉说着什么。

芝麻炒熟了，装入白布兜，又被榔头碾碎，香醇的味道却毫不掩饰，张扬地进入了人们的鼻孔，狠狠地勾出了人们的哈喇子。人们眼中有光了。

紧接着，一大桶白胖的糯米被倒入石臼，两位舅舅拿着长长的木槌准备开始捶打，一旁坐着抽烟的外公和大外公突然起了身，将烟折了，笑着接过舅舅们手中的木槌：“我们算是打了大半辈子麻糍了，先来开个头。”大槌子从空中落下，错落有致地捶击着冒着奶白色蒸汽的糯米，槌子敲击糯米时发出的声音像是远古氏族部落神秘的打击乐曲，我不禁跟着摇头晃脑起来。雪白的糯米在青灰色的石臼中不断地快速翻滚、拉扯着，颗粒分明的糯米不一会儿就被击打得光滑细腻了。两位老人同时放下槌子，相视顷刻，都哈哈大笑起来。外公对大外公说：“大哥你是宝刀未老啊！”大外公调皮得眨眨眼：“老弟你不也一样，哈哈哈哈哈！”

外婆和大外婆系着绛红色的围裙，欢快地唱着代表吉祥的年歌。这糯米团很快被她们分成汤圆大小，这小汤圆放入炒香的芝麻中滚一圈儿，第一个麻糍就诞生了。两指将其轻轻拈起，送到口中，轻嚼，芝麻的浓郁醇香和糯米的清香黏糯久久回荡在唇齿之间，心头的这黏糯之味久久难以忘却。

听妈妈讲，昔日很贫穷，不是单单一户，村里没有哪家不穷。平日里就吃不饱，等到收成不好时更是只能啃点儿红薯干。但即使是这样，长辈们总能神奇地在孩子们一双双期盼的眼睛里，变出一团团香甜可口的麻糍。尽管现在人们想吃什么就能吃什么，在新年打麻糍的习俗却被保留了下来。这小小的麻糍曾经陪伴着一代又一代人渡过那艰难的岁月，现在又承载着人们对美好生活的寄托，在一代又一代人的手中传承下去。

小小的麻糍，绽放在舌尖的是黏味，盛开在心头的是年味。

指导教师：赵荣美

本文获第十九届初赛一等奖

点　评

饮食作为一种文化，具有物质与精神两个层面的向度。因此，凡写食物，作者一般都会赋物以形，寄物以情。本文作者以麻糍为题，较为生动地记述了年节里家乡做麻糍的情形，让乡习、乡俗、乡风、乡情扑面而来，这些都表现得较好。若能再体物入微一些，主次得当一些，详略有致一些，笔墨细腻一些，行文就会更上一层楼。怎样才能做到这些呢？请多琢磨汪曾祺、沈从文、孙犁等大家写吃食的散文，在对比中寻找差距，掌握要领，获取心得。

（张宗涛 作家）

第六辑

云海之上

脚下云海茫茫，
那明耀的白色就如同平静的海面，
界限分明，
广阔无边。

沉默的诉说者

□ 江苏省南京市第一中学　张林叶

坑坑洼洼的砖石路面，走起来实在是不舒服。

我低下头去看，去看那每一块砖。

脚下的石砖历经岁月的侵蚀，早已凹凸不平，缺边少角，有的已经松动，有的残缺不全……身侧的墙面，大抵是磨损得轻一些，青灰色的砖面上，还能依稀可见那跨越了六百年的文字，将时空相连，证明曾经，勾连过往。

匆匆脚步不停，我来不及细看，只是一瞥。

可就是那一瞥，我想足以让我真切地感受到历史厚重的痕迹，就像脚下破旧的砖石，诉说着这座城市千年的兴衰史。

一块砖，足以见一座城。

那斑驳沧桑的城砖在春天的阳光里，孤独地守望着金陵的过往、现在与未来。这些诞生于大明王朝的城砖，在我眼里，却诉说着远远不止这几百年的历史。在那之前的种种，似乎也有了画面。

我走到城墙边，俯瞰，那是整座南京城。

高楼大厦倏地褪尽，入眼是千年前充满了烟雨气的六朝，也是曾繁华兴盛至极的六朝。穷奢极欲的结绮临春穿过刘禹锡的笔尖拔地而起，灯红酒绿，莺歌燕舞，不用隔着滚滚东逝的长江水，我仿佛也能听见亡国的靡靡之音。南京总是夹杂了一些风流与悲怆相矛盾的隐忧之情，烟雨中寄予着高洁宏阔的政治理想。醉心于诗文和音乐的李煜，只会寻欢作乐的陈后主，走向亡国路的他们，在哀怨"故国不堪回首月明"时，会不会幻想如果人生可以重来，要甘心做一个不问家国天下事，只思琴乐只思诗的江南才子？那是金陵极尽的奢华，也是百年之后，曾经的纸醉金迷之地空留的苍凉，更是"千门万户成野草"的悲哀。

金陵总在这样的兴衰中往复，于是城砖用坎坷叹着无奈。

城砖见证过往昔的繁盛，也承载过战火的纷飞。

我望向脚下残破的青砖、身侧砖墙上清晰可见的弹孔，无数次想象近百年前那段至黑至暗的日子。炮火的侵袭，鲜血的浸染，数不清的英雄儿女在此赴死，以血肉之躯守着一方热土。中国军人在南京保卫战中英勇抵抗，坚守在南京各个阵地，血洒紫金山，血洒光华门，血洒雨花台，悲壮而惨烈！青灰色的石砖总在提醒着世人这段不可能被忘却的日子。

于是城砖用深暗纪念破碎山河的血泪。

人世无常，自然却亘古。城砖就在这无常的人世中，看花开花落、云卷云舒。

难怪韦庄曾感叹“无情最是台城柳，依旧烟笼十里堤”。无论世事如何变迁，城砖始终于日出日落中看生机勃勃，看春华秋实，也看叶落满地，看冬雪飘零，年复一年。它们于潮涨潮落中感受着江水的拍打与退去，于夜深人静时静待那还过女墙来的月，小心地捧一泉皎洁的月光。

冯骥才曾落笔：“岁月失语，惟石能言。”城墙上的每一块砖，都见过了太多的人世沧桑、如烟的过往；也走过百年的风吹雨打，看永恒的自然。城墙固然有情，亦无情，只静立。

脚下踩着的，手上触及的，这哪里仅仅是城墙啊，那是足以将六百载光阴延伸的厚度，有它的沉重。

一眼千年，沉默也胜万语千言，只有你有幸能描述这光阴似箭。

指导教师：魏荣葆

本文获第十九届初赛一等奖

点　评

作者在对城砖的凝视与谛听中，在从容淡定的铺叙中，探寻历史和时代的诸多要义。在作者笔下，城砖就像一个苍凉的手势，虽沉默不语，却饱含对历史的沉淀与蕴蓄。一块块城砖仿佛是历史的精灵，带着读者在时间的隧道中穿行。城砖见证了往昔的繁盛，也承载过战火的纷飞。它能够超越偶然与短暂，进入人性的永恒之所，直至千年之后，或在万里之外，仍能够与人的心灵相遇。文章以小见大，表达了作者对于城砖的历史变迁和时代见证的思考，写作有视野，立意有境界，富有人文关怀和历史情怀。敏锐的语感、丰富的词汇、结构的平衡感、诗意的情怀是这篇文章的过人之处。真正的好文章，呈现的正是作者的综合素养。

（尤立增 特级教师）

观 树

□ 山西大学附属中学校　赵奕翔

生活中到处都有树。倘若从窗户望出去，目光所及没有一两棵树，倒真是一件怪事了。道路两旁有景观树，公园之中有遮阳树，城郊周围有防风林……众多的树围绕在我们身旁，默默注视着人群纷纷攘攘，行色匆匆。

然而，我们给予树的目光要少得多。或许是因为我们早已习惯它的存在，习惯所以理所当然；或许因为它们比较低调，低调所以不被重视；抑或是因为我们步履匆忙，匆忙得忘了看看身边的朋友，忘了感怀身边的美丽。

而我，对树情有独钟。不同地方的树，不同种类的树，有着不同的姿态，肩负着不同的使命，散发着不同的气韵，给我以不同的启迪。

我在山西观槐。在山西提起槐树，人们十有八九会想到洪洞县大槐树。隔着众多庙宇楼观，便能远远看到大槐树的树冠，我赶忙走近，初见它便不由得肃然起敬。几百年的积淀使其发育了庞大的根系，甚至冲破泥土，顶出地面。地上部分肩宽体阔，腰围近四十尺，臂展五米有余，分出的枝比许多大树的树干还要粗，一看就给人一种踏实感。这棵槐，在形态上并不突出——论挺拔，它比不上松柏；论妩媚，它比不上杨柳；论繁茂，它比不上榕树；论年龄，就是与同系相比，也不及晋祠的唐槐。然而，论气韵，它一定站在中国古树名木的第一梯队。它静静地矗立着，伸展着粗壮的枝丫，尽管年迈，却并不盘根错节以显龙钟之态，更无需钢柱缆索支撑其身，老而不朽，长而不衰。它正像一位饱经沧桑却身体硬朗甚至老当益壮的长者，坐天地之正，固守一方水土，迎接万世子孙。如此之木，无怪华夏子孙视其为“根”了。

不妨想想，槐树能成为游子之“根”，必有其缘由。槐树树形高大，远望便见；花开时节香飘十里，一嗅便知；树荫广阔，大事发生可以聚集全体居民。更重要的是，槐树行中庸之道，不走偏锋。这些都契合了人们对家乡的温和记忆。因此直到今天，尽管城市建设迅速，众多社区门口仍然保留几棵槐树，许多乡村也传承了槐树之下庆祝、议事的传统，槐树也自然而然成了故土的一个文化符号。

我在陕北观杨。在黄土高原腹地远望，满眼尽是黄土和少量开垦的绿田，偶尔有几道沟沟坎坎扑入眼帘，也无法影响旷远之感。然而在这无边的蓝天与无际的黄土之中，却有两排杨树耸立。从远处看，它们真像两排持枪的哨兵，分列公路两旁，等待检阅。在惜绿如金的黄土高原上，笔直地戳起这么多杆绿色，谁看了都会为之一震。

远观不知，走近一瞧才蓦然惊觉，白杨树竟如此之高！站在树下仰望，只见一根碗口粗的柱子直抵云霄，在这辽阔的环境中更显高大。然而最令人咂舌的还并非它的高，而是它的直。几十米高的树干拔地而起，中间没有一点儿弯曲，连顶端的枝都是直直伸展开来，西北猛烈的风沙也不能使它屈服。靠近它，抚摸它，我顿时感到浑身都涌动着一股力量。

傲然、顽强、不屈、上进……无论用什么词描述它，都能归于二字——气节。文人往往爱用梅兰竹菊形容气节风骨，却忘了在偏僻的西北还有这么一种树，与风沙搏击，为水分奋斗，上耸指天之干，下扎繁杂之根，硬是在各方面都不适宜生长的大西北活了下来，还自成一派风度。这种精神与我们颂扬的顽强不屈、傲然独立的中国气节不谋而合。

我在福州观榕。在有着“榕城”美誉的福州，于大街小巷邂逅一棵榕树，整个人都感到神清气爽。然而，榕树的“树格”魅力还远不止于此。

在三坊七巷遇见的一棵古榕，给我留下极其深刻的印象。繁茂的枝叶奢华地展开，如伞盖，如幢顶，每一片叶子上都跃动着阳光，斑斑点点，好似绿色的喷泉。走近它，整个人都被染上了绿色，连呼吸的空气都是绿色的。

这棵榕树实在太大，虽说比不上巴金笔下“鸟的天堂”，却也足以容纳数十人纳凉。层层叠叠的叶将南方的烈日遮挡得严严实实，舒展的枝丫上生长出气根重新插回地面，为这个庞大的生命系统源源不断提供养分。树下，耄耋老人闲聊家长里短，垂髫小儿穷尽嬉戏之能事，其乐融融。树上，鸟鸣虫鸣交织，宛如一曲交响乐。而榕树看着这一切，笑而不语。

我抚摸着它粗糙的树皮，刹那间，仿佛与其产生了某种超越时空的联系，看到了它一路走来的艰辛历程。起初的一株幼苗，孱弱得在风中发抖，弱小又可怜。它深知，不是每棵树都能长大，不是每棵树都能与天空对话，更不是每棵树都能长成自己想要的模样，但它依然义无反顾地生长，让绿色成为自己的披挂。它可能经历过火烧、洪水等天灾人祸，经历过险些倒在刀斧之下的危机，经历过东南沿海战争的风云，但它坚持到了现在，用一抹绿色接纳万物，让往日的伤痕变成时间的纹路，把自己活成诗的模样。于羸弱之时努力生长，于危难之时进取昂扬，于繁荣之时兼济万物，它以百年经历诠释了何谓生命的张力。

观树多年，像这样给我启发的树木数不胜数。在樱花树下安享岁月静好，在柳树身上体悟柔与刚的统一，在劲松面前感受生命的强大与韧性。观树，不仅仅是一种爱好，更是我特别的生活方式：用心感受身边的美好，并从中致知，让心灵在每一次驻足中得到洗涤，让智慧在每一次思考中得到丰富。朋友，把目光投向身边吧，说不定，就有哪个事物悄然触动了你的心弦呢？

指导教师：张晶

本文获第十八届初赛一等奖

点 评

作者将审美的目光投向我们身边司空见惯的树，并选取了三种树作为重点描述的对象：山西省洪洞县的大槐树、黄土高原上的杨树、福州的大榕树；对这三种树，不仅绘其形，更传其神。大槐树是“游子之根”，杨树与“傲然独立的中国气节不谋而合”，榕树“诠释了何谓生命的张力”，可谓形神兼备。文章文气贯通，文笔洗练，铿锵的文字传达出一种积极向上的审美力量。

（王会娟 资深编辑）

河西明月

□ 甘肃省白银市实验中学　邵泉

晚上，我常常会跑到小沙丘看月亮。我的目光伸向远方的地平线。月亮升起来了。在这千里河西走廊，在这西北戈壁滩上，一轮圆润又皎洁的月亮贴着地平线，朝你灿烂一笑，而后缓缓地升入中天。它是那样的圆，那样的大，仿佛近在咫尺。那份难以描摹的丰盈和难以形容的优雅简直就是美的极致。我深情地望着这极美的月亮，思绪不禁飘向远方。

曾经有一位年轻的将军，他在这黄色的土地上写下了传奇的一生，这位将军便是霍去病。公元前 123 年，年仅十七岁的霍去病随大将军卫青征伐匈奴。他率领八百骑兵孤军深入，立下不朽战功，被汉武帝封为“冠军侯”。公元前 121 年，霍去病两次进入这片河西走廊。第一次，歼灭匈奴过半，一直打到皋兰山才收兵；第二次，长驱直入两千余里，在公孙敖未能按计划策应的情况下，单独发起进攻，绕道匈奴侧背，给匈奴毁灭性的打击。匈奴随后退出河西地区，发出“失我祁连山，使我六畜不蕃息；失我焉支山，使我嫁妇无颜色”的叹息。为了表彰霍去病，汉武帝给他建造了豪华的府邸，霍去病听说此事后上奏言道：“匈奴未灭，何以家为？”如此豪言壮语从年仅十九岁的霍去病口中说出，是何等的惊人。就在这空旷的戈壁滩上，在这美丽的月色下，他将汉武帝御赐的美酒倾入泉中与三军共饮，饮尽了一位将军的豪情与风流。而现在，斯人何在？见证过这辉煌时刻的，只有这头顶上美丽、柔和的月亮。

回想近代，这空旷的戈壁滩上也曾走过左宗棠西征的大军。月光洒在白色的营帐上，也洒在这位六十四岁的爱国老将心中。不顾各种阻拦，左宗棠以战略眼光说服了清廷，率兵开赴西北，收复新疆。经过一年多的激战，左宗棠指挥西征军收复了除伊犁以外的新疆领土。俄土战争期间，左宗棠认为俄方有归还许诺在先，建议以外交途径和平解决伊犁问题。但俄方条件苛刻，于是左宗棠做出兵分三路收复伊犁的态势，最终迫使沙俄在谈判桌上妥协。左宗棠能在内忧外患之时，于两年内收复占中国领土六分之一的新疆，靠的不仅仅是武器装备，更是满腔热血、壮志雄心。

这空旷的戈壁滩上也奔腾过张骞西行的骏马，回荡过班超投笔从戎的誓言，闪动过玄奘西行取经的身影……他们都在这河西走廊上对着明月许下壮志豪言。

这，就是河西走廊的明月，它见证了多少英雄人物的壮丽人生！

我不知道，下一位从河西走廊上走过而名垂青史的人是谁，也不知道，下一个对这明月许下壮志的是谁。但有一点我知道，那就是——有梦想就要用青春去追，总有一天会实现“海阔凭鱼跃，天高任鸟飞”的目标。

抬头望了望已经升到中天的月亮，我依旧心潮澎湃。

指导教师：杨宗文

本文获第十九届初赛一等奖

点 评

《河西明月》以“河西走廊的明月”“见证了多少英雄人物的壮丽人生”构建全文，铺陈“匈奴不灭，何以家为”的霍去病，率兵西征、收复新疆的左宗棠，以及张骞、班超、玄奘等杰出人物的事迹，表现了“有梦想就要用青春去追，总有一天会实现‘海阔凭鱼跃，天高任鸟飞’的目标”的主题。“明月”作为全文的线索，贯穿古今，勾连情景，烘托人物，起到了非常重要的作用。

（钟湘麟　特级教师）

天地一孤音——李凭箜篌引

□ 江苏省泗阳中学　胡俊言

梦里有一曲绝响，剪裁下夜的清凉，吹彻古今。

该是怎样的一份寂寞与感动，又是怎样的一种空灵与超脱。吴地之丝，巴蜀之桐，造化之物总是莫测，以至于玄妙而不可解。温婉与凝练，轻柔与厚重，本是相斥对立之物，竟也如此和谐统一。蕴蓄了秋日的几许冷意，本质朴无华之物，也孕育出如此至灵至性之音。只轻一掠弦，便令苍山雾霭为之痴迷而驻足。

此情此景，不知诗人作何感想。与美邂逅，总是令人乐以忘忧的，何况是一名诗人。但欣喜与感动之余，大概也有那么一种悲凉悄然攀满诗人的心头。箜篌，这本就带着点古朴旷远意味的乐器，其声更是柔美明澈、清越空灵，泠泠似雪山清泉之声，美则美矣，但也不可避免地带着几分冷色，透着几许哀情。那是娥皇、女英对竹哭舜帝也化不开的哀怨，那是九天素女对月拨锦瑟也解不开的哀愁。诗人年少成名，而今十年光阴虚掷，满腹才华终因奸邪当道不得施展。三年宦海浮沉，不过徒增阅历；几次仕途失落，只是繁了霜鬓。凄惶如斯，又怎能不哀叹“憔悴如刍狗”呢？

轻拨慢捻，玉指蹁跹，乐声随着琴弦的跃动而清亮飘忽起来，宛若昆山美玉倏而破碎，亦如环佩叮当碰撞之轻响清脆明丽，又仿佛空谷幽兰馥郁的微笑。手法转换，拨弹揉捻，琴弦微颤，乐声舒缓下来，像铺满一池春水的细碎月光，不禁令人联想起凤凰的鸣叫，令人回想起芙蓉带泪的脸庞。

实是美极、净极，仿佛洗去天地间一切浮色，唯留下那份旷古的清冷寂寞。喧闹的长安十二街悄然收了声息，繁华的玄武大道也要为之沉寂。冷月无声，明河共影，万籁俱澄澈，究竟是仙境还是人间？恐怕诗人自己也难以分清，但大约不论是实景还是幻境，都摆脱不了那与天地共生的寂寞吧。

寂寞不是痛苦，痛苦不能永生。在最深沉的寂寞里，存在着对生命最真实最本真的体悟与感动。

秋雨绵绵，上天也因此落泪否？仙境与人间，大抵有相同的哀乐，不过是人们美好的憧憬，令仙境隐去了它的哀愁。

也许，神山上的天女正细细聆听这乐音，在心里默默记诵；也许，天池里的鱼龙正和着这乐声翩翩起舞；也许，月下流连的吴刚正斜倚在月桂树下，任清露降下，湿了花香。

也许，本没有什么仙境，亦没有什么悲欣苦乐。从古至今，天地化育出的不过那一抹清冷的寂寥，在月夜里亘古长存。何必哀愤孤激，又何必焦思苦吟，纵有再多沉浮，也不过过眼烟云。真正的永恒，自会长在，譬如那静穆夜色中的清冷月光。

也许诗人顿悟，从容归去，抑或是他仍迷惘，抑郁而终，但这份美的感受必与寂寞一起长存。

于是，梦里常有一曲绝响，吹彻古今……

指导教师：王公玉

本文获第十八届初赛一等奖

点　评

我们说写作的基本来源有两个：一个是生活，另一个就是阅读。如果你觉得日常生活比较平淡、琐碎，没什么好写的，那么就从阅读中寻找写作素材吧。我们所阅读的那些名篇佳作大都描绘了现实生活中难得一遇的美丽意境、真切情感、曲折故事、感人形象，阅读这些作品，我们除了为其击节叹赏，也总会有各种各样的情绪、想法要表达。我们可以对作品本身进行评论，更可以换个角度、换种笔法，对作品中所描绘的内容进行新的呈现。这篇文章就是如此，用诗一般的散文语言，改写了李贺的名篇《李凭箜篌引》，再现了原诗的意境和情感。作为写作训练来说，这是非常值得尝试的一种形式。

（蒋成峰 大学教授）

荷 花 梦

□ 北京大学附属中学　谢雨桐

燎沉香，消溽暑

夏天的蝉声是最温柔的闹铃，从不突兀，从不惊骇，却能潜入每个人的梦境，在所有最为瑰丽的情节背后响起，如潮水的尾声般平静地唤人醒来。

她迷迷糊糊地睁开眼。脖子上已覆了层细密的汗珠。她将沉沉的乌发一撩，一翻身，轻盈地站起来，身上白丝睡裙的裙摆顺势而下，垂到脚踝，有一种微凉的触感。窗外是清晨灰蒙蒙的城市，有着海浪般的蝉声和熹微的晨光。都市里林立的高楼和熙熙攘攘的汽车，依旧让她感到压抑与无助。她叹了一口气：又是一年酷暑时节。

她抬头看看闹钟，不过五点钟光景，也许可以再睡一会儿。一转念，她从抽屉中拿出前天下班路上在街边小摊上买的荷花香。

她并不喜欢熏香，熏香的味道总让她昏昏沉沉，可摊主告诉她，这荷花香是用江南晨曦中尚带露水的荷花制成的，用时会仿佛真的闻到荷花的清香，看到荷花朵朵开满池塘。听到这里，她的心头猛然泛起一阵酸楚。她将那巴掌大的香盒买了下来。

此刻，她捧出那个香盒，小心移开镌着细细花纹的盖子，放在床头边的小木桌上，用打火机点燃。细细的线香顶端燃起了淡黄色的火光，朦胧而昏暗，可当她盯着那轻轻颤动的火光时，却能从中看到自己的影子。

她并不相信所谓荷花香真会有什么荷花的香味，她点上那香，不过是为了一点儿心理安慰。于是，还没等闻到味道，她便又躺回床上，合上了双眼。

鸟雀呼晴，侵晓窥檐语

一阵喧闹的声音响起，叽叽喳喳，充满了破旧老宅的每一处空气，如海浪般灌进一个正熟睡的小女孩的耳中。蒙胧间，小女孩睁开眼睛。啊，她心中一喜，那是喜鹊又在屋檐上叫起来了。喜鹊叫了，便是早晨，妈妈曾这样告诉她。那么，又是早晨了啊。她挣扎着爬起来，匆忙间也不知穿上了什么衣服。她能听到妈妈在隔壁简陋的小厨房里烧饭，炭火刺啦刺啦地响着，她知道，这个时间，爸爸应该已经在地里劳动了。

突然，一阵幽香飘过，那带着清晨露水的清凉的香，她是多么熟悉啊！她本能地，几乎是脱口而出，叫了一声“妈妈，我去看荷花”，便一个箭步冲了出去。她隐隐约约听到了妈妈的轻笑声，她知道妈妈这时一定又在笑骂她“真是个小疯子”了。

水面清圆，一一风荷举

此时，她一路小跑，跑过了大片金灿灿的油菜花地，跑过了六月里青绿色的稻田，终于在村子尽头的荷花塘边气喘吁吁地停下脚步。几个小伙伴此时已在湖边等着她了。她们看见她，不停地挥手，脸上绽放出灿烂的笑容，其中一个还在大声喊着她的名字。再熟悉不过的吴侬软语，在此时，不知怎地，竟让她听得心尖一颤。

从脚下那尚未干透的柏油小路，那湿热的带着丝丝土腥味的空气，那碧蓝如洗、万里无云的天空，她已知道，昨晚又下了整宿的雨。青翠欲滴的荷叶挨挨挤挤，宛如千万把撑开的绿伞。在绿伞的掩盖下，荷花们怕羞似的，微微探出了头。有的白，有的红，白的如同少女白嫩的肌肤，红的好似熊熊火焰愈烧愈烈，朵朵娇艳欲滴、怒放无遗。阵阵幽香和着宿雨潮湿的味道，飘入鼻中，沁入心田。

闻到荷花浓郁的芳香，小女孩觉得自己已然半醉了。

小楫轻舟，梦入芙蓉浦

小女孩和小伙伴们跳进了岸边泊着的小木船中，撑起船桨，在湖面上缓缓地漂着，在半人高的荷花丛中钻来钻去。她深深地吸着与她近在咫尺的荷花的清香，将身子探出小船，一只手伸进湖水中，让清凉的水波一下一下拍打她的手心。那令人微微战栗的凉，顺着手掌和手臂，直传入心头。

小伙伴们玩得高兴了，轻声哼起了歌谣：“越女采莲秋水畔，窄袖轻罗，暗露双金钏。照影摘花花似面，芳心只共丝争乱。鸂鶒滩头风浪晚，雾重烟轻，不见来时伴。隐隐歌声归棹远，离愁引著江南岸。”

轻柔婉转的歌声，飘荡在烟水蒙蒙的湖面上。小女孩闭上眼睛，只求时间永远停留在这一刻，永远不要过去。

荷花的清香渐渐淡了下去，她正奇怪间，睁开双眼，猛然发现小伙伴、小木船都已不在，荷花池刹那间消失不见，眼前，周围，变成了无穷无尽的黑暗。她惊慌起来，大声叫着小伙伴的名字，叫着爸爸和妈妈，然而，只听见自己的声音在耳边久久回荡。这里只有她，孑然一身，孤独无依，面对无穷无尽的黑暗慢慢地陷进去，陷进去。

故乡遥，何日去

她醒了过来。汗水浸湿了整个后背。原来是黄粱一梦。

忽然，她好像闻到了些什么，使劲嗅了嗅，竟是一股淡淡的荷花幽香。她吃了一惊，猛然想起那支荷花香。她慌忙站起身，走到小桌旁。只见那支香已经熄灭，似乎是刚刚熄灭不久，还在冒着一缕淡淡的白烟，盒底聚了一层香灰。

只一瞬间，她明白了。她用双手捧起那盒荷花香，将它凑近自己的鼻子，深深地吸一口气。她要将最后一点儿荷花的香味，留在自己的鼻中，留在自己的心间。

泪水顺着光洁的面颊无声流下。她想家了，几年来第一次，她承认自己想家了。

五月渔郎相忆否

"妈妈，你曾经问我，为什么要离开。你可知道，那时的我是多么年少轻狂。我渴望离开那个偏远的小渔村，我梦想拥抱大城市的花花世界。可是，当我跻身熙熙攘攘的人群中时，当我使出浑身的劲儿企图挤上公交车时，当我在公交车上望着窗外灰蒙蒙的天空时，我却又总会想起故乡，想起夏天小塘里怒放的荷花。而每每想到这里，不知为何，泪水总会顺着我的脸颊无声地流下。现在，我终于明白了——那是我的心在向我呼唤：是时候做点儿什么了。"

她合上日记，深吸了一口气。打开电脑，她在城市生态建设志愿者招募网站投下了简历。简历最后附上了一句："希望我的孩子在都市里，也能遇见故乡的一池香荷。"

指导教师：李杭媛

本文获第十八届初赛一等奖

点　评

文章以"荷花香"为线索，用宋代词人周邦彦《苏幕遮·燎沉香》中的词句作小标题，串联起现实与梦境中的几个片段，构思巧妙，语言优美，特别是对江南荷香的描述，有声有色，诗意盎然。文章不仅表达了传统的思乡主题，也有对城市生态建设的思考。

（王会娟 资深编辑）

云海之上

□ 北京市第八十中学　黄煜然

黄山之气韵，的确震撼人心。

当我穿行在湿润的栈道上，栈道也穿行在湿润的密林间。我不知在这幽暗之中已经走了多久。这里的树木高大葱郁，树冠连接成片，撑起一片密不透风的墨绿色的空间。遒劲的枝干上，晶莹的水滴时常滴落，反复浸润那已经湿透的栈道和新旧交替的青苔。

终于，栈道从密林的一个巨大漏洞中蜿蜒伸出，进入了一个新的世界，我的视野开阔了许多。虽然四面一片迷茫，但我依然可以隐约看到远山上缭绕的云雾和那或浅淡或深邃的绿色。右侧是一大片石壁，栈道沿着石壁向上攀登，通往远方高处的又一大片密林和更高更远的朦胧的天都峰。这时我忽然想起李太白的诗句"半壁见海日，空中闻天鸡"。栈道悬垂半壁上，白色的日影已经均匀扩散在整片天空；虽然未见金鸡，但直入云天的天都峰也能让我想象到天鸡的傲然神气。

此时右侧正有清澈的泉水从石壁上前赴后继地跌落，飞溅在栈道之下，于石缝当中冲荡起来，溅起大片水花。阵阵水雾弥漫，扩散在本就已雾气腾腾的空气中，成为茫茫云海的一部分。

当栈道重新进入密林，山势就变得越发陡峭起来。这条木板拼成的栈道凌空飞架，穿梭在怪石之间。回头向下望，层层的枝干密密匝匝，身边的树干向下延伸，直至深不可及的黑暗当中，根本不知陡峻的地面在下方多远的深度。而上方依然不见天日，山体表面几近垂直，头顶极高的地方似乎还有栈道凌空架在树木之间的影子。

栈道盘旋着，依着巨石和林木的空隙陡峭地向上攀升。四面的雾气更浓了，携带着一股寒意随风慢慢浸湿了衣襟。周围的林木基本都是粗壮的松树，它们庞大的树冠交织在一起，罩下一片浓荫。半边是峭壁，半边是浓雾，不见一丝日光，林中就变得更加幽暗了。

在这样的栈道上攀登，固然变得异常艰难。崖壁更加陡峭，有许多奇石从悬崖上探向半空。林木也逐渐稀疏，只有少数松树还能在这里扎根，遒劲的树干似乎在积蓄着力量，将大伞一样的树冠撑在云雾茫茫的空中。

雾气更浓了，空气中弥漫着乳白色。当一阵风刮过，从远处堆积而来的雾气便彻底遮住了视线。我不敢再动，这高处的寒风莫名地增加了脚下的空虚感。这时浓郁的雾气被风推搡着，忽然掠过了视野，眼前变得清晰了一些。栈道还在前方，蜿蜒向上爬行，进入了模糊中的一片密林。我只能迎着扑面而来的又一团浓雾，努力地踏下每一步，沿着栈道继续攀登。走进密林，山的坡度稍稍平缓。然而在密不透风的雾气遮盖之下，一切变得更加阴沉了。

这片森林跨度不大，另一边的边缘很快出现在了巨石的侧面。树林外的风速陡然加快，在巨石的缝隙中冲荡着，裹挟着雾气极速地变幻。

当我迎风登上巨石，耳边呼呼作响，眼前光影闪现。忽然，大雾在一瞬间消散，被远远吹向远方。强烈的光充溢了整个世界！

我从没想到过，在天都峰峰顶，竟是这样的景象。四面空明而澄澈，阳光没有半点吝啬地洒满了所有的角落。脚下云海茫茫，那明耀的白色就如同平静的海面，界限分明，广阔无边。雾气，狂风，早已无影无踪。黄山上最高的那些山峰变成了一座座孤岛，安然卧在这片柔和的大海上。风在不觉中停了，整个世界寂静而安逸，寂静到我的感官失去了感受它的能力。

我在巨石之巅坐下，但并没有觉得身下有什么实体的物质。世界好像只有我，其他的一切都是如此虚幻……

孤独感油然而生。但当我枕着一片温暖，沐浴阳光灿烂，好像一切都不那么重要了。反而，我很享受这种宁静的孤独。愈是缺少，才愈显得弥足珍贵。我沉浸在这宁静的孤独中，忘了世界，也忘了自己。

白云织就的大海，表面上一片平静。然而，我知道其中暗流涌动，也知道其中风云变幻。在云海之上的世界，天都峰的山顶只是一座低矮的蓬莱仙山，大块温润如玉的岩石堆砌出这座小小的岛屿，山脊连接的鲫鱼背是它延伸的岬头的末端。然而，在云海之下，天都峰是一个体态庞大而又幽深莫测的巨人。那里风雨交加，雾气蒸腾，崖壁刀凿斧刻，森林幽暗深邃……

白云之上，只是冰山的一角。宁静中隐匿着暴风雨。云上的世界是简单的，可是，谁知道在那云海之下都隐藏了什么？莫名的恐怖袭上心头。我不敢起身，更不敢重新回到云海之下的世界里。似乎这样，就能逃避和忘记……

不，我永远无法逃避和忘记什么。我只能，也只想，感悟每一分美好，不论这美好背后是什么样子……

当我在云海之下，渡过河流，攀登山崖，肢体奋力地迎战疾风，目光努力地穿透浓雾……攀登，让我认识到了周围的世界有多么阴森，也认识到了面临的山峰有多么陡峻和高不可攀。但当我忽然出现在云海之上，这一切似乎就一笔勾销了。灵魂在淬炼中才能升华，本真与纯净才是生命最终的归宿。

这，何尝不是一种圆满？

云海之上，一切如此简洁。简洁者最美，也最让人流连忘返。

由浅到深认识世界的人，是智慧的。由深到浅认识世界的人，是幸福的。

指导教师：伊立君

本文获第十九届初赛一等奖

点　评

《云海之上》描述了攀爬黄山栈道、到达云海之上、登上天都峰峰顶、尽览神奇景象的经历和感悟。作者描写经历细腻生动，在幽暗阴森的林木中穿行，时而蜿蜒盘旋，时而陡峭攀升，时而凌空飞架的情景引人入胜，使读者如同亲临其境；抒写感悟深刻精辟，“沉浸在这宁静的孤独中，忘了世界，也忘了自己”，“灵魂在淬炼中才能升华，本真与纯净才是生命最终的归宿”，这些警句都给人以有益的启迪。

（钟湘麟 特级教师）

你从画中来

□ 山东省东营市第一中学　张皓天

一痕淡墨，勾勒一脉山水；一笔丹青，晕染一城画意。

没有哪个城市或镇子，能像周庄这样动人。人们从“贞丰泽国”的牌坊下走过，便是穿越了一段时光，去往另一个遗世独立的境界。在那一段不为世人所熟识的历史中，“贞丰里”曾一度被遗忘，却在几个世纪后的今天，成为人们心头无法割舍的情节。

墨块在砚台上轻轻揉捻，留住一点儿香气和淡淡的墨圈。笔锋圆润的白毫饱蘸墨汁，侧着笔杆随意地一起一落。墨色沉淀在水底，变成河床上摇曳的水草。水草温柔地抚摸着船娘手中的竹篙，和游鱼一起，坚贞地守护着一渠明净。不知在何处发源，又不知在何处停止。周庄在水流宠溺的臂弯和淙淙的耳语声里，避开战乱与喧嚣安然地睡着。涓涓细流磨平了周庄所有的棱角与锋芒，使它变得温润，像一块美玉镶嵌在长江三角洲平原。

金字朱底的牌匾，斑驳的影子向我们隐隐诉说着让人沉湎的往事。富可敌国的沈万三，一度成为周庄名副其实的主人。沈万三与族人在这里生活着，因为周庄的单纯，商人也没有了名利场上的伪面具。他是真心爱着周庄的，因此这里不因他的到来成为繁华的市井。在沈万三的心里，周庄已成为他命中的爱侣。当名和利都成为无足轻重的附属，他更需要追求一种心灵的宁静。于是他发现了周庄，爱上了周庄。他提笔在这里画下了万片琉璃瓦，作为送给周庄的定情信物。

如此厚爱却不能让沈万三与周庄相守一生。朱元璋为沈万三的富可敌国十分担忧，同时又对周庄垂涎三尺。他羡慕，甚至是嫉妒。万里江山由自己一笔挥就，却忽略了灯火阑珊处的美丽。既是人间天堂，为何属于一个满身铜臭气的商人？太祖明着与沈万三结谊，实则欲除之而后快。沈万三百般周旋，却未能用聪明与敏捷为自己换来余生的平静，反而将生命终结在发配远方的路上，只留下一道别具特色的美食和一段令人慨叹的故事。朱元璋最终解决了这个看似危险的商人，却并未如愿以偿。沈万三离开了，周庄似乎变成了一座空城。太祖没有住进他梦中的周庄镇，而是回到了自己的皇城,继续日理万机、勾心斗角的生活。太祖垂涎周庄,却不爱周庄。真正爱周庄的人已经去了,从此周庄便多了几分幽怨,因为沈万三。或许在漫长的历史长河里,也只有沈万三一人能让周庄挂念一生。直到现在,本地人还在津津乐道地讲述有关沈万三的故事,那让沈万三送命的"万三蹄",也早已成为周庄的一张明信片。

无论沈万三也好,朱元璋也罢,他们的生活都免不了浮华。周庄源自水墨,绘自丹青,他们只是匆匆的过客,无法在清亮的画轴上留下自己的身影。

相反,留下身影的却是最不起眼的渔人。他们的船旧旧的,蓑笠也是旧旧的。或许温顺的周庄从未下过大雨,周庄人也一直是"斜风细雨不须归"。作为生活在水乡的人群,周庄人似乎更了解如何与水相容。乌篷船成为每家必备的交通工具,出门路途无论远近,周庄人都会撑上竹篙摇摇晃晃地从自家的小坞里驶出去。不知是真切地需要这种诗意的交通方式,还是周庄人充满着诗意的想法,这种舟楫代步的方式在周庄早已约定俗成,没有人去破坏。

有水便有桥。周庄桥多,也没有一个重样的。没有人去深究当年建造这些小桥的人是谁,也没有人去深究设计这样造型的桥是出自怎样的匠心,更没有人去深究为什么到访过周庄的人都对这些斑驳的石桥如此留恋。或许桥梁作为纽带,本身就让人感到难去难留吧——不知哪一岸风景更好,只能站在桥上左右顾盼。缠绕在对景色的解析中,自己已偶然成为别人驻足欣赏的风景。那一座座小石桥映在水里,像历史沉重的锁,锁住周庄几千年的美好与哀怨,也锁住游人的心。

身在中国,没去过周庄是一种错过;去过周庄,却没有爱上它,则成了一种过错。周庄从中国画里走出来,散发着悠远的墨香,摇曳着洒金宣柔软的金辉。提笔写下落款,不是画者的姓名,却是牌坊上歪歪扭扭的三个古体字"贞丰里"。只因为在这个小小的镇子中,我们遗失了自己。

指导教师:王青霞

本文获第十九届初赛一等奖

点 评

文章颇得中国画的水墨意境,像一卷散发墨香的周庄画幅。更难得的是语言,干净、利落中蕴含着深思后的沉静,很见功力。历史与现实的过渡自然,沈万三的故事是文章底色,讲述别有意味,有透过历史看现实的透彻。"锁"的比喻很精妙,颇有诗意,是点睛之笔,更有卞之琳"你站在桥上看风景,看风景的人在楼上看你"的韵致。作者用典贴切,娴熟的笔法也从中可窥一斑,具备了小作家的气度。希望作者在写作的路上走得更远。

(李林芳 作家)

寻 秋

□ 河南省洛阳理工学院附属中学　李亦洋

冉冉秋光留不住，满阶红叶暮。

秋是凋零。落叶知秋，风凉知秋，雨冷知秋。华美了两季的树叶开始褪去青翠，转为暗黄；失去丰腴，变得干瘪。而正因为如此，叶的脉络变得清晰起来，巴掌大的空间上有的满满当当，有的苍白无痕，写满了一生。秋风起，落叶聚；秋雨落，落叶散。不久后它们在根系相聚，重新相逢又分开，开启第二次生命。枯枝划着地面发出沙沙的响，是否它也在怀念着盛夏时和同伴在树上乘风摇晃的日子呢？它们的生死，人们不知道，也不关心。人们只是大踏步踩过它们的残骸，紧紧身上的衣衫，冲着微凉的手心呵气，快步离开了。

秋是惆怅。阶前有雨，点滴到天明。秋雨绵绵寒意生，敲打残荷幽梦，敲打深山晚钟，驱散夏的燥热，洗涤出秋的清冷。张爱玲曾写秋雨："雨，像银灰色黏湿的蛛丝，织成一片轻柔的网，网住了整个秋的世界。"我是喜欢好雨时节的，也总是带着些哀思，古往今来，多少文人爱写秋。"对秋深，离恨苦，数夜满庭风雨。"在凉风习习的秋日里，阵阵秋雨飘下，百花凋零，草木枯黄。我深感秋雨与年少的伤感情怀同调，少年不惧岁月长，秋雨年年有，但我们并非永远年少。

秋是野趣。逆风奔跑，远向彼方。我在傍晚的街道上，迎着落日的光，追逐抓不住的风，信手在天空涂鸦上最美的晚霞；在邻居的小院里摘取脆甜的果子和多汁的红柿，在犬吠声中狂奔，毫无顾虑；在落叶满地的校园，争夺最漂亮的红叶。我永远活在秋季，活在向往的乌托邦里，去感受少年的奋不顾身和满腔热忱，去追寻秋季永不落幕的篇章，谱写秋的绝句……当真儿时不识愁滋味，看春风不喜，闻夏蝉不烦，吹秋风不悲，观冬雪不叹，满是童稚之趣。

秋是皎洁。月是夜的眸，愈近秋日愈清澈深邃。圆月割秋夜，前半夜奏着夏的尾声，后半夜弹着冬的序章，当中的它是秋的清心。梁实秋的眼前曾升起过这样的一轮秋月："看山头吐月，红盘乍涌，一霎间，清光四射，天空皎洁，四野无声。"当夜空如水漾起星的波光，秋月向世间撒下薄网，安然沉睡的大地开始梦呓，以叶的震颤、虫的鸣唱、风的轻吟。细碎迷离的皎洁被枝丫剪碎，枯燥的自习后迎来了秋月的照耀。荡漾在秋季的我们，走过初春的温柔絮语，描过盛夏的喧嚣岁月，领略过寒冬的不朽轮廓。就仅仅是少年燃烧在秋季的情怀，让我为之钟情神往，沉醉于我的秋月。

秋是心上秋。“春花秋月何时了”是南唐后主的叩问；“秋雨梧桐叶落时”是唐明皇的垂泪；“万里悲秋常作客”是杜甫的沉郁；“满地黄花堆积”是易安人比黄花瘦；“却道天凉好个秋”是稼轩中年愁苦尝尽……秋是愁肠百结，秋是绝地逢生。秋天万物凋敝，人心疲惫，需要港湾，或是家中灯火一豆，或是临窗剪烛共话。叶归根，人归家，远处小城升了烟，烟气耽了愁色。

寻秋，寻秋，少年人，莫怕与秋往。止之息之，观之望之，体之察之，感之悟之。天高云淡，终可再行之。

指导教师：赵海珍

本文获第十九届初赛一等奖

点　评

“秋是凋零”“秋是惆怅”“秋是野趣”“秋是皎洁”“秋是心上秋”，作者通过自己细致的观察，运用灵动优美而灵活多变的语言，对秋天景色进行多角度生动而细腻的描写，写出了自己对秋天的探寻及独特的感悟和思考，从而表达了对美的追求和对生活的热爱。比喻、拟人等修辞手法的运用，增强了文章的生动性。恰当引用古诗文名句，如李煜的“春花秋月何时了”、杜甫的“万里悲秋常作客”等，使文章富有文学色彩，充分彰显了作者深厚的文学功底。

（夏冬 资深编辑）

临淄看山

□ 山东省淄博第七中学　王一维

临淄是淄博一个很小的区。它没有破空矗立的地标性建筑，也没有重檐粉黛的青砖石桥，既不现代，也不灵动，若不是随处可见的古墓和遗迹，甚至让人怀疑它徒有千年古都的虚名。

但是，临淄还有山。尽管临淄的山不能算作真正意义上的山，大多只是些一二百米的小丘陵，没有奇峰怪石，没有云海遮天，甚至连一座山最起码的挺拔也没有。虽然如此，我还是喜欢在没有课的周末进山里走一走。

临淄的山自有它独特的魅力。

临淄的山，是温和的，是平易近人的。它从不会板起脸孔，用冷峻的神色对人。它只会弯下腰，伸出手，放低自己来接纳你。我常爬的山，是牛山。用“爬”这个词，纯粹是一种习惯。因为登顶牛山，费不了多少力气，用不着弯腰曲背攀爬。与高耸入云的山不同，它没有“天姥连天向天横”的气势，也没有“一览众山小”的威仪，它只是像一位俯下身子的长者，与你娓娓道来，甚至像一个趴在地上的父亲，让你恣意地骑在他的背上欢闹。在它面前，你可以毫不费力地走近，也可以毫无保留地诉说。这样的山，不可爱吗？

进山的路并不曲折，青石路和土路居多。走在山中，便远离了嘈杂的人群，耳边只有偶尔的几声鸟叫。如果运气够好，你还会听到历史流动的声响。你所踏出的每一步，下面的土地里都可能埋藏着一个千年前的故事。

大名鼎鼎的管仲纪念馆，就建在牛山北麓一片看似不起眼的坡地上。不大的管仲墓前，一块石碑矗立，上刻古人四句诗云：“幸脱当年车槛灾，一匡霸业为齐开。可怜三尺牛山土，千古长埋天下才。”也许临淄的名人太多了吧，名动古今的奇才也不过占据了一座外表普通的小院。又或许这就是临淄人骨子里真实的性格吧，没有厚厚的围墙故弄玄虚，也没有高大的台阶衬托威仪，它只是把历史本来的样子直白地呈现在你眼前，如同一位不施粉黛的美人，对着你巧笑倩兮，美目盼兮。素颜出镜，已足够震撼。在这里，王冢不过是一片土丘，稷下学宫也无非几块青石，孔子闻韶处仅剩一方碑文，跨越千年的历史就那么突然地出现在你的面前，没有铺垫和序言，直愣愣地映入你的眼帘，令人猝不及防。

临淄的山，又是热闹的，它含蓄着历史，又绽放着生机。山中有给人步行的走道，黄木铺地，廊亭渡桥，曲曲折折，长达数里。沿着山的开口处望去，仿佛镶嵌着远山和长空，人置身其中，无风自凉，有云便仙。平时人就不少，每逢节假日，前来游山的人更是络绎不绝，大有千年前挥汗如雨、联袂成荫的遗风。人行道旁还有车行的路，双向车道，私家车如游鱼一般进进出出。路旁有卖吃食的，有摺地摊的，还有摆一套音响唱卡拉 OK 的，孩子跑，大人叫，漫山遍野全是人声人影。苍翠的山林树影间，是三三两两的游人。游人虽众，但拍照者不多。谁会在自家的后庭院里频频拍照呢？对于临淄人来说，爬山就是一种休息和消遣。他们是真正会游山的，不是为了猎奇，也不是为了留念，只想在山里待一阵子。或与家人共处，或与朋友同聚，哪怕是独自前来，也只是为了贴近山林的呼吸。日色渐沉时分，夕阳使低密的行云流动着沙一般的金色，远处浮金的水面上漂着一叶狭长的竹排。人们在这里被接纳，卸下一身的疲惫，收获满腹的清香。不管来时怎样，下山时，保管个个神清气爽。

我喜欢临淄的山，它是这座古都的点睛之笔。因了山，奔涌的历史有了着落。它沉淀着千载的历史，又孕育着蓬勃的生机。它熔铸了岁月，轮转着游人的欢笑。

远山如黛，翠柳如眉。你是否也喜欢到这样普通的山里转一转？

指导教师：岳珊珊

本文获第十九届初赛一等奖

点　评

文章当有境界，而境界不全取决于文章主题的宏细、题材的重轻，更多的是与作者对所写内容认识、开掘、把握的深度相关，也就是说开掘深而境界出。“临淄是淄博一个很小的区”，“临淄的山不能算作真正意义上的山，大多只是些一二百米的小丘陵”。然而，作者却开掘出“临淄的山自有它独特的魅力”，并展开为“临淄的山，是温和的，是平易近人的”和“临淄的山，又是热闹的，它含蓄着历史，又绽放着生机”两个侧面加以评述，从而归纳出：“它是这座古都的点睛之笔。因了山，奔涌的历史有了着落。”这样，临淄的山的大境界便突兀而立了。

（钟湘麟 特级教师）

乌江潮声今又回

□ 甘肃省岷县第三中学　后立

夜仿佛一块黑到极致的幕布，裹得整个天地无法呼吸。此时，只有呼啸的狂风肆无忌惮，撞击着垓下星星点点的营帐，似在向疲惫的将士们示威。远处，江水正汹涌澎湃地拍打着岸上漫无边际的幽冷。一切安静到极点，安静得让人感到压抑和窒息。

一片沉寂中，楚歌缓慢而又忧伤地出场了。毋庸置疑，这调是楚地风骨，词文亦是楚地言语。不过，在今夜，它的那种淳朴中多了一份愁思，奔放中多了一份惆怅，粗犷中多了一份怨恨。字字句句和着古老的曲调直刺兵士那坚毅而柔软的心。

伴着微弱的光亮，滴滴苦泪沾湿冰冷的铠甲：这仗，何时才了？不知家乡的杨柳几时绿了，又几时枯了？

一杯，一杯，一杯复一杯，难解醉。长歌当哭，英雄无泪！

力拔山兮气盖世，时不利兮骓不逝。骓不逝兮可奈何，虞兮虞兮奈若何！

凉风阵阵，和着呜咽的吟唱。转首，是玉容憔悴、泪眼盈盈的虞姬。她虽一介女流之辈，可她懂他，又怎能不知他的痛和泪？

歌声又起，江水潮涌。沙哑，迷醉，沉痛，哀婉，丝丝缕缕的浓愁，丝丝缕缕的悲壮。风在这一刻亦凝固了，呆呆地望着涕泪横流的铁骨柔情的江东男儿，有所思，有所忧。江水趋于平静，低低地荡漾着，暗自垂泪。

明月满脸倦容，几点星光渺茫。今夜的安静，可否持续到黎明？

马蹄声踏破死寂，接着是万马奔腾的惊天动地。这八百壮士，正以一种英雄的姿态朝黑夜进攻，心头却泛起阵阵寒意。铁骑勇武，能否抵挡无情的江水？

呜呼！将士仅一百，吾心明月寒。马蹄声越来越低沉，一路悲歌到阴陵。前方水茫茫。农夫左向指，疾驰，大泽莽莽天无道。乌骓仰天长鸣，是呐喊，是发怒，还是不平？

好一个四面楚歌！好一个嚣张的刘邦！好一个势利的田父！你们心中定在暗笑着：成者为王败者寇，你西楚霸王也有今天！

环顾四周,穷途末路矣!

自率江东子弟起兵,算来已八载有余。战必躬亲,不下七十次矣。想这乌骓疾如闪电,驰骋纵横,如今却陪我一起遭难,痛心疾首,不忍视之。想当年豪情威武,逐鹿天下,孰可匹敌?

今日身陷囹圄,此乃天意,非吾之过也。闭目,凝思,多少壮士的热血曾洒在这山川厚土之上。悲哉! 哀哉! 痛哉!

死生亦大矣,岂可卑躬屈膝,为汉之虏?纵血洒长空,亦不负男儿血性。诸君随我久矣,甘苦共尝,破釜沉舟,无以为报。请为诸君快战三回,不枉兄弟一场!

四面边声连角起,铁骑突出刀光影。我自横刀向天笑,直教尔胆战心惊。怒睁的圆眼,发出逼人的寒光,仿佛是嘶吼的雄狮,在绝境中挥洒血性。

马的前蹄高高抬起,苍凉的嘶鸣响彻阴郁的空气,显然是受惊了。而那被摔下来的熊将,不正是汉将杨喜吗? 如此愚劣之辈,气煞我也!

少了,少了,身边的兄弟越来越少了。或许最终,便互相做了陪葬。也好,兄弟相逢一场梦,樽中血雨共饮痛,多少烽烟扫乱尘,岂惧黄泉无故人?

夕阳欲落去,一望黯销魂。莫不是江水还在叹惋,惹得夕阳也伤怀?

苍山如海,斜阳如血;西风萧瑟,乌骓哀鸣。累了,倦了,伤了,也该了断了吧?

殷红的鲜血将刀刃染得光鲜而刺目。原野无声,草木衰颓,一切悄然。

谁在这苍茫的天地间忽然热泪盈眶,谁在这将一切吞没的宁静中没了锋芒。好一曲淋漓的悲歌!

脚踏鞍,策马扬鞭乌江畔,壮士一去兮不复还!

眉眼盈盈处,柔情无数。几点黄花零落去,乌江水雾,多少烟雨。

斜晖悠悠泣,细草怨无义。滚滚江涛吞天地,望断飞鸿,此情已矣。

妾为君再歌一曲吧!

银汉迢迢冷石壁,牛郎织女心相印。遥看七夕鹊桥会,妾心难负君王情。木叶飘零水中寒,几番明月泪阑干。梧桐潇湘比翼鸟,此生难为并蒂莲。天上人间目相凝,不忍项郎调独弹。妾只愿君安!

刹那,鞘中的剑已明晃晃地悬于粉颈。那双手握剑之人,正是虞姬,那么痛楚,又那么决绝。

别了,霸王!

大片大片的红浸染了衣衫,凄艳而绚丽。

乌江歌起,哀婉缠绵,为这份心碎的爱恋送别。

此生,再无牵挂!

这不是昔日的兄弟吕马童吗?

铁骑重重，只一眼便认出了他。往昔关怀甚殷的兄弟今日竟兵戎相见。苍天无情，捉弄人啊！

“项王，今日，你已无路可退了，前面是追兵，后面是江水，随我过江东罢。霸王不可为，做个江东王尚可。来日，汉王君临天下，施恩布泽，定免你一死，虽不复豪气，亦富足矣！”

亭长，勿再言！丈夫立于天地间，岂可忍辱偷生？况吾今日兵败至此，八千子弟尸骨异处，如何面见江东父老？

乌骓满眼泪水，似在乞求与主人一同赴死。不忍，不忍，乌骓，随亭长回家去吧！

听闻吾之头颅尚抵千金，可邑万户。念你我兄弟一场，算是对你最后的礼遇罢。吕马童，领赏去吧！

热血四溅，笑卧乌江。天地惊，鬼神泣。睁圆的双目，是在质问上天吗？

乌骓自江心奔腾而下，径直迎向吕马童的长剑，一声呜咽，随君而去。

乌江以前所未有的能量开始咆哮，潮声撼天动地，像是举办一场神圣而庄严的葬礼。此后，便再听不见乌江潮声！

几百年后，杜牧驻足江畔，轻吟着当年气宇轩昂的“彼可取而代之”，感慨万千！

胜败兵家事不期，包羞忍耻是男儿。江东子弟多才俊，卷土重来未可知。

潮声再次涌起，淹没了这惋惜的口气，万顷浪花告诉他：项王，何须渡江！

指导教师：包翠萍

本文获第十九届初赛一等奖

点　评

本文由《垓下歌》铺开，以杜牧诗作结，是对项羽这位悲剧英雄的深情赞歌。作者围绕诗作进行了充分的开拓和想象，融入了大量的相关史实，具有强烈的冲击力和感染力。在语言方面，文章较多地运用短句，增强了节奏感，比喻、对偶、设问、反问、排比、反复、呼告等修辞手法，更使得文采斐然，激荡人心。

（钟湘麟 特级教师）

大美西北感怀

□ 山东省昌乐第一中学　王者笑

农历庚子十月初四，大雪于昌乐，天落银粟，四起玉尘，恍见银龙在天，腾舞飞跃。不由得忆昔西北之大观，独良且华丽无尽也。再次回味，心潮澎湃，思绪万千，故作此篇，以记之。

长河落日，大漠孤烟。西北的风景总是引起人们无限遐想。那穷极的荒芜之域，是否埋藏着千万年前孤独商人的行迹，抑或是吹角连营、金戈铁马的血痕？是生命的终极，还是灵泉的发源之地？

我曾认为家乡的碧海蓝天是最为宽广、最为博大的景色，但见识了西北的苍天后，才发觉这真是小巫见大巫。西北的天拥有最深沉的美。不同于中原清澈的湛蓝，那儿的天是苍蓝色的，万年痕迹从未消退。只看一眼，便恍若经历万世轮回，心境也变老了。

驶入准噶尔盆地，原本静下的心又悬起来了，周围景色一晃变得凄凉、萧瑟。苍蓝色现在在天边最顶部，其余地方风沙四起，光被切成无数细丝，落在窗上时，就变成无数扰动的光点了。

顺着流淌的小溪远眺，无穷的沙海滩涂，矗立着几个深绿色的仙人掌，宏伟巨石深深吸附在沙里。沙海波涛汹涌，看起来倒像是岩石在乘风破浪。

一刹那，沙海动荡起来……

沙海与天空的战争千百年来从未停止过。往往只需几秒，便有一方倒下。这突然的天地大变，便是沙海气魄惊天的一击。亿万粒细沙冲天而起，结成破天长剑，凝实又锋利。长剑拔地而起，恍若有一声划破气浪的长音直冲脑髓。照耀万里的光明大刀，先被几颗不起眼的沙粒拦腰斩断，霎时间，完整的光明大刀被切得支离破碎，再也凝聚不起来。无数纤细的光线更没有什么威力，很快便一丝也撒不进来了。

天地大暗，虚华的光刀到底是败给了凝实的沙剑。沙海上的枯草好像许久没有这般高兴了，用尽生命最后的能量摇曳着。但紧接着，一个光斑扭转了战局。光明使者终于发力，阳光以更强劲的力道冲在沙的壁垒上，一股脑地冲开一个小口，一道无比明亮的光线找到方向，一道金色光柱带着希冀冲向一块恢弘的黑色岩石。无数道金光受到鼓舞，也纷纷冲进迷雾，就像大坝决堤，再也不受约束，尽力展示获得自由的无限喜悦。一时间，光的弓箭手万箭齐发，沙之壁垒再也坚守不住，尽数倒塌。无限光丝斜射下来，迎着光丝，我们仿佛不是驶出准噶尔，而是奔向有无限希望的明天。

天，又变得苍蓝了。回身四顾，四面八方无一遮挡，地面像用刀切过般平整，远远地，与天边融在一起。这里，是世界的最高点吗？

目光再移，原本蓝天之下厚重凝实的黄土不见了踪影，取而代之的是一块幽深苍翠的无边碧玉。那便是翡翠湖。这湖真如传闻所言，通体碧绿，略有几丝白纹，使人内心安稳的同时又有种莫名的惶恐不安。

湖，是不能盯着看太久的。

脚踏厚土，仰望蓝天，踮一踮脚，眉心便抵住了上苍的前额，心灵与天地相通。久久矗立着，沉心感受着，闭上双眸，敞开怀抱，任思绪飞进飞出，一股难言的悲壮之情油然而生。再片刻，不禁站定，昂首挺胸，怒目圆睁，目光变得犀利，以前从来不敢直视的“光天化日”被牢牢钉在苍蓝的刑板上。这一刻，我为天地主宰，即便问苍茫大地“谁主沉浮”，也不会有一丝羞怯不安。这一刻，我欲大声质问，质问上苍：“为何如此天地之作要被困于荒凉禁地？为何大美神州饱经如此风霜？为何世事万千难求平等？为何寥廓宇宙这般凄凉？”

好像回应一般，太阳恍然间闪烁了一下，一道锋利的箭矢闪入眼中。只一刻，瞳孔漫散，目光涣散，身子软了下来，头痛欲裂，精神之海波涛四起。天哪！那是一种怎样的光？那是能穿透世间万物的光，是能销毁一切心灵的光，是照亮世间至理、我们无论如何也无法企及的光，是能让一切无所遁形的光——那是天地的目光！没有谁能与之对视。这一瞬，我的内心好像暴露在万众注视之下，无限地不安与张皇。

一大片低云擦着头皮掠过，像神的手拂过世界，太阳这才淡息。随云而来的，是一阵凛冽的寒风。像利剑插进骨髓，真是彻骨的冷！我不由得原地跺脚，搓手，但都无济于事。不过不都是坏事，原本因缺氧有点儿昏昏欲睡的大脑被惊醒了！凝一凝神，深吸一口气，一大股清爽的空气猛地灌进肺中，马上凝成一块万年坚冰，欲将身子冻成玄铁。呵，笑话！不屈的灵魂能任他作祟？马达启动，涡轮增压，心脏兴奋起来，心肌剧烈收缩舒张，原本血管中涓涓细流扩充成大江大河，血脉仿佛得到升华！动一动，五脏点着，六腑燃烧，血液沸腾。一股凛然正气从脚下涌进胸腔，再伴随一声兴奋的狂吼而迸发。声浪随着风，在湖面上掀起一层淡淡的涟漪。

千年前，叱咤沙场的战士们发出那惊世骇俗的热血怒吼，就源于这血脉吧？

我捡起一颗石子，来试试这血脉！前进两步，躬身伸臂，转腰九十度带动身躯，再带动胳膊，将一身气血集中手上，最后甩动手腕，轻抖手指，将石饼水平掷出。石饼在淡泊的空气中画出一道白痕，又散成白迹，最终切入水面，腾地弹起，再落下，如此八个循环，最终没入水面。

翡翠出现了裂痕，一丝丝不易察觉，但接着，粼光一闪，又恢复如初，像天使之翼拂过人间时，修复一切心的裂痕，带走所有细小的瑕疵。我长出一口气，举起双手，“呦嚯”一声欢呼，然后是几声开怀的大笑，呼声与笑声此起彼伏。真是畅快！

回来了，我又回到了纷纷扰扰的烟火人间。我还是那个我，还是那个青年，不过，却是感受过西北狂野，凝视过西北苍天，见识过大美西北豪情美景的青年。

沧海桑田，几个世纪的变迁，西北的天还是苍蓝色的，一切不过弹指一挥间。但这“白驹过隙”所留下的一个足迹，却印在我的脑海中，驱之不散。

指导教师：王祥芳

本文获第十九届初赛一等奖

点　评

作者宛如导演镜头之下的一名侠客，拔刀立于天地之中，眼中皆是天空与沙海，光刀与沙剑，黄土与碧湖，低云与寒风……景与情充满肃杀和压抑之意。不过，这肃杀中蕴含着生机，这压抑中爆发出抗争。侠客“出剑”——掷石，万物又恢复如初。文章满足了作为一个南方人的我对大西北美的想象。

（李飞　资深编辑）

疆北沙，江南水

□ 新疆维吾尔自治区沙湾县第一中学　武家睿

我是北疆人，我爱这里的土。

曾经坐车去往塔城，车两旁是低地，好广阔的田野啊！去时正值夏季，田里一望无际的绿波，不断延伸，延伸，延伸到那边隐约可见的山脚下。农民们三三两两散在田野中，照顾着他们赖以生存的土地。新疆地多沙也多，水少植物少，但就如费孝通先生在《乡土中国》中所描述的："你们中原去的人，到了这最适宜放牧的草原，依旧锄地播种，一家家划着小小的一方地，种植起来；真像是向土里一钻，看不到其他利用这片地的方法了。"在这片本来荒芜无际、泥土坚硬、缺雨少水的土地上，人们依旧不懈地用种子将自己与新疆的土联系到一起，扎下根去。

目光放长一些，便看到虚近实远的雪山，那随车的移动而缓慢后移的雪山，那雪白如画似衣的雪山，是天山啊！是这座小城依傍了几十年的天山啊！是我从小到大所向往的神圣的天山啊！

车转过弯，便再看不到田了，只剩下山，那是怎样的山呢？矮矮的山顶，全部由沙土构成，没有一棵树，没有一株草，小小的，一座连着一座，也足够挡些太阳，挡些热浪了。

看着那朴实的沙土构成的山，心中突然有一股情感在往上涌，眼眶渐渐湿润：这是我的家乡，这是生我养我的地方啊！纵使山不及泰山巍峨，草木不及泰山茂盛，但这小山依然是能引起情感汹涌波涛的根源。我或许会惊叹于太行、王屋之雄伟高大，但绝不会像对这小山一般对它们流泪。这是我作为北疆人对北疆沙土最深的依恋。

我也曾游历过江南小镇，那里使我对江南有了一种特殊的向往。

早晨才下过雨，空气中含带着微凉的水汽。小镇的青石板路坑洼不平，缝隙中残留有积水，一旁的小河正轻轻地流过，路上有青苔，路边有柳枝。转过一个弯，我看见一家杂货铺还开着窗，窗外木板上摆了好些我在北疆时未见过的玩具：布偶老虎、店主人自己做的五彩纸风车、风铃上挂着一个绣花小布包……我站在窗前，稀奇得眼馋，最终拿了一个风铃，轻轻晃一晃，哟，响得清脆！

我继续向前走，左边店铺好些都未开门，门外都是一块一块的长木板立着。回想新疆店铺拉动铁门时摩擦发出刺耳的响声，这木板就算不小心倒了，也只会发出闷响吧？

江南向来多雨，又是梅雨时节，走了不多时便开始下雨。我向右边一户人家走去，一进门，便是所谓的“天井”——房顶留有一个四边形的空。雨从四面房檐流下，落进天井，当地人笑着说：“这就是肥水不流外人田嘛！”

绕过天井，发现屋内建筑全是木头打造的，我穿过一屋又一屋，走过一廊又一廊，听着头顶雨打瓦片，听着双脚踏响木板，只觉得哪里都稀奇。

前方有一处园林，是著名的“蠡园”。小道右侧有块巨石，往左一拐，走在堤上，左面是墙，右面便是湖。湖上还有小亭，一条廊道从这里连向小亭。雨打在湖面上，激起一个一个小水圈。雨渐渐变大，从廊内看湖，只觉得天像是被蒙了一层轻纱，朦朦胧胧，湖中小亭变得模糊。转头看向背后白墙，墙上有小窗，镂空、形状不一的小窗。我突发好奇心，往前走了几步，发现没有一个窗子形状是跟别的窗子相同的。雨还在下，浸润了心。

疆北沙，塞外风情；江南水，吴侬软语。沙土供养着我，雨水浸润着我。对北疆依恋，对江南向往——我爱疆北沙，我爱江南水！

指导教师：杨政才

本文获第十九届初赛一等奖

点 评

作者身为北疆人，爱疆北沙，但同样爱江南水，因为爱家乡和爱祖国是一个不可分割的整体。在作者心中，在作者笔下，疆北沙和江南水一样美，但又各有各的风采。疆北沙多，构成“一座连着一座”的山，成为“能引起情感汹涌波涛的根源”；江南多雨，雨湿润小街，穿过天井，让“天像是被蒙了一层轻纱，朦朦胧胧，湖中小亭变得模糊”。于是，作者觉得“沙土供养着我，雨水浸润着我。对北疆依恋，对江南向往”。这样，深情与美景融合成一幅秀美的图画。

（钟湘麟 特级教师）

且听清歌一曲

□ 云南省昆明西南联大研究院附属学校　朱垣霖

你听。

越过缀满秋霜的苍茫蒹葭，听七月床下的蝉声盈满诗三百的思无邪；踱过兰草盛开的湖畔，听屈平的慷慨壮歌破开魑魅魍魉；迈入歌舞升平的大唐不夜城，见太白醉卧，听他只随口一吟就开了万古千秋难寻的万丈豪气。

你听，耳边黄钟齐鸣；你听，耳边弦歌阵阵；你听，乳虎啸谷百兽震惶；你听，江南琵琶春雨杏花。你听啊，那浸润了千年雾霭的声音正越千山济万海向你奔来。

可是，你在听吗？

当浮夸刺耳的音符充斥了耳际，当庸俗轻佻的文字占满了视野，我所在的这个世界似乎正如木心先生在《琼美卡随想录》中所说："文学的不朽之作是夹在铺天盖地的速朽之作必朽之作中出现的。谁人不知，谁人又真的知道了？"当一层华丽辞藻黏附在平庸内核上，你所选择的是自蔽双目，还是抓住隐隐冒出的不安而去揭开那层皮囊？

莫谩拘牵丝竹管弦，且听那清歌一曲，荡涤出心神清明，涵养出神明自得。美人无需钗环华裙矫揉造作，只落落大方的一站就动了人几根心弦；天籁无需乐器相陪，出口那一瞬间的率性飒沓就引来万物同和。

恒子野每闻清歌，辄唤："奈何！"清歌为何？仅仅是一首没有乐器伴奏的歌吗？恒子野那被誉为"江东第一"的音乐修养让他所爱的仅仅是一首没有乐器伴奏的歌吗？非也。

他爱的，是那份干净，是那份纯粹，是那份超然脱俗，是我泱泱华夏始终激荡的文学长河里最动人的浪花，是九州一色的霜色清丽。那一曲清歌不只是一首歌，也不只是它背后的真实自由，它是独属中国人的风韵和骨气，是"何妨吟啸且徐行"的轻盈从容，是"独坐幽篁里，弹琴复长啸"的清雅，是"仰天大笑出门去，我辈岂是蓬蒿人"的自信，是嵇康的一曲《广陵散》，是陶潜的南山。

且环顾四视，还有多少人愿意捧上一本诗集，静听那千年沉积的文学之声，而不是沉浸在手机屏幕中无法自拔？还有多少人愿意在离别之际默默伫立，凝望离去的背影感于西楼，而不是发出深情款款的文字却转头就走，不再回首？是从何时起，我们失去了审视自己的耐心和勇气，失去了本已绵延至今的风骨和诗意？

那一曲清歌啊，难道注定要在时代的更替里苟延残喘直至再无声息吗？不，一定不会的。我神州大地江山如画、人才辈出，怎会落得气息奄奄，怎会无人传颂她五千年的慷慨壮歌？我炎黄子孙铮铮傲骨不会湮灭于尘埃，纵使世事更替、万物更新！

先贤们，请放心，我们会记住你们。我们会记住你们的不羁豪放，会记住你们的落魄失意与青云直上。请相信，你们于我们不会只是一个个冰冷的字符，你们是真实的，是有血有肉的，我们会记住你们的光风霁月，会记住你们的一肩明月、两袖清风。

先贤们，且看吾辈再次吟咏起那一曲清歌，如张载所言："为天地立心，为生民立命，为往圣继绝学，为万世开太平。"

祖国啊，请放心，我们会在你的山壑起伏中跋涉不止，直至历尽磨砺；能在你的江河滔滔里尽己所能，献出一腔赤诚。祖国啊，请相信，吾辈当再奏角徵宫商，兴我礼仪之邦，莫管道阻且长，只向前路披荆斩棘，誓要开出海晏河清，再高唱那一曲清歌，骄傲地昂首于世界东方。

你再听。

你听到那一曲清歌了吗？你听到那一曲生发于千年之前、存于你我血脉最深处的那一首清歌了吗？

指导教师：冯妍

本文获第十九届决赛一等奖

点　评

落笔生花，文采斐然。文章多处运用排比，既增强了语势又深化了情感；名言及诗句的妙用凝练而富有诗意，彰显作者深厚的文字功底。文脉清晰，"你听"—"可是，你在听吗"—"你再听"，结构紧凑有致。"你听"听的是那浸润了千年雾霭的诗词歌赋的声音；"可是，你在听吗"指出在当下浮夸刺耳、庸俗轻佻的文字面前，我们不应该自蔽双目，而应透析出清歌的真谛，并永担历史使命传唱清歌；"你再听"疑问作结，发人深思，首尾圆合。

难能可贵的是，本文立意高远。面对当今社会的快餐文化，不少作品充斥着浮夸庸俗的语言，但是当代青年并没有忘记对经典"清歌"的传承。作者力行传承弘扬优秀传统文化的责任感值得我们学习、借鉴。

（李丽 特级教师）

写　秋

□ 山东师范大学附属中学　张语轩

该如何运笔才能将这秋意写尽？

从小于诗韵中长大的我们，冥冥之中总将秋与悲相连。是纳兰性德叹出的那句："人生若只如初见，何事秋风悲画扇。"亦是杜甫胸中郁积的艰难苦恨："万里悲秋常作客，百年多病独登台。"秋的分量那么重，以至于落笔之处那秋意已浓得辗转不开，千丝万缕的凉意早已顺着笔尖流入心中。

于这诗意的惆怅之中，我却独爱那逆流而上却分外洪亮的一句："自古逢秋悲寂寥，我言秋日胜春朝！"金秋送爽，流云高悬，千里澄江似练，翠峰如簇。金秋佳景，是造物者之无尽藏也，何必将一筹莫展全部倾出，而白白辜负了这一番良辰美景？

秋字才落下一半，已闻见那随风而来的醇香。谷穗儿沉甸甸地挂满枝头，风一来就摇铃般地响起来。起初只是几棵，不一会儿就舞成了一片。接着镰刀来了，将这金黄的勋章载着甜美的梦一齐摘下。谷子收完还有豆哩，绿的、红的、黄的、黑的，什么宝石玛瑙，都比不上手里这一捧刚刚剥完的豆圆得可爱。倘若没什么事，那便让它们尽情地在阳光下打两天滚儿吧，好洗去身上的风尘与日积月累的雨渍。谷子脱了壳，心儿里的小米就滚了出来。浑圆的，饱满的，颗颗粒粒的，孕育了庄稼人一年的梦。不着急收起来，只是拿一把扫帚，把它们堆起又摊开，摊开又堆起，秋日的序曲，就在这金丝网中编制起来了。

秋日收获的丰盛，足以揭开一场饕餮之宴。绿的瓜，红的果皆不足为奇。唯有那八月流水中的鳜鱼，清澈湖泊中的大闸蟹，并那桂花酿酒的清香，方能抚慰那颗躁动不安的心。一盘清蒸鳜鱼端上，肉嫩而不散，白而不腻，像是池塘中的一朵白莲，享受着众人的目光，翘首以盼着被品尝。挑一只拳头大小的蟹子掰开，蟹黄顺势合着油脂一并流出，指尖沾染上一缕金彩。那桂花酿就更不必说，还未入口，只嗅上一嗅，便已醉倒在桂花树下了。

将秋字写完吧，不要停笔。听见火焰灼烧的清响了吗？火光它正在笔尖跳跃着哩。它又何止于拘束在笔尖之中？一不留神，已向翠绿的群山跑去。先是山脚、山腰，最后到了山顶之上，层层片片，漫山遍野，将绿叶烧个通红。火候也是不齐的：有几块烧得发紫，大多是深红，最浅的也不过给那翠绿的末梢添了些红罢了，远远望去，虽然并不整齐，却错落有致。

若说红，耳朵和脸颊也常是红的。一场秋雨过后，就连微风也不似夏天柔和了，都带了些狠劲儿，擦得人脸生疼。于是人们赶忙逃回屋中，风不会拐弯，只好打着卷儿姗姗地从门口掠过。只一会儿，火苗便燃上耳垂，接着就漫上了脸颊。

七月流火，八月未央。暑气还未完全消散，天气却已随着场场秋雨的降临而渐渐清冷了下来。清晨时分，露水已降，凉风入卧衣。想要增添衣物却害怕徒增累赘，人们只好选择围一条围巾来对抗清晨的寒意。正午，秋阳高照，万顷阳光带着暖意与秋日独有的缱绻散落了一地，此时将围巾摘下，好让阳光蔓延至每一寸肌肤。这时阿猫、阿狗随着几只喜鹊、麻雀一并安静地驻足在阳光之中，或是侧身躺着，偶尔将四肢伸展得老长，伸一个懒散的懒腰。夹一本书坐在台阶上，光就透过树影映在书上，斑驳的光点跳动在字里行间，于秋日午后的静谧中沉浮。

大抵许多人都有属于自己的秋吧，只是林语堂的秋太过温暖、太过烟火缭绕，茅盾的秋太过萧瑟与落寞、太过灰白，于是郁达夫的秋便丝丝落落地如细雨般落在我的心上，弥足珍贵。秋的味道，与家乡缠绕在一起时，才是最醇香浓厚的。郁达夫的秋在北平——那里才是他的故乡，而我的秋不属于那儿，我的秋藏在济南的泉水里。我们的秋是不同的。他的秋浸泡在北平独有的深沉与清爽之中，我的秋却沾染着济南独有的烟火气，周身涤荡着的是一眼清泉。秋天一到，最先出来的就是卖烤红薯的——推着三轮车，车斗里是一个半人高的铁皮桶，盖着一块已经熏黑了的破棉被。即便这样，仍然捂不住烤红薯独有的甜味。因此，卖烤红薯的总是不用大声吆喝，买的人自己就围上来了。人也是相互信任的，就说一句要“面点儿的”“甜点儿的”或是“生点儿的”“烤焦了的”，保准不错！刚出炉的烤红薯是深秋里对那冻僵的鼻头和双手最好的慰藉。买的人已经顾不上被烫得有些发红的指尖，忙着剥开纸般脆生的外皮，周身团簇着白气的橙红色的肉瓤已经被送入了口中，裹挟着满足与甜蜜涌上舌尖。卖烤红薯的人忙活了一通，不知从哪儿变出来几块煤，打开桶上的小铁门，扔进去，火苗瞬间就旺了，然后他继续推着车向前走，车轮咯吱咯吱地响着，只留下身后一串香气。

秋泉自然也是好的。夏天最热的时候苔藓占据了整面池壁，一眼望去尽是幽绿，到了秋天消退了，终于露出池壁的青黑石色来。这是一年中水最清的时候，一花一草，挑着桶来打水的人，枝头最后一片摇摇欲坠的秋叶，一抹云与整片天空，尽数盛在这盈满清泉的池中。有的池底浅，便能看见水底银亮亮的硬币，就静卧在锦鲤身旁。而像珍珠泉这样的，会看到小小的气泡从池底挤出，翻滚着升腾，包蕴着空气，越来越大，越来越大，直到最后“啵”的一声在水面上破碎。泉是济南的眼睛，秋泉亦是这里秋的眼睛。不需多言，只是略带羞赧地望上你一眼，秋波之中荡漾着的情愫已经足以让人怦然心动了。

郁达夫愿折去三分之二的生命去兑换秋，我亦愿将我的全部都浸没在这无言的秋意中。

“秋”不觉念出声来，我已经为它的字形沉迷了——多么好看的一个字！宽窄正宜，左右相称，单凭那一笔捺就可以写得潇洒，亦可以一板一眼，心情变化，字亦随之而变。像是一个一手拿着稻禾、张牙舞爪的小人，笔尖落下又抬起，它就有了生命。用笔尖指着它，它亦用“禾”扁扁的一头对着你，乐趣从中而生。转眼间，它从纸上逃跑了，翻过窗台，融进一番秋景之中了。若是写得大气，它又何尝不是一位雄姿英发的君王，正叉着腰俯瞰这万顷山河。唐玄宗将诞辰命名为千秋节，可也跟这帝王将相之风骨有联系？若真如此，自古爱秋之士，应当也不少吧？

自古悲秋，悲的并不是秋，而是诗人心中的郁结，全都载在这秋上，因此秋才具有了悲的分量啊！

停笔于此，我望向窗外，落叶已积了满地，我的思绪也随着落叶随风卷起又落下而飘远了。

秋，该如何将你写尽？

指导教师：孙国旺

本文获第十八届初赛一等奖

点　评

这是一篇构思精巧的散文。作者在风格上模仿郁达夫，却自出机杼，用“秋”字的书写来引发对于秋天的摹画与思考。作者写的秋景一方面与秋字的结构相关联——写“禾”，写“火”，都有相对应的景物，另一方面又注意彰显自己的特点，即济南之秋的独特之处。文章语言纯熟精到，引用与化用自然妥帖，极有韵味。

（蒋成峰　大学教授）

灵魂的挪动

□ 江苏省锡山高级中学　黄晶琦

我喜欢看诗人写四季。

我喜欢柳恽笔下的春天——“故人何不返，春华复应晚”“汀洲采白蘋，日落江南春”。他的春天有一种南北朝诗人特有的哀伤和细腻，字字句句都像是在逐风而游。这种哀伤和细腻两汉没有，三国稀少，唯独在动荡割据的南北朝被无限放大。

我喜欢放翁写夏天——“朱樱羊酪喜新尝，碧井桐阴转午凉”。他的夏天明度变高，纯度下降，阳光实在太晃眼，所以一切都看不真切，蝉鸣的噪声都因遥远而灵动。他的夏天是青梅的酸，辛夷花郁郁的香，朱樱羊酪，新桐覆井。“半世学骚终不近，空余清梦上沅湘。”

我喜欢刘禹锡的秋天——“晴空一鹤排云上”，旻天浩荡，白鹤凌空，开阔又清澈入骨。他评价柳宗元“繁星丽天”“芒寒色正”，这词句用来形容他自己也合适。他笔下的秋别致，令人回味无穷，像开了一季的桂子，花已经落了，温柔的余香还留在风里，让人念念不忘。

我喜欢纳兰性德的寒梅冬日，风雪和回忆折叠交织。像那首《海棠月·瓶梅》，字面看是淡的，淡的香，淡的月华，地上浸着寒香与疏影。夜深了，星影摇摇欲坠。在这个寂静的空间里，失眠的作者神思恍惚，脑海里全是从前的拥抱与笑声。

四季是岁月的挪动，从万物以荣的阳春三月，到萧瑟的秋窗风雨，“桂棹兮兰枻，斫冰兮积雪”。文学创作是灵魂的挪动。诗人提笔写四季，既是在挪动岁月，也是在挪动灵魂。

白居易把这种挪动叙述得很清楚。究竟是什么挪动了我们？不是他人，不是环境，能挪动我们的唯有我们自己。为什么“宛转蛾眉马前死”，会有临邛道士闻声而来？为什么“悠悠生死别经年”，依然能有“天上人间会相见”？临邛道士从未真的出现过，李隆基永远只能在耿耿星河下独自一人辗转反侧。是他白乐天凭空召来一个临邛道士，把凄楚的爱情悲剧唱成生生不息、缠绵悱恻的文戏。

召他来做什么？诗里说得也清清楚楚："能以精诚致魂魄"。

郁积在心里无法排遣的遗憾，被正史与刀笔吏掩盖得意难平，以至于宿命亏欠他们的那个最好的交代，最终要靠文学创作来实现。这种挪动像一场温柔的春雨，润泽无声，把所有的无奈、愤懑与不如意，都挪到一个妥帖的位置。

读到幼安的"人言头上发，总向愁中白。拍手笑沙鸥，一身都是愁"，忽然觉得这也是一种挪动。那天真开怀的大笑下藏着"儒冠多误身"的长叹，藏着"剩山残水无态度"的痛惜，藏着无边无际的忧愁——就像是六月天的梅雨，望过去尽是连绵的水雾，你动都不要动，就觉得浑身都疲倦透了。可他是这样有力的人，有力到可以不叹息，于是他笑，拍手大笑，眼神明亮，笑纹遍生眼角。

他笔下的金戈铁马隔了千百年的时光，早已被岁月模糊了边角。他的词始终在时空中挪动，随着时间推移与时代更迭不断发酵，不断衍生出新的情致与浪漫。他用这种方式，让自己长留于世间。我从未如此确凿地觉得，自己突然看见了一个逝去许多年的人。

他生在那个积贫积弱的朝代，离我千百年之远。那些不甘心的大声疾呼被无常人事一点点蹉跎，早已消弭殆尽，此刻竟靠着这三两文句跨越时空，重新落进读者心里。

挪动是一个很私人化的过程，挪向哪个方向，挪多远，都只能由执笔者自己决定。无论外力怎样软硬兼施，自由自在的灵魂都在创作的过程中得以打碎窠臼。挪动的过程使我们确认自己是一个有自主思想的个体。套用刘亮程的话，挪动是我们今生今世的证据。当我们提笔书写身边的人与事，描绘天地间的无边风月，实则也是在一点点雕琢我们自己的灵魂。于是，世间百态众生相，每个人的灵魂都别具一格。

纸墨堆中经年浸润才养得出骨子里的诗书气质——挪动也是一个长情的过程。"如切如磋，如琢如磨"，大约除了天上谪仙，凡间墨客都只有一遍一遍推敲打磨，才得以将心血灌注笔尖。于是，往昔与今夕相连，梦境与现实相连，文字与生命相连。文字不是水上的迷雾虚无缥缈，而是贯穿生命始终的温暖与悸动。我们在文字的空间里安静下来，聆听自己。

生活是一座牢，文字挪不走铁栏杆与刀剑风霜，但挪得动自由的灵魂。三尺囹圄，跳出去了，回头再看时，才惊觉不过是粗陋的画地为牢与自我拘束。砸开身上的枷锁，才有机会终身探索自己的边界，将生命的广度向无限处拓展；才有机会按照自己的意愿活着，自由来去于宇宙中的任意一个地方。

庾兰成叹曰："日暮途远，人间何世！"

欧阳修笑说："星月皎洁，明河在天。"

他们都在挪动自己，又在一字一句地解救自己。物理世界的挪动是一个消耗能量的过程,文字世界的挪动却是一个获得能量的过程。我们因此而有了重整旗鼓的勇气,提笔闯人海,再叩风月关。

指导教师:黄翠华

本文获第十八届初赛一等奖

点 评

这篇文章所提出的“挪动”是一个很有意思的命题。诗人通过文字将自己的灵魂、自己对世界的感触转换成另一种形式,流传到另一个时空,从而超越生命的局限性,这是文学艺术最根本的价值所在。尽管“挪动”这个提法也许未必准确,但作者对于前人作品的理解和运用却是十分自然、准确的,也在努力使之与自己的核心命题相结合,这一点,对于一个中学生来说是十分难能可贵的。

(蒋成峰 大学教授)

墨竹

□ 山东省济南市济阳区第一中学　高含

中国人对竹，自古有着缘由不明却又根深蒂固的喜爱。虽《诗经》《楚辞》中写香草美人，洋洋洒洒数百种，皆美而芳，但是无一如竹一般，在中国人的文化记忆中鲜明了数千年。绿竹漪漪，君子清韵，青翠竹枝与清明君子，是中国人与竹相交千年的暗语。

春时，若晨起于日出之前，行于南方密密竹林之间，常会有惊心动魄的遇见。春雨似雾，夜间寒凉的水汽变为细细的雨，无声地沁入山间，像一个轻柔缥缈的吻，却换来了热烈欢欣的回应。霎时间，那些你以为的荒野地、乱石丛中爆裂出青色的笋尖，那样明丽稚嫩的色泽，那么无所畏惧的生长。无论是泥土中还是石堆里的春笋，都是那样坚定地向上拱，对于野兽的践踏和乱石的滚碾挤压，毫不放在心上。每一株笋都是没办法选择自己生长在哪里的，每一株笋却又都是那么自信，自信能冲破重重泥土磊磊石障，去拥抱春天与雨露。这不禁让人想起魏晋时期无数爱竹的文人修士，在那样艰难动荡的岁月里肆无忌惮地高歌着清洁与高贵，如同春时雨中拔节而起的青青笋尖，无论身前重石累累，还是身后寒冰料峭，犹自狂吟长啸，纵死犹香。

夏夜，幽篁，深竹，弹琴，长啸。

月光明净澄澈，竿竿绿竹翠色分明，从来没有枝蔓纠缭，从来都是明净独立。悠远的风轻轻掠过，月光下的翠竹枝节点点生光，幽雅的香气如丝如缕扩散开来，泠泠的琴声像玉石相击。那人曼声长吟："独坐幽篁里，弹琴复长啸。深林人不知，明月来相照。"那吟诵之声伴着幽雅的香气与清越的琴声传出很远，直传到人心里去。那么简单的表达，那么清明的心思，是君子独醒、独行、独立人间的清醒与自持。那月下琅琅的翠竹从春天的破土而出到夏日的傲然独立，是君子由少年的锋芒毕露到成年的审慎自持，是顺应四时世事的成长与蜕变，所坚守的是一颗不随波逐流的心。

雾气中的竹分外好看，尤其是在暮秋，竹的叶子染上了些许黄色，有了渐变的层理。暮色四合时天边四散的流云，加之落日熔金描绘在竹上，便是自然随意构造的绝美图景。而这绝美图景，是无法求之于一枝竹的。那须得千顷万亩漫山的竹林碧海激荡起金波点点，那样明亮又那样素净，于是照亮了眼目，只醉心于其中，哑口无言。悲哉，秋之为气也！秋注定要见证竹走向生命的劫难，如人之中年，见惯了春梦般的世事、秋云似的人情，便生出种种萧索的心态。但秋日里熔金的竹海高低绵延、铺展无际，告诉我们要从个人中走出来，到集体中去——告别了个人的崎岖，就能走入大我的境界，把自己这一竿细竹融入万顷碧海。也许，在那金色的波涛里，有着真正的永生。

我觉得人的记忆就像雪，不知竹兄可否赞同？一个老人是容易被回忆压垮的，因为它具有雪一样的轻盈与美丽，令人沉沦。但一竿竹不会，雪在竹子上略一堆积便会被弹起。竹子并不爱雪的覆压。冬日午后，我行在雪中，这样漫无边际地想着，其实老人如同老竹，都不一定能见到冬天之后的春日，但是这却不代表他们只能回忆。我相信无论如何，人生最美的总是明天，你会见到一生不曾见过的人事、始料未及的悲辛。这世界足够广博，足够我们一直走下去，看下去，悟下去。所以，哪怕垂垂老矣，也请学一学老竹，轻轻抖去繁复的回忆，重新去看明天的太阳。

“数枝淡竹翠生光，一点无尘自有香”，竹的荣枯生死中包含着人生无穷的哲理和意蕴。它的春生夏长，秋枯冬藏，都顺应着四时的变化。最终，几竿淡竹，亦自生光。

人生难道不也是这样吗？少年百折不回的锐气，青年审慎独立的自持，中年宽厚广博的胸怀，老年返璞归真的意趣。人生难免消磨，但人生也自有风景。回首几度春秋、几番月色，悲辛自有真味。若能如此，无尘自有香，方为天地之中真正的典雅正意。

指导教师：李莎莎

本文获第十九届初赛一等奖

点 评

文章语言典雅、优美，有些地方还透露出灵动、灵性。作者写四季之竹，能够把握住它们各自的特点，描写细腻，并能够将竹与雨、月、雾、雪等景物结合起来，营造出独特的氛围。更加难能可贵的是，作者透过竹，又传达出了古代不同类型文人的各种精气神，并启迪读者从四季轮回中体悟人生的哲理与意蕴。从文中可以看出作者平常受到的中国传统文化和文学的浸染和熏陶。这样内容丰满、情感饱满的文章，在中学生中并不多见。

（程相崧 作家）

牧羊人的葬礼

□ 河南省滑县第一高级中学　李岩宸

那是一个春天，他是个牧羊人。

他放牧的地方有草原、湖泊、森林。草原上野花一片，青草葱茏。他白天带着羊群到草原上，看着他们安闲地埋头进食。远方的风吹过，他便高声歌唱，旷辽无垠的草原只回荡着一个人阵阵的歌声。到了夜晚，他便在草原上仰望深邃的星空，孑然地抚摸着白色的羊毛，谛听着自然的呼吸，慨叹终将逝去的缱绻岁月。环视周遭，同他为伴者唯有白色的羊群，他索性持着马头琴，为草原添一份悠远呜咽的琴声，羊群也跟着咩咩地叫。夜至三更，累了，他便倚着熟睡的羊羔，闭上眼睛，舒展开身体。他隐约听到一段低吟："远方在死亡中凝聚野花一片，明月入镜，高悬草原……我的琴声呜咽，泪水全无。"

牧羊人睁开了双眼，意识到现在仍是黑夜，但眼前却有一个男人的身影。男人张开双臂，只将漆黑的背影留给牧羊人。羊群中出现了几只黑毛羊。

牧羊人坐起，男人听到身后有动静，便转过身子。牧羊人这时才看清他：蓬乱的头发，坠在眼底的眼袋，破破烂烂的衣服。但男人的轮廓比较模糊。

"你是个牧羊人吧？我叫查海生。"男人瞪大了眼睛，表现出精力充沛的样子，张开干裂的嘴唇，露出洁白的牙齿，对牧羊人笑着说。

"我平时就在这里放牧……你会写诗吧？我方才听到你在念诗了。"牧羊人只觉得这个名字似曾相识，但他不想多问，因为他高兴终于有人同他谈话了。

"人们说我的诗是疯言疯语。"查海生的眉头锁在一起，似乎并不愿意过多提及。沉默许久，他继续道："我这才出走城市。"

"我还挺好奇你的诗哩。"

查海生小心地将手伸入口袋，掏出一张被折了许多次的纸，双手递给牧羊人，眼中迸发出与他的疲惫不相称的热情，说道："这首是《九月》。"

牧羊人郑重地将那张纸接了过去，借着月光看了一遍又一遍，终于哭了。

他们是大地的儿子，孤独得似长星耀于长空，守望着十三座州府。

牧羊人与查海生生活了几天，读着查海生的诗，牧羊人总感觉能想起什么，却又转瞬忘记。他知道了这个轮廓模糊的年轻人最崇尚的作家是梭罗。清晨闲看羊群吃草之时，查海生便就地盘腿而坐，从布衫里掏出《瓦尔登湖》，戴上眼镜，沉浸其中。牧羊人有时走近，便会听到查海生仰起头对他说："梭罗这人，有脑子！"牧羊人看到他目光中的惊喜与激动，自己也高兴起来。高兴就要唱歌，查海生就静静听着，幻想着与梭罗在缅因森林相遇，谈谈盲诗人荷马；或是在瓦尔登湖边筑成一座木屋，喂马劈柴，甚至背着湖水周游世界……回过神来已是晌午，阳光强烈，他兀自踩在青草上，被一层层白云覆盖着，查海生倒觉得人类与植物同样幸福了。这又使他开始憧憬梭罗的生活，便拿起磨损至掉色的钢笔写下一首《梭罗这人有脑子》。他笑了起来。在这里，他感到前所未有的富足，远离先前的嘈杂，终于可以安静地写作了。

日子转眼闪过，两年光景在天空中迅疾飞走。他们真正脱离了城市，固守着心灵。他们关爱着世间的生物，每日思索自然予人的启迪。

又是一个春天，牧羊人本以为可以与查海生永久地在这片丰沃的土地上栖息，但他常常见不到查海生了，偶然见到时只觉查海生的身影越发不清楚。更令他奇怪的是，羊群中的黑毛羊又多了十几只，数目快要过半。

牧羊人终于再次见到了查海生。查海生安静地坐在湖边，双手搂着后颈，将头埋在胸前，大颗大颗的汗珠自他的两鬓滚落。牧羊人万分惊愕，连忙跑到他的身边。

"怎么了？"牧羊人问。

只见查海生缓缓地将头仰起，布满血丝的眼睛不看牧羊人，直瞪着地面。那眼神中分明渗透了不安与恐惧。查海生大口喘着粗气，身体剧烈颤抖着，没有血色的嘴唇终于张开："它……要来追杀我们了。"

"可我们不是还好好活着吗？你说的'它'又是什么？"

"这是一个春天……十个海子全部复活，他们嘲弄着空有一身疲倦的我。"查海生喉结上下蠕动着，一晃一晃地站起来，"我先前一直在城市里寻求慰藉，但它却要将我赶尽杀绝。我实在想不明白，为什么文明造就了我，这文明又教我消亡……"

牧羊人确也说不出什么。

草开始变黄，森林里的鸟鸣声逐渐消失，野花败了，再也没有鲜亮的颜色。湖水开始变得没有波纹与涟漪，全然浑浊，像是倾洒了颜料一般，出现了水华。空气变得燥热，太阳不再出现，云层厚如冠盖，灰色笼罩着草原。

牧羊人大喊："这是怎么回事？"他的羊全部都是黑色的了。

查海生低下头，张了张嘴，却发不出声音；重复数次，他终于发出了极其微弱的声音。但突如其来的一声巨响，令牧羊人无法听到查海生说了什么。牧羊人朝着巨响的源头望去，那是钢铁落在草原上发出的嘶吼。

烈火灼烧了草原的一切，只剩下野草的余烬、风化的泥土，牧羊人看到了城市人。他们正用斧头挥砍着树木，用枪弹灭绝着生息；用货车运来了砖头，用机器搅拌着水泥……这里顿时高楼拔地而起，工厂、居民楼林立。人们喧哗着，在这块钢筋混凝土上乐此不疲地穿梭着。他们穿过了查海生的身体，好像他本不存在一般。

牧羊人寂静地立在脚下被修成的沥青路上，木然地看着这一切。他想阻止他们，但这阻挡犹如蚍蜉撼树。身后的查海生看着被乌烟与黄风所充斥的一切，歇斯底里地呐喊："大风无视黑夜与黎明，你说的曙光究竟是什么意思？"牧羊人转头看向他，查海生热泪纵横，身影越来越模糊、越来越透明，最终消散成了烟。

牧羊人也哭了。原来查海生就是孤独到失忆的自己。

他突然感觉有一种无形的压力扼住了他的喉咙，使他难以呼吸。他向后仰倒在地，气息逐渐微弱，黑毛羊在他周围围成了一个乌黑色花圈，像一场庄严的葬礼。

牧羊人死了，他被永久地留在了1989年的春天。

人们沉默地看着他的尸体，在长时间的死寂后才说："他是我们这个时代的殉道者。"

人们拆除了这里的楼房，铲除了沥青路，重新种上了更大面积的青草和树木，放生了各种动物——更多的是绵羊。草原又恢复了往日的生机。

人们把他埋在了草原的中央，给他立了一块墓碑，墓碑上写的是：二十世纪最后一位牧羊人。他的墓碑周围开满了小朵小朵的白花，坟墓前安放着一个橘子和《瓦尔登湖》。绵羊们总是围着坟墓转圈，久久不肯离去。

目击众神死亡的草原上野花一片/远在远方的风比远方更远/我的琴声呜咽/我的泪水全无/我把远方的远归还草原……

指导教师：赵娟

本文获第十八届初赛一等奖

点　评

没有对海子的诗特别熟悉写不出这样的文章，没有对海子这个人特别了解写不出这样的文章，没有对海子的思想特别理解也写不出这样的文章。作者以小说的文体，用田园牧歌一般优美的文字，给我们再现了诗人海子生前的形象，特别是表达了对现代工业文明肆意扩张的批判与反思，很有深度，诗意与哲思并存。

（王会娟 资深编辑）

美，而美在自我

□ 江苏省常州市第一中学　夏丹

桓子野作为战功加身的将军，他为清歌之美而动情时，不知自己这种对美丽的深情也是一种美。战场上挥兵伐敌、金戈铁马是力量之美，平素情系音乐、乐以慨叹是柔情之美，两者兼而有之，是使其所以独特之美，正所谓“心有猛虎，细嗅蔷薇”，是野蛮粗犷的力量对柔情的臣服，因而有了自我的闪光。是以桓子野作为一位普通将军，其战功为人称道，而作为一位深情于音乐的将军，才教人觉察到他人格的美丽。

我们皆知最初的美学与巫术、祭祀不无关系，即附庸于政治，所以那时的美学，大抵还算不上真正的美。人们凝望最初的青铜器，感受到的首先是敬畏，能够欣赏那威严神秘的图纹，也是因着身在后世而不受其所描绘神灵的压迫。可人们的力量渐渐强大后，展现自我、愉悦自我的要求也逐渐显露，于是神秘威严的青铜器变得精致细腻，能够被一眼明晰其美丽；除祭神时的颂歌（大雅）之外，也有了吟唱自我生活的民歌（国风）。美学脱胎于政治，以祭拜神明来统治群众，可它像轻盈而色彩斑斓的蝴蝶，稍一振翅便从九重的高台上飞下，去亲吻乡野的鲜花。也就在此时，美学才成为了美学。

所以我们可以得出结论：美学应是自我的，不表达自我便会流于虚无。它应该像汪洋上的扁舟，在任何苦痛纠缠的时候都能聊以慰藉；甚至当死亡的阴影压迫而来，它也能成为支撑人去面对的动力——这都是因为它是自我的。

让我们再深究一层：自然的美丽人们可以感受到，那么人为创作的美丽，又如何传达给他人？音乐、绘画、文字等是美丽的载体，但空有载体还必然不够，否则为何称李杜诗为美，而常人随手一作则未必呢？

问题仍在自我。

我们皆说宋词，但宋代文人其实推崇诗作，他们作诗是为表达心志，可宋诗毕竟不如唐诗，故那时文人为美人、音乐而作的词，却成了时代文化的代名词。为何？推崇诗作，将诗作作为标榜自我的媒介，在诗作中便极力表彰自我；词作不过为和乐而作，既然无法标榜自我，那么所有自己想展现而不敢展现的真实情绪都可以借音乐、美人抒发。于是为了表达自我的，没有表达出真实的自我；说是为娱乐而作的，反而展现了真实的自我。所以宋词成了宋代美学的标杆。

《红楼梦》中我们多以黛玉为诗才之首。黛玉性灵而才绝自不必说，但才气卓绝又博览群书的宝钗为何没有给人诗才之冠的印象？我们看元春省亲，众人要为应制而作诗，黛玉想要在众人面前大展诗才，于是尽力作诗，当宝玉做不出来时又替他作，得到赞扬才心安。而宝钗不过随应制而作，无心表达自我，给予宝玉帮助时只是将他诗中不合应制之处作了修改。可见大多数时候，黛玉作诗都是真正将自我展露无遗，而《红楼梦》前期的宝钗，则无意展现自我，所以黛玉令人惊艳而称绝，宝钗却不曾被人留意其才气。但当螃蟹宴时，宝钗有些醉了，心中的情感不再被掩藏，她所作一首《螃蟹咏》，无论立意还是遣词造句，都令人拍案叫绝，其笔力辛辣大气，隐约可见宝钗心中那山林间的隐逸高士。再后，许是多受黛玉影响，咏柳絮时宝钗也未掩盖自我，“好风凭借力，送我上青云”，壮志豪情一览无余。可见，只有表达自我的诗作，才会为人记忆、叫人动情，才是美的。

我们如果研究迪士尼的动画历史，会发现自从它的2D动画巅峰之作《狮子王》之后，因为皮克斯、梦工厂等公司引领3D动画浪潮袭来，迪士尼再也无法靠2D动画称霸，于是转战3D不断摸索，最终转型成功重回宝座。但在这段辛酸史中，有一年迪士尼已经成熟且相当精彩的3D作品并没有再次获得奥斯卡最佳动画长片奖，因为那一年获奖的动画作品，是一部2D动画——《千与千寻》。在3D浪潮中杀出重围，《千与千寻》凭借的不是其他，而是在其作品中无限的东方美学的展现。《千与千寻》依托的是日本神话中“神隐”的故事，影片中大量展现日本神话的内容，以及日本的传统风俗文化，还有大量的隐喻，委婉而绵长，注重意境的传达，是完全的东方叙述方式。而这种纯粹的东方风格，竟然在欧美主导的动画行业中获得最高奖项，可见即使文化不同，真实表达自我的美丽仍然能为他人所感受并令之感动。它以远超其他作品的美感，当之无愧地获得了奥斯卡奖。

而这样的故事，在花样滑冰比赛中也发生过。花样滑冰领域一向是欧美的主场，花滑老牌强国掌握着花滑这一项目的话语权。但是，在2018年的平昌冬奥会中，男子自由滑冠军羽生结弦的自由滑曲目，是一首东瀛风格的曲子——《晴明》。这首曲子没有任何欧美元素，讲述的完全是东方自己的故事。这套自由滑节目也成了男子自由滑比赛中最受喜爱的作品。又一个在欧美主场中杀出重围的故事，获胜原因仍落在自我。羽生结弦因为觉得《晴明》和自己的风格相像，所以选择了这个曲目。在曲目开头，他录入了自己的呼吸声，以让自己随着呼吸快速进入角色。与曲目配套的服装，也是经过他审核并提出意见而制成的。最终这个充满羽生风格的曲目超越了所有其他欧美风格的曲目，带他走上平昌冬奥会的领奖台。

美丽源于自我，也最终落在自我。美丽的作品之所以打动人，也是因为表达出自我的美好。这种美好，让我们“每闻清歌”都要大呼“奈何”。

指导教师：毛燕靓

本文获第十九届决赛一等奖

点评

要写好参赛作文，需要积累丰富的素材。而这一点在本文中得以凸显。其实，每一个人都有自己熟悉的领域，如音乐、美术、体育、游戏、美食、服饰等等，平时应注重积累，掌握基本规律、历史沿革，了解重要人物、经典作品，做到信手拈来，如数家珍。正如本文，作者谙熟美学，所以关于美学的素材积累十分丰富。她巧妙选取材料，使得文章具有了丰赡之美。从立意看，作者有自我独特的认知，她认为美学应是自我的，不是表达自我便会流于虚无。“美丽源于自我，也最终落在自我。美丽的作品之所以打动人，也是因为表达出自我的美好”，很显然，这种见解超出了很多人的认知。

（尤立增 特级教师）

在浮尘中寻一盏清茶

□ 江苏省宜兴第一中学　张艾萌

窗外，人声嘈杂，街道喧嚣，汽车喇叭声在空气中弥漫，扰得人心绪不宁。幸而身旁有一盏清茶相伴，迷雾般的水汽氤氲着升腾，任凭窗缝透来的微风吹拂，摇曳起来，终将我心底的烦闷拂去大半。托起瓷盘，以茶杯盖拨开表面的茶沫，我身子前倾，低头细细品一口热茶，内心那最后几丝慌乱无措也消失殆尽。

浮躁世界红尘滚滚，唯愿内心清风朗月。

有人说，人生就如一杯茶，初尝太苦，却又不能逃避。殊不知似茶般清新雅致的人生才能有苦中作乐之感，才能享受浮尘间的一份至味。面对茶，我们大都抱怨它浓郁的苦涩，却往往忽视了品味过后不易察觉的那份甘甜，那是掩埋在浮尘之中的一品清欢。数次沏泡、沸水涤荡过后，茶的苦味终不再浓稠了，而那丝清甜也越发鲜明，永留在唇齿之间，缭绕于内心深处。

人的一生正是如此，没有一帆风顺的旅途，也没有轻而易举的成功。要想抵达梦想的彼岸，总是要经历跌宕起伏，在荆棘中磨炼自我，始终朝着更高处腾飞。辉煌的人生从不惧外界世俗的困扰，他们不为名所困，不为利所囚，追随的从来是心之所向。每一次的跌倒和败落都象征着生命的又一次伊始，意味着灵魂的再一次升华。这样的人也总能在微微苦涩中寻到生命中甘甜的印迹。

然而，当下如此快节奏的生活中，世事纷杂，又有多少人真正不求名利，追寻自己的本心呢?大概都被这尘世绊住了脚，无法阔步前进了吧。毛姆笔下那群在广场上争夺食物的“兀鹰”，难以逃脱维持生计的诉求，在繁忙拥挤的人群中推搡着前进，为了寻一处落脚之地继续其再平凡不过的一生。我们总认为有钱有权便是一个人的成功之所在，我们可凭此站在食物链高处俯瞰众生，嘲讽着“红发乞丐”的落魄穷困，殊不知他对生命投注的勇气与热情才更值得我们敬佩。也许他活得并不体面，但也丝毫不屑于我们的可怜与同情。或许真正该被同情的人是我们吧！他讽刺这世间是非颠倒的价值观念，将我们看成一群真正无知的乞丐，被欲望驱赶着，四处奔忙，四处乞讨，生活过得荒唐而又可笑。我们将名利当作人生甜蜜的结局，甘愿营营逐逐，随波逐流。我们永远在意着这外界的纷扰，在意失败的窘迫，无法直面困难与挫折，无法在一片浮尘中寻觅那抹回甘生津的至味。

我们定不想成为名利的附庸，也不愿做这世间无籍之人，那为何不放下金钱、权势，摒弃世俗的杂念，去追寻诗和远方？“世与我而相违，复驾言兮焉求？”这尘世间无尽的诱惑，不要也罢。一盏清茶间，我似乎看见一位粗衣布衫的老者乘舟而来，带着得意与悠闲，与月色共享美酒，与清菊共诉真情。那是何等惬意，何等逍遥啊！滚滚红尘，不尽爱恨情仇；芸芸众生，谁又能乘风而去？与其在世间滚打，不若畅饮山巅，共度红月浮尘。陶渊明将他的淡泊与超然在诗中、在人生中展现得淋漓尽致。他就似那盏清茶，虽草衣木食，却有妻儿相伴，有山水相随，享受着苦涩中得以回味的甘甜。流光浅浅，岁月幽幽，栖居于桃园之下，诗与远方仅一步之遥。尽管生活中有许多不尽如人意的苦涩，但他亦能悟得平凡人生中自我的真谛，找到那抹清茶中的甘甜。不再重蹈他人足迹，而是独树一帜于这繁华尘世，有自己最初坚持的信念与追求，这不才更应该是尘世间独一无二的至味吗？

一几，一壶，一人，浅酌慢品，任尘世浮华似眼前不断升腾的水雾一般氤氲，缭绕，终至消散。茶饮之后，终是一敛裾，背手而去，只留给大地那欣赏不尽的悠闲与雅致。苦涩之中，终是寻到了那份人间至味。厚重的人生与世间万物的悲喜之心，都藏匿于这盏清茶之中，将苦置于唇齿间，但甜却早已入了心。

指导教师：许文杰

本文获第十九届初赛一等奖

点 评

本文语言流畅，立论深刻，切入角度恰当，是一篇优秀的议论散文。生命有太多苦涩，生活有太多艰辛，然而仔细品味，自有一份甘甜。面对生活，人们难免会抱怨其苦涩，却容易忽略那份甘甜。这是文章告诉我们的，也正是文章的妙处所在。文章情理交融，将茶的特点与生命的相似之处有机融合，巧妙自然，实属难得。

（厉周吉 作家）

第七辑

思想专卖店

我望了望脚上已经露出脚趾的鞋，
摇了摇混沌的头，
飞一般跑远。

清歌的悲哀

□ 浙江省杭州高级中学贡院校区　汤俊翊

这个世界上的清歌正在变少。这个世界上闻清歌而辄呼“奈何”的人正在变少。这是清歌的悲哀。

《世说新语》里，桓子野对纯粹的音乐是如此一往情深，乃至于每每闻之都要应和以“奈何”。从谢公对他的赞叹和他“江东第一”的音乐修养中，我感受到桓子野“奈何”里蕴藏了一个朴素的人对自己所热爱事物的纯粹享受。清歌不加修饰，就像我们最初怀有的不包含一切外界因素的自我的追求与热爱，“奈何”更是我们质朴的对生活理想的赞叹。在我的认知里，这两者相辅相成，让我们学会享受生活，更重要的是，让我们纯粹地感知着世界上无处不在的生命的艺术。

清歌是植根在我们心底的那种纯粹。

可桓子野终究是东晋时候的人了，当我们跨过茫茫的历史长河，抵达现实生活的对岸的时候，不免要问一句：“那么现在呢？现在的清歌在哪里呢？”我也常常抱着这个疑问在日复一日的单调生活中寻找着身边的清歌，而遗憾的是，在这个信息化、快速变化的世界里，清歌似乎正在不可避免地变少。在一座座用钢筋水泥筑起的城市森林里，无限蔓延的道路就像森林里贯通的小溪，里面的鱼儿争先恐后地向上游，只怕落后一步，就要错失了宝贵的生存养料。几乎没有一条鱼想停下来看看水里闪烁的宝石，又或者听听河流深处水波翻涌、气泡破裂是什么样的声音。而最可怕的是，就算有一条鱼想要停下来，也会被身后黑压压的鱼群挤着往前。这种迫不得已的向前，还算是向前吗？鱼不知道，毕竟夹在生存洪流中间的鱼，并没有选择的权利。

我们就身处这样的河流。我看见眼神空洞的人用僵硬的动作把外皮开裂的黄色公文包紧紧地夹在腋下，以无可奈何的姿态挤入上班队列；我看见高楼上学生所在家庭窗口的灯亮一整夜，比起窗外静谧蔓延的月光和星光，他们不能离开的是桌前台灯毫无生气的光；我看见街道上跳跃嬉戏的孩子被母亲拉回屋里，因为他不能错过费用高昂的补习课程，尽管他并不知道这有什么意义。这个世界好像从未如此有条不紊地运行过，每个人都有每个人被安排好的职责，每个人都有每个人应尽的义务。

可在这样一个看似前所未有的美好世界里，我却已经好久没听过清歌。我好像再找不到一片山野，里面有陶渊明耕作的身影，酒香荡漾在山间清新的空气中，山前是一片自由生长的花海；也找不到一只在陡峭岩壁下、滔滔河流里，载着苏轼不问去向只管飘荡的小舟，藏着他“小舟从此逝，江海寄余生”的清歌般的简单渴望。我们好像从某一个时刻开始，突然丢失了生活里的清歌，失去了慢下脚步，看看大千世界美景、想想自己纯粹追求的能力。米兰·昆德拉说：“慢是一种已经失传的艺术。”可不是吗？环顾四周，还有多少人懂得慢的艺术？还有多少人懂得生命纯粹的艺术？还有多少人愿意丢掉信息时代无限膨胀的附加物，找一片只有野花倾听、山风做伴的田野，高唱一曲属于自己的清歌？答案似乎就藏在早晚高峰的人潮里。人们只是漫无目的地奔向目的地，试图用矛盾来消解矛盾，在一次次疲倦的长途跋涉后，我们再唱不出心头那首清歌。这是清歌的悲哀，这是我们的悲哀，这是时代的悲哀。

我多么自私地希望人们可以从无谓的生活设置里跳脱出来，就像王小波口中所讲的那样，做一只特立独行的猪。生活只是生活，我们也只是我们，我们大可以活得无畏一点儿，去追逐生活里的清歌，去在那些清歌响起的珍贵时刻，一遍遍不知疲倦地高呼“奈何”！你去看看这世界上的其他角落，你会知道在一些夏日的夜晚，星河在沉默里流淌，暴风雨在半空里凝结，玫瑰在流血，野草在疯长。清歌在不知名的远方痛快地回荡，有无数个生命正肆无忌惮地相爱或不留遗憾地死去。对于生命的艺术，他们比我们懂得多。我们理应具备欣赏生命艺术的能力，我们不能活成高楼里电脑的又或者是工厂中烟囱的傀儡。纵使这是个越来越内卷的时代，纵使有不怀好意的声音想把我们变成资本的消耗品，我们也可以大胆去对抗。别让清歌无声的悲哀再响彻这个时代了，《红与黑》里有言：我自己的生活，值得我本人去争取。我们千里迢迢来到这个世界，是来享受生活，而不是被空空消耗的。我们可以高唱清歌，又或者浅吟“奈何”作和。当我们的声音聚集在一起，又怎会盖不过电子元件发出的滴答声？所谓低吟浅唱的奈何，又何尝不是反抗这生活设置的响亮号角？清歌从未悲哀，生活里的纯粹热爱绝不是悲哀的事物！

且让我们像谢公评价桓子野那样“一往有深情”，去寻找、去捕捉生活里转瞬即逝却又永久停留的美吧！我们不拘泥于历史过去的尘埃，也不畏惧未来未知的篇章。清歌会响起在真正值得我们追逐的远方。那时，我们和着一声声“奈何”启程，终会抵达梦想的远方。就算我们只是宏大时代浪潮里夹着的小鱼，但谁说我们不能有选择的权力？高高跃起，越过时代中一切复杂的附加值和阻拦物，我们会抵达纯粹，因为每个人心底其实都深埋着纯粹。此时，清歌响起，我在你的背后默默等待。

你不再有迟疑，迎着我的目光，绽放出一个我未曾见过的灿烂笑容。你就在这个世界里，你就在你的生活中。你听见清歌，你开口。

奈何，奈何！清歌不再悲哀，生活终究纯粹。奈何，奈何！

指导教师：黄见智

本文获第十九届决赛一等奖

点 评

和一般参赛者对试题材料的含义顺向铺展、延伸，进而对美的事物、美的鉴赏者给予肯定、颂扬不同，本文另辟蹊径，就“清歌正在变少”，“闻清歌而辄呼‘奈何’的人正在变少”这种“清歌的悲哀”发表感慨评议，令人耳目一新。在作者看来，“清歌是植根在我们心底的那种纯粹”，作者分析了这种纯粹变少的原因，以一系列排比句、反问句列举了这种纯粹变少的现实，热切希望人们“无畏”地“去追逐生活里的清歌”，为清歌“不知疲倦地高呼‘奈何’”。文章观点鲜明，感情充沛，具有激动人心的感染力。

（钟湘麟 特级教师）

盛粥

□ 江苏省盐城市亭湖高级中学　杨欣烨

粥，是把原本坚硬的米粒煮躬了身子。它是黎民百姓的一种温饱追求，更是黎民百姓的一种生活哲学。

盛粥，盛一碗哲学。

粥是米与水的双人舞，缠绵、温柔，是“和”的体现。而饭，是米的单人独唱，明明是与水相伴而来，最后却牺牲了水以成全米。作为中国人，我更欣赏粥的融合、温和。生活不是你死我活的斗争，而是长久共处的相伴。母亲常常教导我说：“学粥的智慧，看米与水的相处，学你与他人的相处，去学它的温和、大度、包容。盛一碗粥，好好看看。”我便盛起一碗粥，看：米融于水中，水化于米内，两者紧密相关，看似有异却在无形中相融，相和共赢，实为中国之“和”。

粥，它充满了悲悯之心。听老一辈人讲述他们的童年：一碗粥，九分为水，一分为米。说是连喝几碗粥，也抵不上现在的一碗粥。它是贫苦百姓最后的尊严，它来到世上，为穷困饥寒的人献上一些慰藉、一份温暖。它虽稀，但足以让人得到些许安慰，重燃生活热情。它也可厚，彰显着黎民百姓生活水平的提高。粥也常光临富贵人家，但更多是拜访普通人家。盛起一碗粥，是普通百姓对生活尊严的维护，对苦难的倔强，对未来美好生活的希冀。盛上满满的一碗粥，是多么不易。

即使现在生活比原本更为富足，我的晚饭大多仍为粥。这是我对从前不易生活的一种致敬、一种铭记。我不愿因眼前的繁荣盛世而忘却曾经的艰苦奋斗。让胃记住从前生活的不易，让胃再传达给心，比口中记住、眼中记住更为深刻。在记住盛满一碗粥的不易时，我也感受到了悲悯情怀，缅怀、铭记那些曾经的苦痛。

生活，不只是平淡度日，感受痛苦，也有着多姿多彩的快乐享受。

粥，在百姓们的巧手之下，加些赤色的枣、金色的菊、碧色的荷、素色的莲，便由朴素的白粥变得多姿美丽、香甜可口起来。

只要心中有爱、有美，学会去追求、创造那散落人间、星星点点的美，再苍白的生活也会被泼上浓烈的色彩，鲜明生动起来。

盛一碗生活的粥，根据想象调配原料：想做成如高雅贤士的莲叶粥，便少加些香甜富贵的红枣；想做成甜蜜沁人的桂花粥，还需清凉微甜的冰糖相佐……生活可以多姿多彩，关键在于你的选择与创造。

黎民百姓面对着原本枯燥无味的生活，巧手一挥，便是整个斑斓的世界。生活本如稻米般坚硬，但煮着煮着，芬芳来了，清甜来了，再辅以美好的生活情致，便更是斑斓美丽了。取一个朴素的碗，去盛上一碗粥吧！粥多种多样、多姿多彩，生活亦然。凝神观赏这盛着粥的碗。人是碗，生活是粥，人是生活的容器。你决定不了你可以装多少粥，但你可以决定你装什么样的粥，盛什么样的生活。人，是一只脆弱而有思想、有灵魂的碗。

请去盛你想盛的粥吧。人，生活的容器，其价值不在于大小、形状，而在于所盛的内容。

粥，将原本坚硬的米躬了身。躬身，便可与人和睦相处，不再高高在上；躬身，便易于拥有悲悯之心，不忽视、忘记痛苦。于是，躬了身，亲自调和生活之粥，佐以生活情趣，煮一碗所爱所想之粥；躬了身，亲自去寻自己想盛的粥，做一只有灵魂的碗……

盛粥，盛一碗生活的哲学。

指导教师：陆进斌

本文获第十八届决赛特等奖

点　评

命题是一种规定与限制，作文则是在这一规定与限制下的舞蹈。"盛粥，盛一碗哲学。"作者开篇就打开了局面，亮出了优美的舞姿。格局一旦立起，就不愁场景与情节的推进。全文一气呵成，悟出了与粥关联的人生哲思，从粥出发，归结于粥——努力做一只有灵魂的碗，寻觅并盛下有意味的生活之粥。

（蒋成峰　大学教授）

舍 得

□ 江苏省南京市金陵中学河西分校　王冰璇

从前，有一个和尚叫金碧峰。他看破红尘，抛开世俗，出家为僧。他唯一珍视的是一个皇帝赏赐的玉钵。有一晚，他梦见阎王派鬼差来捉拿他，突破口便是玉钵——可引他动心起念。但最终金碧峰自己打破玉钵，因舍弃而得道。

山下英子提出的"断舍离"观念风靡一时，小到卧室收纳，大到人生得失，它一反如今膨胀的物质力而行之，让人们在舍弃的基础上构筑自己的精神地基，挽救日益萎缩的精神力。王开岭说："快乐全仰仗简单和清晰。"潜藏的拜物情结过于执拗，有时与仁义相悖，会滋生一种有一定危害的利己性。当人丢去繁杂的事物之后会感受到前所未有的轻松。待办事务日积月累，它们便形成一种无形的压力和未完成的负罪感，而没有对人的价值提升起到实质性的作用。并非事务越多越充实，而是要在正在进行的事务中竭尽所能地投入以寻找丰富的意义。只有当物质生活足够简单时，精神生活拥有了一片纯净的沃土，才能自然而然地生长。至于耐住寂寞守住孤独，就不再是备感煎熬之事，而是心灵之所必需。

舍，并非总是被迫丢弃，如蜥蜴保命丢掉尾巴，而是主动地，如放生一般使事物回归自然的状态——不是物品被囚禁在积灰的角落，抑或是无用的思想占据你思想的跑马场。得，反而是一种被动，是一种出乎意料，如果每天都有一些意外的收获，那人生也是蒸蒸日上。并不是有舍才有得，无论远近早晚，舍与得都会达到一种奇妙的平衡。

但人往往会有一些被迫舍弃的时候。其实计较得失所计较的都是失去的那一部分，但是失去的无法再回来，得到的又不被重视，二者都没有发挥其积极的意义。不如宽慰心情，使"失"转变为另一种意义，成为你的收获。比如借钱，再世俗不过的一件小事。你失去的是一些不急用的身外之物，对方若欠着不还，他失去的是安心，每次与你交谈都要提心吊胆生怕下一句话问欠的钱什么时候能还。若对方不放在心上没有还的打算，那么你得到了一个检验良心的好机会。人心叵测，你不用任何的高科技和复杂的心理学知识就可以试探对方是否真心,何乐而不为?

当然,舍弃也是有选择的,我们并非要求每个人都像神明济世一般将一切都舍弃,只是说不必过分耗费心力去纠结于已经失去的。

舍弃带给了我们反思的机会,给予了我们珍惜的智慧,还放大了憧憬的空间。人不可能将激动放在一年中每一个计划上,正是舍弃了多余的,留下了专注的,才提升了事物的意义,人的情绪才得到极大满足,随之也带来了真正的欢愉。

舍弃使得到有了意义,它就是如此简单明了地证明了自己的身价。

其实人并不会因为一件事就彻底舍弃之前的性情, 无非是世俗地表现自我,用改变来博得一些关注,从而借助外界的关心弥补自己失去的。或者可以勉强找到已失去之物的替代品,但是替代品永远无法真正和原有之物意义等同,仅仅能给人带来一丝慰藉罢了。人往往想用得到的另一部分来弥补失去的那一部分,却不知形状对上了材质却不同,这样盲目的充实只会带来不适感,而不利于事情的根本解决。

从数学的平均值角度来看,与其在得到自己不愿得到的之后不知所措,不如未曾拥有。人人都想要最好的,这其实并非自私,而是每个人有向好向善之本心,若是每个人都与世无争,宣扬躺平文化,社会也难以进步。但不可能所有最好的都是自己的,与其加上一个不好的将原本的优势中和,不如保持光彩,以精妙取胜。

倒霉就是把事情怪在运气上。我们应该多一些顺应,当然不同于奴性,而是一种包容的接受。叛逆常常是因为我们以自我为中心,但是地球可是绕着太阳转的呀。

歌德说:“我所悬的最高理想从来不超过我当时的力所能及。”我们所得到的都是能力范围之内的,或是触手可及的,或是踮起脚能够碰到的。而那些遥不可及的,只需远观,对我们来说就已经“物尽其用”了。歌德还说:“人的全部意识和努力都是针对外在世界即周围世界的,他应该做的就是认识世界中可以为他服务的那部分。”就连天马行空的想象力也是局限在认知范围内的, 所以我们不应该过分自大或贪婪。我们凭什么认为外星人有眼睛,凭什么用我们的文字给它们命名?即使是最遥远的得到也是有限的,就如再放肆的自由也是有局限的,想法无法真正的无拘无束。我们所能做的是有海纳百川的胸怀,取其精华、去其糟粕,让思想文化呈现一片百花盛开之势。

人的成长无非就是一个依靠内生动力借助外在事物的价值来提升自己的过程,得到并不是我们的目标。正如苏轼所言“耳得之而为声,目遇之而成色”,成长是与世界不公最美好的和解,是对待不可得最优雅的姿态。

舍、得并非无法共存。法律的威严和人情之冷暖孰是孰非是一个舍得之难题,当理性与感性交织,人们就会习惯性地站在自己的角度审时度势。然而,不同的选择并不会带来或对或错的结果,它们如不交叉的平行线,在路的两边有各自的风景。

雷锋助人为乐，在我们看来他得以名垂青史、被万世赞誉，其实他自己并没有考虑得如此深远。以他自己的角度看，付出行为本身即是最好的回馈。小王子为玫瑰遮风挡雨，也并非只有付出，他精神上的快乐与满足足以和舍弃的时间与精力相抵。

其实我们最无法阻止的就是时间的流逝，我们无法使自己像永动机一样一直高强度地工作来与逝去的时间相平衡。所谓“劳逸结合”，许多人认为“逸”是彻底放松了，其实并非如此。短暂的放松并不意味着懈怠，你是在积攒下一次高效率工作所需的精力和动力。一个真正沉浸于工作的人能从其中获得极大的快乐与满足。此时掌握舍与得平衡的精妙之处在于提升效率。

当人彻悟了舍、得，也就自然培养了良好的品德修养。真正的素养是通过不为人知的细节体现出来的。若是暴露在镜头之下每个人都展现出最完美的一面，这个世界也少了些动人之处。人性如钻石的切面，切面越多才越闪耀。不是完美无缺的就是最好的，不是每个人都时刻善解人意、心如止水。我们理解人面对事物时产生的心理变化，也包容每个个体适当的情绪宣泄，所以不必将自己的喜怒哀乐包装起来，情绪也不应当被舍弃，而应该在恰当面对中自然展现。

当我们追求面子时舍弃的是自爱，当我们捧起光鲜亮丽的偶像包袱时舍弃的是自得。为了得到他人的回应以证明自己的存在，人生的意义定不在于此。掌握舍与得的平衡，才能使人生更加完满。

生命的意义不在于奉献或者占有，而在于创造。其实我们不必为自己失去什么而懊恼、郁闷，因为真正属于你的经历不会失去。

生命本身就是一种伟大的收获，我们没法得到更大的惊喜！

从舍到得，是前半生的阅历；从得到舍，是后半生的修行。愿你阅尽霜华，内心依旧温润如初。

指导教师：张光新

本文获第十九届初赛一等奖

点　评

好的作品总是能够开阔人的视野，使人耳目一新。本文以传说故事起笔，既切合题意又引人深思，可谓笔下千钧。更让人眼前一亮的是旧话题竟然生发出了新意：“舍”成就了“得”，“舍”与“得”相伴相生。这不禁让我觉得以往“有舍才有得”的功利观念过于逼仄，“有得必有舍”的无奈心态又过于执拗。作者正是用他深邃的思考、独特的视角、高远的境界牢牢抓住了读者的心，让我们于不知不觉间跟随他一起沉思、顿悟、释然……

（尤立增 特级教师）

凌晨四点

□ 江苏省太仓高级中学　郏溢萌

特朗斯特罗姆的诗里说“醒来就是从梦中往外跳伞”。不知从何时起，“睡个好觉”成了一种奢望。分明刚刚结束平淡而循规蹈矩的白日，梦境却毫不手软，为我放映无数光怪陆离的片段，让一个疲惫的灵魂屡屡不得安歇，满怀愁绪于深夜惊醒。这种感觉的确同跳伞类似，合眼是神秘主义，张眸又是枯燥的现实。

而此时，我又同往常一样，被梦境驱使着醒来，揉了揉发酸的双眼，微眯着看看时间：刚过凌晨四点。我分明在梦里试图记清楚一切细节，可一睁眼，仿佛便切断了和异世界的链接，再想不起来一点儿内容。我翻了个身，想要继续休息，神思却又渐渐清明。辗转片刻，反而是难以入眠了。

我坐起身，呆呆地注视着前方。厚厚的窗帘挡住了即将西沉的月儿闪烁的泪光，房间里像弥漫着一层灰蒙蒙的雾气。

凌晨四点，亲人们仍在休息。我透过窗帘缝隙朝外张望。外头街道上仍是空无一人，路灯的光线已然有些暗淡，或许它们是旭日在黑夜中的倒影，夜色褪去之时，便是倒影弭散之际。那么，我能做些什么呢？神游于大洋彼岸的洛杉矶，抑或学着川端康成，赏未眠之海棠？我轻叹一声，可这外头除了钢筋水泥，便是矮草枯树，何处能寻得芳魂？梦啊梦，你携我走入一个奇幻的世界，却又将我推回阒寂的现实。

眼神游离至天花板，沉默着，思绪翩跹着，我以为这样的平静即将持续至晨光苏醒，却不曾想，耳畔陡然响起一阵喧闹。刺耳响声过后，这声音渐渐低沉下来，可在绝对的安静之中，我仍能捕捉到这细微的躁动。

再度望向窗外，由于是二楼，故而即使道路昏暗，我看得还算清楚。那是一对中年夫妻，男人推着一辆早点车，上头印着“豆浆油条煎饼”几个油墨大字，女人则提着一桶看上去未拆封的菜籽油。车轮似乎有些生锈，男人有些吃力，那吱呀吱呀的噪声便是从那里生发。女人单手从兜里掏出一块满是褶皱却意外干净的帕子，为男人拭去薄汗，低声道：“现在还早，俺们动作轻一些，别吵着人家。”男人忙不迭点头，而后动作越发轻缓。那小心翼翼的模样，仿佛他现在推着的是易碎的古瓷器，而非结实的铁皮车。

一股暖意淌入我的心田，原来温暖身体的并非一碗热豆浆，振奋精神的并非一块新鲜出炉的煎饼，而是这饱含温暖与关怀的心啊。

夫妇俩渐行渐远，一眨眼，街道深处又出现了一个明晃晃的身影。他身体略有些佝偻，罩着橙黄色的马甲，手里握着一把长扫帚，聚精会神地扫描着地面，像个侦探似的，仿佛在寻找可疑的线索。

这是小区里的环卫大爷，过去我便时常能瞧见他弯着腰，捡拾着路人留下的垃圾，街道在他的忠诚守护下，总是一尘不染，干净整洁。自从垃圾分类实施后，环卫工人的压力也减轻了不少，本以为大爷要光荣退休，过上悠闲的晚年生活了，却没有想到在这样一个空寂的时段，他仍旧奋斗在自己的岗位上，躬耕不辍地做着最平凡又最伟大的事。他嘟囔着，用方言说了句，今儿个挺干净的，希望大家一直保持。

他停在路灯下，扶着腰小憩，路灯微弱的光照在他的身上，好像为他披了一层淡淡的金纱。

我望着他的身影，心绪翻涌，久久难平。随着他满面微笑转身离开，我恍然发觉此时已将近五点。路灯已熄，天色愈加明亮，看样子不久后，太阳将会彻底占据天空的主导权，释放自己最澄澈而明媚的光芒。

“曲径通幽处，禅房花木深……万籁此俱寂，惟馀钟磬音……”

一阵悦耳的读书声将我的思绪拉回，定睛一瞧，是一个扎着高马尾的女孩，看上去像是初中生。她背着书包，手里捧着一本语文书，嘴中飘扬着婉转的诗句。我认得她，她是隔壁楼的住户，父母离异，母亲长年上晚班，早晨无人送她上学，便只能自己起早去赶公交车。可纵然家庭破碎，生活拮据，她却仍然热爱知识，热爱生活。听说她上个学期考了学校的前两名，还拿到了几百元的助学金。母亲曾将我的旧衣服匀出一些带给她，她总是感激地收下，而后回赠我们她亲手做的馒头。想到和她这“同袍”的情谊，我的心又暖了两分，在苦难交织着的人世间，真情是唯一的良药。

我深吸了一口气，下床，打开台灯，坐在书桌前，摊开许久未动的随笔本。

黑暗里任何一束光，都预示着白昼不堪暂离，执意要留下反抗的痕迹。我想起普罗米修斯窃走火种，想起西西弗斯滚石下山。

我时常认为自己和这芸芸众生之间横亘着不可逾越的鸿沟，可实际上，我们都在为同一种生死哭泣，会因久别重逢而狂喜。我们破镜重圆，或分道扬镳，我们为宇宙的无上法则支配，我们逐渐不像自己，我们开始分化，用信仰来维系平衡。可我们之间没有仇怨，相安无事，即使有心人掀起狂风骤雨。而在这再寻常不过的凌晨，我发现，原来无论我们是何等长相、何种身份，我们都被一种叫“爱”的情感联系在一起。

爱，是相濡以沫，是为他人着想，是让城市更为整洁光鲜，是坚守岗位永不退却，是面对生活的压迫仍能心怀诗意，是太阳冲破黑夜，照彻整个人间。

倘若我没有在凌晨四点，被一个早已记不清的梦唤醒，我又如何能领略到这人世间真正摄人心魄的风景？

想到特朗斯特罗姆在诗歌的最后写道："在一日之初的数小时里，知觉足以环抱世界/如只手握住一颗日暖生烟的石头/旅行者站在树下/当坠入死亡旋涡急降时/可会有巨大的光伞在他头顶张开？"

我微微勾唇，钢笔在纸上写下答案。

指导教师：戴琦

本文获第十九届初赛一等奖

点　评

于幽微处见真章，于平凡中知冷暖，文章有深刻的人生哲思，又有细腻的情节描述，通过截取一段"凌晨四点"时的所见所闻，和身边司空见惯的几个人物，感受有温度的世事，在驳杂的思考中，达到渐渐通明的心境。《凌晨四点》这个题目颇有寓意，这是一天尚未开始又即将开始的时段，对应了高中生即将开启社会人生的年龄段，冷静的思考很见功力。以特朗斯特罗姆充溢着哲思的诗句开始，又以特朗斯特罗姆的诗结尾并点题，足见作者构思之精妙。

（李林芳　作家）

和美对话

□ 浙江省乐清市嘉禾中学　翁嘉盛

夜半醒来，见一缕月光挥洒床头，我不由心生雀跃。移步窗前，月光如瀑布般倾泻地面，又化作薄雾笼罩了庭院的一草一木。极目远眺，空中高悬一轮圆月，以幽深的光芒俯视人间。不时有流云拂过，为其扫去点点荫翳。俯察凝望，觉月光流泻指尖，倾一切留于掌心，顿觉心中有了重量。寒风掠过，有些许冰凉，却不侵人，带起阵阵花香，沁人心脾。

我不知道这是一种什么美，有些茫然却依旧心驰神往。仅仅幽月、微风、野芳，纷乱却不违和。与宏长壮丽的山河画卷不同，它没有动人心弦的华丽，也没有光怪陆离的奇幻，却有婉转有致的雅静，让人心平气和。

流云再次飘过，滑起道道碧痕浅波，牵起无数人的遐想。月静穆、庄严而虔诚地观望世间，人心似乎在这一刻变得空灵而纯净。光投射下来，却是火辣辣的。

这，似乎不是一场人对美的鉴赏，而是人与自然的对话，真真切切、袒露心扉的一场对话。它洁白缥缈，流动着怡人的情愫，绵绵长长，诉说着永恒的道理，它涤荡着我傲气风发的躯壳，除去我初生牛犊不怕虎的狂妄，教我以月光般的宁和与纯净。

这还是美吗？良久，我悟到：这或许才是美吧，抑或是一场和真的谈话。它无以言表，教会我在世间行走的道理。

繁忙的人流随着时针移动大步向前，淹没或尖锐或深刻的异者。有人放弃，追寻权贵金字塔的顶端而被时代潮流吞没；有人坚持，保一颗本心养就心中一段春，于明月清风中了然清明。前者的人心外壳斑驳发锈令人作呕，只因他终身沉浸在眼前利禄的泥沼之中，而抛弃了远方的星辰与月光，放弃了对美的追求与渴望；后者却舟渡沧海，立马昆仑，秉持着自我的信仰，树鸿鹄之志，怀诗和远方，这才是明智之举。脱身泥沼，策马扬鞭，既是向着未来，也是向着自己。他获得了自然对人类的馈赠，享有最宝贵的精神财富，对自然之美发出回应。这才是美，褪去虚无缥缈的浮夸，袒露纯真的性情。

微风轻拂，不冷，带起心中阵阵暖意。月亮半依山头，拖动淡淡的云朵沉寂山中。此时，却是起了薄雾，盘旋草木之上，压抑半片天空。没有光亮，我有些迷惘，感觉无所适从，慌慌张张。它就这样走了？我的心头似乎蒙上了一层阴影。

恍惚间，我察觉到草木呈以橘红，大雾变得稀疏，透着空隙，光线滑进我的视野。顺着光的方向，一轮旭日跃起于天边。它驱散荫翳，投以光明。它埋下光的种子，待这种子生根发芽。它静静诉说着纯净之美，却重重锤击着我的灵魂。那么，即使黑夜降临，我也不会退缩，反而昂首阔步。

我深知，这场和美、与真的无言对话，没有结束的时候。

指导教师：张珊珊

本文获第十九届决赛一等奖

点　评

明月巡空，旭日腾升，是人们常见的自然景象。而一经作者以思辨的目光、浪漫的情怀去关照、去解读，览月观日便成为人与自然、世界、美和真的对话。文章抨击放弃对美追求的人，赞颂坚持对美追求的人，展示了信仰坚定、志向高远、面向未来昂首阔步的精神世界；写景物融入想象，亦真亦幻；写感受结合抒情，深刻形象。

（钟湘麟 特级教师）

思想专卖店

□ 安徽省合肥一六八中学　朱醒

“第一次来，有什么需要？”店主人语速飞快。

“你的意思是？”我不安地摆弄着袖口的纽扣。

我无意中路过这家店，奇怪的是我从来不走这条路回家，今天却着魔似的走到这儿来了。我大概是被店名吸引过来的——“思想专卖店”。店面装修得很不错，像以前的当铺，典雅的红木、高高的柜台，柜台后的男人只露出一张脸。

“这家店只为有需要的人开放，也只在别人有需要时出现，你要什么？”他注视着我，目光似乎穿透了我的内心。

我能有什么需要呢？要是细数，我确实有很多需要。我是一个穷困潦倒交不起房租、买不起颜料的青年画家。

“我的画卖不出去。”

“我知道你想要什么了，不过我们做生意的呢，讲究……”

“画，我有很多画。”其实我很害怕，神话故事中那些与魔鬼做交易的人，最终不是被魔鬼摄去了魂魄，就是成了魔鬼。

“思想是这里的货币。”他说这话时没有看我，而是低着头，不知道在做什么，过了好一会儿，他才缓缓抬起头，“你很富有。”

我没有想到他会这么说，不过我从小就很有想法，也算是意料之中。但我详细询问他我的思想财富有多少时，他却避而不谈，说我不用管这些，我想要的东西他马上就会安排。

我不认识回家的路，但我却离奇地回到了家。房东太太站在门口，递给我一个袋子，里面装的是我的日记本。我从小就有写日记的习惯，我喜欢把自己的想法记在日记本上。“就等着你回来拿呢。”她说。

好朋友给我打电话，我才得知一位几年前去世的亲戚在市中心给我留了套房。我还在疑惑，朋友惊讶地说：“你不会傻了吧？这可是你昨天亲口对我说的。”

在那套房子里，我拥有了一间阳光很好的卧室，还有一间独立的画室，我的画都好好地挂在那里。

这些东西，用掉了我多少思想财富？我有些惶恐，不过，我后来的创作并没有什么改变，一切都很顺利。我放下心来，开始了从未有过的生活，请朋友们喝酒，出门旅游，颇有“五陵年少金市东，银鞍白马度春风，落花踏尽游何处，笑入胡姬酒肆中”之感。最令我惊喜的是，我那些沉寂的画作也能卖出去了。

说起来，我好久都没有写日记了，或许是每天都过得很充实吧，再也没有一个人趴在桌子上认真写日记的时间了。

我身边的朋友逐渐多了起来，我们的审美风格相似，他们大都很喜欢我的作品，对我的画作给予最热烈的赞美。

思想专卖店，也不过如此吧？

那天我驱车出门，再次看到那家店，只是周边的风景与那一次大有不同。同样的，我也不认识那个地方，鬼使神差地，我停了车。

“又来了啊。”典雅的红木，高高的柜台，依旧是那张脸。

“随便看看。”我漫不经心地回答道。

男人严肃地看着我：“你想终止我们的交易吗？”

“什么意思？”

“你现在可以选择结束这一切，只需要付出一点点代价。”他的语调没有任何起伏。

我听到“代价”这个词，有些紧张。他递给我一张纸，上面写着一串数字，一串我支付不起的数字。不，不是支付不起，我只是不想回到从前那种生活。

我笑着扬长而去。

我依旧花天酒地，春风得意。

“明天××美术馆，有你最喜欢的画家的画展，一起去吗？”从前的好朋友打电话给我。最近我们很少联系，我同意了他的提议。

去美术馆的路上，他有意同我聊天，我却不知道该说些什么。

“你以前一有得意之作，都会兴冲冲地给我看，最近怎么……”

我打断他：“等参观完画展，一起回我家看吧！”

他点点头。

走进展馆，我惊讶地发现一件事：这些画，一幅幅画，成千上万的画，重叠在我的脑海里，逐渐变成家中的那些我的作品。我呆呆地盯着面前的一幅油画，与我前段时间创作的一幅几乎分毫不差。可是这位画家，在我出生前就去世了。我究竟有没有见过这幅画？我记不清了。

"哎,这不是你经常和我说起的那幅画吗?怎么样?见到实物激不激动?"朋友问。

我一惊,挣脱了朋友搂着我肩膀的手。

"怎么了?"

"没事儿,正欣赏呢,你突然过来吓着我了。"我冲他笑笑。

我在颤抖,这里的每一幅旷世奇作,在我的家中都能找到相应模仿的拙劣之作。我谎称有事提前离开了,留下了一脸惊愕的朋友。我得尽快离开那儿,因为那些画快要将我吞噬了。

我要去思想专卖店问问,这到底是怎么回事。虽然我不知道店在哪儿,但我记得老板说过的话,这家店只在人们有需要的时候出现。

…………

典雅的红木,高高的柜台,还是他。

"已经给过你一次机会了,机不可失,失不再来。"他笑了笑。

"就没有其他办法了吗?"

他沉默了一会儿说:"卖出去的东西就不能再反悔了,反悔也无济于事。"

回到家后,我发疯似的找那些日记本,那些是我的人生记录,是我的思想结晶。当我在某个角落找到那些落满灰尘的日记本,打开它们时,却发现上面的字迹已经不见了。第一本,第二本,第三本……第十二本上的字迹正在以肉眼可见的速度消失。可我抓不住它们,我大笑起来,笑出了眼泪。

我再也画不出来画了。

"第一次来,有什么需要?"典雅的红木,高高的柜台,店主人语速飞快。

我望了望脚上已经露出脚趾的鞋,摇了摇混沌的头,飞一般跑远。

指导教师:王艳

作者获第十八届"全国十佳小作家"奖

点 评

本篇微小说故事情节构思巧妙,人物性格刻画鲜明。作品视角独特,主题内涵深刻,引人思索,表现出一名中学生较强的思考能力。相信作者通过写作实践不断训练语言表达能力,未来会写出更好的作品。

(蒋成峰 大学教授)

春花烂漫处

□ 湖北省武汉外国语学校　周彦璋

仿佛是从一片春光中赶往下一个杨柳依依的岸，在宏村一片明媚的暖阳中，我在青石板路上徘徊。导游乏味的声线早已淡出我的耳畔，在林立的徽州民宿中，我迎着东边的一缕斜阳越走越远。

徽州文化，应算是中国最特色的几个古代地域文化之一了。徽派园林与其他园林大相径庭：不如苏州园林那般精致玲珑，也不如北京御花园那般浓重繁复；没有溪流纵横、假山重嶂，没有大片大片的落叶乔木，没有亭台楼阁、轩榭回廊，亦没有漆成大红大黄、浸满世俗气的拱门石桥，只是几座白墙黑瓦的民宿，偎着一汪满是莲叶的池水罢了。徽州人爱绿色，却也极爱种花，池旁几株虬曲的苍柳或苍劲的青松，衬着春天盛开的迎春、月季、郁金香，生机勃勃。选择在春天来此村落，正是为了寻找那春花烂漫处。

可山林即便是胜地，一营恋便成市朝；书画即便是雅事，一贪痴便成商贾。等我到了此处，却发现被游客踏过一遍又一遍的石板路旁，并没有想象中盛开的繁花，传统文化似乎也已消失殆尽了。南湖上古朴的石桥变成了卖小工艺品的场所，原本居住于此的人家也趁游人稠密卖起了自家的纺织品，就连湖中一只仿古的木船，也成了照相馆的赚钱工具。在熙熙攘攘的人群中，丝毫不见“徽州三绝”的踪影。想象中彷徨于古巷的闲适，沉醉于薄雾密林的诗意，早已被游客的喧嚣和导游喇叭的嘈杂撕得粉碎。传说中的徽州文化，难道就只能活在我的脑子里了吗？

忽而听见前面有一阵梆子声，清脆嘹亮，接着便是几声锣鼓响声撕破了蔚蓝的天空，确是有些不同寻常。我用耳朵捕捉着声响，循着声源在蛛网般复杂的石板路上拐了好几个弯，眼前豁然开朗。

一棵柏树伫立在小巷的中央，上面栖息着轻声低语的雀儿。徽州建筑的白墙上满是藤蔓或爬山虎，蒙络摇缀，参差披拂，在风中微微荡漾起绿色的涟漪。前面不远处便是那声源，一座背对着我的小楼，前面游人寥寥无几，想必我是踏进了一处无人探访之境。那楼看上去颇似旧时女子抛绣球的小阁，如今却是戏台，几位演员在上面咿咿呀呀地唱着戏。对戏曲有一丝了解的我分辨出这是黄梅戏——安徽的地方戏曲，而这正在上演的，便是闻名遐迩的黄梅戏剧目《西厢记》。张生和崔莺莺缠绵又甜蜜的爱情，让我的心跟着戏剧情节跌宕起伏起来。“花落水流红，闲愁万种，无语怨东风。”这一“怨”字，从“语”的渐低的声调忽而又变高，和着一旁响亮的锣鼓声，一平一仄、一高一低，那声音似在波涛汹涌的浪尖翻滚，又如玉珠般清脆辽远，直接撞入我灵魂深处。我不由驻足于此，愤恨莺莺的母亲毁婚约，但同时又为张生在普救寺的解救而佩服，为红娘让张生、莺莺在西厢约会而倍感甜蜜，为张生告别莺莺进京赶考时的难舍难分而感到忧伤。黄梅戏的唱腔圆润而清晰，如同一支支笔直的箭，刺破云霄，径向着远处飞去了。而我的心，仿佛已经被这戏泡得软酥酥的，弥散在空气中。

一戏终了，如黄粱一梦忽惊醒，不觉太阳已经爬上了头顶。我在这片僻静而人烟稀少的地方转悠了几圈，看见有些妇女在屋旁的沟渠边用棒槌洗着衣服，又有几只狗在小巷中慵懒地穿梭。这里的一切，仿佛让我回到了久远的时光，我梦寐以求的闲适与诗意画卷般铺展在眼前。

好不容易找到一家卖纪念品的小店，我推开木质雕花的小门，风铃发出清脆的声响。里面陈列的是各种木雕：有红松的，有楠木的，有橡木的，有梧桐的；有的雕成小人的形状，有的则是些景物，更有一只小船，和《核舟记》描述的样子别无二致；有的还留有木头纯朴又有光泽的颜色，也有漆了漆的、五彩斑斓的。店主正坐在柜台后面笑眯眯地看着我。

我问他：“为什么这一片的景致和外面大不相同？没有游人，一切都是那么自然淳朴，简直就像桃花源，宁静而美好。”

店主也不急着回答，把手中的木块又划了几刀后说：“其实，处处皆是传统文化。徽州作为古老文化的发源地，它自身也就是一种文化，不仅木雕、石雕、漆雕，我们自己住的房子，也是一种传统文化。游人众多仅仅只是表面上的现象，徽州发展旅游业不也是为了让更多的人来体验和感悟徽州文化吗？游人的多少与传统文化的保存并不冲突，其实只要你用心，就会找到正确的方式去发现，你会觉得身边皆是繁花，文化也是无处不在。”

走出了店门，远远地听见戏还在唱着。我恋恋不舍地告别了这片桃花源，原路走回了刚刚来时的位置。店主的话仿佛还在我耳畔回响。的确是这样啊，传统文化好似渺渺云烟中静静伫立的一个妙龄女子，若隐若现，忽远忽近，永不老去，仿佛兮若轻云之蔽月，飘摇兮若流风之回雪。当你感觉她不在身边时，其实她却在。你只需要拥有一双能够发现她的眼睛，她就永远地陪伴在你的身边。

恍惚间，墨染苍穹，云青青兮欲雨，水澹澹兮生烟。连绵春雨中，一串迎春花迎风绽放。我俯下身，嗅了嗅，真香啊，在清冷的微风中。

原来，那一丛传统文化的春花，是烂漫地开在我的心里。

指导教师：陈云轶

本文获第十八届初赛一等奖

点评

春花烂漫，古村探寻，本期许古风盎然，现实却是商业开发破坏了原本的古朴与诗意，作者失望之情溢于言表。怀着担忧继续前行，不曾想峰回路转，柳暗花明，一段黄梅戏又再次将传统文化的神韵唤醒。作者最终来到一家小店，在店主人的启发下明白了传统文化传承的真谛。综观全文，文脉清晰，却又不失曲折有致、曲径通幽，可谓别具匠心。作者能够辩证地看待旅游业发展与传统文化保护之间的冲突与融合，使文章在立意上清新脱俗，寓意遥深，成为点睛之笔。

（尤立增 特级教师）

钥 匙

□ 福建省厦门外国语学校石狮分校　李炫仪

这是一年春天，我捡到了一把生锈的钥匙。

我是一名网络评论师，准确来说，这不算职业，我不过是无业游民。在过去遭遇人生重创后，我浑浑噩噩地消磨着时光。在不到五十平方米的小屋里，我唯一的乐趣就是上网冲浪，在网上发表我的评论。

比如今天有美妆博主发了自拍，我会随意评论一句："这是PS的吧。"又或者是有人在网上晒学历，我再不经意地嘲讽道："这是造假的学历。"虽然遭到不少人骂，但还是支持我的人占了上风，因此我在网上有许多的粉丝。

没有人知道我是谁，我想。我只不过是披着网络外壳的正义之神。

那天我起得很早，在梦境中便嗅到了一丝足以令我振奋的气息。熟练地登录网站，首页上有许多人在转着一条消息。消息的主人公是一个网名叫key的人。我迅速浏览了一遍，消息讲述说这个人家中老人身患重病，急需用钱，并讲明了家中贫困的情况，希望能够得到广大网友的帮助，而评论下边同情声和帮忙转发声一片。

看后我不禁笑出声，这又是些什么下三滥的骗钱骗流量的手段，就让我来揭开他的真面目吧！于是我点开他的主页，细细翻看他的每一条消息。黎明前的天空还不是很亮，电脑屏幕的光芒将我笼罩着。

我停下翻滚鼠标中键的手，是因为我看见了一张似曾相识的图片。点进去，再放大，再放大。这露出的一角仿佛在记忆中重现。我赶紧打开网页视图，不出我所料，这是位于繁华都市的一所不错的大学，教育资源好，但是学费极高。我对此嗤之以鼻：这学校，贫困人家的孩子可是根本上不起啊。

通过大学的名称以及key的照片，我成功人肉出了他的本名——陈匙。不知为何，我总觉得这个名字似曾相识。但我颤抖的灵魂不允许我再去多想，马上，马上就可以揭开他的真面目了。我用他的本名找到了他的消费记录，发现在本月初他曾经购买了大量物品，总价超过了两万元，远远超出了他求助索要的金额。

总算是证据确凿了，我长舒一口气，就像是完成了什么重大的使命一般。将这些评论发表在网上，果不出我所料，原本同情的声音瞬间消失殆尽，取而代之的是痛斥声和咒骂声。先前求助信息的转发量也不高，但在我的推动下，这条消息已经席卷了整个互联网，更有人出来说必须严打这种诈骗分子，还互联网以清净。这恰恰是我想看到的局面，这些愚蠢的网友就是这么容易被煽动情绪，总是争先恐后地想表达自己的正义感，生怕别人不知道一样。操作一番后我难得走出了家门，去迎接春光，却在家门口看见了一把生锈的钥匙。应该是谁落下的吧？我想，于是我将它收了起来。

在街道上漫步着，仿佛一切都与我无关。褪去网络的光辉，谁又能知道我是谁呢？不知不觉我走到了一栋高楼下，突然有什么黑色的影子从天上坠落，这条街道迅速围满了人，呼喊声和鸣笛声充斥着我的脑壳，我下意识地想跑，匆匆忙忙地回到家，没注意用了那把生锈的钥匙，竟可以打开家门。

我却在看到眼前的光景后愣在了原地。

我是陈匙的大学好友，毕业后我们一直保持着联系。最近他在电话中告诉我说，家中老人的病情越发严重了，但越来越昂贵的手术费和医药费他实在是无法承受，问我可不可以想想办法帮他借些钱，日后一定还。

我向来是非常相信他的话的，这个人就和他名字的谐音一样，仿佛是诚实的代言人。跟他相处这几年，我知道他家庭生活很困难。陈匙的父母在一次意外中早逝，他是由他的爷爷带大的，因此我知道他爷爷对他而言的重要性。

随着爷爷年纪的增长，又因为常年劳作而落下了病根，上高中的时候家庭经济负担的压力就落在他身上。如果换成是我，我会成长为一个冷漠而愤世嫉俗的人。但陈匙却完全相反，他是一个善良得不能再善良的人，即便遭到命运如此的打击他还是始终坚定着相信这个世界充满美好。

当他决定在网络上发布求助信息的时候，我是劝过他的。我说，不是所有人都像你一样愿意无条件地给予他人善意的。但最终也确实别无他法了，他还是发布了出去。刚开始陈匙还截屏一些评论和我说："你看，我今天还收到了一笔转账，其实网友都是挺温暖的。"我笑了笑，却带着不安的心情睡着了。

第二天我起得很晚，睡眼蒙眬中打开手机，铺天盖地的负面消息猝不及防地砸醒了我。一个名叫"正义之神"的网友将我们所就读的大学和陈匙之前的消费记录一并曝光了出来，这条消息下的评论区中对陈匙骂声一片。我不敢多看：这种糟糕的情况还是发生了。我焦急地评论说，陈匙所说都是实情，并非诈骗，是那位网友在不知情的情况下肆意断章取义。

发完这条评论后，我给陈匙打电话，对方却迟迟未接。而打这个电话的工夫，我那条评论转发量已经破万。不少人又将矛头指向了我：这是本人的账号吧？还是同伙？还在狡辩什么？类似的话语数不胜数。

我又编辑了一条澄清贴说："我是陈匙的大学同学，我知道我们学校的学费昂贵，但这些钱确实是陈匙自己通过打工以及奖学资助获得的。而先前的消费记录其实是一笔用来资助山区教育的转账。"

这条帖子很快就火了，但网友仿佛像是坚定了自己的意志一般，怒气冲冲地说因为我是他的朋友所以我在为他洗白。他们充满正义的声音很快就盖过了我的声音，有的人甚至人肉出了我的个人信息，开始对我进行无厘头的谩骂。我无奈地关了手机。我其实很早就明白了，不会有人在乎我在说什么。当一个人认定了自己所做所言所持的观点是正确的，就再难改变了。就算我所说的是事实，可能有人也认清了这个事实，但他们不愿意承认自己先前所宣扬的正义是错误的，不愿否定自己，不愿同情他人，只得将错就错。但大多数人根本不在乎事情的真相是什么；大众舆论在引导什么，他们就跟着做什么；为了不让自己在人群中显得突兀，甚至不惜去攻击与他们发出不同声音的人。就这么过去了快一天，我正忙着写工作报告，突然接到了陈匙的电话，他对我说："我捡到了一把生锈的钥匙。"说完后便挂了电话，任凭我怎么打过去都只能得到一串冰冷的忙音。

一个小时后，我接到了来自他人的消息，说陈匙已经离开这个世界了。放下手机后我只感觉心在冰冷地下沉，却流不出一滴眼泪。

我打开手机，先前针对那澄清帖发表评论的网友像是换了一批人似的，将刀刃指向了先前谩骂的人。不少不知道从哪里冒出来的同学说："我就知道陈匙不可能是这样的人，你们这群助长网络暴力的人怎么还不消停？"于是先前的人将那名"正义之神"推向了断头台，说："都是因为他，误导了我们的视线。""我只不过是跟着转发罢了，他才是罪魁祸首。"而这名"正义之神"仿佛失踪了一般，在众人的指责声中也未曾再露面。我不禁思考着：是什么让陈匙在短短的一天中从一个向往生活的人最后放弃希望，需要以生命为代价来结束这场没有硝烟的战争？真的没有其他办法了吗？而他的死亡，是否又真正警醒了那些躲在屏幕后面张牙舞爪的动物？

所有人都是无罪的，所有人都是有罪的。所有人都是有理有据的，所有人又都是无理取闹的。我想起了陈匙对我说的最后一句话中提到的那把生锈的钥匙。

打开房门后，一切场景都显得如此熟悉。手中紧握的那把生锈的钥匙像是在提醒我什么，那是父亲的遗物。父亲——？我飞快地冲进厕所，镜子中映着我自己。从记事以来我从未这么认真地端详过自己。镜子中的我与前不久被我评论的 key 有着一模一样的眉眼。而我几乎是本能地开始发抖，随后一段又一段关于陈匙的记忆回到了我的脑海中。我根本不是什么无业游民，我曾经也在为生计和学业奔波着。直到有一天，善良的我被席卷而来的不明来历的网络暴力压垮了，我不明白为什么会有人对一个素不相识的人有这么大的恶意。我带着父亲留下来的钥匙准备离开，醒来后却来到了这个房间。而我几乎忘记了之前的事情，只记得我曾经受到了重创才不得已窝在这个狭小空间中。我开始与网络共生，本能地在网上散播谣言，大肆评论，殊不知这些评论伤害了多少人。我痛苦地坐在原地，已经分不清镜子中的我到底是谁。我想我是有罪的，倘若我不引发这场网络暴力，我本该继续过着我不富裕却又幸福的生活。

直到今天我才明白，那些我曾经赖以自豪的手段不过是在一次又一次地伤害着别人，我披着正义的皮囊却干着些令人唾弃的事情。我从来不觉得我伤害了谁：只是网络世界而已，没有人会在乎，况且我总认为并不是我一个人的错，是他们，是他们听信我所说的谣言，才让事情变得无法收拾。而事实上，没有谁干了错事能够不接受惩罚，就算隐藏在屏幕后，也无法逃脱。每个人都要为自己的所作所为付出代价。就如这一次，我杀死的不是别人，而是我自己。

所有对他人露出的尖锐的恶意，最终都会指向自己，没有谁能够从中脱身。我们需要做的不是传播恶意，而是对世界给予自己的温柔。这把生锈的钥匙在时刻提醒着我这一切。不过如今，我再也不需要它了。

这一年春天，我扔了一把生锈的钥匙。

指导教师：钟文才

本文获第十九届决赛一等奖

点　评

文章构思新颖，引人入胜。文章先交代“我”现在的身份是一名生活在网络中的网络评论师，专在网上散播谣言，大肆评论，伤害别人；中间一部分交代“我”以前的身份是一名善良的贫困学子，在网络上筹款求助遭到网暴后在人间消失；最后一部分揭开谜底，“我”的身份就是那名曾遭受网暴的贫困学子。一把生锈的“钥匙”作为文章的线索把时空交织的“两个人”连接在一起。“我”的这段经历告诉读者：面对世界给我们的伤害，“我们需要做的不是传播恶意，而是对世界给予自己的温柔”，明确地揭示了文章的主旨。处处伏笔、前后照应也是文章的一大亮点。

（王洪春 高级教师）

好印象

□ 辽宁省实验中学　王美霖

崩溃总是来得那么猝不及防，如骤雨倾盆，冲垮了山石，让心中泥泞不堪。或许是由于长时间累积的委屈、疲累和愤怒在一瞬间爆发，或许是由于一件微乎其微的小事刺到了痛点。周想，他都是自找的。抓着那块擦黑板的抹布，冰冷的水流下，凉的是他的心。

生活委员是个苦差，没人想当。班级里因为卫生不好被扣分，老师找你；值日分工不清，同学找你。关键是你每天都要做些值日的工作。周举起了手，不是因为他热爱劳动，而是因为他想给老师留下一个勇于承担责任的好印象。

周的苦难从他举起手的那一刻开始了。

"陆！你们第二组的组员向我反映你每次都忘记擦黑板，怎么回事？"周皱着眉，质问道。

"好兄弟，别生气嘛！这水实在是太凉了，而且老师写板书一写就是两黑板——这样吧，我每天请你喝汽水，这周的黑板你帮我擦了呗！"陆拼命地摇着周的胳膊，半开玩笑道。

周不但答应了，还不要他的汽水。

周其实是不情愿的，只是他想给同学们留下一个乐于助人、不求回报的好印象。

水是真的凉啊，老师写的字是真的多啊，周在水盆里洗着抹布，心想：学校就不能提供点儿热水吗？老师就不会用 PPT 吗？周洗完抹布，手已经完全僵住了，屈一屈手指都觉得刺痛。他艰难地擦着黑板——老师写得太高了，他得蹦起来才能擦净。

陆有些歉意道："要不还是我自己擦吧！"

周摇摇头，避过陆来抢抹布的手，勉强挤出一个笑脸，道："都答应你了的，我擦！"

周太想拼命点头答"好"了，只是他得立住人设，得给老师、同学留下一个信守承诺的好印象。

第三组的沈来请周帮忙擦黑板，周欣然应允；第四组的李来请周帮忙擦黑板，周僵笑着答应了；第五组的孟来请周帮忙擦黑板，周不得不同意，因为她是个女生，周想给女生留一个暖男的好印象……终于，轮到周自己擦黑板。

周欲哭无泪，他已经擦了两个月的黑板了。同学们一到下课就都看向他，他成了班级里的擦黑板专业户！

陆又来麻烦他擦黑板了。

委屈、不甘、愤怒交织在一起，有一个声音在他的脑海里嘶吼、咆哮着："人设就这么重要吗！不留好印象你能死啊！"身上似有无数根荆条捆缚着，那刺深深地扎进他的血肉；眼里有如暴风雪过境，雪山在怒吼下崩塌，淹没城镇；胸中似有铁骑踏平山川，有魑魅魍魉横行而过，饮着他的心血，贪婪地膨胀——轰然炸裂！

"你也知道水凉！你也知道黑板不好擦！凭什么是我？凭什么要我帮你擦呀！"周面目狰狞，全然不是平日里温和纯善的样子。

陆似是惊呆了，他结结巴巴："我……我以为，你喜欢擦黑板呀……"

喜欢……喜欢！周的脑海里不断响着这两个字，双眼爬上血丝，赤红。

他彻底崩溃了。

"是！我喜欢！你也来试试呀！"周疯狂地端起水盆，将肮脏、冰冷的水倾倒在了陆身上。上完课未走的班主任一脸的不可思议，周又转向他："你说黑板必须一尘不染，那你用手摸一下啊！看我擦得干不干净！"

周发泄完怒火，有些恍惚，道："我去擦黑板了。"陆一把扯住他的领子，给了他一拳，吼道："说要当生活委员的是你，答应帮我擦黑板的也是你，答应帮全班同学擦黑板的还是你！你难道不会拒绝吗？你不干别人还会强迫你吗？"

"周，你太虚伪了，你明明会说'不'的。"

周呆愣愣地立在那儿，立在黑板前，仿佛整个教室里只剩下他一个人。

怎么错的人变成他了呢？他不解。

老师拍拍他的肩膀，叹息道："周同学，难为你了，这个生活委员你可以不当。"

周猛然惊醒，不！他想要的结果不是这样，他想在学期结束后光荣卸任，而不是中途被罢黜。他怎么就没有控制住自己的情绪，给大家留下一个好印象呢？

周又一次愣住了，怎么到这个地步了，他还想给大家留下好印象呢！

他的确是个虚伪的人，陆一点儿也没说错。

他的确会说"不"，只是他自己不想说。

他以为喝他血、凉他心的，是人无止境的自私和贪婪，可真正将他蚕食殆尽的却是他自己的心，他的虚伪！

他怕了，怕自己不再是自己，怕他的心再一次将他领向歧路，让自己成为另一个人。

"人心最难测，有时也最可怖，可我们不是在为人心活着，也不该惧怕人心。"陆告诉他，这是在一本书上读到的，很适合他。

周懂了，他不该为了他人的看法——所谓的"印象"而活着，也不该因惧怕他人了解自己的真实想法而把自己的心披上一层皮。

他应该做什么呢？应该做自己。"可什么是真正的自己呢？"周问。"问你的心吧。"陆答。

周轻轻地笑了，他的心说，它想要挣脱锁链，它想要明净。就像擦黑板那样，周会把心中的泥泞擦拭干净的，它该是鲜红的颜色，它该有温暖的热度。

指导教师：贾璐

本文获第十八届决赛特等奖

点 评

这篇文章角度新颖，反映了一个少年为了给自己竖立一个"好形象"所付出的努力、所经历的内心纠结。在这个过程中，"擦黑板"这个事件本身其实并不重要，重要的是人物的内心世界：到底怎样才能成为一个别人心目中的"好人"？帮助别人到底为了什么？要不要学会拒绝别人？这些问题，恐怕很多中学生都曾遇到过，而用文学的手法将它们呈现出来，引发人们的反思，从而让人们做出正确的抉择，这一点似乎比文章本身的价值更大。文章在表达上也比较有特色，描写有分寸而且不琐碎。

（蒋成峰 大学教授）

美的辩证性

□ 上海外国语大学附属外国语学校东校　黄伽妮

一盏醇酒，一席草席，谈笑间清歌破夜，引得子野沉醉其中，以至相赞相和。谢公闻此佳话，捋须笑叹，美言“深情”——中国人的印象里，此番情景比之独影清歌，无疑更具生气之美。此中缘由，往俗里说是中国人对“人气儿”向来的偏爱；严肃来说，则应归结于观众的存在与否。

歌者，需相和者；画者，需识品者；戏者，需共情者。艺术创作需要观众，同样，任何行为主体也依赖行为对象而存在。而人之一生，作为行为主体，自然也是需要观众的。这首先是出于人生于社会，因而必定受到社会审视的既定事实；此外，也出于人对于被关注的本能需要——“被看见”的渴望，从原始社会的聚落而居起，便植根于众人的集体记忆中。

舞台常迎欢呼。毫无疑问，桓子野在这聚光灯下闪闪发光。他作为骁勇善战的右将军，却仍存对于艺术的敏感触角，可谓“心有猛虎，细嗅蔷薇”。婉约与豪放兼长的宋朝名士苏轼，文武并举的高丽大将崔莹……他们之所以动人，是因为作为行为主体，他们对于不同的行为对象——或战场，或文艺，均具有出色的感知力。他们展现了人性的丰满，表现了人不但可以专精于一，更可以博采众长。

桓子野是幸运的，家世也好，天赋也罢，正因是卓越于众人的存在，才使如谢公等人在他身上看到常人所难具备的生命的多样可能，由此而生生命的包容之大美——美感由稀缺而生发。

然而，正如史铁生所言，丑女造就了美人，愚莽衬托了智慧，众生度化了佛祖。桓子野无疑是美的，但这美感背后，却由广大的庸众所衬托。庸人看似是不幸的：因困窘的现实或根深的惰性而挣扎于生计，也不再拥有向更高层次需求进发的欲望。毕竟，有多少人能像《棋王》中的王一生那样，在有限的条件下极力收缩自己的物质欲望，以在所醉心的棋艺中分配最多的精力以追求之？庸人或未曾达到精神追求的境界，或在精神境地浅尝辄止。如此面对桓子野广大的精神境界与感知力之时，如何不被人性中对精神美感的远古召唤所应召？

这是世界的参差，这参差从始至终存在于人类历史中，从残疾伤病，到性别差异，再到财产数量，从未停歇。这未必是众人的错误，因为世界向来的参差使得人生来拥有之物已具天壤之别。而在这样的参差下，美感被衬托，沉默的大多数是为美感做陪衬。

人之生发于一树花，而后或落于茵席，或堕于污渠，不可同日而语。花是早已存在的众人，花之终落是众人一致的归途，而下场迥异如斯。如此看来，无论行为如何，其所获得的评价似乎已为当下的世界所限定；行为对象，即以众人为代表的社会基础，似乎已然决定行为主体的美丑。

然而作为行为主体的个人，面对众人、社会等行为对象，只能顺服地接受美丑的审判，再无改变的余地了吗？

回顾责难的来源——众人。众人对于责难他人的需求多为变向满足自我的认可，这至多可算作人性的偏听，而非人性之恶。然而众人又何尝不为这偏听所框定——在作为行为对象框定他人的种种行为之后。因此，行为主体找回主动。

以子野之例续，前文所探讨谢公对子野的赞赏是行为主体对于行为对象的美丑评判。而今需讨论，歌者"清歌"以鸣，子野"奈何"之唤，谢公"深情"而叹，这三者作为行为主体本身，在剥离作为行为对象的相互意义后的美感仍需被认识。

人既构成行为对象，却也是行为主体。由此，行为对象虽框定着行为主体，但作为行为主体的我们仍可寻回作为主体的主权，而非在日日作为对象的角色扮演中迷失自我。人的一生在被观看中行进，作为行为对象而被评判美丑的社会现状永远存在，但我们同时也是行为主体——在社会的喧嚣中听见内心的响动，认识到行进中不忘自观——我们将目光放向周围之时，勿忘放眼面前，好好端详自己一生所推的巨石。只要这巨石一日不落，我们就一日精心地观察、不懈地推动，这何尝不是属于每个行为主体的美感。

苍莽历史的薄薄切片中固定下动人的剪影。谢公感叹于子野的艺术感知力而叹"深情"，尽为人之本性，然而感叹之所以生发，这本身就足以引发思考：时空在这浅浅的剪影中摇曳生长，永恒在须臾中缓缓展开——这动人美好的背后，可藏着怎样经世累月的诚心正意以抵挡，可藏着怎样的庸俗平凡以衬托，可有着怎样的自持自守以成就？而这动人的美好看似稀有与不可动摇，背后又实有着何种美感，得为众人拥有？

指导教师：吉莉

本文获第十九届决赛一等奖

点 评

本文先以材料入题，认为“谢公赞子野”归结于观众的存在；接着分析，桓子野的美，是由广大的庸众所衬托而得的；然后作者从另一角度继续分析感叹：作为行为主体的个人，要找回主动权，不要顺服地接受美丑的审判，不要在日日作为对象的角色扮演中迷失了自我。这就是作者所谓的“美的辩证性”。作者丰富的积累、独到的感悟、开阔的眼界、深刻的语言，是文章最大的亮点，值得称道。

（张永雪 高级教师）

失眠症

□ 浙江省舟山绿城育华(国际)学校　韩欣彤

上课铃声震耳欲聋。

地面仿佛在震动,头顶的白炽灯摇摇欲坠,一切似乎都颠倒了。

我的思想混沌如女娲未补的苍穹,神智却清醒,旁人讶异于我为何双目圆睁似金刚怒目,实则这是失眠的后遗症。

我怀揣这秘密,白天没人知道,黑夜尽数显现。

那秒针像一尾濒死的鱼,当它与刻度十二重合时,我仿佛获得了力量。

纱窗漏出一道口子,秋夜露寒霜重,万籁俱寂,连风都噤声,却有丹桂溢出蜜的甜香。在屋里所有人酣睡时,只有我全无睡意。

温庭筠曾写“梧桐树,三更雨,空阶滴到明”,周邦彦也写“唤起两眸清炯炯,泪花落枕红绵冷”。只不过都是婉约词写生离死别,远不如加西亚·马尔克斯犀利:“他们整夜睁着眼睛做梦,在这种幻觉状态下,他们不仅能看到自己梦中的形象,还能互相看到别人梦中的形象,就仿佛家里到处是客人似的。”他刻意将失眠夸大到离奇,副作用之大可以忘掉整个童年,将马孔多人囚禁在村庄里乃至百年孤独。失眠的人成千上万,每一个都带着隐痛,睁眼到天明。

只是,随着午夜抽枝拔穗疯狂生长的除了思想,还有饥饿。一碟海蜇,蘸着蒜瓣的酱油,一碗风干带鱼就薏仁粥——南方沿海气候湿热又盛产海鲜,人们体燥寒气却重,所以要以粗粮去寒。若逢此季,我还可以偷偷折一枝桂花,腌上冰糖,待颜色变陈时炒一盆桂花年糕。深夜觅食,除了解馋之外,甚至是一种嗜好,一种必不可少的习惯。《深夜食堂》里的生鱼片自不必说,梁实秋也好“雅舍谈吃”,还有汪曾祺写赵树理:“每天十点钟要去吃夜宵,和霞公府平行的一个胡同里有一溜卖夜宵的摊子。树理同志往长凳上一坐,要一碗馄饨,两个烧饼夹猪头肉,喝二两酒,自得其乐。”巴尔扎克一天写作十三个小时,凌晨一时起共喝五十杯浓酽酽的土耳其咖啡。

作家是在醉生梦死里耗费生命换取作品,不同于我们失眠于市井。在蝉鸣撕裂的深夜里，我掩上门骑车去弄堂里的小吃街。当时中学还没搬家，小吃街在百货商店和KTV的背面。弯曲的石板路，因排水不畅，暴雨之后会留下混着油漆的彩虹色水坑。一扇扇门是四格的木门，没有店名，热气腾出门帘，我闻到砂锅泛着的诱人香气，甚至能想象出吱吱冒烟的油锅。八块钱一杯的珍珠奶茶、金黄的烤红薯，味道随着血液刻入记忆，长久不能消散。

那服装店的老板娘是卖童装的，身上散发着不同于小吃街的幽冷香气。我记得她常戴着流苏耳环，看到我经过，说："小朋友，这么晚了为什么出来？睡不着？不早睡长不高啊。快点儿回去，爸妈要担心的。"

我不说话，只在心里说："他们早睡着了。"

但她的话像寓言一样，最终灵验了，或许是因为她像魔女穿着一身黑衣服，或许是因为爸妈的敏锐。

我失眠的秘密被发现了。

"脾虚，喝点儿药调理就行。"

我盯着中医诊所的墙壁，像要把它烧出一个窟窿。那医生用冰冷的手给我把了脉，下了这样的论断。

之后的日子里，我被勒令喝下深褐色的刺鼻液体，美其名曰为了健康，最终我也确实是康复了。

但那些深夜里的胡思乱想，耳机里循环播放的民谣，还有偷偷溜出家门去小吃街的刺激和夜宵激起的食欲，我通通想为它们立块墓碑，因为它们永远埋在了记忆里。

早晨上课时我也不再眼瞪得像铜铃，思路清晰。

只是我不知道该开心还是难过，我的失眠症痊愈了。

唯一还记得那时常听的一首民谣：

"买太平湖底陈年水墨/哥本哈根的童年传说……层楼终究误少年/自由早晚乱余生/你我山前没相见/山后别相逢……"

指导教师：周建华

本文获第十八届初赛一等奖

点　评

很多人都可能经历过失眠，但很少有人能像本文作者一样把"失眠"写得如此细腻深邃。作者笔下的失眠人，麻木与清醒、渴望与绝望的痛苦交织，引发读者在得到与失去间思考。这是一篇语言简洁、思想深刻的好文章。

（蒋成峰　大学教授）

奈何留不住，深情寄人间

□ 山东省北镇中学　苏一铭

黄昏时候我坐在教室窗边，看到云层间跑出来的温柔霞光包裹着天空，掠过的鸟被凉爽的晚风哄着睡觉，周围的楼房都沉醉在了与夕阳的惜别中。我的眼睑颤抖着，没有抖落一粒美好。

每逢此时，这种极致的欢愉就会在身体深处涌上一阵痛苦。我看着这世界，这世界是美的。春日草长莺飞是美的，夏天叶隙抖落的光斑是美的，秋水共长天一色是美的，冬天路灯下纷纷扬扬的雪花是美的。可这样的美是留不住的，时间会带它们到不知道的地方。绚丽的花朵有再多的人欣赏也会枯萎，冬天的雪花下得再厚也会融化，白昼再长也会因太阳被拉到地底而终结。多么炫目的日光，最后也是湮没在寂静的夜里，像鲤鱼潜入水底，不见了踪迹。

我在因为一些事物的消失而感到惆怅。对于失去，我总是不能释怀。

我从前认为失去是因为我要一直往前走，抬头看到枝丫间接住的一弯冷月也要往前走，河水在霞光的轻抚中激荡着也要往前走，无论我身边是什么样的景色，我都不能停留在原地。后来我每次在黄昏看到天空迷人的变幻，绞尽脑汁写下诗句去形容。当我停笔抬头时，窗外已然泡在一团浓墨中，只有我在玻璃的反射中有着漆黑的神色。不只是我在走，昼夜的变换不会停留，时间的更迭不会中止。

我曾千里迢迢回到故乡，那个被冠以我出生地之名的地方。我不再嫌弃它的落后闭塞，只想再去母校长满花草的土操场上奔跑，在河风吹拂下肆意欢笑。但学校已翻新成我不认识的模样，千篇一律的塑胶跑道刺痛着我落满灰尘的回忆。我想再去找那个爱开我玩笑的礼品店大叔，顺便在旁边的小超市买个雪糕吃，但是那些老式商品房已经被推翻，一个新的停车场踏在我的过去之上，来更好地满足人们的需求。故乡要往前走，时代要往前走，而抱着陈旧的回忆不撒手的我，实在狼狈。

我只能倚着家门口三人合抱的梧桐树，它一点儿也没有变，我依旧能感受到从后背传来的生命的暗流。爷爷来了，笑着没说话。我觉得爷爷老了很多，头发白了，耳朵聋了，听不见别人说话。我说：“爷爷，我回来了。”他还是笑着，没说话。我眼前好像突然升起一团雾气，爷爷的身体就在里面晃动，模糊得看不清，一会儿有泪流下我的面颊，雾气便消失了，爷爷的身影再次清晰起来。小的时候我每天都和爷爷在一块儿，爷爷常把我背起来出去溜达。他有时候在院子里做点木工活儿，就让我在旁边看着。我的学步车、小椅子、书橱，就是在这个院子里诞生的。爷爷现在不怎么做木工活儿了，大部分时间就是在沙发上看电视。我在爷爷家只待了几天就离开了，爷爷一直送我到上车，这次没笑也没说话。上车的时候爸爸笑着讲：“你爷爷，这是舍不得你走呢。”我在车上无声无息地哭了一会儿。我意识到，有些东西是无论如何都留不住的。

《世说新语》里讲，桓子野音乐修养极高，闻清歌无论多少次都会说“奈何”。他觉得那清唱是美的，且美得要受不了了。谢安在一边也有感触，说：“子野可谓一往有深情。”是因为心里有感情，而且须得是深情，才会每一次都有着最初的感慨与赞叹。越是深情，对于所爱事物的消失就越是觉得痛苦。此刻的景色是留不住的，那么就在它还没有消失的时候应和。生命终要逝去，那么就在它还在绽放的时候惊叹。

东晋这一朝代已经被历史的车轮碾过，只留下相关记载供后人去想象。桓子野与谢安的生命也早离开了这个世界。回顾过去，多少辉煌的朝代与显赫的名人，都留不住——留不住也要高唤奈何！黄昏终会消失，但是再过一天，黄昏又会出现；花朵总会枯萎，但是总有绚丽的花朵在世间开放；一个生命终会逝去，但是人生代代无穷已。宇宙以其不息的欲望将一个歌舞炼为永恒，至于它有一个怎样的人间的名字，大可忽略不计。无论时光如何淘洗，这人间依旧美得令人常唤“奈何”。

指导教师：辛营光

本文获第十九届决赛一等奖

点　评

美的事物总是动人心扉。但“奈何”之叹，须是深情！作者行于世间，边走边看，是美的欣赏者；但在人、事、物的发展中，又感受到了面对美的消失越深情越痛苦的无奈。其实，美的事物是永恒的喜悦。所幸的是，作者并未因此消沉，而是感悟到了看透之后更加美的道理。那四季的轮回、窗外的景物、故乡的模样、爷爷的老去……奈何留不住，但人生代代无穷已，无论时光如何逝去、万物如何被淘洗，仍有深情寄人间，这人间依旧美得令人常唤“奈何”。作者的领悟可赞可叹！

（尤立增 特级教师）

三号车站

□ 江苏省姜堰中学　周容羽

我在一个“车站”工作。

不过，这里没有呛人的汽油味，没有众多行色匆匆的人，有的只是消毒水的味道和满脸悲戚的人。

没错，这里是医院三层的ICU病房。每天都有生命在这里下车，或者钻出死神的黑袍，重新登上只有活着的人能乘坐的列车。

时时刻刻，我都要保持警惕，盯着那条折线上上下下，在它即将被拉直之前把病人推进抢救室，用尽全力从死神手里抢人。

可是，很多时候我抢不过。

十号床的那位老先生，我猜他一定是个文化人，没准是教师或者学者。他的子女都很有教养，和我们说话总是轻声细语，即使眉头紧锁也从来不会情绪失控。老先生清醒时会和子女说一两句话，大部分时候都是他听，间或微微点头。我在他的脸上看不到绝望或恐惧的神情，那种大部分人都会有的、对近在咫尺的死亡的抗拒。他的面容永远那样平静、舒展，仿佛他早就和死神打过照面，到了那一刻只是去死神家做客而已。说真的，我从心底佩服他，这样的从容和淡定一定需要强大的心灵和无与伦比的勇气。

他健康时一定是位睿智的长者。可惜，我不可能见到了。

我空闲时就在想，等我老了，我也要像他一样，以一种优雅的姿态去往另一个世界——没有哭哭啼啼，没有不安与恐慌，就那样扬着下巴，直视着死神走到面前，以平等的身份走进他掌管的世界。

这位老先生的形象一直清晰地印在我的记忆里，以至于看到那些歇斯底里的家属、以泪洗面的病人，我的心中只有怜悯而不能感同身受。我想我不能接受这样的离开，我不想给这个世界留下这样一个懦弱而没有尊严的形象。

十号床又走了一个人。我收拾好床铺，它又变得平整如初。一瞬间的不安笼罩了我:这里曾有一个人躺过,可是现在我却什么也感受不到,看不到、听不到,再过一阵就回想不到他的模样。

下一个病人很快就填上了十号床的空缺,忙碌使我一瞬间的不安很快就烟消云散,了无踪迹。

这是一个普普通通的妇女,也许她普普通通的一生中只有这次重病是最不普通的事了。命运真是喜欢捉弄人,让一个只图安稳的人遭遇这样的波折又不提前给个警告,也许它就喜欢看着人们惊慌失措的样子而躲在角落里偷笑。她每天的情绪都很不稳定,一会儿濒临崩溃,一会儿又安静得如一潭死水;上一秒还冲所有人大喊大叫,下一秒又会扬起一个怪异的微笑。家属只能在规定时间进病房探望,大多数时候是我和同事耐着性子安抚她,每个人都被她折腾得精疲力尽。

轮到我值夜班了,我坐在值班室里,四周安静得可以听见时间流过的声音。静得太可怕了,我决定去病房里走走。所有房间都静默得仿佛时间已经凝固,只有电子表上跳跃变化的数字昭示着这不是一个静止的世界。她的病床上没有人。我的心好像漏跳了一拍,然后剧烈地跳动起来——怎么回事?

我推开门,她正坐在窗边的折叠椅上,一动不动。"您没事吧?"我有些小心翼翼。她不说话,惨淡的月光照在她瘦削而没有血色的脸上,和苍白的嘴唇融为一体;失去光彩的眼睛失了焦一般空洞地看着窗外,飘忽不定。"给你们添麻烦了。"沙哑的声音飘浮在空气里,我知道现在她的理智回来了,这是她在生活里的样子。"这是我们应该做的。您注意不要着凉,早点儿上床休息。"我想轻轻地离开,她却接着开口说:"小姑娘,你才二十多岁吧。"这是一个肯定句,"我跟你一般大的时候,已经有孩子了。"

我慢慢地走过去,坐在床边。

"我女儿刚刚有了孩子。我本来还想给她带孩子呢。"她的语气柔软得像四月的湖水。

"以前我想,等我女儿考上了大学,我就什么都不用管了。等她考上大学,我又想着,等她找好了工作,我就不用担心了。等到她找到工作在大城市站住了脚,我就想,等她成了家有了孩子,我就可以无牵无挂了。哪知道,都是假的,要是真的无牵无挂,我就不会这么怕死了。"

沉默淹没了我们。我第一次感觉到语言是多么苍白无力,连一点点力量都无法给予,连一抹希望都不能描绘。

"阿姨,要有希望,会好的。"真的吗?我不知道。

"您快休息吧,别着凉了。"

我沿着来时的路走回值班室,可是这已不是我来时的路了。消毒水的味道依旧刺鼻,连我的眼泪都被呛出来了。这几十米的距离,我的眼前放映了那么多画面:幼年第一次跌跌撞撞地奔向母亲的怀抱，童年第一次系上红领巾的骄傲，坐在前桌的她第一次向我伸出手，踏进大学校园第一步时灿烂的笑……那么多那么多的碎片，拼成了我对这个世界浓稠得化不开的留恋。

我多幼稚啊，以为自己能在死亡黑色的阴影中保持微笑，以为自己能在死神令人窒息的压迫中骄傲地扬起下巴，以为自己能洒脱地转身离开，没有一丝懦弱和牵挂。我竟然还不屑于他人面对死亡时的恐惧和惊慌，怜悯他们的失态和崩溃，而没有意识到即使他们再怎么害怕，也终究比我要勇敢得多。

这感觉就像当我站上舞台时，才知道嘲笑其他表演者的浅薄和孩子气有多么可笑。我根本没有资格去评判他人离开时的姿态，无论优雅与否，那样的姿态都已经耗尽了他们最大的勇气，都值得我们报以最大的敬意。以一个生者的眼光审判他们的懦弱，这才是最懦弱的行为。

即使他们真的懦弱，这又有什么关系呢？每个人都有懦弱的权利，每个人都有留恋这个世界的权利，尤其是在这个时刻，软弱不是什么值得羞愧的事，而恰恰证明了这颗心灵充满爱的柔软。

三号车站还在运行着。仿佛一切如常。

不一样的是，我对每一种离去的姿态都充满了敬意。

指导教师：李云

本文获第十八届初赛一等奖

点　评

生命的列车不急不缓地向前驰去。在这趟列车上，我们目睹了一个又一个生命离我们远去。对于勇于直面死亡的人来说，死亡或许并不可怕，它存在于生命的旅途中，宛如天边的晚霞，是一个美丽的瞬间，甚至与生命初来人间时一样绚丽、璀璨……对于内心柔软、心有牵挂的人来说，死亡让一个鲜活的生命落入尘埃，飞升星空，与亲人离散，与人间永诀，从世间消亡遁入虚空，未免难以承受，心怀恐惧。作为生命列车最后一站的列车员——医生，该怎样看待临终之人呢？作者通过创设特定情境，塑造典型形象，写出了自己独特的思考。医生看过了太多的生死，经历过太多的痛苦，他们看待生死可能会更加理性、坦然，但如何尊重所有病者，理解、接受并尊重他们面对死亡时或冷静或懦弱的姿态？或许这篇文章给出了最好的思考和借鉴。

（尤立增 特级教师）

板擦与黑板

□ 山东省临清市第一中学　都俊奕

一间教室前，有一块黑板。

这是一块高级的黑板，它分为四块，中间两块可以拉开，里面藏有高级的电教设备。这块老黑板经历了许多许多，在一支支粉笔的摩擦下已经变得略显粗糙。

在这座小小的中学里，它承载了无数学子的梦想，它身上曾写过的公式、定律、诗文等，都牢牢刻在它的心里。十几年来，宇宙、人文、地理，数不尽的知识都已被它记得滚瓜烂熟。每次上课，它都是目光的焦点，众星捧月的待遇让它有点儿飘飘然。

有时，在老师用粉笔写下它懂得的知识时，它竟会得意地发出“吱吱”的声音，似乎是在说：“这些我都早已会了！”

夜里，这间教室的灯还在亮着。

一个学生坐在空旷明亮的教室里，认真地看着黑板。黑板上有老师的板书，他是一位值日生，今天该他擦黑板。

他左手抚着一本生物学案，右手执笔不知正抄些什么。他不时抬起头看一眼黑板，随即低下头，陷入沉思。想要考进理想的大学，他必须这样做，他必须努力，他心里明白。

黑板也明白。

终于，他合上书，轻轻呼出一口气，好像整本书的知识都被他吸收了。他的生物书看到他都学会了，便欣慰地回到书包里去了。

他站起身，走到黑板前，拿起板擦，将黑板上的字迹擦去，关灯离去了。

一切又安静了下来。

但实际上并没有，“大功臣”黑板此刻实在难耐寂寞，正向他的同伴夸耀他的功劳呢！

“你们看我，要不是我，那些学生能学得这么好，考入那么好的大学吗？”

“年年有人考上‘清北’，还不是我的功劳！”

但是，没有任何回应。粉笔盒里的几支粉笔安静地躺着，仰望着窗外的星空。黑板里的电教设备早已沉沉睡去了，他明天还要工作，没工夫与黑板谈话。讲桌上没发下去的几张试卷斜眼看了看黑板，没说什么，他们知道自己没必要去争辩。

黑板见他们都沉默不语，便更加狂妄了，他大喊道："我黑板肚里的知识比你们多多了！"话还没说完，他听见讲桌上有一恼怒的声音传来："不要太狂妄了！你算老几？没我你能行吗！"

黑板吓了一跳，心想哪儿冒出来个不懂事的东西！低头一瞧，气不打一处来：原来是板擦！

其实要没有今天这事，黑板也要找板擦的事儿哩。平日里老师刚刚写完一黑板的宝贵公式，一下课这臭家伙就上来不问青红皂白全给擦没了。字儿一没，学生们也就不看黑板了。这是黑板最为不满的。

"这东西有病啊，擦我干啥？"黑板平日就嘟囔发牢骚。

现在板擦竟敢主动找事儿，可别怪我不客气了，正要找你算账呢！

"好小子！我正烦你呢！你的学问跟我比差远了，你还有胆来挑衅！你叫什么叫！"黑板怒斥道，像是一位学问渊博的老学者训斥三四岁的顽童。

"哈！"板擦哪里肯服气。此时的他已气得浑身颤抖，白色的粉笔末儿抖落下来，落在讲桌上，旁边的抹布一皱眉。"你有什么了不起！趾高气扬的，没我擦你，你早没人用了！"板擦冲黑板大叫。

这时，被吵得实在睡不着的电教设备忍不住发话了："都是同行，吵什么！谁高谁低不重要，团结一心，一块儿使劲才能发挥大的力量啊！"

可这板擦与黑板哪里听得进去？此时他们越吵越凶，越闹越僵。最后，黑板吼道："行！那你有种别擦了，咱俩看谁厉害！""好！"板擦回敬道。它的声音很响，惊走了窗外的乌鸦。

此后便是沉默，没有谁再说话。

第二天，太阳公公依旧爬上了山坡，望着在他阳光沐浴下生机勃勃的世界。

像往常一样，老师在教室里讲课，学生们在下面认真地记。没有人知道昨天晚上教室里发生的事，但是大家都发现黑板"吱吱"声发得更响了，实在有些刺耳。

"同学们，将物体受到的力正交分解……""吱吱吱！""嗯？"女老师有些疑惑，是黑板该换了吗？又换了支笔，依旧响声震耳。老师索性将粉笔扔了，打开电脑板书。"黑板旧了，该换了。"她说道。她哪里知道那是黑板在发脾气。

下课了，值日生去擦黑板，可奇怪的是，他的手一碰到板擦，就被喷了一手粉笔末儿。"哎哟！"他拍拍手，继续擦黑板，更奇怪的事情发生了，无论用多大的力，黑板上的字迹都擦不下去。那些白色的字迹如同魔咒一般刻在板面上，分外刺眼。

不仅如此，不但那些字迹没有被擦掉，黑板反而又沾上一大堆白色粉笔末儿。人们非常困惑不解，他们不知道这是黑板与板擦的一次交锋。这是第一次交锋，也是最后一次。

当天下午，那块学识渊博又趾高气扬的黑板被扔进垃圾箱，他的仇敌板擦也被丢到垃圾筒中，无人再去触碰。

指导教师：郭岩岩

本文获第十八届决赛特等奖

点 评

这篇文章模仿著名童话《小王子》的构思甚至笔法，虚构了一个黑板和黑板擦之间的故事，表达了一个算不上特别深刻的道理。而文章之所以能够取得成功，就在于将一件小事叙述得很丰满、很具体，尤其是语言描写活灵活现，很有个性。这也提醒我们，考场作文由于时间有限，尽量不要尝试过于宏大的叙事，有的同学喜欢开篇就来上一段宇宙洪荒的大道理，然后三皇五帝到如今，只要跟自己有关的事件，总是幼儿园、小学、初中一路写来，结构上就已落入俗套。实在不如去掉那些烦琐的交代，截取生活的一个片段直接入题，这样不仅叙述干净利落，而且主题鲜明突出。

（蒋成峰 大学教授）

旅　途

□ 山东省淄博市高青县第一中学　孙铭泽

一

一只黄色土狗跑过来,它说它刚从都市回来。

我总听人说都市有多好,就问它:“都市美吗?”

它咳了两声,挺起胸脯:“总之——都市有许多好吃的。”

一只高高地站在枝头上的麻雀尖叫道:“呸呸呸,那里连个落脚的地方也没有。”

“总之——”它也拉长了声音这么说道,“都市真不是鸟待的地方。”

“总之——”我也学着它们的样子说,“我得自己去看看才知道。”

“呸!”这次它们异口同声。

二

我一边走一边盘算着怎么去都市,就这样来到了一处池塘边。

整个夏季都在池塘里边。“哞——”池塘里传来一声黄牛叫。

我开心地笑了。我知道怎么去那儿了。

三

我偷偷地上了牛车。

黄牛的蹄子嗒嗒嗒,把麦穗的渣子颠进了我的小鞋。哦,我的脚痒痒的,可我不敢出声。我就藏在稻草的后面。

可怜的我被草刺了一下,哦,我的脖子痛痛的。可我不敢出声,我还得接受草的庇护。

黄牛的主人唱起了不知从哪儿学来的歌。“啦啦啦……”我不禁跟着哼了一下。

车子忽然停了。我立即下车飞奔起来，鞋里的沙子、麦粒、小石头硌着我的小脚。

四

我来到了一片陌生的田野。

“轰隆隆！”是打雷了，还带着一道闪电。它着实吓得我一哆嗦。

我用手指着天上一整片黑压压的乌云，喊道：“我不怕你！”

“哗啦啦——”冰凉的雨滴打在我身上，把我冻得一激灵。

我赶忙到树下去躲雨。

五

“汪！汪汪！”一只狗叫着朝我冲过来。它是要来跟我抢地盘，我打不过它，气鼓鼓地跑了。

一回头，它正拿两只圆鼓鼓的眼睛瞪我。

我还要找棵树躲雨呢，没工夫搭理它。

六

我停下来愣住了。因为我曾听大人们说：在树下躲雨会被雷劈。于是我害怕地哭了。

哭着哭着，我觉得眼泪和雨水混在眼里不舒服，就揉了揉眼睛，不哭了。

我折下两根树叶多的树枝，把它们用双手举过头顶。我就这样站在雨幕里避雨。

忽然我看见那只狗。“汪！汪！”我冲它大喊了两声。

七

我醒来了，此时已是雨过天晴，没有绚丽的彩虹，但有清晨晶莹的露珠。

我跌跌撞撞爬起来，身上湿漉漉的，还沾着泥土。好累，好饿，好冷。

一定是我太聪明了，不然头怎么会这么沉呢？

我找到一条河，跳进去，洗了个澡。衣服也被我洗了，一拧就穿上。随便摘点儿野果充饥，找到一条大道就顺着它走。

八

我终于来到了都市，在夕阳西下的黄昏时刻，我向它平静地问好。

一只飞雁将我拽上天空，夜晚的它，白天的它，我尽收眼底。

时间从云层中冲向星空，一切的一切都化为梦幻的鲸歌，仿佛亘古而绵长。

鲸落时，我回家了。有了胡须，变得黝黑。

这时有孩子跑过来问我："城市是什么样的？"原来"城"替换了"都"。

我笑着看他明亮的眸子，不知道他会不会游泳呢，就在那片梦开始的池塘。

"不知道，"我说，"你应该自己去看看。"

九

自踏上旅途的那一刻起，我就在寻找。旅途的方向就是梦的方向，我要找的是一个人，让我不再孤独。

最悲惨的旅行是没法回家。哦，不，旅行是要回家的，那应该叫流浪。

从进入这个四方的泥潭起，我们注定就要走一条不为人知的路。

我们？这儿还有谁呢？是我的影子。

指导教师：张晓

本文获第十九届初赛一等奖

点　评

这是一篇小说式的杂文，又是一篇杂文式的小说，或者说是小说与杂文这两种文体的有机结合。作品描述了"我"的一次如梦似幻的旅行。旅行前"我""土狗""麻雀"的对话生动形象，"我"在牛车上的心理描写细腻传神，"我"遇雨避雨的过程惊险曲折，"我"到达都市后将它"尽收眼底"的感受酣畅爽快，"我"回家后对"孩子"的回答富有韵味，文末对"旅行"与"流浪"的议论画龙点睛。"旅途的方向就是梦的方向，我要找的是一个人，让我不再孤独"，"我们注定就要走一条不为人知的路"等议论蕴含哲理。作者对于文体创新的探求展示出深厚的阅读与写作基础。

（钟湘麟 特级教师）

钥 匙

□ 山东省荣成市第一中学　刘迅麟

霓虹灯映着他蹒跚的背影，他摇着，晃着，爬着，向家的方向前进。把手伸进晕染着各色酒水的西服里，他猛地扯出一串钥匙，睁大眼睛，认出标着家门的那一把，颤颤巍巍地把它戳进锁眼里，转动，拉开门，顺着墙捋到沙发，摊在上面，不省人事。他那随身带着的、不离手的钥匙串映着彩灯，闪着各式各样的光。

哦，您一定听说过他。他是一个精明，并且行为十分得体的人，至少他的领导们是这样认为的。他对每位领导总会拿出一套因人而异、各自固定的说辞。他是一个坚定的保守者，总是会说："尝试一下固然是可以的，但是最终你一定会发现它只有一种解决方案，就像一把钥匙只对应一把锁一样明了。"

面对问题，他总是能拿出自己的解决方案，虽然过于单一并且效率低下。他总是语重心长地教导新同事们："看，这种问题就应该这样解决，就像一把钥匙开一把锁。"边说他还会边从笔挺的西服里骄傲地拿出一大串钥匙，得意地展示一圈儿，又小心翼翼地放回去。是的，他总是随身带着钥匙串，上面挂满了各式各样的钥匙，贴着各不相同的标签。有人说他的钥匙是他的父亲留给他的，他继承后对此视若珍宝。

他办公桌上所有的物品都神奇地一一对应：他的每一支笔都有且只有一个笔帽，每块橡皮都只能固定地擦对应的铅笔留下的痕迹，每一个杯子只接同一种饮品，每类稿纸只承载一种文体。

如果您认为他只有在单位才表现得这样井井有条，那就大错特错了。在家中他也是如此，甚至标准更加严苛。他家的每扇房门都装着一种不同的锁，且每扇只能用对应的一把钥匙打开，这自然不必说。令人难以置信的是他对于休息分类的细致，他的床是平时休息用的，而沙发呢，则是陪领导喝醉后休息的地方——他并不觉得陪领导宿醉有什么过错，倒是常常告诫别人："人情世故是最要紧的。"至于法律，在他心中倒排在人情之后了——您一定会问："那看电视呢，不坐在沙发上吗？"非常抱歉地告诉您，在他家中，是没有电视的位置的。他不愿看到这种东西，尤其是当电视播出广告的时候，他总是说："哎呀呀，这怎么行，买东西一定要去商场，在电视上买，一定会受骗的。"显然，他是一个精明且行为得体的人。

就是这样一个精明而行为得体的人却在上个星期遗憾地去世了。他死在了他家门口杂乱的走廊上。

事情是这样的。单位通过考试招聘了两名新同事，照例由他——单位中最精明且行为最为得体的人对新同事进行开导工作。他照例告诫他们："一种问题只有一种解决方案，就像一把锁只能由一把钥匙打开。"但是显然新来的同事对他的说法并不赞同。在他们走后，他总是不住地叹气："哎，哎，这怎么能行，前辈的经验永远是最宝贵的呀，就像是一串钥匙，能解开各种问题。"

花开两朵，各表一枝。抛开唉声叹气的他，还是让我们来看看新来的两位年轻人吧。他们对有如此习惯的人非常不解，并且玩笑似的谋划着要偷走一把钥匙，看看结果如何。啊，这就是他们罪恶的开始，也是他不幸的源头。他们最终把这个日子定在了 4 月 1 日，这个他们认为开玩笑没什么不妥当的日子。请允许我再次向他表示哀悼，并且替新同事辩护：如果他们料到结果会是如此，他们大概一定不会这样做的。

书归正传，两个年轻人走进他的办公室，夸赞他待人接物的方法——这对他来说是极其受用的——并且请求他把钥匙给他们看一下。就在他还沉浸在喜悦中并对新同事的眼光大加赞赏的时候，他们趁着这个机会偷走了他的一把钥匙——没错，正是标有他家家门的那把。

当天晚上，他回家时才察觉出了异常，无奈之下请了一位开锁的师傅。师傅技术十分了得，三下五除二就把门锁打开，并给了他一把新配的钥匙，收完钱就离开了，只留下他一个人在破败、杂乱的走廊上发呆。他茫然地看着门锁，又转头看看挂在原来标有家门钥匙位置上的新配的钥匙。第二天，邻居发现了他，发现他死在了走廊上，手中死死地攥着钥匙串，眼睛瞪着门锁，面朝门跪在那里。邻居说，他可能是冻死的。

他的葬礼我们都去参加了，葬礼办得很传统。两个年轻人不住地流泪，分别给他磕了三个响头，忏悔着自己的过错。葬礼过后的宴会上，领导们一边畅饮，一边蹙起眉感叹："哎呀呀，可惜了，他是个多么精明且行为得体的人呀。"

夜半时分，在宽阔的马路上，我看见不少蹒跚的背影在摇着，晃着，向家的方向前进。霓虹灯映着他们身上的反光，影影绰绰好像是钥匙串的光泽。

第二天，一切似乎恢复了正常，走进单位，仍然可以隐隐约约地听到有人在开导新同事："这种问题就该这样解决，就像一把钥匙只能打开一把锁。"抬头，他的钥匙串被挂在了我们单位最显眼的位置，挂在守则与条例之上。

指导教师：蓝青

本文获第十九届决赛特等奖

点 评

这是一篇饶有趣味的讽刺性小小说。作品中,“钥匙”成为过于拘泥的规则、方法之类的喻体。小小说的主人公“他”是习惯在这样一串“钥匙”的陪伴与约束下生活的,一旦打破了这种秩序,“他”就成了一个悲剧的牺牲品。作者在叙事风格、情节安排、语言运用上明显地借鉴和运用了契诃夫的风格,这与本文的主旨相当契合。

(钟湘麟 特级教师)

一个文字的当下与远方

□ 江苏省海门中学　黄睿

一

每天早晨，世界消息蜂拥而至，却少值得注意的故事。

——本雅明

这已经不知是第几日了，我在落着雨的早晨醒来，没有黎明的曙光，没有一丝浮云。珠颈斑鸠偶尔路过，留下一道辽远的声音，是深海里的鲸，远古森林里的比翼鸟，沉船的最后一声汽笛，在我枯朽的头颅里唤醒着些什么，没等我看清，继而又消散了。我数着对面墙上石英钟指针的节奏，它是永恒的，严苛谨慎地迈出亘古不变的每一步，忠实地刻画着时间的长度。窗外电线杆上挂着一只断了线的风筝，没有人知道它来自哪里。它不说话，在风里荡来荡去，在迷离的雾里荡来荡去，尝试遗忘自己。

忘了提前说明，我是一个文字，也许这么说也不准确，只是我搜刮许久也找不到合适的量词来描述我的体量。我可以拆解融化，架构坍圮，凌波微步间便随意流淌成"篇""章"。在我的族群里拥有这种本领是值得骄傲的，自从印刷术大行其道，电子屏赫然矗立，我的同类们便臣服于胶泥铁板，被外来的思想定义，闭了眼，安守在亦真亦假的故事里安然入睡。

人类的手指反复戳动屏幕，饕餮着信息。还有些人短暂地掠动古书典籍，然后忘却。钟摆来回游荡，那个圆圈从来都在重新启动。时间流逝，一切倒退般地离去，以惊人的速度在脑海中化作云团，包括昨天的事物。我睁大眼望向海的深处。弱水之隔，远方只存下云痕，不见山水。同伴们鼾声如雷压在我头顶，成为硕大的吸睛标题。标准的行间距实在不够我伸个懒腰的。我心中一团朦胧，什么也记不住，包括清晨飞鸟的长鸣。我直起了腰板，伸展出双脚，血管中有什么鼓胀着，心脏止不住扑通扑通狂跳。我隐遁出纸页，谋划一场逃逸。

二

物有不可忘。

——司马迁

我跌落在花园的草丛，冰凉的音节从地下传至耳膜，声音很遥远，仿佛来自哪个朝代。我挣扎站起，感到浸在一种清凉的知觉里。像从闹市街心的人堆里逃出来，听到天边清远的竹笛。我拼接起四肢开始移动，撑着大伞的小商贩从我身边穿梭而过，茶坊酒肆在视野里逐渐清晰，我并不认识这些地方。路的尽头升起一家酒楼，我试探性地踏入，极有绅士风度地坐在一张长椅上，点了一碗墨汁。

不断有人落座，宽大裙幅逶迤在身后的，方巾长袍的，粗布短衣的，他们好像认识我，在我对面坐下，一样地举起酒盏摇摆不定。我认出了，是柳子厚、李太白一行，他们在后世拥有出色的头衔，可我却并不了解他们，于是显得诚惶诚恐。

“世人赞您是穷而后工。”

“此皆身后名，吾志于死忠节，孤舟之寒却无人会。”

“人们皆钦慕您的率性。”

“都道仰天大笑之绝，谁解念念不忘本是难以解脱。”

像河灯一盏盏流过，真相的泉水咕嘟咕嘟往上冒。水清而滑，我如饥似渴地接受着洗礼，觉得流光里延伸的厚重让我的心灵饱和如一轮满月。亭柱朽坏，石狮倒塌，尘埃落在肩上恍如长长远山。依据经验，眼下的确凿无疑有一天会漶漫不清，行走在飘忽不定的记忆中，细节开始弥散。隐秘的支点会不会再一次逝去？周遭杯盏碰撞声中，我举起酒碗一饮而尽，赴义般跃出了窗户，破碎于冰冷的石碑之上，腹中积蓄的墨液喷涌而出。翻滚翩飞，撕裂舒展。我只觉身下是罗绸生宣，我要忠实地记录，我不愿记忆陷入一片苍茫。

在前进的陷落里，我感到身躯向山下游走，双脚又渴求生根，阳光灿烂异常。

三

灰色的烟雾模糊了遥远的星座，眼前一切失去了历史和名字，世界只是一些影影绰绰的温柔。河还是原来的河，人还是原来的人。

——博尔赫斯

白昼纹丝不动，灼热的太阳刺穿了我的睫毛。云层快速流转，月亮从角落升起，时空皱缩翻折。一阵眩晕，目力所及的范围里塞满了各种悄无声息又惊心动魄的变形迁移。

土墙，残垣。骤地，炮弹挤压空气发出均匀的啸声，鲜血溅上了我裸露的小臂，接着是倒塌的旗杆、殒命凄厉的呻吟。定定神，我发现自己不知何时又顺着书河漂流到了这一处。未等我站起，健壮的马匹和带着铁盔的战士呼啸而来，我蹲伏于沙砾中观望节制而宏大的战场。像普鲁塔克书里的插图，只是从前我看到的是晃动模糊、高反差粗颗粒的低感光胶卷洗印的照片。眼前的一切显得愈加真实。

拿破仑与我擦肩而过，隆美尔调转马头目光如炬。饿殍遍野，悲泣声响成背景音乐，子弹排开一片水花。缥缈的慈悲化作底下的大地，虚无的怜悯有了催人泪下的意义。我全心全意地相信了某种历史的必然，看清了目的与结局、真实的苦难和不屈的魂灵。倒地的、胜利的、戕害者与被戕者的名字和出生地在被遗弃，正义还是残暴，英雄抑或枭雄，随硝烟的散去在下着定义。

就像从一个水坑跳到另一个水坑，从亚美尼亚到卢旺达，从蒙古帝国到罗马。火灭了，水落了，梦醒了，好坏事情发生了。战争之后是战争，大屠杀之后还是大屠杀。时间隐去后半夜的哭声，赦免着罅隙里的狰狞，用咏叹的旋律去谅解和感受幸福。我想到在我的时代里，鲜血凝固成板结的配图，沙场卷起的尘埃被安顿在角落，飘飘荡荡，不再是能握住的形式了。一如西西弗斯推石般的宿命，我躺于大地并被碾于马蹄之下。残墨在大地上游走，留下诗行，关于没落前的晦暗烛光。

孤星摇摇欲坠，蝴蝶从谷底飞来，一切不再显得无关紧要，车轮继续滚滚向前。

结局或开始

时光流逝了，我依然在。

——阿波利奈尔

又一次醒来已经不知是多久以后的事了。黎明像神性的水晶球，唤醒着我体内沉睡的某群细胞。抬起头，战争、诗歌喂养的天空清澈得像千百年前的那汪泉水。枪炮锈蚀在时间里，淋过诗赋的雨在此咏叹，我紧紧捂着胸膛里跳动的心脏，生命的节律有力地证明着我的存在，我恣情溢动成文。

窥向时空的猫眼，雾气四处离散。远处云层消弭，显露出青山的本来面目。拥有姓名的山脉在不同的节点轰然留下印记，在清风夜唳中看守历史的月亮。文字此刻或许有所作为。我身在其中，可我知道，这就是一切。

我在纯粹的白光里融化跃动，笔画间一种古老的秩序感浸染了我的全身。“愿世界不要忘记。”我于扉页留下舞步如是，继而得到一种前所未有的满足和信心。我感到有些被河流切割、被地壳翻折过的故事将是永驻之物。石碑沦为碎屑，甲骨销作烟尘，这些故事也将从容屹立，任凭舟上之人渐远，万重山影也将再次被清晰勾勒，然后不可磨灭地压存在心底。

风缓缓落在阒然无声的客厅里，斑鸠掠过，留下一首萤火闪耀的歌。昆虫凝为琥珀，帝国诞生覆灭。霁雨初晴，朦胧着的逐渐了然。我勾起嘴角，久违的幸福在我脸上化为一片水光。

指导教师：袁春霞

本文获第十九届初赛一等奖

点 评

读罢本文，我们会有许多疑惑，这“一个文字”到底是什么字？文章的几个部分怎样串联，为什么这么难懂甚至“晦涩”？的确，本文不像一篇高中生的习作，而像诗人或哲学家的作品。而这恰恰是本文具有哲思与诗意完美结合的特点。本文的哲思表现在文章的寄意，“一个文字”是什么不重要，重要的是文字可以书写记录历史，可以承载文化。过往的终将过去，我们留不住那些时光的碎片，历史、记忆静静从指尖滑落的瞬间却无从触碰到，这是怎样的一种悲哀！幸亏我们有文字。文字能够帮我们挽留许多。还有，文章每一小节开头引用的名言可以帮助我们理解“寄意”！本文的诗意表现在语言的张力，语言的张力有两个含义，一是指语言所表达信息量的密集，二是指语言表达方式的弹性。这种信息量的密集和表达方式的弹性，形成一种美感，在美学上可以称之为语言的张力美。文章的语言耐人寻味，这种成熟的表达让人折服。

（尤立增 特级教师）

微光——致未来的我

□ 福建省石狮市华侨中学　吴承谕

当你读到这封信时，恕我贪心，我希望我对你的所有期盼，都能在流光的岁月中一一圆满。

过去的我，沉溺在悲寂荒凉的长夜中。

那时的天空，凝结着一层氤氲的墨色，路旁街灯不再明亮，我的眼中没有了色彩斑斓的春与秋。心如死灰，城也仿佛死城，就连精彩纷呈的无垠世界，也如同覆上一层阴郁面纱，甚至鸟儿清晨欢快的啼鸣，都宛若啼血般哀怨。

这不羁的命运，在沉静的摆钟前，缄默地宣判着本不属于我的罪责——我患上了概率极低的罕见病症。逐渐失去力量的双手与无法行走的双腿便是无声又无可奈何的证明。

很长一段时间，我沉没在悲伤的江河中，无数次抱怨，无数次泣诉。虽然我知道，这分明是无用之举，命运它不会悲天悯人，不会因谁的泪水而降下哪怕半缕甘霖。

直到这漫漫长夜中出现了一缕微光。

或许是我孤寂落寞了太久，当目光对上它时，恍惚间竟莫名温暖，便痴痴地追寻着它的轨迹。想来甚是怪异，我分明沦陷在绝望中，似已不相信光芒了，为何仍去追逐这渺茫的希望?

它指引着我走向历史的长碑。原来在我之前，早有不幸者闪耀着的名字镌刻其上：身陷轮椅、心寻宇宙之霍金，受尽刑罚、传承历史之司马迁，患有绝症、笔耕不辍之史铁生。他们拿着并非自己想要的剧本，演出了别样的精彩，而不是一辈子心怀忧恨，成为活在角落里的配角。

我从困顿中蓦然醒来。我决定在有生之年，追逐自己的梦想，实现这一生应有的价值。

如今的我，尽管身体的趋势仍无法改变，但显然可以确定的是，即便我生而不幸，也有梦见美好的权力。我的价值，正一点点地展现着。

我积极写作，文章里无处不透露着乐观，许多同我一样得了罕见病的病人，也被这股力量所激励着。

我专心学习，试图冲入理想的大学，在知识的积淀中提升自我。

我作为“福建励志先锋”参加了几次演讲与分享，希望以我的故事燃起更多人心底的火炬。

…………

我已然在不经意间成了一缕微光。

我希望，你也能同我一样，坚定不移地成为微光，只不过，光芒要比如今的我更为耀眼，去拯救更多沉浸在无边绝望中的人。

我希望，你的心底保持着最初那份诚挚，燃起更多热情的火焰；你的心灵永远轻盈，永远滚烫。你要帮助更多需要帮助的人，直至成为爱的暖流。

另外，我希望你继续做一个开心、乐观且善良的人，正如初中同学在毕业纪念册里所写的那样——一直开心下去。将来，虽不知仍有多少苦难，身体也不知会落到一番怎样的境地，但纵然被生命厌恶，你也一定要幸福地活下去。

你，可能是一秒后的我，也可能是一刻钟后的我，也有可能是十年后的我，未来的一切充满了未知与挑战，但我并不害怕，因为你一直在。我会过好当下每一秒，也希望你过好当下每一刻，无论过去，不问将来。

指导教师：代克清

作者获第十九届“全国十佳小作家”奖

点评

虽然作者只能坐着，但他的文字却站成了一道风景；虽然命运以狰狞的面目对待他，但他却始终报以温暖的微笑；虽然他身体被无情地拘限于轮椅之上，但他的心灵却自由地飞翔于八荒之外。感谢他，让我们重新发现世界的美好。

（蒋成峰 大学教授）

附录：决赛试题

第十八届（2020年）

一、A卷

1.曾子曰："慎终追远，民德归厚矣。"（《论语·学而》）中国人历来最重视的就是家族的传承，最反对的就是"数典忘祖"。

日常生活中，家里的老人往往都喜欢向晚辈讲述家族的往事，尤其是几十年前的故事。这些故事中有不少是祖辈当年投身革命斗争的英雄事迹、参加新中国建设的突出贡献，也有很多是关于贫穷、关于苦难、关于生离死别、关于爱恨情仇的记忆。他们被潮流裹挟着前行，为家族奋斗，也为社会牺牲。这些故事，从一个个侧面，从细微处，真实地反映了我们这个国家、我们这个民族的历史变迁。这样的故事从我们戴上红领巾时就听，并伴随我们成长的每个时刻。

请你依据长辈的讲述，结合你所了解的时代背景，以一百年来的家国变化为主题，写下令你印象深刻的前辈故事。题目自拟。

2.请以"擦黑板"为题写一篇作文。题目亦可自拟，但文章内容必须与"黑板"直接相关。

二、B卷

1.下面这段文字出自李大钊的散文《新的！旧的！》。文中所描写的北京道路，既是写实，也是对当时中国社会的一种隐喻。如今，一百多年过去了，中国社会发生了天翻地覆的变化，而这些变化同样也体现在"路"上。请你围绕这一话题，结合自己所熟悉的事例，选择一个合适的角度，写一篇文章。

我常走在前门一带通衢，觉得那样狭隘的一条道路，其间竟能容纳数多时代的器物：也有骆驼轿，也有上贴"借光二哥"的一轮车，也有骡车、马车、人力车、自转车、汽车等，把二十世纪的东西同十五世纪以前的汇在一处。轮蹄轧轧，汽笛呜呜，车声马声，人力车夫互相唾骂声，纷纭错综，复杂万状，稍不加意，即遭冲轧，一般走路的人，精神很觉不安。推一轮车的讨厌人力车、马车、汽车，拉人力车的讨厌马车、汽车，赶马车的又讨厌汽车。反说回来，也是一样。新的嫌旧的妨阻，旧的嫌新的危险……若能在北京创造一条四通八达的电车轨路，我想那时乘坐驼轿、骡车、人力车等等的人，必都舍却这些笨拙迂腐的器具，来坐迅速捷便的电车，马路上自然绰有余裕，不像那样拥挤了。即有寥寥的汽车、马车、自转车等依旧通行，因为与电车纵的距离不甚相远，横的距离又不像从前那样逼近，也就都有容头过身的道路了，也就没有互相嫌恶的感情了，也就没有那样容易冲突的机会了。（原载于 1918 年 5 月 15 日《新青年》第 4 卷第 5 号）

2.中国人自古以来就有喝粥的传统。粥，有时是养生的享受，有时是生存的底线；既能体现文人墨客的生活雅趣，又承载着黎民百姓的温饱追求。如今，粥仍然是我们餐桌上最常见的食物之一，也同样融入了生活的各样味道。

请以“盛粥”为题写一篇作文。题目亦可自拟，但文章内容必须与“粥”有直接的关系。

第十九届（2021 年）

一、A 卷

自古以来，中国社会始终对青年人充满了期待。孔子说：“后生可畏，焉知来者之不如今也？四十、五十而无闻焉，斯亦不足畏也已。”梁启超说：“故今日之责任，不在他人，而全在我少年。少年智则国智，少年富则国富；少年强则国强，少年独立则国独立；少年自由则国自由；少年进步则国进步；少年胜于欧洲，则国胜于欧洲；少年雄于地球，则国雄于地球。”毛泽东说：“你们年轻人朝气蓬勃，正在兴旺时期，好像早晨八、九点钟的太阳。希望寄托在你们身上！”

2022 年是中国共青团成立一百周年。一百年来，作为优秀青年的代表，一代代共青团员在党的领导下，积极投身国家的革命和建设事业，做出了突出的贡献。如今，面临中华民族的伟大复兴，国家对青年一代更是寄予了厚望。正如习近平所说：“青年一代有理想、有本领、有担当，国家就有前途，民族就有希望。中国梦是历史的、现实的，也是未来的；是我们这一代的，更是青年一代的。”

作为新时代的青年人，你希望自己将来成为一个什么样的人，过一种什么样的生活呢？是勇攀科技、艺术的高峰？是营造事业的大厦？抑或只是做一个敬业、友善、诚信的建设者，过一种优雅、充实的生活？……为此，如今的你都做了哪些准备？

请以“我准备好了”为题写作。亦可围绕话题主旨自拟题目，文体不限。

二、B卷

以下任选一题，文体不限。

1.请根据你对下面短文的理解，结合自己的生活写一篇文章。

参考题目：和你在一起；那种美，无以言表。也可据此题旨自拟题目。

桓子野每闻清歌，辄唤：“奈何！”谢公闻之，曰：“子野可谓一往有深情。”

注释：

（1）选自《世说新语·任诞》。桓伊，字子野，东晋人。有军事才能，曾在淝水之战中立下战功，官至右将军。为人谦和朴素，音乐修养极高，被誉为“江东第一”。

（2）清歌：指没有乐器伴奏的歌唱。

（3）奈何：有两种不同的理解。① 古代的一种演唱方式，一人歌唱，他人唤“奈何”帮腔相和；② 也可以理解为“怎么办”“（美得）受不了”。

（4）谢公：谢安，字安石，东晋政治家、军事家。

2.请以“钥匙”为题写一篇文章。